EDDIE JONES
RUGBY MAVERICK

MIKE COLMAN

エディー・ジョーンズ
異端の指揮官

マイク・コールマン
高橋紹子 訳

TOYOKAN BOOKS

マトラビル高校1977年の一軍の記念写真にはエディー（2列目円内）、グレン・エラ（前列円内）、マーク・エラ（前列左から3人目）の姿が。ボールを手にしているのはキャプテンでのちにワラビーズのメンバーとなるロイド・ウォーカー。

ランドウィック・ラグビークラブ時代のエディー（一番左）と、マーク・エラ（左から4人目）、ロイド・ウォーカー（一番右）らチームメイト。 (Brett Dooley / Randwick RFC)

のちのワラビーズ監督、ユーウェン・マッケンジーと、ランドウィックが勝った試合後に。
(Brett Dooley / Randwick RFC)

1987年12月、インターナショナル・グラマースクールの「スタッフが学生のように装う日」に同僚のリタ・フィン、ピーター・ボールディングと。 (Rita Fin)

インターナショナル・グラマースクールの1987年の職員写真では、リタ・フィンとレグ・セントレオンに挟まれて（赤いベスト）。 (Rita Fin)

2000年5月、ACTブランビーズの監督として、キャプテンでスクラムハーフのジョージ・グレーガンとともに記者会見で質問に応じる。 (Ross Land / Getty Images)

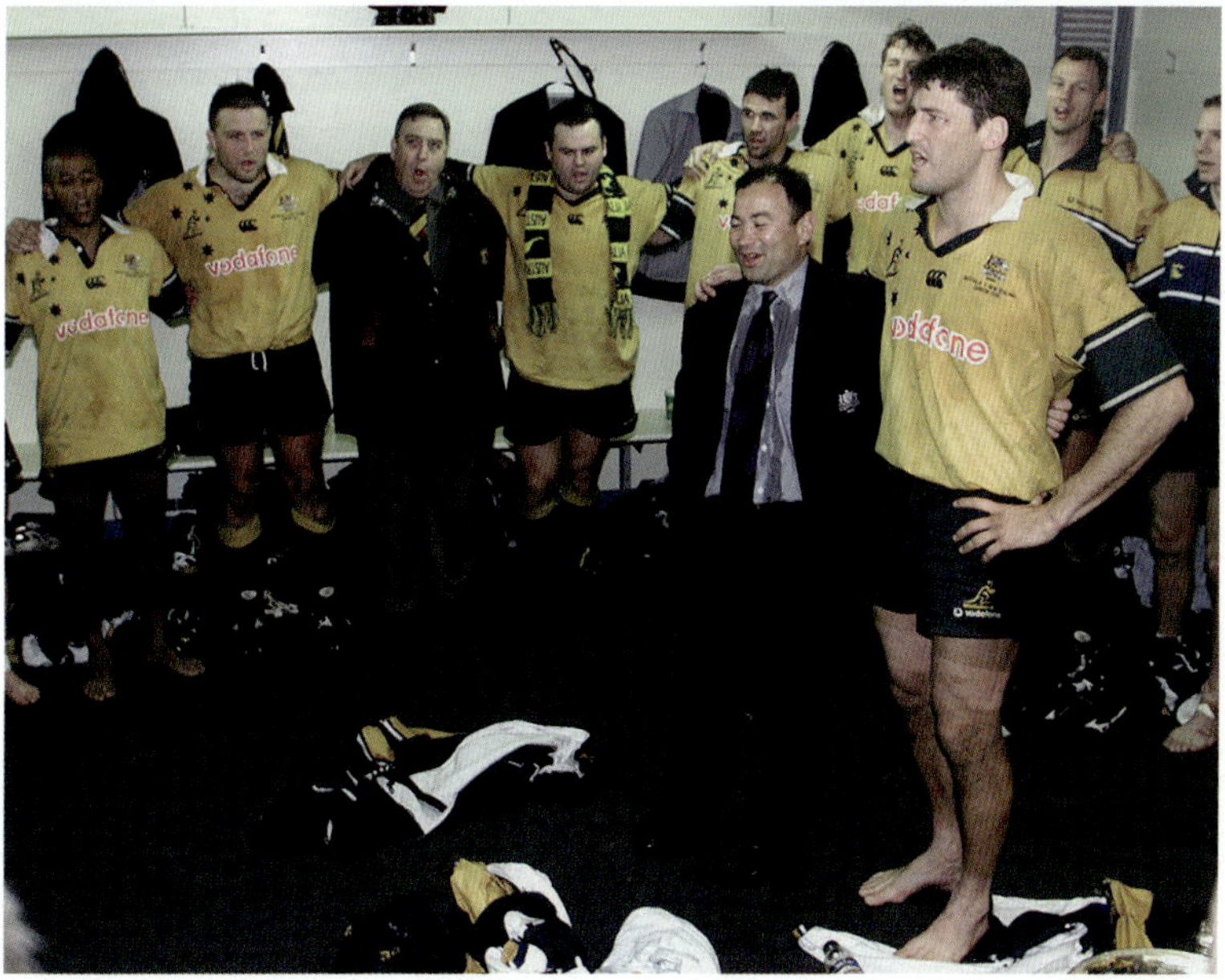

2001年、ブレディスローカップ優勝後にワラビーズの更衣室でジョン・イールズと肩を組み合って。 (Nick Wilson / Getty Images)

2004年8月、ワラビーズの練習風景。 (Chris McGrath / Getty Images)

2007年、南アフリカ代表のテクニカルアドバイザーに就任。左はヘッドコーチのジェイク・ホワイト。 (Getty Images)

2007年3月、スーパー14のレッズ監督として、3対38の敗北に向かいつつあるウェスタンフォース戦を鬼気迫る表情で見つめる。
(Paul Kane / Getty Images)

2015年のワールドカップ、優勝候補の南アフリカに34対32で勝利。ラグビー史上最大のアップセットと言われた。トライしているのはカーン・ヘスケス。
(Steve Bardens / World Rugby / Getty Images)

ワールドカップ最終戦、アメリカとの試合でエディー監督に感謝を表す日本人ファン。
(Julian Finney / Getty Images)

南アフリカ戦から二日後の記者会見。穏やかな笑みをたたえるエディー。
(Mike Hewitt / Getty Images)

イングランド代表監督就任から間もなく、ペニーヒルパークでチームのトレーニングを指揮。
(David Rogers / Getty Images)

2016年6月、メルボルンでのワラビーズ戦におけるイングランドの勝利をダニー・ケアと喜び合う。
(David Rogers / Getty Images)

2016年、イングランド代表のオーストラリア遠征の合間に、同窓生（当時はイングランドのスキルコーチ）のグレン・エラとシドニーのクージービーチで。

（David Rogers / Getty Images）

2017年11月、モナコにおいてサー・クライブ・ウッドワードからワールドラグビー年間最優秀監督賞を手渡される。 （Dave Rogers / World Rugby / Getty Images）

2017年、ウィンブルドンの貴賓席で妻宏子とともに、同胞のオーストラリア人でスポーツ界の大英雄ロッド・レーバー、連れのアンドレア・エリスキュと談笑。

（Shaun Botterill / Getty Images）

2018年3月、聖パトリックの祭日にトゥイッケナムで行われた六カ国対抗戦イングランド対アイルランドの試合後、エディーを皮肉るメッセージ入りのTシャツ姿で優勝を祝うアイルランド人ファン。

（Mark Leech / Offside / Getty Images）

目次

プロローグ

「娘の元夫」的存在

エディー・ジョーンズは、言わば娘の元夫が別れたあとで成功したようなものだ。そいつが戻ってきて、通りの向かいの大きな家を買おうとしている。こちらが表側のカーテンを開けるたびに、やつがロールスロイスで出入りするのを嫌でも目にして、「追い出すんじゃなかった」と思うように仕向けたいのだ。

豪クーリエメール紙、二〇一六年六月一〇日

エディー・ジョーンズは、イングランド代表監督（ヘッドコーチ）就任から六カ月後に自軍をオーストラリアに引き連れてきた際に、自分を切り捨てた国への復讐をねらっているのではないかと水を向けられて、それを一笑に付した。だが、それを真に受けた人は多くはなかっ

た。あるコラムニストによれば、「エディー・ジョーンズの記憶力は抜群」なのである。

エディーは二〇〇五年にオーストラリア代表チーム、ワラビーズの監督を解任されてからの十年間、時には塗炭の苦しみに耐えて、世界ラグビーのトップクラスへの道を這い戻ってきた。豪クイーンズランド・レッズの監督を一シーズンのみで辞任するという屈辱に続き、二〇〇七年のワールドカップにおいて、南アフリカの優勝に力を貸したことについて、オーストラリア国内で厳しい批判にさらされた。さらに、英サラセンズでまたしても短期間のうちに辞任という憂き目を見たのち、日本の社会人ラグビーで監督を務めることになった。二〇〇三年のワールドカップでオーストラリアを決勝戦まで導いた栄光の日々とは、まさに雲泥の差である。

ところが、その日本の代表チーム「ブレイブブロッサムズ」を率いて、二〇一五年のワールドカップにおいて南ア代表スプリングボクスから驚異の逆転勝利を奪ったことがきっかけとなって返り咲きを果たし、イングランド代表という、世界ラグビー一の資金力に恵まれたチームの監督に任命されるのである。

二〇一六年六月にオーストラリアでテストマッチ三試合を行うというイングランドの遠征スケジュールは、エディーの就任よりかなり前に決まっていた。とはいえ、エディーにしてみれば、オーストラリアに大勢いる口さがない連中に自分の正しさを証明してみせる絶好の機会を、このワールドカップ準優勝チームとのシリーズ戦がもたらしてくれたわけだ。

オーストラリアのスポーツ界において、エディー・ジョーンズほど大きく評価の分かれる人物はまれである。エディーに特別気に入られている元選手やスタッフは、完璧主義者で仕事中毒、人使いの荒い親分ではあるが、温かくてユーモアがあって義理堅いところもあると明言する。これに異を唱える側は、横暴で冷酷、理不尽だと痛烈だ。エルトン・フラットリーやウェンデル・セイラーといったワラビーズの元選手たちに言わせると、これまでで最高の監督。他方、オーストラリアラグビー協会（ＡＲＵ）の元トップであるジョン・オニールなどは、一緒に働くのはほぼ不可能な人物だと、迷わず決めつける。

こうしたことはみなエディーもお見通しで、過去も現在も、ＡＲＵ本部の権力内部には、二〇〇三年ワールドカップ決勝戦後の栄誉から一転、世間で大きく取り沙汰された彼の失墜に大喜びしている手合いが多いことぐらい分かっていた。

これら全てがあいまって、二〇一六年半ばの三連戦は数年来最も待ち望まれた試合だった。二〇〇三年のワールドカップは、開催国オーストラリアに四千三百万ドルという空前の収益をもたらしたのであるが、その全盛期以降、ワラビーズの評判は深く憂慮されるほど落ち込んでいた。テストマッチ九戦中八戦を失ってエディーがクビになったのを受け、元クイーンズランド代表監督のジョン・コノリーに、二〇〇七年のワールドカップでオーストラリアを指揮するという役割が与えられた。けれども、結果は準々決勝敗退。イングランドが一二対一〇で勝ったのはワラビーズの天敵、ジョニー・ウィルキンソンによる四つのペナルティゴールのおかげだった。その八カ月後、ジョン・オニールは豪代表初の外国生まれの監督となる、元オールブラックスのコーチ、ロビー・ディーンズを起用するという前代未聞の手段に踏み切った。

ディーンズは、ニュージーランドのカンタベリー・クルセイダーズの監督として、チームを五度スーパーラグビー優勝に導くという大成功を収めており、オーストラリアにおいて深刻であったラグビー人気の凋落《ちょうらく》に、歯止めをかけてくれる人物と目されたのである。ディーンズを任命する直前に、オニールはラグビー人気の健全性に関する報告書の作成を命じていた。それによると、収入減少、観客数減少、テレビ視聴率下落、そしてスポーツ参加率は一・八パーセントと、それまでの十年間で初めて減少を記録した。

しかしながら、ディーンズの指揮による念願の復活はついに果たされなかった。メルボルンで行われたディーンズ就任後初のテストマッチでは、一八対一二でアイルランドに勝ったにも関わらず、チャンネルセブンでのこの試合のテレビ中継視聴率は、ライバル局、チャンネルナインが再放送した映画「リッチー・リッチ」〔一九九四年の米コメディ作品〕に抜かれた。ワラビーズの次の試合であるフランス戦は、二週間後に八万人収容のシドニーANZスタジアムで予定されていたが、入場券の売れ行きがあまりに低調だったため、スタジアムの経営側は地元ショッピングセンターで八十ドル以上の買い物をした人全員に無料で配ったほどであった。以後も目標倒れのまま国内二番手レベルの競技という地位に甘んじ、金食い虫さながらという結果で、ARUの〝軍資金〟はわずか八百万ドルにまで落ち込んだ。

ニュージーランドで開催された二〇一一年のワールドカップには大きな望みが託されたが、またも失望に終わった。ディーンズは若くして頭角を現したバックラインのスター選手たち、ジェームズ・オコーナー、カートリー・ビール、クエイド・クーパー——オーストラリアのマスコミは〝スリー・アミーゴス〟（仲よしトリオ）と名付けた——に大きな期待をかけていたのだが、三人はそれに応えることができなかった。気分屋のスタンドオフ、クーパーは、ニュージーランド各地で観客と地元メディアに追いかけ回され、「国民の最大の敵」と名指しされた。クーパーは自信を失ってぼろぼろになり、チームの攻撃も一緒に崩壊した。ワラビーズはアイルランドにプールマッチの首位を譲ったのち、準決勝において、最終的に優勝を飾ったオールブラックスに六対二〇で敗戦を喫し、姿を消した。それから十八カ月後、ブリティッシュ・アンド・アイリッシュ・ライオンズとのシリーズ戦が負け越しで終わり、ディーンズも退場することとなった。

悪いことは重なるものである。ディーンズの後任には、元ワラビーズのフロントロー、〝リンク〟ことユーウェン・マッケンジーが就いたのだが、彼の任期も、カートリー・ビールとチーム内のマネージャーとの対立が大々的に報じられたのに続く形で、議論を巻き起こしながら三年で終止符が打たれた。

オーストラリア国内でラグビーに対する一般のイメージが地に落ちる中、ワラビーズ監督というありがたくない名誉を与えられたのは、エディーのランドウィック時代の元チームメイト、マイケル・チェイカ、〝チェイク〟であった。

エディーとチェイカのプレースタイルは、これ以上ないといえるほど違っていた。エディーは小柄なフッカーで、運動量の多さと絶え間ないおしゃべりで名を馳せていた一方、チェイカは冷徹なバックローで、容赦ない戦いを通してガタイで意思を伝えるほうを好んだ。

監督としてのスタイルも同様である。エディーは鋭い舌鋒《ぜっぽう》で選手やアシスタントをずたずたにすることで知られ、その皮肉とあからさまな罵声を浴びると、テストマッチで鍛えられているフォワードの選手さえ泣き出すといわれていた。チェイカはその雄弁なボディランゲージでコミュニケーションを図るほうが多く、エディーはこう表している。「四、五年は一緒にプレーした。とにかく荒っぽくてタフでね。どんなときも鋭くて、頭をよく働かせているけど、間違いなく怒りっぽい。年を取って最近は抑えているかもしれないが、自分のやり方を選手たちに認めさせてしまうようなオーラはそのままだ」

ワラビーズのスクラムハーフ、ニック・フィップスの見方はこうだ。「誰かがミスをして、チェイクがちょっと笑いながら注意するっていうときもある。でも普段は……まあ、笑うなんてありえないね」

選手時代のチェイカのタフさを示す伝説的エピソードはいろいろある。長年ランドウィックの選手であり監督であったジェフ・セイルによれば、チェイカは頭に蹴りを受けて三十八針縫うという目にあったのに、四日後にはトレーニングに現れ、翌週末の試合に出るつもりでいた。セイルは化膿している傷を一目見て、医者のところに行くよう命じた。「医者のオーケーが出たらプレーしてもいい」とセイルは言ったのだが、そんな可能性はゼロだと分かっていた。医者は簡単に診察を済ませると、緊急処置のために病院の予約を入れた。傷はまだ一目瞭然。もっとも、三百回以上同クラブの試合に出場した証しともいえる〝カリフラワー耳〟ほどには目立たなかったが。

フィールド上では正反対だったかもしれないが、フィールド外ではエディーとチェイカは世界トップレベルの監督となるまで似通った道筋を辿ることとなる。オーストラリア人の父と日本人の母を持つエディーが、二〇一五年のワールドカップの際にチェイカについて記者に語ったくだりは、彼自身について述べたかのようである。

「常にちょっと部外者というかね、当時は名門私立校のスポーツだったラグビーにレバノン人のガキが一人交ざっていたわけだ。だからこそ、絶対に成功すると心に決めていたんだろう」

そしてチェイカはまさに成功を収めたのである――本気で取り組んだことは何であれ。一九九九年に選手としてのキャリアを終えると、チェイカはイタリアのクラブ、パドバに監督として移籍した。二〇〇一年、父親の病をきっかけにオーストラリアに戻るとランドウィックの監督となり、二〇〇四年にはチームをシドニー・プレミアシップのタイトル獲得へと導いた。翌年アイルランドのクラブ、レンスターの監督に就任。二〇〇九年、スコットランドのマレーフィールドスタジアムにおいて一九対一六で英レスター・タイガースを破ってハイネケンカップ優勝を飾り、同クラブに初のヨーロッパ王タイトルをもたらした。その後、豪ニューサウスウェールズ（ＮＳＷ）ワラターズを率い、二〇一四年にはスーパーラグビーで優勝。プロのメジャーな競技リーグにおける優勝を北半球と南半球の両方で成し遂げた最初の監督となった。

さらにチェイカは、ラグビー選手・監督であるのと並行して、オーストラリアとヨーロッパにおいて服飾卸売業で大きな成功を収めている。何度も大金持ちに数え上げられ、また英語、アラビア語（レバノン方言）、フランス語、イタリア語を流暢に操るなど、チェイカはやり手のビジネスマンなのだが、皆その強面に欺かれ、例えばＡＲＵの担当者も交渉の席で初めてそのことを思い知らされるのであった。

ワラターズの歴史的なスーパーラグビー優勝から三カ月後、豪代表監督ユーウェン・マッケンジーの突然の辞任に伴い、チェイカはその後任に指名された。そのわずか四日後、テストマッチ四戦を行う春期ツアーのためにイングランドに旅立つ際に、空港でワラビーズの面々に自己紹介するという慌ただしさであった。

このツアーは、スコアボード上ではウェールズに一勝を挙げただけでアイルランド、フランス、イングランドには敗戦とはかばかしくなかったが、二〇一五年のワールドカップに向けて最初の布石を打つという意味では、大変有益だった。

混乱状態のチームの指揮を任されて一年後、チェイカはワラビーズをワールドカップの決勝戦まで導いたのだが、その途上、スチュアート・ランカスター率いるイングランドにとどめの一撃を与え、結果的にエディー・ジョーンズのラグビー人生最大のチャンスの扉を開くこととなる。

プールマッチの二戦目でウェールズに敗れたイングランドは、準々決勝に進むためにはトゥイッケナムスタジアムでの次戦でオーストラリアに勝たねばならなかった。ところが、ワラビーズはエディー軍が二〇〇三年大会の準決勝でニュージーランドを打ち負かして以来、ワールドカップ最高の結果となる三三対一三でイングランドを下し、プールマッチで敗退した初のワールドカップ開催国というありがたくない称号を敵に進呈することとなった。この敗戦によってイングランドの次のウルグアイ戦は無意味となり、ランカスターは不名誉のうちに監督を辞任することとなる。エディーが後任に就くに当たっては、イングランドラグビー協会から事態を好転させるために自由裁量権を与えられており、オーストラリアで記憶に残る対戦を繰り広げるためのお膳立てが整ったのである。

二〇一六年六月二日木曜日——めったにない星回りであったに違いないこの日、エディーと選手たちが豪ブリスベン空港に降り立った。ラグビーオーストラリア［ARUの新名称］のマーケティング部門が筋書きを用意したとしても、これ以上完璧にはなりえなかっただろう。キャストその一、エディー。恨みを抱く元監督が、なんと白ジャージのイングランドのやつらの監督となって町に乗り込んできた。そいつらこそが、二〇〇三年にオーストラリアがつかみかけたワールドカップの栄光をさらい取ったというのに。次に、自信満々のワラビーズ。わずか八カ月前、ワールドカップで決勝まで勝ち進む途上、そのイングランドを払いのけている。当のイングランド軍。自分たちのホームグラウンドでオーストラリアから受けた屈辱がまだヒリヒリと胸に痛い。そして、激しく競り合ってきた二人の元チームメイト。一見親しげだが、それぞれが是が非でもこのシリーズを得意の絶頂で締めくくるつもりでいる。

この組み合わせにさらにスパイスを効かせていたのは、イングランドが勝てばオーストラリアを跳び越し、ニュージーランドに次いで世界ランキング二位となるという点である。そのうえ、ワールドカップ後、チェイカにワールドラグビー年間最優秀監督賞が授与されたという一件もあった。受賞すべきだったのはオールブラックスのスティーブ・ハンセンか、ブレイブブロッサムズの勇敢さからして、まだしもエディーだったのではないかという声が多かった。このツアーの間中、何度も彼自身それとなくこの件に触れたことからすると、エディーもこの後者の声を支持していたのであろう。

オーストラリアのラグビー界は、十年以上前にエディーが失意のうちに去ってから大きく変化していたが、彼の豪代表監督時代との直接のつながりがまだ一つ残っていた。ワラビーズのキャプテンを務めるフッカー、スティーブン・ムーアは、当時の代表チームメンバー唯一の生き残りだった。ムーアは二〇〇五年にテストマッチ・デビューを飾ったのだが、エディーが話を通さなかったら、アイルランド代表としてプレーしていたかもしれなかった。

「ちょうど二〇〇三年のワールドカップが終わったところだった。当時一九歳、クイーンズランド大学の学生で大学のクラブでプレーしてたんだ。オーストラリアのU-21チームには入っていたけれど、まだ成人代表チームでの経験は皆無だった。両親ともアイルランド出身なので、アイルランドラグビー協会から、向こうのどこか地方チームでやってみて、いずれはアイルランド代表にと声をかけてもらっていたんだ。まだ覚えてるよ。ある日、大学で講義が始まるのを待っていたら携帯が鳴って、なんとエディーだった。どう言ったらいいかな……話が弾んだ。それでこんなふうに言われたんだ。『なあ、ARUと契約してほしいんだ。すぐにサインしなくちゃだめだ』。エディーと話したのはそれが初めてだったが、U-21のキャンプのときに、ワラビーズの選手たちがエディーとのミーティングの前は緊張した様子で、終わって出てくると汗びっしょりだったのを見ていたからね。確かにみんなが縮み上がるような人だった。実際、怖気付いた。正直言って、怖かったよ。話が終わってすぐ両親に電話した。次の日にはもう契約書にサインしたわけだけど、そうしたのは百パーセント正しかった。一瞬たりとも後悔したことはない。それこそエディー流で、細部にこだわる、まさにプロのやり方だった。自分が選んだ道で世界一を目指すにはどうすればいいか、たくさん教わった。エディーが監督を務めるチームと対戦するのがいかに大変かは分かっていた。自分がエディーの下でプレーしたのはワラビーズが最初で、その後はレッズだったけど、まだ随分若かったからね。経験を積んだ選手としてエディー監督の下でプレーしてみたかった。勝つために何が大事か知り抜いている人だ。それを本当に理解しているという点で、ずっと彼を尊敬している」

エディーを乗せた飛行機が着陸したときに、大もうけの胸算用をしていたARUの担当者以上に喜んだのは、地元オーストラリアのラグビーメディアだけだった。エディーがニュースの見出しに大貢献してきた一方で、チェイカも決して引けを取らず、この点は、オールブラックスとのテストマッチに先立ち、自分をピエロに模した風刺画を載せたニュージーランド・ヘラルド紙にチェイカが激怒した顚末《てんまつ》でも証明されていた。にも関わらず、チェイカはこのときのシリーズを通して、エディーとの舌戦には引き込まれまいとした。構いはしなかった。エディーはもう十分二人分の刺激を振りまいていた。ホテルに向けて空港を出発する前にもう、このツアーにおける自分のテーマを明らかにしていたほどだ――つまり、被害者の役割を演じることである。

「入国審査を通ってから脇に押しやられて何から何まで調べられたところだ。まあ、そんなとだろうさ。試合に関わることは全て段取りができてるんだ。オーストラリアが勝てるように全部の段取りが。こっちは自分たちでできることをきっちりやるしかない。オーストラリアは世界第二位で、おまけに世界一の監督がいるんだ。自分の家の裏庭でプレーするようなものだ、下馬評が高くて当たり前だろう。クック船長がオーストラリアに着いてこの方、イングランドがオーストラリアで勝ったテストマッチは三試合だけっていうんだから、自慢にはならないよ、そうだろう?」

そうではあったろうが、エディーが監督に就任してから作り上げてきたイングランドチームは、前回トゥイッケナムでワラビーズが打ち砕いたときとは全く違っていた。それどころか、かつて豪ツアーを行ったどのイングランド軍とも違っていたのである。既に欧州六カ国対抗戦で全勝優勝のグランドスラムを成し遂げ、ヨーロッパチャンピオンの座を獲得してみせたように、強く、たくましく、恐ろしく攻撃的なチームとなって、まさに自分たちの監督と同じく、ワラビーズに大きな借りを返そうとしていたのだ。

ツアーのメンバー発表の前に、エディーはほかの誰よりも自分自身がオーストラリアの人々を激高させることになるだろうとコメントした。クリケットをこよなく愛し、その歴史にも精通しているところから、エディーは有名な一九三二～三三年のシーズンの英豪対抗戦のことを引き合いに出した。このときイングランド側は打者をねらうかのようなボディライン投法を用いたため、両国の外交関係の危機まで招いた。

「向こうでボディラインをするには、腹をくくる必要がある。敵地で敵を破るには、完璧な肉体と闘争心を持ったチームでなくてはならない」

エディーはのちに、「ボディライン・ラグビー」と言ったのは、ワラビーズを苦しめるには、イングランドは腕力に頼るのみでなく創造的に戦わなくてはいけないという意味だったと釈明している。

「言葉のあやだよ。今回は何か違うことをやらねばという意味だ。これまでのイングランドチームと同じじゃだめだ。歴史を変えるには、発想を変えて、オーストラリア戦の取り組み方も変えなくてはならない」

意味の解釈がどうであれ、結果は同じであった。イングランドは最初のテストマッチに何としてもフォワードでワラビーズを圧倒するつもりで臨み、そのとおりやってのけた。開始一五分、オーストラリアが二トライにより一〇対〇とリードしており、エディーの指揮によるイングランドのテストマッチ六連勝という記録は、不名誉な形で途絶えそうに見えた。ところが、オーウェン・ファレルのキックで九対一〇と一点差に詰め寄ると、フランカーのジェームス・ハスケルとクリス・ロブショウを筆頭に、フロントローのマコとナンバーエイトのビリーのヴニポラ兄弟、そして型破りなロック、マロ・イトジェらフォワード陣が主導権を握った。スコアシート上では、イングランド三トライに対し、オーストラリアは四トライに加え認められなかった一トライがあったにも関わらず二八対三九で敗れたのであるが、観戦していた人の目には明らかだった――八カ月前のワラビーズの圧倒的な勝ち方と同じぐらい、今回はどの点から見てもイングランドの圧倒的勝利であったと。

これはイングランドのブリスベンにおける初勝利であり、オーストラリア戦での史上最高得点であった。さらに、エディーにとっては、このサンコープスタジアムでの記録が、ワラビーズ時代の五勝と合わせ六戦六勝となった。ジョージ・フォードが完璧な重さをかけて繰り出したキック目がけて、ウイングの交代選手ジャック・ノウェルが走り込みダメ押しトライを挙げた瞬間、エディーは弾かれたように立ち上がって喜びもあらわに両手を高く掲げ、友でありコーチであるグレン・エラとハイタッチをした。

実際、うれしさのあまり、エディーでさえ被害者役を続ける言い訳に窮したはずだったのに、試合後の記者会見に元ワラビーズのバックロー、スティーブン・ホイルズ率いるカメラクルーが最悪のタイミングで押しかけたことで、また一悶着となった。

ホイルズは二〇〇四年にエディーから生涯初のテストマッチのジャージを手渡されたのだったが、このときはもう、この対戦シリーズの公式放映権を持つフォックススポーツ・ネットワークが開始しようとしていた〝新機軸〟のケーブルテレビ番組「もう一つのラグビーショー」（The Other Rugby Show）の仕事をしていた。翌週に初回の放映を控えたプロデューサーは、脈絡のない単語をいくつか選んで、ホイルズのエディーに対する質問にそれらを無理やり織り込ませ、お笑いコーナーにすることを企んだ。が、これは完全に裏目に出た。まっとうなジャーナリストたちが、自分たちの職場を二流のコントに侵されて絶句し、怒り心頭だったのみならず、第二戦に向けて、エディーに自分のチームを奮い立たせるための材料を提供するはめになったのである。

ホイルズの質問はこういった具合だった。「今週はドナルド・トランプより多くメディアに登場していたみたいですね、みんなもヤル気満々で。ちょっと湿った感じでしたしね。エディーさんはグレンとお楽しみだったんでしょう、塗ってみたり縮ませたり。昔馴染みのグレンとは、ボックスではどんなふうにエンジョイされたんですか？」

唖然として、エディーが答えた。「えっ？　もう一回言ってくれよ。その質問の調子は気に入らないね……勝利を喜ぶのが悪いって言うのか？」

気まずい沈黙に続いて本物の記者から真面目な質問が出たが、記者会見が終わって落ち着きを取り戻すと、エディーは素早く攻撃に取りかかり、ホイルズだけでなく、フォックススポーツの番組宣伝の中で、元ワラビーズでフォックスのコメンテーターに転じたティム・ホーラン、フィル・カーンズ、グレッグ・マーティン、ロッド・ケイファーが、英国ラグビーの失策を笑いものにしたことも槍玉に挙げた。ホイルズに侮辱されたと思うかという問いに、エディーはこう答えた。

「もちろんさ。ホイルズからあんなばかげた質問をされたんだ。フォックスの宣伝を見てみればいい、むかつくよ。言いたいのは、オーストラリアのメディアでわれわれが非常に無礼な扱いをされているということだ。全く屈辱的でチームに対し失礼。この件をうやむやにさせはしない」

そのコーナーは全く放映されず、進行役のショーン・マロニーがエディーとイングランドチーム、そして本職の記者たちに非礼を詫びた。ホイルズも個人的にエディーに連絡して謝った。エディーは謝罪を受け入れたが、この状況を最大限利用し、チェイカに向けて嫌味を投げつけてからメルボルンに向かった。

「世界一の監督がついているんだ、あちらに期待が高まるのは当然。来週はプレッシャーで大変だね」

エディーが年間最優秀監督賞のことに触れ続けて昔のチームメイトを苛立たせようとしても、チェイカは気にするそぶりも見せず、なぜ反撃しないのかと問う記者たちに「別にデブとかハゲとか言われたわけじゃないからね」と答えていた。

それに、チェイカが気にしていたのはエディーの嫌味な発言ではなかった。自分のチームがイングランドを倒せないことそのものだったのだ。

第二戦もビジター側の勝利に終わったのだが、スコアボード以外では全てにおいてオーストラリアが圧倒していたことを考えると、三対二七の敗戦は驚くべき結果だった。信じがたいことに、ワラビーズのポゼッションは七十パーセント、キャリーはイングランドの五三に対し一七二、ランメーターはイングランド一八二に対し九六二。何よりも、タックル数はオーストラリアが八一だったのにイングランドは二一七も行わざるをえなかったのだ。

　論理に反したこの勝利がシリーズの行方を決定付けたわけだが、エディーは記者たちにこのツアー中の最高のネタを披露した。ワラビーズにどんどんボールを持たせて息切れさせるという作戦は、モハメド・アリが〝キンシャサの奇跡〟と呼ばれる一九七四年の試合でジョージ・フォアマンに対して用いた有名な戦術を借りたというのである。「今日は消耗作戦でなくちゃならなかったのさ」

　ワラビーズのスタンドオフ、バーナード・フォーリーはアリ対フォアマンの例えはピンと来なかったものの、この日のイングランドは用意周到で、エディーの指示に忠実に従ったということは思い知らされており、こう振り返っている。

「初戦とゲームプランを変えたというのはとても賢明だったね。第一戦がワールドカップ以来初の対戦で、ワールドカップの勢いを継続できると思っていたんだが、それはこっちの判断ミスだった。双方ともトゥイッケナムのときとは違うチームになっていた。うちの四人のデビュー選手は一週間しか準備期間がなかったし、イングランドは前とは似ても似つかない強敵になっていた。新しい戦略を立ててうまく実行していた。われわれは準備の必要性を軽く見過ぎた。とはいえ、第一戦のスタートは最高の出来だった。いいトライが続いたのにエラーが出て、そこにつけ込まれたんだ。向こうが勢いに乗ったときに、なかなかその流れを止められなかった。それで次のメルボルンの試合に臨む状況がすっかり変わってしまった。期待は全てこちら側に集まっていた。シリーズを生き延びるためには、絶対勝たねばならないという立場だ。エディーはこちらが全力で当たることが分かっていて組み立てを変え、ディフェンスラインにより重点を置いていた。向こうはタックルし続け、こっちは勝ちを追い回し、チャンスにうまく点を入れられてしまった」

エディーにしてみれば、自分とチームの過去六カ月間の懸命な努力が報われたという確たる証しであった。イングランドはヨーロッパのライバルたちを蹴散らしただけでなく、南半球の環境や戦術にも順応してみせたのだ。

「テストマッチでは戦術的に柔軟でないとね」とエディー。「その意味ですごく満足だ。相手にすっかりボールを持たせておいて、こっちはチャンスにトライを決めた。いいチームになっている証拠だ」

そのチームは既にシリーズ優勝と世界第二位へのランクアップを確定させて、残る目標は三対〇で全勝を飾ることであった。

「みんなフィールドでそれを口にし始めて、絶対達成しようという気持ちになっている。世界一のチームになるのさ。オールブラックスが今この立場だったらどうするかね？　きっと三対〇をねらうよ。世界一になりたいなら、三対〇を目指さねばならない」

そしてまさしく三対〇となった。第一戦でイングランドが打ち立てた三九という対オーストラリア最高得点の記録は、わずか二週間後、エディーの選手たちが四四対四〇の勝利でツアーを終えたことにより、更新されたのである。

ワラビーズがシリーズで〇対三の完敗を喫したのは、一九七一年にスプリングボクスに屈して以来のことであった。エディーは試合後、メディアの前で勝ち誇るという誘惑には抗して、シリーズ中の軽口を「結構面白かったよ」と評し、母国に対しほんの一言軽い当てこすりを言うにとどめた。

「オーストラリアに来られてよかったよ」とエディーは言った。

「もちろん、オーストラリア人なんだから、ラグビーに関して祖国が自分に与えてくれたものに対していつも感謝の念を抱いている……」。そして、一瞬にやりとして続けた。「……まあ、三対〇で自分の国に勝つというのもいいものだけどね」

それから、エディーはオーストラリアにとっては面白くない話をやや蒸し返して、オーストラリアを長く苦しめたジョニー・ウィルキンソン［二〇一四年引退］がこのツアーの前に、イングランドのキッカー、オーウェン・ファレルとジョージ・フォードのために協力してくれたことに特に触れた。エディーが「太陽系随一」と評したゴールキック巧者ファレルは、ウィルキンソンもかくやという二四得点を挙げ、第三戦の勝敗を決定付けたのである。

オーストラリアのキャプテン、スティーブン・ムーアは、二〇一七年に一二九キャップ［テストマッチ出場回数を示す］の戦績を残して引退しているが、このシリーズを振り返って、ワラビーズにとってそれがシーズン最初のテストマッチだったため、実戦で鍛えられていたイングランドの選手たちに対抗できるほど十分な精神面の準備ができていなかったと述べている。

「二〇一五年以来、勝つのが当たり前だと思い込んでいたのは間違いない。ワールドカップを通して築き上げた精神力とチームのカルチャーが、そのまま続くものと思っていた。逆に、イングランドはワールドカップの開催地でありながら惨めに敗退して、それ以来、自分たちの力をはっきり証明しなくてはならなかった。それにしても、とてつもないシリーズだったよ。両チームともいいラグビーをした。選手生活を通して戦った相手の中でトップクラスだったし、その後も二シーズンほどの間にいかに手強いチームか示してみせた。ワラビーズを辞めたときのいきさつを考えたら、エディーはきっとうれしかっただろうけど、オーストラリア人としての誇りを持っている人だからね、決してそれをなくすことはないよ」

エディーの忠誠に対する疑問は、長く取り沙汰されている。自国代表チームの監督経験者は、他国の監督として元のチームと戦うべきではないという声は多い。だが、エディーは常々、出生国と雇用国は別であり、誰であれ給料を払ってくれる人に忠義を尽くすと明言している。

シリーズ最終戦後の記者会見でオーストラリア人記者がエディーに質問し、オーストラリアの総攻撃作戦をイングランドのディフェンス陣がつぶしたことから、ワラビーズは明らかにもっと柔軟性が必要だと思わないかと聞いた。

「向こうにはいい監督がついている」とエディーは言った。「自分たちで解決するさ。私はオーストラリアの監督じゃなくてイングランドの監督だし、そのことを光栄に感じている。自分がオーストラリアの監督だったら、答えるけどね」

一年後、ブリスベンで初戦が始まったときの出来事について語りながら、エディーは当時の気持ちについてさらに本心をのぞかせた。

「私はオーストラリア人だしオーストラリアが大好きだけれども、あの大スタンドを上ってボックス席に着いたら、葛藤の上っ面にあったものなど崩れ去った。ふと見ると、女性が一人、外側に座っていてね。完璧に飾り立てていたよ、イブサンローランの靴とか、きれいなスカーフとか、あれやこれや。国歌斉唱が終わると、その人が振り向いて中指を突き立てたり、悪態をついたりし始めたのさ。それで考えたんだ。『どうやらもうオーストラリアに惚れてはいないようだ』とね」

それ以前の二〇一五年にはその思いはさらに強く、イングランド監督に指名された翌日に、ワラビーズを倒すためにチーム作りをすることをどう思うかと、この〝娘の元夫〟は尋ねられてこう答えている。

「私がオーストラリアを離縁したんじゃない」とエディー。「オーストラリアが私を離縁したんだ」

第1章
ラーパ・ボーイズ

エディー・ジョーンズが最初に人種差別というものの顔を間近で見たのは、九歳のときだった。自分が人と違っていることはずっと分かっていたが、彼が住んでいた現実味の希薄な狭い世界では、みんながそれぞれ違っていて、そうした違いは抑圧されたり拒否されたりすることなく受け入れられていた。

だが一九六九年のこの日は別だった。エディーの父は、妻とエディーと二人の娘をシドニー南東部のリトルベイにある自宅に残し、従軍してベトナムにいた。

当時は、地元の退役軍人会（ＲＳＬ）のメンバーが海外駐留中の兵士の家族をサポートするのが習わしだった。当番表が作られて、大体が第二次世界大戦や朝鮮戦争で従軍したという元兵士たちが突然訪れて、二、三時間庭仕事や修理をしてくれた。エディーはＲＳＬの男が庭の小道を芝刈り機を押していくのを見たその日のことを、よく覚えていた。

玄関のドアを開けて現れた日本人の母親を一目見るなり、その男は「おまえなんかの芝は刈るものか」とうなるように言うと、小道を戻っていった。エディーの母は肩をすくめると、落ち着き払い、「私たちで芝刈りをしなくちゃならないようだわ」と言ってドアを閉めた。

そのあとも、エディーは人種差別的な態度や悪言に遭遇したことだろう。シドニー周辺のスポーツグラウンドでも、時にはそういう言葉を聞いたに違いない。けれども、自分の母と同じく、エディーは平静を保って気持ちを切り替えるということを身に付けた。

「母が『あの人に差別を受けた』と言っていたら、自分の中に刻み込まれていただろうけど、そうはならなかった」とエディー。「孤立していると感じて育ったのでは全くない。うちの母は、環境のせいで子どもたちが少しでも日本的になるなんて、絶対反対というふうだったから、三人とも正真正銘のオージーに育ったというわけだ」

エディーの父、テッドは職業軍人で、第二次世界大戦後に英連邦占領軍に所属して日本に駐留した。そのときにネリーに出会ったのだが、彼女は主要港であった呉《くれ》の西八キロに位置する江田島の占領軍本部で、通訳として働いていた。生まれてからの大半をアメリカで過ごしてきたネリーは完璧な英語を話した。ネリーの父は戦前に日本からカリフォルニアに移住し、サクラメント・バレーで果樹園を興した。新天地での未来は明るく見えたのだが、一九四一年一二月七日［ハワイ時間］、日本軍がパールハーバーを攻撃。ネリー一家は約十二万人の在米日系人とともに集められ、移動させられた。四年間にわたり、家族ばらばらに収容所を転々とするうちに、果樹園の果実は木の上で朽ち果てた。ネリーの父は二度とカリフォルニアには戻らなかった。米当局から受けた仕打ちが引き起こした怒りと屈辱感を胸に、彼は戦後日本に帰り、家族も戻れるよう手配した。

当時二一歳になっていたネリーは、またしても新しい文化と第二言語を一から学ばねばならなかった。日本人のように見えはしても、ネリーの生活体験や考え方はきわめてアメリカ的だった。そのため日本に同化するのは一苦労だったが、欧米的発想や言語スキルを持つネリーは、占領軍本部で働き始めると大変重宝された。その点はまた、ネリーとテッド・ジョーンズが言葉を交わし、恋に落ちるのにも役立ったのである。

占領軍兵士と地元女性との親交は必然であり、公式にはよしとされなかったものの、占領が長引くほど広く受け入れられるようになった。とはいえ、呉でオーストラリア人兵士が日本人女性と出歩いたり食事したりする光景を目にすることはともかく、そうしたカップルが結婚して一九四〇年代のオーストラリアに戻ってくるというのは、全く別の話だった。

一九四六年にオーストラリア軍が呉に到着したとき、兵士の多くは戦場だった南西太平洋をあとにしたばかりであり、オーストラリア自体、四年間にわたる日本人との悲惨な戦いの影響に揺らいでいた。ニュース映画では、衝撃的な身体状態で帰還した戦争捕虜が担架で下船する映像が流れ、新聞には日本軍が捕虜に残虐な扱いをしてほとんど何も与えなかったという記事が載り、それらは人々の胸にまだ生々しく残っていた。占領が十年も続くうちに、占領軍兵士は日本人に対する態度をかなり和らげたかもしれないが、母国にいる人たちの多くは手厳しく頑なままであった。

一九四七年一〇月、H・J・クック伍長はオーストラリア軍兵士として初めて、任務終了後に日本人女性と結婚し、オーストラリアに花嫁を連れ帰る許可を申請した。その申請の却下に当たり、オーストラリアの移民担当大臣、アーサー・コールドウェルは多くの国民の声を代弁してこう述べた。「男であれ女であれ、日本人がオーストラリアを汚す許可を与えるなど、最もおぞましい公然わいせつ行為にほかならない」

だがテッドとネリーが婚姻許可申請をするまでには、一般の反応は軟化していた。一九五一年九月にシンガポールで連合国側と日本の間で平和協定が調印され、七カ月後にはオーストラリアの国会で、オーストラリア軍兵士が日本人の妻子を本国に連れ帰ることを認める法案が通過した。最初にそれを実行したのは、工兵であったゴードン・パーカーで、一九五二年六月にチェリーと呼ばれた妻信子《のぶこ》と二人の子どもが来豪した。一九五六年一一月に最後の豪占領軍兵士が日本を去るまでに、六百五十組がこれに続いており、その中にテッドとネリーもいた。

一九六〇年、テッドとネリー、そして二人の娘ダイアンとビッキーは、タスマニア州バーニー市近郊に居を構えていたのだが、これはテッドが近くのデボンポートにあるココダ兵舎に勤務していたためであった。そのバーニーで、一月三〇日にエディーは生まれた。その直後にテッドはシドニーのランドウィック兵舎に配属となり、一家はランドウィック町の労働者地区、リトルベイに引っ越した。リトルベイはマトラビル、マラバー、チフリーの各地区と接し、また海岸沿いのラペルーズ地区にも楽に歩いていける距離なのだが、このラペルーズは、エディーにとってもラグビーというスポーツにとっても、のちに大きな意味を持つこととなるのだった。

シドニーの最高級ウォーターフロント地区まで車で数分という距離であるにも関わらず、ラペルーズは豊かさとは縁遠かった。それどころか、〝シドニーのソウェト〟［南アフリカ・ヨハネスブルグ近郊の黒人居住区」とまで言われた。〝ラーパ〟という別名を持つこの地区は、一八〇〇年代初頭にシドニーのアボリジニたちの排除先となり、彼らは急成長していた白人地区から隔離され、公営の貧民救済施設にまとめて移住させられた。時とともに、地方からシドニーに出てきたアボリジニもラーパに引き寄せられ、施設の周りの掘っ建て小屋や刺し掛け小屋に住み始めた。

そうした施設外の住民の中に、ゴードンとメイのエラ夫妻とその十二人の子どもたち——一九五九年生まれの双子の男の子たち、マークにグレンと、一歳年下のゲーリーを含め——がいた。ラーパで育った大勢の若者たち同様、エラ家の子どもたちも活発で元気一杯、そしてスポーツ好きだった。外に出て自分たちで面白いことを見つけ、路上や空き地で遊んだり、海で魚釣りをしたり泳いだり。実際、そうする以外なかった。二寝室しかない倒壊寸前の家では、ゆっくりもできない。給湯設備も下水の配管もなかった。電気コンセントは二つだけ、風呂に入るときは薬缶《やかん》で湯を沸かして外にある銅製のバスタブまで運んだ。料理は薪ストーブの上で行い、燃料は子どもたちが近くの雑木林から集めてきた。一家は台所で食事をしたのだが、あまりに狭いため交代制で四人用のテーブルを使った。マークとグレン、ゲーリーは両親の寝室の床に置かれた一つのマットレスで一緒に寝た。

快適さのかけらもなかったが、いつも家族と友だちと愉快なことが一杯の小世界で、エディー・ジョーンズの目には天国に映り、そんな彼をエラ家の人たちは快く迎え入れてくれた。

ネリーが歩いて数分の幼稚園まで五歳のエディーを連れていった日が、彼にとって人生で最高に幸運な日となったのである。

「実にラッキーだった」とエディーは語る。「初めてラペルーズの幼稚園に行った日、マットの上で隣に座っていたのがエラ三兄弟。ラグビー史上トップスリーの選手が揃っていたわけだ。彼らはゲームの仕方を変え、期待されるプレーのあり方を変えたんだからね」

それ以後三十年間、地元の少年チーム、州立ラペルーズ小学校、マトラビル高校〔七年生〜十二年生〕、ランドウィック・ラグビークラブを通してずっと、エディーは最前列の特等席でエラ兄弟のショーを見続けたのだが、それはまさに幸運にも目にした人ならば決して忘れられないプレーだった。エディーは彼らが、後にも先にも誰もできないようなやり方でラグビーボールを扱うのを目の当たりにした――エディーは監督となったチームで何度もそれを再現しようとしてきたほどである。

「ずっとそれが私の夢だね。あの頃に戻って、エラ兄弟がプレーしたとおりのラグビーを見るのが」

ラグビーユニオン〔日本で一般的なラグビー〕はエディーとエラ兄弟に名声をもたらすことになったが――エディーには財産も――当時、一緒にやっていたスポーツはそれだけではなかった。それどころか、ラグビーユニオンは彼らにとっていちばん関心のあるスポーツですらなかったのである。

「あの頃はみんなラグビーリーグがいちばん好きだったかな」とグレン・エラは語っているが、それというのもグレンの叔父、〝ラーパ〟ことブルース・スチュワートは、一九六〇年代にサウスシドニー、イースタン・サバーブズ両チームでプレーしたリーグの花形選手だったのである。スチュワートはAグレードリーグのラペルーズ・オールブラックスでもプレーしており、彼と同じ道に進むことがラーパの若者たち誰もの夢だった。

エラ兄弟、そしてエディーは、土曜にはジュニア・ラグビーリーグのチーム、ラペルーズで、日曜にはラグビーユニオンのクローブリー・イーグルスでプレーした。

「おれたちがどこかに入部すると、必ずエディーもついてきた」とグレン。「ラグビーユニオン、地元のリーグ、クリケット……それにタッチフットボールもずっとやっていた。できるときはいつでもどこでもタッチフットボールさ。クリケットのフィールドだろうと、アスファルトの校庭だろうと、気にしなかった。ボールがあれば使う、なければ缶でも瓶でも何でもよかった」

夏のスポーツといえばクリケットで、エディーがのちによく知られるような気性を表し始めたのは、地元のジュニアチームのキャプテンだったときのことだ。

「学校では四人全員同じ学年だったけど、マークとグレンは年上だったから、おれは始めの頃はほとんどいつもエディーと一緒だったはずだ」とゲーリーは振り返る。「つまり、地元のクラブではエディーと同じ年齢グループでプレーしていたんだ。エディーのおやじさんは車を持っていて試合のときはみんなを乗せてくれたから、あいつは引っ張りだこだったよ。出会った頃はすごくおとなしい感じだったけど、たぶんおれたちよりよく勉強していたからだろう。エディーはいつも頭がよかった。教室の中だけじゃなくてね。フットボール選手としても頭が切れて、ラグビーリーグのラペルーズではすごく機敏なダミーハーフだったし、ラグビーユニオンではフランカーとしてもフッカーとしてもうまかったけど、エディーが本領を発揮したのはクリケットだった」

「エディーはわれわれジュニアチームのキャプテンで、先頭打者で、オフスピンが得意な投手で、それにキャプテンの役割にとても真剣に取り組んでいた。いつも何か考えたり計画を練ったりしていたね。地元の地区競技会でプレーしていたから、同じ子どもたちと何度も対戦した。エディーはみんなの長所と短所を見つけ出して、勝つためにゲームプランを立てていたよ。ほかのメンバーは試合に出てくるだけでよくて、作戦はすっかりでき上がっていた。エディーはメンバーにどう動いてもらいたいか、きっちり分かっていたんだ」

そしてそのとおりにしないメンバーには、しっかり分からせた。

「あれが野次の始まりだった。エディーの機転の利くことといったら、それに皮肉もお得意だ。エディーは自分が思っていることを周りに知られても全く平気だった、敵方の選手にだけじゃなくてね。いつだって自分からいちばん難しいポジションについた。いちばん打者寄りの守備位置だったよ。そうやって相手の打者に近寄るんだが、味方の誰かがヘマをしたときも容赦なかった。そういう人なんだ、エディーは。自分が何かに時間をつぎ込んだら、周囲にもそれを求める」

エディーとその仲間たちは学校時代を通して、さらにエディーはそのあとも、クリケットを続けたが（ランドウィック・クリケットクラブに入団、セカンド・イレブンのグレードまで昇格）、一九七二年、マトラビル高校に入学するとラグビーユニオンがたちまち主要スポーツの座をラグビーリーグから奪った。

当時、シドニーではラグビーユニオンは上流階級のスポーツとみなされており、それはこのスポーツが私立学校システムに深く根差していたことが理由だった。プロ化が確立していたラグビーリーグとは異なり、アマチュア規定に則って、報奨金の提供を行わなかったため、経済的に余裕のない若者にとっては魅力的なスポーツではなかった。

実際、マトラビル高校は経済的に余裕のない若者であふれていた。ラペルーズに近いことから、同校はアボリジニの学生の在籍率が高かった。当時の悪質な人種差別ジョークにこんなものがある――マトラビル高校の卒業生は、そのままアンザック通りを渡るだけで新生活を始められる、ロングベイ刑務所で。

これはその頃の人々の典型的な態度を示す当てこすりであり、法的にも社会的にもオーストラリア先住民は二流市民扱いされていた。社会からのけ者にされているという感覚は波及効果を持ち、多くのアボリジニの若者に苛立ちと失望をもたらした。学校に行って何になる、と彼らは自問した。肌の色のせいで、まともな職になど決して就けないのに？　一九六四年の開校以来、マトラビル高校では無断欠席が大きな問題で、教師はなかなか生徒たちをやる気にさせられずにいた。そこで辿り着いた解決策がスポーツ。学校のチームでプレーするのに夢中になれば――と大人は考えた――少なくとも授業に出てはくるだろう。

マトラビル高校では冬のスポーツはラグビーリーグというのがお決まりで、その点はリーグ筆頭格のチームであるサウスシドニーの支持基盤地域のど真ん中に同校が位置していることを考えれば当然であり、学校創立から四年間はラグビーリーグがプレーされていた。が、一九六八年に教頭として着任したジェフ・モールドが、変化をもたらした。体育教師であるモールドは若い頃にリーグとユニオン両方をプレーしていたのであるが、当時は高等学校連合ラグビーユニオン・プログラムの取りまとめ役を務めていたため、マトラビル高校の十五人制

［ラグビーリーグは十三人制］への移行を強力に推した。この提案が父母に受けが悪かったのも当たり前で、その多くはプロのラグビーリーグこそ自分の息子が人生のスタートを切るのにふさわしい道と考えていたのである。同時に、気取りとは正反対の感じ方が絡んでもいた。ラグビーユニオンなんて、と父母たちは思ったのである、きざな私立高校連中の縄張りじゃないか。生徒数たった九百人の――しかも半分は女子が占める――ちっぽけなマトラビル高校が、シドニーボーイズ、クランブルック、ノースシドニーボーイズといった強豪校はもちろん、セントジョゼフやハンターズヒルのような古豪に対抗できるわけがないだろう？

心配はもっともであったけれども、モールドはラグビーが持つ伝統的カルチャーに嫌悪を感じるのではなく、むしろそこにひき付けられていた。

「数ある学校スポーツの中では珍しく、ラグビーはアマチュア精神に徹していることが分かってね。このスポーツの伝統的アプローチが私には魅力的だった。学閥意識をばかにする人もいるだろうけど、貴重な財産にもなりうる」

モールドが同校でラグビーユニオンを推進しようと思う理由はもう一つあった。着任後早々に、ランドウィックのファーストグレード・チームの監督であるボブ・アウターサイドから、同クラブのシーズン前のフィットネスプログラムを手伝ってほしいと言われていたのである。モールドは三〇代半ばであったにも関わらず、選手たちと一緒に走ったり運動したりするうちにラグビークラブの環境に引き戻されたように感じて、ランドウィックの非公式なフィフスグレードの試合でプレーできるよう入団した。とうとう引退するまでの二年間、モールドはラグビーとランドウィックから得られるもの全てを吸収した。モールドもまた、ほかの多くの選手と同様、ランドウィックのプレースタイルに心を奪われた。フラットなバックラインからの攻撃、素早いパス回し、フィールドのどこであれ援護も反撃も可能という点を重視したスタイルである。ランドウィックはランニングラグビーに徹しているため〝駿足グリーン〟というニックネームを得ているが、そのそもそもの始まりは一九二七～一九二八年にイギリス、フランス、カナダに遠征した伝説的なワラターズにさかのぼる。当時、クイーンズランド・ラグビーユニオン協会が破綻しており、ラグビーユニオンは完全にニューサウスウェールズによって運営されていたため、このチームはオーストラリア代表とは名乗れなかった。このワラターズを率いたのは、シドニー大学の〝ジョニー〟ことアーサー・クーパー・ウォレスで、ローズ奨学生として一九二二～一九二五年にオックスフォード大学に留学してラグビーの「ブルー」表彰を受け、また、スコットランド代表のセンターとしてテストマッチに九回出場した人物である。

ランニングラグビーという理念をワラターズに植えつけたのはウォレスで、それによりこのときのツアーではアイルランド、ウェールズ、フランスとのテストマッチを含め、三十七試合中三十一試合で勝利を挙げ、人々を魅了した。イングランドとのテストマッチでは、ワラターズは一八対五の劣勢を覆せず結局は一一対一八で敗れたのだが、当時トゥイッケナムにおけるベストマッチと称賛された。ランドウィックはワラターズにスクラムハーフのウォリー・マーと、ウォレスのセンターの相方であったシリル・タワーズを送り込んでおり、二人は帰国後、宗教的ともいえる熱心さでランニングラグビーの教えを広めることになる。

「実際に最初にランニングラグビーのプレーを見たのはニュージーランドでだったそうだ」と元ランドウィックの、そしてワラビーズのワールドカップ優勝時の監督、そしてタワーズ監督下のファーストグレード・チームのバックローであったボブ・ドワイアーは語る。
「キャプテンのジョニー・ウォレスが『これこそがプレーの仕方だ』と言って、みんなそれを貫いたんだ。それぞれ自分のクラブに持ち帰ったが、十分に取り入れたのはランドウィックだけだった。ウォリー・マーが亡くなったあともシリルはそのスタイルを指導し続けた。でもあんまり上手な説明じゃなくてね。ある晩トレーニングのときに怒鳴られたよ。『おまえがいるチームなんぞこの先二度と面倒見ないからな』とね。私がランドウィックの監督を始めたときには、シリルにうるさく付きまとって彼の理論を何度も説明し直してもらって、やっとある日『オーケー、オーケー、分かったよ』と言えるところまでこぎ着けた」

タワーズが自分が唯一無二と信じたゲームスタイルを指導したのは、ファーストグレードの選手だけではなかった。小銭の瓶をポケットに入れて持ち歩き、誰だろうと興味を示したら、クラブハウスのバーカウンターでそれを並べてバックラインのフォーメーションを教えていた。その一人がジェフ・モールドで、マトラビル高校にラグビーを取り入れると、タワーズから教わったことを全て実践に移したのである。

そのうえ、モールドが自分の数少ない選手グループの中に、類まれなほど才能に恵まれた学生を見出したことも幸運だった。その名はラッセル・フェアファックス。背中の途中まで金髪を伸ばし、まともにタックルされたら二つに折れてしまいそうなほどひょろっとしていて、ラグビーのフィールドよりもサーフボードの上のほうがしっくりくるようなタイプだったが、外見は当てにならない。モールドの説得に応じてマトラビル初のチームに加わったフェアファックスは、センセーションを巻き起こした。ポジションはフルバックだったけれども、ボールのあるところならどこにでも現れ、ランニングラグビー主義を体現して驚くべき結果を残した。一九六九年には史上初めて南アフリカに遠征した豪学生チームに選抜された。翌年、在学中ながらもランドウィックのファーストグレードでプレーし、スコットランド戦ではシドニー代表チームの一員に選ばれた。モールドの方針をまだ疑っていた父母がいたとしても、フェアファックスを一目見さえすればよかった。

一九七二年にエディーとラーパの仲間がマトラビル高校に入るまでに、フェアファックスはより大きな世界へと羽ばたき去り、ワラビーズでテストマッチ八試合に参戦したのち、ラグビーリーグのチーム、イースタン・サバーブズでスーパースターの地位を得ていたのだが、まだ彼の影響が残っていた。わずか四年のうちに、フェアファックスに負うところが大きかったとはいえ、マトラビルは早くも高校ラグビー界の有力校として認められつつあったのだ。

ＮＳＷ州の学生ラグビーは複数のグループに分かれており、その主な組織には、私立の「広域パブリックスクール」（ＧＰＳ）、「ニューサウスウェールズ統一カトリック学校」（ＮＳＷＣＣＣ）と、公立の「統一付属学校」（ＣＡＳ）、「統一高等学校」（ＣＨＳ）がある。各組織が独自に競技会を運営し、最も格が高いのはＧＰＳによるものであるが、州内全ての学校が参加できるトーナメントが一つあった――ワラタシールドである。ＧＰＳ所属のほとんどのエリート校はこの勝ち抜き戦には参加しなかったものの、毎年百チーム以上を集め、国内最高レベルの学校スポーツ競技会とされていた。

エディーと仲間たちがマトラビルで高校教育を受け始めたとき、キャンパスでいちばん幅を利かせているのが誰なのかは自明のことであった。毎週水曜の午後、全校応援を受けて、一軍の面々は次々に対戦相手を打ち破ってワラタシールドの決勝戦に進み、ついに初めてシールド（盾）を高々と掲げたのである。

「すごい選手が揃っていたよ」とマーク・エラは語るのだが、その当人はワラビーズのメンバーとして参戦したテストマッチ二十五試合のうち十試合でキャプテンを務め、一九八四年の〝グランドスラム〟ツアーではホームネーションズ［イングランド、ウェールズ、アイルランド、スコットランドを指す］四チームそれぞれからトライを奪っている。

「あのプレーを見て奮起させられたんだ。スクールカラーのユニフォーム姿もりりしくフィールドを駆け巡って、トライを挙げるたびに観客は熱狂した。それがすごく印象深くて、みんなとにかく一軍でプレーしてワラタシールドを手にしたかった」

それを実現するには、年齢別のチームを上がっていかなくてはならなかった。だがこの新入りたちはすぐに頭角を現した。マトラビル高校の数学教師、アラン・グレンは、一三歳未満のチームの練習初日に現れたごちゃ交ぜの少年たちを見て、一体どうなることかと思った。ところがボールを渡してパスし合うように言うと、グレンは自分の目を疑った。一見ばらばらのグループ――民族的・文化的背景も体型、体格もまちまちなのに、いったんフィールドに立つとほかのどんなチームにもない一体感が生まれた。

バックラインは、赤毛のウイング、グレッグ・ストアーズを除き、全員アボリジニの選手で、〝黒線に赤点〟というニックネームが付けられた。スクラムハーフのダリル・レスターは別として、エラ三兄弟と器用なセンター、ロイド・ウォーカーという未来のワラビーズメンバーが四人揃っていたのだ。フォワードでそこそこ大きいといえるのはセカンドローのウォリック・メルローズのみで、チームメイトの多くと同じく、彼ものちにランドウィックのファーストグレードのレギュラー選手となる。エディー・ジョーンズはいちばん小さかったとはいえ、よくやっていた。

「エディーは自分が小さいことは気にしていなかったよ」とグレン・エラは言う。「われわれはたくさんトライを挙げたけど、それにはまずボールを持ってなくちゃならない。エディーは一体何度ボールを手にモールから出てきたことか、全く驚きだった」

一トライ四点だった時代に、彼らは五〇点か六〇点以上を挙げるのが普通だった。ハーフタイムのアラン・グレンの指示は「倍にできそうか？」と素っ気ないのが通例で、たいていチームはそのとおりしてみせたものだ。

グレン・エラによれば、きちんとした試合で彼らが行ったことは、長年タッチフットボールのゲームでやっていたことの延長でしかなかった。唯一の違いは、もう缶ではなくていつでもフットボールでプレーできるという点だけだった。

「空いているフィールドで基本的なパスとキャッチをするというだけのことさ。小さなチームだったから、ボールを取れたら最大限それを生かした。フォワードがバックスの代わりに入ったりね」

一九七四年、ニューサウスウェールズ・ラグビー協会はワラタシールドの一五歳未満版を創設し、長年にわたり運営人補佐および審判を務めたアーサー・バカンにちなんでバカンシールドと名付けた。シーズンの始め、バカンはマトラビル高校が出場したある試合に臨席していた。アラン・グレンが指差して選手たちにそれを教えると、グレン・エラはバカンに歩み寄り、「ちょっと失礼、あなたの盾はぼくらがもらいますからね」と言った。グレン・エラは正しかった。マトラビルは決勝でセントアイブス高校を三三対一一で破ったのである。

この対戦は、オーストラリア・イングランド高校国際交流試合の前座としてシドニー・クリケットグラウンドで行われ、そちらはイングランドが二八対九で勝利を収めた。バカンシールド獲得は少年たちの自信と自尊心に驚くべき効果をもたらした。それまで寡黙で内気だったエディー・ジョーンズも、本来の性質を表し始めた。

「エディーはとんでもないやつだったよ」とマーク・エラは証言している。「そこが面白いところだ。今でこそ真面目だと思われているが、学校時代はみんなと同じにばかなことをしていた。ほかのみんなよりは勉強していただろうけど、一緒に行動していたからね。アウトサイダーとか一匹オオカミとかいうイメージは最近のもので、当時は悪ガキ仲間の一員だった」

「人と違う扱いをされるということもなかったし、学校のチームでプレーしているときに、人種差別的な野次を飛ばされたという記憶もない。バックラインにアボリジニが五人、日系ハーフのフッカーに赤毛のウイング。何か言われたって、それは全員に向けられていたわけだし、エディーなら利子を付けて言い返していたさ」

「エディーはラグビーとクリケットに関しては特に負けず嫌いだったが、彼の一番の得意技は素早く悪口を言うことだ。絶対に思い悩みながら死ぬことはないね。エディーとデービッド・ノックス（マトラビル高校、ランドウィック、ブランビーズ、そしてワラビーズの元スタンドオフ）がこれまで一緒にプレーした中で最高の野次り屋だ」

しかし、エディーに〝野次り負け〟するのを恐れて、敵方が彼やほかのチームメイトに人種差別的な悪口を言わなかったわけではない、というのがゲーリー・エラの説だ。

「あの頃はとにかく勝ちまくっていたから、相手はこっちを怒らせたくなかったのさ」

これはエディーも認めており、その見方をずっと取り続けた。

「選手・監督生活を通して、多少は人種差別的な野次も受けた。NSW代表としてクイーンズランドと戦った試合で、相手のプロップに中国野郎のなんだかんだと言われたことがあった。そいつに言ってやったさ。『おい、頭悪いな。中国人と日本人の違いも知らないのか』ってね。当時のオーストラリア人といえば白人かアボリジニで、アジア人は皆無だった。若いときはみんなに好かれたいと思うし、何か得意なものがないといけない。自分が得意だったのはスポーツだけだし、エラ兄弟と一緒にやってきたから人種差別的なものもそうひどくはなかった。あいつらがまさに素晴らしいスポーツマンだったおかげで、おれたちは勝ち続け、勝っているときは偉そうな口を挟んでくる者もそうはいない。大して言えることもないからね、そうだろう？」

エディーがいたマトラビル高校は常勝チームとなった。自分の監督在任期間にチームが挙げた成績は、総得点一〇〇〇に対し総失点五〇ぐらいだったのは確かだと、アラン・グレンは思っている。ジェフ・モールド監督下の一軍に昇級したあとも勝利は続いた。エラ兄弟やロイド・ウォーカーのように生来の才能に恵まれた選手には指導など不要だという説もあるだろうが、モールドは選手持ち前のスキルを改良し、磨きをかけた。それを実行するために、モールドは誰よりもランドウィック式ランニングラグビーを熟知している人物の経験から学ぼうとした――シリル・タワーズの経験から。

七〇代初めだったタワーズは、毎週サウスクージーの自宅から何キロもの道のりを歩いて、チームの練習を手伝いに来た。それが、エディーにずっと効果を及ぼすことになるコーチング教育の始まりで、ランドウィックでランクを上りつめていく間もその恩恵が続いた。

「シリルが来てうちの高校のチームをコーチするのを手伝ってくれたのは覚えているよ。エラ兄弟がチームにいたこともあって、シリルはおれたちのプレーの仕方に大きな影響を与えた。だからランドウィックに進んだのは自然な成り行きだった」

「シリルはボブ・ドワイアーの監督だった。ボブは私とユーウェン・マッケンジーとマイケル・チェイカの監督で、その全員がワラビーズの監督になった。ユーウェンはランドウィック式からはちょっと離れたけど、マイケルと私はフラットに展開するラグビーにこだわり続けた。そうプレーするよう教え込まれてきたからね」

タワーズは一九八五年に七九歳で他界したが、マトラビル高校をそれまでで最高の学生チームと評した。一九七六年と一九七七年にはワラタシールドを獲得したのだが、シドニーのラグビー事情に精通した人の間で評価を確実なものにしたのは、非公式なプレシーズンマッチだった。一九七六年のシーズン開幕前に、モールドは無敵のセントジョゼフ高校、〝ジョーイズ〟を練習試合に招待したのだ。

当時、GPSのプレミアシップは五十試合で競われていた。ジョーイズは三十勝を挙げ、シーズンの優勝決定戦が三十一勝目となったのだった。卒業生をどこよりも多くワラビーズに送り込んでいた同校では、全校生徒が全試合を正式な制服姿で応援するという規則になってい て、自校のハンターズヒル競技場では相手方が怖気付くような大声援を送っていた。ちょっと見ただけではほとんど皆、マトラビル側が学生ラグビー界のサラブレッドに勝つチャンスなどかけらもないと思っただろう。その日のジョーイズのメンバーには、のちのワラビーズのロック、スティーブ・ウィリアムズとフッカーのブルース・マルーフがいたのだが、エディーは後年、ランドウィックに入団した際に、マルーフがいたためにリザーブに回されることとなる。ジョーイズの選手と応援団は八台のバスを連ねて到着。対するエディーとチームメイトはみんな色もまちまちのラグビーパンツとソックスでフィールドに走り出た。観客の中でのちに自分がその監督となることになる選手たちを初めて眺めていたのは、ボブ・ドワイアーだった。

「両チームが登場したときは、まるでアメリカ映画の一シーンを見ているようだった。貧民街の子どもたちがスーパースターに挑戦する場面だ。一方のユニフォームはぴかぴか、体格もよく頑強でたくましい。マトラビルときたら、半分はジャクソンファイブみたいで、脚はガリガリ、足首のところでソックスがたるんでいた」

「ジョーイズが力強くスピード感があって戦略的かつ果敢なプレーをしたのにひきかえ、小柄なマトラビルの選手たちはとにかくタックルに次ぐタックルで相手がボールを持ち続けられないようにした。あのやり方は、ガツンガツン、ビュンビュン、パス二十回のあとにまたタックル、ボールを奪い取ったら回し続けてトライという感じだ。結局二〇点差で勝ったんだ、あの頃は一トライで四点しか入らなかったのに」

実際には一五対九でマトラビルが勝利をつかみ取ったのだが、伝統校ラグビーチーム揃いの輪に衝撃を与えたという点では、はるかに大きな点差に思われた。

翌年、マトラビルは一シーズン全二十四試合無敗の末に二年連続でワラタシールドを獲得し、その結果、メンバーのうち十一人が「統一高等学校」代表に、また、エディーを含む九人はオーストラリア高校選手権に参加するＮＳＷ代表二チームに選ばれた。この選手権は一九七七年から七八年にかけて日本、オランダ、イギリス、アイルランドを訪れる全豪学生遠征チームの予選を兼ねており、多くの命運を握っていた。ゲーリー・エラはＮＳＷの一軍に選ばれ、エディーと双子は二軍だった。マトラビル出身者の強さのおかげで両ＮＳＷ代表チームとも決勝に進み、エディーのチームが六対三で勝利した。

数日後、オーストラリアでも格別に名誉なスポーツ遠征に参加する二十九人の選手名が、ジェフ・モールド監督によって発表された。が、エディー・ジョーンズは選外だった。マトラビル高校からは五人――エラ三兄弟、ダリル・レスター、ウォリック・メルローズ――が入っていたものの、フッカー二人の枠にはＮＳＷ一軍のトニー・ライアンとクイーンズランド代表のメリック・アイレットが選抜された。

「エディーがあの遠征に行けなかったのは残念だった」とゲーリー・エラは振り返る。「豪選手権で勝ったチームにいたんだから、普通はそれでかなり有利になるはずだが。惜しいところだったに違いない」

惜しいかどうかはともかく、大親友三人と海外遠征に行くチャンスを得られなかったことは、エディーにとって大きな痛手だったが、その先にはさらなる打撃が待っていた。エディーのラグビーに対する愛着にいったんは終止符が打たれるような選考漏れの衝撃が――ラグビー界トップの監督の座に至る道を辿るのは、さらにずっと先のことだ――ランドウィックで待ち受けていた。

第２章 小兵の駿足グリーン

　エディー・ジョーンズは今年こそ最高の年になると思いながら、一九八九年のシーズンを迎えていた。一九八三年にランドウィックのチームメイト、ブルース・マルーフが引退して以来、エディーは同クラブとＮＳＷ代表の両軍の正フッカーを務めており、ファーストグレードのリーグ優勝決定戦に五回出場、そのうち三回で優勝を飾っていた。エディーのランドウィックでの元監督にしてメンターのボブ・ドワイアーがワラビーズの監督に返り咲いており、テストマッチのベテラン・フッカー、トム・ロートンはラグビー人生の最終章を迎えるべく南アフリカに去っていたため、ついにエディーが緑と金色のワラビーズのジャージを着ることになるのは、既定の成り行きとみられた。

　ところがそうはならず、代わりにドワイアーは無謀な選択をして、ラグビー界を唖然とさせ、エディー・ジョーンズを打ちのめした。

六年間というもの、シドニーのクラブラグビー史上最高のチームと認められて、国内でも屈指といわれたランドウィックで、エディーは重要な役割を果たしてきた。一九七七年から一九九二年の間にランドウィックは史上初の十六年連続決勝進出を成し遂げ、四回を除き優勝している。

〝ウィックス〟［ランドウィックの愛称］は一九七七年の決勝では九対一七でパラマッタに敗れたものの、翌年、エラ兄弟が全豪学生チームの遠征から戻ってすぐ一軍に送り込まれてからは、五年連続で優勝することになる。

「マトラビルのほかの連中はみんなランドウィック・コルツ（U-20）に入っていたから、おれたちもそっちで仲間とプレーしたかったよ」とゲーリー・エラ。「結局だいぶ経ってから、やっと一軍の練習試合でプレーするように言われたんだ」

ドワイアーはその前のシーズンからランドウィックの一軍監督を引き継いでいたのだが、エラ兄弟に成人リーグでプレーするという案を承諾させるには、やり手の不動産屋ばりの説得術が必要だった。まだ三人とも一〇代で、針金のようにやせこけていた。学校時代からの仲間であるエディー、ダリル・レスター、ウォリック・メルローズ、ロイド・ウォーカー、グレッグ・ストアーズらと一緒にコルツでプレーを続けるほうが楽しそうだったし、シドニーの一軍リーグで年上の石頭たちにこてんぱんにされかねないという恐怖心がずっと消えなかったのだ。しかし、ドワイアーは譲らなかった。マトラビル対ジョーイズの試合でエラ兄弟の動きは見ていたうえ、全豪学生遠征チームにおける実績――ツアー十九試合全勝、一一〇トライで得点を挙げ、失ったのは六点のみ――によって彼らは一躍有名人となっていた。ドワイアーの考えでは、そして実際に正しいことが判明したのだが、敵方の白髪交じりのフォワード陣はエラ兄弟に追いつけないだろうから、やっつけられる心配もないはずだった。

ドワイアーは、ランドウィックの要、かつワラビーズのバッククローであるゲーリー・ピアースとともにラペルーズのエラ家を訪れると、三人が断れないようなオファーを提示した。一軍の予選でプレーしてみてしっくり来なかったり気圧されたりしたら、コルツに戻ってプレーしても構わないというのだ。もちろん、エラ兄弟はずっと成功し続けた。

「その練習試合では相手をずたずたにしたよ」とドワイアーが振り返る。「いつの間にかギャップをすり抜ける、お互いをバックアップする、相手の後ろに回り込む、外側から抜く。まるでエミューみたいに走った。そう速くはなさそうに見えるのに誰も触れることもできなかった」

三兄弟はリザーブに入れられたが、そこに長くは留まらなかった。選手の負傷により、ゲーリーは第一節でアウトサイドセンターとしてトップレベルへのデビューを飾り、イースタン・サバーブズに勝ったこの試合で一トライを挙げた。翌週、ワラビーズのスタンドオフ、ケン・ライトが豪代表の試合で留守であったため、ゴードン戦でマークが弟に合流した。ライトが復帰すると、マークは一〇番のままインサイドセンターに回された。第四節、前年の優勝決定戦の再現となるパラマッタ戦でグレンが待ちに待った招集を受けると、三兄弟はやっと一軍でともにプレーすることがかなったのである。三六対一〇で勝利を手にしたこの試合でゲーリーは三トライを、マークは一トライを奪った。一週間後、ノースシドニー競技場で無敗のノーザン・サバーブズと対戦するメンバーの公式発表で、初めて三兄弟の名前が一緒に登場した。

前の週、ノースはマンリーとの接戦を制し、ランドウィックと一位の座を分け合っていた。ノースが勝利を思い描いていたのも当然ではあるが、エラ兄弟に触発された駿足グリーンは全国テレビ放送されたその試合で、六三対〇でライバルを破った。一夜にして、ラグビーユニオンのアマチュア規定から解放して移籍させようと、札束を抱えたラグビーリーグの各クラブが、エラ兄弟をねらい始めた。翌日、ラグビーリーグびいきのシドニー・デイリーテレグラフ紙の最終ページには、景気よく「エラ兄弟に十万ドル」という大見出しが躍った。

エディーとマトラビル高校出身の残りの選手たちは、コルツで二年を過ごしてから一軍に上がって、いまや有名人となった同窓生と一緒になったけれども、エラ兄弟のような華々しい出世を遂げた者はいなかった。エディーの二軍以下での見習い期間は長く苦しいものだった。身長一六二センチ、体重八〇キロという小柄な姿は学校時代やコルツのレベル以上に成人チームでは目立ったが、ランドウィックの歴史研究家であるジョン・ブリュワーはこう表現している。エディーは「自らの体重以上に健闘したトラのように勇猛なフォワードで、第三フランカーとしてタイトプレーでいい働きをしていた」

エディーはランドウィックのシンボルであるマートルグリーン［ややくすんだ深緑色］のユニフォーム姿で、約五十試合を二軍以下でこなしてからやっと一軍のポジションを確保したのだが、すぐにクラブのベテラン選手や関係者から一目置かれる存在になった。一九八二年、一軍に入って二年目に、エディーはランドウィックの最優秀・フェアプレー賞を受賞し、さらに最も成長著しかった選手第一位のトロフィーを獲得した。翌年はリザーブグレードでプレーし、そのチームが総合優勝を飾った。一九八四年には、豪代表フッカー、ブルース・マルーフがトップのグレードで七十五試合に出場、優勝五回という記録を残して引退したのに伴い、エディーが一軍の二番のジャージを引き継ぎ、以後堂々百四十七試合で着用することとなった。

ボブ・ドワイアーはワラビーズの監督として、一九八二年と一九八三年に勝ち負け相半ばする結果を残したのち、マンリーのアラン・ジョーンズに職を奪われた格好でランドウィックに戻っていた。以降五年連続でチームを決勝戦に導くことになるのだが、それにはエディーが重要な役割を果たした。エディーは、当時もてはやされた〝第三のプロップ〟的フッカーの代表格——アラン・ジョーンズ率いるワラビーズのフッカーでクイーンズランド人のトム・ロートンなどは一八六センチ、一一八キロという大男であった——とはかけ離れていたかもしれないが、小柄な体を賢く活かして長所に変えた。そのエネルギッシュな動きと、ブレイクダウンで大きなフォワードの間や下をかいくぐって進むプレーから、クラブの仲間内では〝ビーバー〟というニックネームで呼ばれた。

「エディーは自分の長所と短所をよくわきまえていた」とドワイアーは語る。「ランのスキル、敏捷性《びんしょう》、バランスのよさが合わさって、小さな体が苦になることもなかった。エディーのタックルはクリーンに低く決まった。直接の衝撃をかわして、ただボールキャリアをばっさり倒す。ボールを持たせたら、エディーはくるくる回るダンサーみたいなもので、ヒットやタックルからするりと抜け出て、体勢をうんと低くしたまま右に左にステップを切った。でかいやつらは脇をすり抜けられるばかりで、しっかりとエディーにねらいを定めることもできなかった」

だがエディーのほうは、誰だろうと常に「しっかりねらいを定める」ことができた。ワラビーズのメンバーには選ばれなかったが、野次に関しては世界でもトップクラスだったのだ。自分のチームメイトをねらったときは、鋭い舌鋒もユーモラスな冷やかしと受け取られたけれども。

「エディーはよくトレーニングでランニングをしてる最中に、実況中継ふうに茶々を入れたものだ」とグレン・エラが思い起こす。「ウォーミングアップ代わりにタッチフットボールをしたり基礎練習をしていると、どこか後ろのほうでエディーの陽気な声が聞こえるんだ。『ほら行くぞ、バックラインに沿って、エラからエラへ、またエラへ……あー、こりゃエラの手品だな、おい……』っていう具合だ。めちゃくちゃおかしかったよ」

ランドウィックで笑いや皮肉の的にできそうな選手がいたら、相手の体格に関わらず、遠慮なしだった。ワラビーズのバックロー、サイモン・ポワドゥバンはラグビー界の真の戦士と尊敬された人物である。赤毛の元カントリーボーイは、テストマッチ五十九試合、ランドウィックの一軍で百二十五試合に出場し、強靭さと耐久力では誰もかなわないと評されていた。素晴らしい体格と非常な頑健さを誇り、全てにおいて完璧といっていい彼の唯一のスキといえば、ときおりハンドリングのミスが出ることだった。エディーにはそれで十分。クラブ一尊敬を集めるこのフォワード選手に付けたあだ名は〝ビーナス〟――ミロのビーナスと同じく、体は問題ないが手を欠いているというわけだ。

フィールド外でエディーが叩く軽口に腹を立てる者はランドウィックのチームメイトにはいなかったが、フィールド内となれば話は違った。エディーの悪態と皮肉は敵を怒らせ、気を散らせる作戦だった。しかも、どのスポーツでも、どんな場合でも変わらなかった。マーク・エラは、エディーがインドアクリケットの親睦試合でも、テストマッチ並みの勢いでその作戦を遂行したのを覚えている。

「しまいにはその場を離れたよ、こう言ってね。『誰でも彼でも毒づくのはやめろ。ごろつきみたいじゃないか』」

ランドウィックの元チームメイト、マイケル・ネザリーも、エディーのやり方にうんざりすることがあったと言う。

「エディーは優秀な選手だった。頭がよく回る以上に口もよく回る。それどころか、一緒にプレーする仲間に恥ずかしい思いをさせたこともたびたびだった。ああいう振る舞いはクラブクリケット時代に覚えたのさ。シドニーの一軍レベルのクリケット選手の中には、あんまりスポーツマンらしくない、口の悪さで有名っていうような連中がいたからね。特にひどいのが一人、ランドウィックのクリケットの一軍にもいた。エディーはそういうカラーにどっぷり染まっていたんだ」

一九八八年、ランドウィックは遠征中のオールブラックスと平日に試合を行っている。いくつかの点で、その試合には歴史的に大きな意味があった――ニュージーランド代表チームがオーストラリアのクラブチームと対戦した最初にして唯一の試合であり、ランドウィックにはエディー、プロップのユーウェン・マッケンジー、ナンバーエイトのマイケル・チェイカと、のちのワラビーズの監督三人が含まれていたことである。だがサイモン・ポワドゥバンにとっては、ほかの理由で忘れられないものだった――エディー・ジョーンズがオールブラックスの伝説的二番、ショーン・フィッツパトリックに立ち向かったやり方である。

「片やエディー、チビの日系フッカーが、ショーン・フィッツパトリックに向かってだ。悪口雑言を次から次へと試合の間中投げつけたんだ。必ずグサッと来るようなセリフだったよ」

大体の場合、エディーにフィールド上で罵詈《ばり》雑言をまき散らされて頭に来ても、試合終了のホイッスルとともに忘れ去ったのではあるが、ほかのクラブの選手たちに好かれないのは当然で、〝害虫〟と呼ばれた。

「エディーが野次をまくし立てるという話は全部本当だよ」と元マンリーのフッカー、ロッド・クリアラーは語っているが、彼はエディーと何度もフィールドで取っ組み合いを演じている。「キックオフからノーサイドになるまで延々とだ。エディーはいい選手だよ。でも一度も対戦した相手がずっと忘れないのは、その口のほうだ。いつもグダグダ、こっちのすることや審判の判定に文句を言っていた。それがずーっと続く。すごく滑稽だったのは確かだがね」

「あの頃はもうそれが試合の一部になっていた。みんなちょっとは野次を飛ばしたものだけど、エディーの右に出る者はいなかった。だが、言われたことを気にしたことなんかない。私に関しては、いつだって試合終了できれいさっぱりだった」

しかし、ある特筆に値する試合で放たれた罵り《ののし》言葉は、ビールを飲んで忘れるというわけにはいかなかった。試合後一晩経っても。永遠に。マーク・エラによると「エディーはまさに当意即妙、時にはユーモアが意地悪になることもある。あの舌のせいで致命傷を負いかねない」。ある日、とうとうエディーは一線を越えた。野次る相手を間違えたのだ。

一九八三年、シドニーのラグビー界をつむじ風が通り抜け、その跡は惨憺《さんたん》たるものだった――聖域化していた慣習はひっくり返され、お歴々の威信はずたずたになり、クラブの老いた管理者たちはスコッチのソーダ割りを相手にぼやくばかり。そのつむじ風を起こした人物の名は、アラン・ベルフォード・ジョーンズ。

クイーンズランド出身、オックスフォード大学卒業、元高校教師であるジョーンズは、GPSの一軍レベルまでしかラグビーの監督経験はなかった。保守政治活動に熱心で、一九七八年には教職を離れ、一時は豪首相マルコム・フレーザーのスピーチライターとして働いたのち、ニューサウスウェールズ雇用者連盟の理事長となった。同姓のエディーと同じく、アランも知的で機知に富み、舌鋒鋭かった。完璧主義の仕事中毒、優れた雄弁家で、睡眠時間は二、三時間で足りるというジョーンズは、一九七八年、政治的野心が実を結び、自由党の有力者、ロス・ターンブルと交わるようになったのだが、ターンブルは元ワラビーズのバックローで、ニューサウスウェールズ・ラグビー協会の代表であった。ターンブルの引き立てによりジョーンズは一九八二年にはニューサウスウェールズ代表チームのマネージャーとなり、ニュージーランド遠征に加わった。とはいえ、その辺のマネージャーとは大違いだった。あるジャーナリストはこう書いている。「その強烈な人柄のおかげで、ジョーンズが単にバスを乗り降りする選手を数える役目にとどまることはなかった。競技場の管理人と対決し、ホテルの支配人を言いくるめるという具合で、アランは全く人並み外れていた」

そのNSW軍のニュージーランド遠征で、ジョーンズはマンリーの選手たち、ロス・レイノルズ、スティーブ・ウィリアムズ、ビル・カルクラフトから、同クラブの監督になってほしいと説得された。

「自分からせがんだわけでは全くない」とジョーンズ。「することは山ほどあったからね。でも断り切れなくて指名されたんだ」

　マンリーはシドニーのリーグでは強くてサポーターも多いクラブだったが低迷中で、七十七年の歴史でシドニーのプレミアシップで優勝を飾ったのは四回のみ、直近の三十三年間はそれもご無沙汰という成績だった。

　クラブの新監督、アラン・ジョーンズは、何事も成り行き任せにはしなかった。毎週の試合に対する準備の度合いと注意深さは、それまでのシドニーのクラブ同士の戦いにはないレベルだった。一試合一試合が、最終目的――決勝戦での勝利、より具体的にいえばランドウィックを決勝で破ること――に到達するはしごを一段上ることを意味した。その頃のランドウィックの圧倒的優位を支えていた優秀なアボリジニ三兄弟の出身地はラペルーズ――のちに、自らが司会を務め影響力を持つラジオのトーク番組で最底辺地区を〝苦しみもがく町〟と名付けたことは有名で、ラペルーズはその最たる例――であったにも関わらず、ジョーンズはなお駿足グリーンを、彼がシドニーラグビー界の問題と考える全ての点の象徴とみなしていた。つまり、縁故主義、エリート主義、代表選考でのえこひいき、といった点である。

「当時は、今もだけれど、全体の運営のあり方がラグビー界の構成要素を反映していないことに懸念を抱いていた」とジョーンズは言う。「オーストラリアラグビー協会の会長職も、代表チームの監督も、キャプテンも、スタッフも、全てランドウィックが握っていた。あのときはそれが健全だとは思わなかったし、今もその考えに変わりないと最近も記事にしたところだ。憎むとか嫌悪するというのに巻き込まれるつもりはないが、当時も、今も、運営については憂慮しているよ」

その当時、マンリーの一軍チームのメンバーだったバックローのティム・シェリダンは、のちにテレビ・ジャーナリストとして有名になったが、ジョーンズのランドウィックに対する反感は明らかだったと述べている。

「アランは間違いなく、ランドウィックがオーストラリアのラグビーを牛耳っていると思っていたよ。当時、NSWでもオーストラリア代表でも実権を握っていたのは誰か、それにボブ・ドワイアーが全体的に大きな影響力を持っていたことを考えてみれば、そう理不尽な見方でもない。フィールドの中でも外でも、彼らの力は絶大だった」

その見方はジョーンズ一人のものではなかった。スーパーラグビー創設前の時代には、オーストラリアのラグビーでは有力な地方は二つだけだった——NSWとクイーンズランドである。年一回の州同士の決戦は熾烈なもので、全国一の地位とワラビーズにおけるポジションのために禁じ手なしの勝負が繰り広げられた。一九七〇年代半ばからは、かつては劣勢だったクイーンズランド側がNSW側を圧倒し、自分たちのホームグラウンドであるバリモアが砦となった。一九七六年五月には、クイーンズランドがNSWを四二対四で破り、三年後にも、同じ得点差の四八対一〇でまた勝者となっている。一九八〇年には遠征してきたオールブラックスを九対三で打ち負かして世界一の地方チームという称号を得た。

一九八二年、ワラビーズのイギリス遠征が対アイルランドの一勝のみという期待外れに終わると、代表監督がボブ・テンプルトン——クイーンズランド出身——からボブ・ドワイアーに代わって、自国を舞台にスコットランドを迎え撃つこととなった。が、ドワイアーの任期は最悪のスタートを切ることになる。代表監督は初の経験だったことから、自分の熟知しているやり方を守り、ワラビーズにランドウィック式のランニングラグビーを取り入れようと計画したのだ。あいにく、ドワイアーの動きはあまりに早急かつ尚早だった。ブリスベンでのテストマッチ初戦の前に、クイーンズランドはNSWをシドニーでは二三対一六で、バリモアでは四一対七で下し、次いでスコットランドに一八対七で勝った試合では、スタンドオフのポール・マクリーンと威勢のいいフルバック、ロジャー・グールドが目覚ましい活躍を見せた。にも関わらず、ドワイアーが発表したテストマッチのメンバーにはマクリーンとグールドの名前はなく、エラ兄弟の双子、マークとグレンが入っていたのだ。もともとクイーンズランドのスポーツファンはどこよりも地元びいきであるうえ、その地元のヒーローよりもドワイアーはランドウィックの自分の子飼いの選手をえこひいきしたとみなされたため、過激なクイーンズランドのラグビーファンの間にショックと怒りが広がった。

一九八二年七月四日、スコットランドとの対戦でワラビーズがバリモアに登場すると、クイーンズランド人の観衆はあろうことか自国の選手二人にブーイングを浴びせた。見るからに動揺していたグレン・エラが、スコットランドのスタンドオフ、ジョン・ラザフォードが自分に向けて上げた最初のハイボールを落とすと（このあとラザフォードは同じ手を繰り返した）、その日最大の歓声が上がった。続いてマーク・エラがパスのタイミングを誤って兄弟同士の肩がぶつかり、トライのチャンスを逃すと、口汚い野次の声がさらに高まった。「グールドを出せ、グールドを出せ」という大合唱が試合開始から終了まで続いた。結果は一二対七でスコットランドの勝利。マクリーンとグールドが呼び戻されたテストマッチ第二戦は、三三対九でオーストラリアが勝ったのだが、ボブ・ドワイアーとグレン・エラはその後何年も夢にバリモアが出てきてはうなされたのである。

この大騒動に、クイーンズランド人であるアラン・ジョーンズのランドウィックに対する敵意が絡んでいたのか、あるいはジョーンズは自分の選手たちの間に〝自分たち対やつら〟的な考え方を植えつけるという古典的な戦術を取っただけなのか、その点は定かでない。確かなことは、ジョーンズがシドニーラグビー界の最強チームを嫌悪し、一九八三年の決勝戦で一二対一〇で彼らを王座から追放して欣喜雀躍《きんきじゃくやく》したことを公言してはばからなかったという点である。

有名なラグビー専門執筆者、グレッグ・グローデンは、マンリーの歴史的な勝利の直後に、シドニースポーツ競技場で勝利者サイドの更衣室への立ち入りをいち早く許されたのだが、そこで奇妙な光景を目撃した。

「誰も彼も跳び上がったり叫んだりしていたが、『やった、優勝したぞ』とは言ってなかったんだ。『最高だ、ランドウィックの野郎どもをやっつけたぞ』という具合でね。選手たちは憎む相手が必要で、アランはそれを与えてやったんだ」

マンリーのフッカー、ロッド・クリアラーは、ジョーンズは「ランドウィックに勝つためならどんなことでも」しただろうと言う。

「向こうは過去五年優勝していて、毎年同じ更衣室を使っていた。われわれは準決勝で彼らを負かして直接決勝戦に進んだが、あっちは翌週イーストウッドに勝ってやっと進出してきた。ジョーンズのおやじさんはラグビー協会に乗り込んで、最初に決勝進出を決めたんだから、こっちに好きなほうの更衣室を選ぶ権利があると言い渡したんだ。ランドウィックはいつもの更衣室を使うつもりで試合に来てみたら、われわれがもう陣取っていたというわけさ。不愉快だったろう。試合の前からうちがリードしていたということだ」

エディーは当時は決して認めなかったろうが、まさしくそれは彼自身が喜んで使ったはずの手だった。つまるところエディーという男は、豪代表の監督時代には、対スコットランドのテストマッチの前に相手のホームグラウンドであるマレーフィールドの幅を歩測して五メートル足りないと審判に文句を言ったり、「ラグビーを盛り立てる責任」に関連してイングランド監督のクライブ・ウッドワードを侮辱し、戦術を変えさせようとしたり、年間最優秀監督賞受賞のことでマイケル・チェイカをしつこくからかったりしているのである。実際、エディーとアラン・ジョーンズが一緒に働いていたら、素晴らしい友好関係を築いていただろう。けれども、まさに一九八三年の決勝で対決したマンリーとランドウィックと同じぐらい、二人のライバル関係は苦いものであり続けた。

ジョーンズは自軍の歴史的勝利後に、「優れた能力だけでなく、優れた意志も備えた若者たち」からなる自分のチームを興奮の面持ちで称賛したが、敵については素っ気なかった。優勝監督は決勝戦で敗れた側の努力を称えるのが慣習だったにも関わらず、ジョーンズには全くその気はなかった。

マンリーの一九八三年の年次報告書の中で、ジョーンズはシーズンの概要を以下のように始めている。「マンリーは五回の優勝経験を持つランドウィックを三週続けて破り、マンリーは無力でランドウィックこそ無敵だという主張を粉砕したのである。あの日、スポーツ競技場で、精鋭マンリー軍は持ち前の力と勇気と技を見せつけ、数多くの誤った通念に終止符を打ったのだ」

事実をいえば、マンリーは三週連続でランドウィックを破ったわけではなかった。最終節における結果は引き分けだったのだが、ジョーンズは最後の二〇対二〇というスコアは「間違いなくランドウィックにとっては命拾いだったろう」と書いている。

細かなことはさておき、さらに、マーク・エラが後半に試みたフィールドゴールは、決まっていればランドウィックに六年連続優勝をもたらしたはずが、ゴールポストの外側をかすめていったのだということを忘れれば、マンリーの勝利がジョーンズによる驚くべき采配の結果であったことは否定できなかった。十二カ月前には事実上無名であったのに、いまやその名はあらゆるところに登場した。ジョーンズはスピーチの求めには必ず応じた——聴衆がわずかでも、僻地《へきち》のクラブハウスでも厭わずに。何についてであれ、アラン・ジョーンズの英知と能弁に接したいという人がいれば、どこへでも出かけた。それはまるで選挙活動のようだった。実際に、ジョーンズは立候補したのである。ボブ・ドワイアーが二年の任期後に代表監督に再応募するように言われた折に、アラン・ジョーンズは対抗馬として立候補した。旧友である自由党のロス・ターンブルの支援を受け、たった一シーズンしかファーストグレードの監督経験がないにも関わらず、ジョーンズはラグビー界で最高の職を手に入れた。

ジョーンズの最初の仕事は、一九八三年のテストマッチ三戦ツアーにオールブラックスがやって来る前に、フィジーへの短期遠征に出ることであった。メンバーの選考は、一二対六でクイーンズランドの勝利に終わった州対抗戦後の、空っぽのシドニーコンコード競技場の特別観覧席で行われた——その試合ではクイーンズランドのキャプテンはアンドリュー・スラック、NSWのキャプテンはワラビーズの現職キャプテンでもあるマーク・エラだった。ジョーンズが言うには、彼が選んだ選手のリストを渡すと、共同選考委員であるジョン・ベインもボブ・テンプルトンも特に話し合うこともなくそのまま承認した。

「二人に言ったんだ、もう行くよとね。階段を半分まで下りたら、『キャプテンはどうする？』と呼び止められた。やれやれ、キャプテンと来た。マーク・エラだと答えたら、『マーク・エラだって？　オーストラリアのラグビーに新しい規律をと言いながら、まだあんな……』と長々講釈を聞かされた。それで『キャプテンなんて誰でもいいよ』と言った。マークはシドニー代表としてはプレーしていなかったものの州対抗戦には復帰していたし、体重が増え過ぎていたが、もともと彼らがマークをキャプテンにしたわけだからね。それでキャプテン候補が二人になってしまった、マークと、もう一人はアンドリュー・スラックだ。私はこう言ったんだ。『マークが嫌ならアンドリューにすればいい、構わんよ』。で、アンドリューがキャプテンになったら、周りは大騒ぎだ」

この経緯は、ランドウィックのサポーターにはとうてい受け入れられないものだ。ジョーンズがエラを不当に扱ったという説が、ずっと信じられていくだろう、ジョーンズ自身はずっと抗弁し続けているにせよ。

「私が決めたわけじゃない。だがほかの二人は、エラは自制心に欠けるという強い意見を持っていたんだ」

エラの降格の理由が何であれ、ジョーンズとスラックのコンビが勝利を招いたのは確かだった。ワラビーズはジョーンズの下、出だしで華々しい成功を収めた。まず一九八四年に、イングランド、ウェールズ、アイルランド、スコットランドを相手にオーストラリア初の〝グランドスラム〟を達成すると、二年後にはニュージーランドでオールブラックスとのシリーズ戦勝利を飾り、ブレディスローカップ――両国間のラグビー対決における覇者のシンボル――を高々と掲げた。これはなんと一九四九年以来の快挙であった。

一九八七年、ジョーンズのワラビーズは大きな期待を担って初のワールドカップに臨んだのだが、その頃には彼の神通力も衰えを見せ始めていた。既にマーク・エラの出番はなし、というのも一九八四年の遠征後に二五歳で引退していたのだ。ワールドカップ初戦、一九対六でイングランドに勝った試合で、ロジャー・グールドは負傷。ある朝、宿舎のホテルを出たきり戻らず、「自分のラグビー人生で最悪の時期」だったと述べている。チームのトレーニングスケジュールはジョーンズの朝のラジオ番組に合わせねばならなかったうえ、チームの中には、監督が特定の選手をひいきしていると感じて欲求不満を募らせる者もいた。

ブライアン・スミスは可愛がられたうちの一人だった。クイーンズランド出身で早くから頭角を現した二一歳のスミスは、ジョーンズが将来有望と予言し、全力を挙げて才能を花開かせた多くの選手たちの仲間入りを果たしたのだった。選ばれた者にとっては、ジョーンズの支援はフィールドの内外両方で、キャリアに対する貴重な後押しとなった。彼はスポーツと人生の監督であり、援助を受け、目をかけてもらった者は感謝し、報いた。だが、その輪の外にいる者の目には、特定の選手との親しさが災いして、ジョーンズは評判と影響力を衰えさせているように映った。

ジョーンズはこう言う。「ひいきするかどうかというのは、監督になって最初に受けた質問だ。『選手のえり好みをしますか?』とね、ドワイアーがランドウィックの選手をひいきしたからだろう。する、と答えたよ。優秀な選手をひいきするだろう。ブライアン・スミスは才能があるし、どんなポジションでもこなすはずだ。これからの成績を見れば分かるよ」

一九八七年、ワラビーズのアルゼンチン遠征に注目していたファンを驚かせたのは、最新の愛弟子に対する監督の支援は揺るぎなく、グランドスラムの英雄であり、のちのワールドカップ優勝チームのキャプテンであるニック・ファージョーンズを差し置いて、スミスがテストマッチ初戦のスクラムハーフに選ばれたことだった。とはいえ、ジョーンズに言わせると、ただの「衝撃の選考」ではなく正当な理由があった。

「私の記憶が正しければ、まあ間違っているかもしれないが、ニックは負傷していたか、アルゼンチンのテストマッチ第一戦には万全でなかったか、どちらかだった」

アルゼンチン遠征がジョーンズのワラビーズ在任中で最悪の結果に終わったのち、スミスはキャリアアップのためにブリスベンからシドニーへ移った。そしてランドウィックとのクラブマッチの際に、エディー・ジョーンズに目を付けられたのである。ゴールキックの準備をするスミスに向かって、エディーは長年多くの敵にしてきたことを行った――容赦なく野次を浴びせかけたのである。ランドウィックの選手たちがゴールラインの後ろに控えている前で、スミスがアラン・ジョーンズにひいきされていることに的を絞り、エディーは悪態とどぎつい当てこすりを連発した。

それは途切れることなく、スミスがキックのために進み出て、盛り砂にボールをプレースし、助走距離を歩測して動きに入ってもエディーは手加減しない。キックが放たれると、エディーはハーフウェイラインまで下がるスミスのあとを追い、一瞬たりとも野次をやめなかった。エディーが気付いていなかったのは、フェンスの向こう側でアラン・ジョーンズが一言一句聞いていたという点である。

ジョーンズは自分に忠実な人々をある言い方で呼び、お返しとして彼らに同様の忠誠を示す。〝選り抜きクラブ〟というのがそれだ。そこに選ばれたメンバーは、ジョーンズがどれほど貴重な友人たりうるか重々承知している。ワラビーズの選手選考だろうと、オックスフォード大学入学だろうと、不動産購入や就職だろうと、アランには物事を実現させる手立てと影響力があった。同じように、ジョーンズを怒らせて敵となった人々は――総理大臣を筆頭に――彼がどれほど恐ろしい敵になりうるか証言してくれるだろう。その日、シドニー郊外のラグビーグラウンドで、エディーは後者のグループ入りとなった。それどころか、そのグループのキャプテンだとまでいわれる。アラン・ジョーンズはグリーンのジャージの小男が言ったことを絶対に忘れないだろう。ラジオ番組でも、ラグビー界上層部の彼の支持者との会話でも、有力者である友人宛てのいつもの私信の中でも、エディーの指導力と資質をけなす機会があれば、決して逃さない。

「エディー・ジョーンズは、それで自分が有利になると思えば、いつでも卑劣行為の達人になれる、特に卑劣な物言いのね」とジョーンズは述べている。「あの日、彼がどういう人間か分かったんだ。私自身はとうていなれないし、なりたくもない種類の人間さ」

エディーのほうは、彼らしく、後悔の色も見せない。

「そのとおりだよ。アランに好かれはしなかった。実際、向こうがまだ根に持っているというのは面白いな。これまでに一度だけ彼と話したことがある。本当だよ。でもクラブラグビーの時代だった。自分は野次がうまかったというのは認める。たぶん選手としてよりも野次り屋としてのほうが上だったね」

アラン・ジョーンズ監督時代には、エディーがオーストラリア代表としてプレーするチャンスは巡ってこなかった。エディーはNSW軍の正フッカーの地位を固め、十三回にわたって州代表としてプレーしたにも関わらず、マンリーの元監督であるジョーンズは自分のチームにランドウィックの選手をさらに加えようなどとは考えもせず、常に二人のクイーンズランド人フッカー、トム・ロートンとマーク・マクベインを選んだ。が、一九八九年には、それも問題ではなくなった。アラン・ジョーンズが退場し、ボブ・ドワイアーが復帰したのだ。そのシーズンのブリティッシュ・アンド・アイリッシュ・ライオンズとの三戦をワラビーズが惜敗で締めくくり――ウイング、デービッド・キャンピージからフルバックのグレッグ・マーティンに出た中途半端なパスに、ライオンズのウイング、ユアン・エバンスが飛びついて決勝トライに持ち込んだ――シリーズを一対二で負け越したあと、ドワイアーは一から出直しとなった。

トム・ロートンは対ライオンズの敗戦後に海外に向かい、ドワイアーは次のオールブラックスとの一試合だけのテストマッチを、チームに新しい活力を注ぎ込む機会とすることを公言していたため、エディーはやっと自分の出番が来たと確信した。エディーが気付かなかったのは――誰も気付いていなかったのだが――自分のすぐ背後に迫っていた脅威だった。

フィル・カーンズはシドニーのGPSの一つ、ニューウィントン校の二軍でプレーし、ランドウィックのコルツで二年間を過ごしたのちに昇格してきた。一九八九年には三軍からリザーブへと上がってきており、二九歳のエディーがNSW代表として外れている間、ときおり一軍で起用されていた。頑健でありながら機動力もあって活動量の多いフッカーであるカーンズには、明らかに大きな将来性があった。一九八八年に、マーク・エラが引退を撤回してランドウィックに復帰すると同時に、双子のグレンは港の反対側、マンリーのスタンドオフとなっていた。二人の初対決試合は大ニュースとなり、スポーツ記者の一団がクージー競技場に集結した。サイドライン沿いの木のベンチに座ってリザーブグレードの試合を見ていた一人が、カーンズの圧倒的なプレーに思わず見とれていた。

「ランドウィックの二番は誰だ?」と隣の席の記者に聞く。フィル・カーンズだと教えられて、冗談交じりに返した。「あいつはオーストラリア代表になるよ」。そのコメントは一同の笑いを誘ったのだが、十二カ月後には誰にとっても笑い話などではなかった。特にエディー・ジョーンズにとっては。

ボブ・ドワイアーは、ワラビーズの選考委員であるボブ・テンプルトンとジョン・ベインの二人とともに、一九八九年八月九日のオールブラックス戦のメンバーを選びつつも、オークランドのエデンパークスタジアムで行われるこのブレディスローカップ戦よりずっと先に目を向けていた。一カ月前にブリティッシュ・アンド・アイリッシュ・ライオンズにワラビーズがねじ伏せられて、ドワイアーはオーストラリアが一九九一年のワールドカップで優勝に絡んでいくためには、最前列の布陣を改善する必要があることを痛感していた。思い描いていたプロップはランドウィックのユーウェン・マッケンジーと、豪U-21のルースヘッド、トニー・デイリーだった。マッケンジーは負傷中で翌年のフランス遠征までテストマッチ・デビューはお預けになるが、選考委員たちはデイリーにチャンスを与えることに賛成だった。さらに、経験不足ながら並外れた才能を示している一八歳のセンター、ティム・ホーランについても全員一致だった。

ドワイアーの用意していたリストの中では、次の選手がいちばん議論の的となりそうだった。それどころか、一笑に付されずに、また、ランドウィックびいきだと責められずにその名前を持ち出すには、どう切り出したらよいか分からなかったと、言っている。

フッカーのポジションに話題が移ったときに、ドワイアーは自分が不安を覚えながらこう言ったのを思い出す。「ものすごい将来性を持っているのは、フィル・カーンズだと思う」

ボブ・テンプルトンの答えはこうだった。「誰だい、そりゃ？」

「フィル・カーンズだよ」とドワイアーは繰り返し、こう付け加えた。「今は二軍でプレーしている」

ジョン・ベインは、自身の監督時代、一風変わった選考を通すことで有名であり、ドワイアーにこう助言した。「そいつが一番だと思うなら、推薦してはどうかね？」

「分かったよ……私はフィル・カーンズを推す」

ベインとテンプルトンはともに言った。「決まりだ」。これがテストマッチ六十七試合出場というキャリアの船出であった。

リザーブグレードからカーンズが選ばれたことは、オーストラリア国内でもニュージーランドでも話題を呼んだ。エディー・ジョーンズには絶望をもたらした。単にチャンスを逃したというだけではない。公然たる侮辱であった。豪代表選考で落とされたのもさることながら、自分のチーム内の代役のせいで――しかも、自分の元の監督でメンターとして力づけてくれていた人物によって――というのは、全く別の話だった。

サイモン・ポワドゥバンによれば、「エディーはとにかく負けず嫌いだからね。代表選考で外されたのは、ひどい仕打ちだった」

というのは一つの見方だが、エディーはもっと深刻にとらえている。

「十二カ月間は腐っていたよ。ラグビー人生最悪の年だ。プレーするのも嫌だった。やってるふりをしていただけだ。でも結局はいい勉強だった。いつだって失望することはあるし、気持ちを切り替えなくちゃならないということが分かった」

エディーはついには気持ちを切り替えたが、一晩でというわけにはいかなかった。抜け殻のようであったかもしれないが、まだクラブの重要な一員だった。一軍監督のジェフ・セイルは、マートルグリーンのジャージで三百七十九試合に出場したランドウィックの英雄であり、エディーに対して義理を通した。豪代表の新人フッカー、フィル・カーンズがテストマッチから戻ると、そのままリザーブグレードに戻したのだ。エディーは一軍の優勝決定戦までしっかり自分の地位を守り、イーストウッドを一九対一六で突き放し、自身四回目となるトップグレードのプレミアシップ優勝を経験した。しかしながら、不吉な予兆はあった。カーンズは、それから間もなく世界一の座を確実なものにするワラビーズのフロントローの一員であり、結局エディーは一九九〇年半ばにリザーブグレードに降格された。が、その打撃は、一九九一年にキャプテンに指名され、彼自身の言葉によれば「好きに取り仕切るように」と言われて和らいだ。

ラペルーズの未成年クリケットチームを除けば、エディーがキャプテンになったのは初めてのことだったが、何も変わらなかった。エディーは引き続き驚異的な努力を重ね、ほかの選手たちにも同じ真剣さを求めた。最高レベルの基準を設定し、それについてこられない者にきつく当たることで、エディーは自分が二十年ほど前に手本と定めた人物の真似をしていたのだ。クリケットの元オーストラリア代表チームキャプテン、イアン・チャペルがその人である。

二〇〇四年に、ジャーナリストであり作家であるグレッグ・グローデンは、『私のスポーツヒーロー』（My Sporting Hero）という本を編んでいる。売り上げの一部は救世軍に寄付されるということで、グローデンは様々なアスリート、政治家、セレブリティ、メディアタレントなどに、自分の人生に影響を与えたスポーツ界のヒーローについて一文を寄せてもらった。その結果、ユーモラスなものから感動的なものまで幅広い回想記が集まった。〝ヒーロー〟には著名なプロ選手も、校庭の英雄止まりだった人も含まれていた。ラグビー選手やテニス界のスターはもちろん、シンクロナイズドスイミングの豪代表チームも登場している。遠泳選手のスージー・マローニーは、双子の兄でハワイ・トライアスロン大会の練習中に二七歳の若さでホノルルで亡くなったショーンについて、美しい追悼文を書いている。

エディーの文の始まりはこうだ。「一九七〇〜七一年のジ・アッシズ・シリーズ［オーストラリアとイングランドのクリケット対抗戦］でイアン・チャペルが豪代表キャプテンとして迎えた最初の試合をこの目で見たことを、私は決して忘れないだろう」。続いて、エディーはキャプテンとして、監督として、一人の人間として自分自身を正確に表現するかのように、チャペルを描いてみせる。

「その日、私は父とスタンド席にいた。記憶に残っているイアン・チャペルは、挑戦的で落ち着きがなく、型破りなイメージだ。ファーストスリップに立ち、シャツのボタンを外して身ぶりを交えて、自分に続けとばかり停滞ムードのオーストラリアチームを励ましていた。チームを率いるのに戸惑っているように見えたが、それでは負けを認めるようなものだった」

「私には、イアン・チャペルが初日からチームのカルチャーを変えようとしていたように思われた。パフォーマンスが全てであり、チームが力を出し切れるように、あらゆる方法を試した。しきたりなど、ものともしなかった。その日から、私はオーストラリア軍を変えていくイアン・チャペルに注目し、大ファンになった。時とともに、相当に強固なチームになった。戦略的にも賢明になり、質の高いパフォーマンスが一貫して見られるようになった。思い上がっているという批判もあったが、彼らを常に輝かせたのは自分たち自身を信じていることだった」

「イアン・チャペルは、一九七〇~七一年のシリーズではイングランドにこてんぱんにされたオーストラリアを、世界一のチームに変えた。選手たちは彼のために、来る日も来る日も百パーセント以上の力でプレーした。チームのカルチャーが劇的に変化した。努力と前向きな姿勢を根本とするカルチャーへと。勝利が全てだったが、それはたゆまぬ努力とより優れたものを目指す姿勢によって成し遂げられた」

「イアン・チャペルは、間違いなく私のスポーツに対する考え方に影響を与えた。私はこれまでいくつものチームで監督・コーチを務める幸運に恵まれてきた。自分が監督となったチームはたくましく不屈であってほしい。前向きなラグビーをしてほしい。それによってプレーの基準が決まるような、見て面白いラグビーをしてほしい。そしてまた、私のチームとそのメンバーには、無私になってより優れたものを目指してほしい。こういうことをこそ、イアン・チャペルはやって見せてくれたのである」

「イアン・チャペルは全身全霊を傾けるということを心から信奉していた。彼を知ればプレーがしたくなる。素晴らしいヒーローだ」

エディーはランドウィックのグレードの試合二百十に出場という記録を残し、一九九一年のリザーブグレードの決勝戦でキャプテンとして勝利を味わったのが、その最後となった。三一歳のエディーは二度とマートルグリーンのジャージを着ることはなかったが、選手人生を終えるにはまだ間があった。当時、ランドウィックはイングランドのクラブ、レスター・タイガースとの間で選手交換プログラムを実施していた。十年以上にわたる大きな貢献を認められて、エディーはタイガースのフォワード、マット・プールがランドウィックで経験を積む間、レスターで六カ月過ごしてみないかと誘われた。エディーはこの機会に飛びつき、間もなく、レスターでのトレーニングとプレーの合間には、プールの父親が経営する家具倉庫で仕事もしていた。

そのときタイガースには、エディーの波乱万丈の人生で鍵となる役割を演じることとなる人物がいた――のちのイングランドのワールドカップ代表チームキャプテン、マーティン・ジョンソンである。

エディーはレスター一軍の三試合でプレーし、チームはベッドフォード、オックスフォード大学、ナニートンを全て打ち負かした。フロントローの相棒、ウェイン・リチャードソンはこう振り返る。「エディーはオーストラリア人らしい荒っぽいタイプのフッカーではなかった。

ほとんどバックローみたいなプレーの仕方だったよ。タックルが抜群で——あの体格だから可能だったんだ——小柄だったからね。ビールが好きだった。いつもクラブハウスでみんなと和気あいあいやっていた。気持ちのいい男だった。静かで、出しゃばらず、でも人生の目標をしっかり持っているような印象を受けた。今の彼の立場が、それを裏付けているっていうことだろうな」

チームメイトの中にベテランのフォワード、グレアム・ラウントリーがいたが、エディーはイングランド監督となったときに、コーチとなっていた彼を更迭している。

もともとエディーのイギリスでの任務はキャリアアップを意図したものではなかった——それどころか、シドニーに戻ったら引退するつもりでいたのである——が、帰国してみると、あと一シーズンだけ選手兼コーチでやってみないかと、サザンディストリクトの監督をしていたグレン・エラから話があった。いずれにせよ、タイガースはエディーに強い印象を残した。

二〇一六年にイングランドの監督を引き継いだとき、エディーはレスター時代の初戦での出来事を披露している。攻撃にうってつけのところでボールがサイドラインを割ったので、エディーは駆けつけて、まさにランドウィック式のゲームの流れを止めず相手の不意を突くやり方で、素早くラインアウトのスローインを行った。

「そうしたらフォワードが一人やって来て、こっちのジャージにつかみかかってきてこう言った。『ここじゃあんなことはしないんだ、おい』。カルチャーが違ったんだ」

そのカルチャーこそ、イアン・チャペルと同じように、いずれエディーが変えねばならなくなるものだった。

第3章

苦難を通して学ぶ日々

レグ・セントレオンは生まれてから一度もラグビーをしたことがなかった——見たことがあるかさえも疑問だ——が、エディー・ジョーンズの人間形成に与えた影響は、ボールを蹴ったりスクラムを組んだりしたことのある誰よりも大きかった。ボブ・ドワイアー、さらにはシリル・タワーズがエディーにランニングラグビーの技を教えたとすれば、レグ・セントレオンこそは彼に信念の力を教えた人物である。

レグ・セントレオンは教師であり、先見の明を備えた指導者だった。このシドニー大学ドイツ研究部門の教授は、一九七〇年代後半に州立パディントン小学校で実験的プログラムを実施し、オーストラリアの教育システムでは試されていなかったその新しい教え方の効果について、確信を得た。セントレオンのシステムでは、子どもは五歳から第二言語の会話を習う。一日の半分は英語で授業を受け、残りの半分は外国語で習うのである。授業によっては、同時に二つの言語で教えられた。

セントレオンの革新的な方法の背景には論点が二つあった。オーストラリアの学校では、第二言語教育のスタートが遅すぎ、その教え方も間違っているという二点である。彼の考えでは、言語は別個の科目とするべきではなかった——あらゆる科目の指導に一体化されるべきなのである。

「外国語教育の開始年齢が遅すぎました——実際、最悪のタイミングです——子どもが思春期にちょうど差しかかるときで、ほかのいろいろなことが頭に渦巻いていますからね。外国語をずっと早くから、例えば幼稚園のときから習い始めれば、子どもはそのまま吸収しますが、あとになってからでは学業の一作業のようになってしまって、効率が悪いのです」

「言語を教える最善の方法は、カリキュラムの指導にその言語を使うことだというのが私の結論です。普通にその日の授業をしているところに私が入っていって、先生には黒板の上の指導内容はそのままにしてもらうんです。もちろんそれは英語で書いてあるわけですが。そして今度は私がそれを子どもたちとドイツ語でさらいます。もうそれが何か分かっているわけですから、何の問題もなく理解できて、ドイツ語の語彙は飛躍的に増えます。子どもはこのやり方を望んでいたのだと思います。別の言語を使って何かをするということです。話をしたり、母国語を使ってしていたのと同じことを、ほかの言語で行う。子どもは全く自然にこのやり方に馴染んでいきます」

自分のバイリンガル教育法は、音楽教育を重点的に組み合わせると、総合的教育としてさらに効果的なものになり、生徒の学習能力を高めることができるという確信を得て、セントレオンは一九八三年にニューサウスウェールズ州教育省に学校の新設を申請した。時を置かず、同省とセントレオンは法廷で対決することになるのだが、政府側の当初の反応は前向きであったため、計画は進められた。関心を寄せる親たちで満場となった市民説明会で、セントレオンは自分の構想を説明し、来るべきインターナショナル・グラマースクール（ＩＧＳ）の最初の入学生一人につき二百五十ドルの内金を受け取った。

これはオーストラリアの教育システムの歴史の中でも特筆すべきストーリーの始まりであり、間もなくエディー・ジョーンズはその真っただ中に身を置くことになるのである。

エディーは一九七七年の終わりにマトラビル高校を卒業したのだが、もちろん、例の辛らつなジョークのようにロングベイ刑務所へ直行などということにはならなかった。シドニー大学に入学し、キャンパスライフとランドウィックでの選手生活に自分の時間を振り分けつつ、大学での経験を一分一秒楽しんだ。人生でいちばん楽しかった時代だったと述べているほど、のどかで気楽な時期だった。教育学体育・地理専攻で優等学位を取得して卒業。エディーは教師として若者の面倒を見ることに一生懸命だったが、最優先事項は依然ラグビーだった。

その後、エディーは新設のＩＧＳの教員募集に応募した。レグ・セントレオンに自分を売り込もうと面接に出かけたのだが、売り込みを図ったのはセントレオンのほうだった——自分の夢の売り込みを。

「普通の学校とは全然違っていた。全く革新的で、素晴らしい職場だったよ。レグはやり手のセールスマンだ。オーストラリアでは実践されたことのない教育を創造していくというビジョンを持っていた——ただ学業が優秀というだけではなく、第二言語を使っても学業優秀な生徒を育てようというんだ。本当にわくわくした」

子どもをIGSに通わせた親たちにとって、それは単なる学校以上のもの、理念の問題だった。エディーをはじめ教師たちにとっては、ただの仕事ではなかった。使命だったのである。

エディーが昔風の保守的な学校で教職をスタートしていたらどうだっただろう？　昔風の保守的な人物になっていたかもしれない。IGSは従来型とはまるで正反対。既存の枠にとらわれない考え方をする若者を世に送り出すことを目指していた。そしてエディー・ジョーンズにも同じような効果を与えたのである。

「私にとって大きかったのは、ビジョンを持つということだった。ビジョンがあって、それが心躍らせるようなものであれば、誰でもそれに従うだろう。ほとんどの人は何か特別なものに加わりたいと思うからね。当時――今もだけれど――IGSにはとても特別なものがあった。ゼロから学校を創るなんて、資金もなく、ろくな設備もなく……実際に開校できたなんて驚きだ。レグが創り出したビジョンは、一生この胸に残るだろう」

同校の創設地は、エディーに縁の深い場所だった。セントレオンは「貧民救済修道女会」と契約を交わして、ランドウィック地区にある元修道院――クージー競技場からわずか二キロ――に入居し、十二カ月後にはその場所を買い取るということにした。広々としたグラウンド、青々とした芝生、立派な木立、テニスコート、手入れの行き届いた建物、現実とは思えないぐらいだった、と教師の一人、リタ・モラビトは思い出す。

「ランドウィックに来た最初の日、机はなし、ペンもなし、空っぽの部屋があるだけ――でも私を含め核になっていたグループは、新しいタイプの学校を創るという構想に胸を躍らせていました。生徒は四十人で、これは新しい教育なんだという興奮が学校中に満ちていた。私は最初イタリア語教師として雇われたんです。二学期になるまでにもう学校は随分大きくなってて、イタリア語の授業にも幼稚園から十年生まで揃っていましたが、全員一クラスで教えました。きれいな場所で、レグはその一角にあった石造りの家に住んでいました。私たちは遅くまで残って、話をしたり夕食を取ったりパーティを開いたり。夢のようでした」

やがて美しい夢は果てしない悪夢に変わった。一年目の暮れが迫っていたが、学校にランドウィックの地所を買い取る資金などないことは明白だった。リタ・モラビトはそのときの落胆を思い出す。

「リタ・フィン（音楽教師で教頭）と二人で通りの反対側の貧民救済修道女会まで、黒ばかりの洗濯物——修道衣——でいっぱいの物干し綱をくぐり抜けながら歩いていって正面玄関を見つけると、このままいさせてくださいと、修道女たちに泣いてお願いしたんです。最初の年、現実の状況がどうであれ、レグは私たちをなだめて落ち着かせる力がありました。本気で、大丈夫だ、翌年にはランドウィックに戻れると信じていた。でもそうはなりませんでした」

元修道院から追い出されると、セントレオンは休暇期間中に必死に代替地を探した。一九八五年の新学期初日、生徒たちと、いちばん新しく着任した二五歳のエディー・ジョーンズがやって来たのは、ランドウィックの温かい雰囲気からは想像もつかない場所だった。セントレオンが唯一確保できた建物は元エリザベス・アーデン化粧品の廃工場で、今なら大人気の、だが当時はとても環境がよいとはいえない市街区域、サリーヒルズにあった。

「私たちが引き継いだときには、その建物はもう使用禁止にされてしかるべき状態だったんだ」とセントレオンは振り返る。「私は床にマットレスを置いて二週間そこで寝たが、ネズミが体のあちこちに這い上がってきたよ。一度真夜中に裏のほうで音がしたんで、起きて見に行ったんだ。どうやらエリザベス・アーデンは防犯センター直結の電流駆動型セキュリティシステムを入れていたようだが、私がそれを壊してしまったのさ。すぐに正面のドアが開いて、ピストルを手にした男が二人寄ってきた。『誰だ?』と聞かれたんで、『やあ、実は一時的にここで暮らしているんだが、学校を経営している者だ』と答えた。納得してもらうまで大変だったよ。でも最後には信じてくれて、ピストルをしまって帰っていった」

教師と父母たちが休む間もなくボランティアで建物をきれいにし、ペンキを塗って、教室用に振り分けたが、それでも十分ではなかった。高校生の授業は、窓がなくて息苦しいような地下の元駐車場、通称〝地下牢〟で行われ、校庭もなかった。セントレオンの理念の一つは、教師は幼稚園から高校生まで全学年を通して教えるべきだというものであった。エディーの職務にも、いちばん年少の生徒たちを近くのウォード公園まで連れていって、体操の時間と新鮮な空気を与えることが含まれていた。密集した棟割住宅や工場の中にぽつんと小さな緑のオアシスのようにあるその公園は、地元のペットの飼い主たちで賑わっており〝犬のフン公園〟と呼ばれていた。子どもたちはそういうフンや捨てられた注射針を踏まないように、そして近所によく出没する怪しげな人たちと話さないようにと注意されていた。

設備は低水準だったにも関わらず(子どもを通わせたある親は、サリーヒルズの校舎のことを「おぞましい」と言い表している)、学校は発展し続け、レグ・セントレオンのビジョンの実現が進んだ。けれども、同校は存在すべきでないと考える頑固者もいた。NSW州教育省の役人たちは、当初セントレオンの構想を支持したのに、いまや大反対だったのだ。「新しいことを始めるときは、何かしら問題が付き物だ」とセントレオン。「だが、どれだけ多くの問題を抱えるはめになるか、当時は全く分かっていなかった。知人からもらった警告の電話が全てを表していたわけだ。権力者たちは私を屈服させるか倒産させると言っていたというんだ」

まずは、ぎりぎりの選択を迫られる事態に陥った。ランドウィックのときに学校を苦しめた資金問題は、サリーヒルズに移転しても緩和してはいなかった。教育省は学校の認可を拒んだため、連邦の資金援助を申請しようにも不適格だった。一九八五年には一時期教師は無給だったが、これはセントレオンがリースの支払いに四苦八苦していたためであった。

「ずっと、自分自身の資金を使ってなんとかやり繰りしていたんだ。ある土曜の午後、父母会合を開いて言った。『これからお伝えすることは、本当に口にするのも辛いのですが、NSW州教育省の反対にあって、閉校に追い込まれる見込みです』とね。月曜に銀行に行くけれど、何の担保もないので、借越《かりこ》しのままにしてもらえるかどうかは大変悲観的だと話した。銀行に行ってみると、なんと三人の親が自分たちの家の権利譲渡証書を手に、嘆願しに来てくれていた。今でもこの話をすると胸がいっぱいになる。分かるでしょう？　彼らは大変なリスクを負う覚悟でいたんだ。家を失うかもしれなかった。今考えても途方もないことだが、人は信じるもののためには、どんな苦労も厭わないということをこの話は教えてくれる」

そのうちの一人が担保として自宅を第二抵当に入れることを了承したので、銀行は融資期間を延長したのだが、それでも学校は安泰とは程遠かった。教育省は認可を拒み続けた。最初に入学した生徒たちが公の学業課程修了試験を受けねばならない年齢に達すると、同省は受験許可を与えず、ＩＧＳに通学を続けたら告訴すると脅した。一九八六年四月、学校側は同省を相手取って取引の制限を根拠とし、ＮＳＷ最高裁判所公平審査部門に訴えを起こした。翌月、デービッド・イェルダム判事は、学校側勝訴の判決を下したが、同省は即座に上告。

九月、生徒と教師が休暇から戻ってみると、校舎は建物所有者によって封鎖されていた。賃貸料の支払いが数カ月滞っていたため、家主が前日の朝、人を送り込んで所有権を行使したのである。そのとき中で寝ていたレグは、自分の椅子に載せられたまま外に運び出されて、歩道に置き去りにされ、それから鍵が取り換えられた。父母たちの働きかけの――そしてもう一家族の家が第二抵当に入れられた――おかげで、やっと学校は再開。裁判沙汰は続き、十二カ月に六件の訴訟が争われたが、全て学校側の勝利に終わった。

一九八六年の年度始め、自分と教育省との関係悪化が学校認可の可能性と、ひいては財政的安定に害を及ぼすまでに至ったと考えて、レグ・セントレオンは辞任し、二五歳のリタ・フィンが校長に、エディーが教頭に就任した。二人はあらゆる点で登録要件を満たすことを自分たちの責務とし、ＮＳＷ州教育省が認可しないわけにはいかないようにしようと努めた。

昼夜分かたず働くというエディーの有名な職業倫理は、彼の体に刻み込まれている――日本的伝統の影響だ――と信じている人は多い。それもあるかもしれないが、実はあるシドニーの若い学校教師が情熱を燃やした例に倣ったのである。そのせいで、後年、世界中で多くのコーチたちが精魂尽き果てることにもなった。

「リタ・フィンの勤労意欲には驚いた」とエディーは言う。「スタッフは朝七時から夜八時、九時まで働くこともあった。登録期間にはやるべきことが山積み、全カリキュラムを作成して完璧かどうか確認する必要があったしね。とにかく大変な仕事だったが、学校存続のために、リタも私も一日十五〜二十時間は働いた。たくさんの人たちにとってその成否は非常に大きな意味があった」

常に財政的プレッシャーと戦いながら、教育省の役人に受理してもらえるように、エディーとフィンは膨大な時間をプログラムや指針、手順を作り、書式に合わせて文書にまとめるという作業に費やした。

「正確に何回とは思い出せないけれど」とフィンは記憶を辿る。「とにかく何度も査察にやって来ました」

エディーがフィンの勤労意欲に畏敬の念を抱いたとすれば、フィンもまた等しくエディーに感銘を受けていた。

「とにかく何カ月も懸命に働きました」フィンは続ける。「ほとんど二十四時間ね。クリスマス当日も働いたことを覚えています。エディーが一緒だったかどうか覚えていないけど、絶対に前日と翌日はいたはず。大したやる気の持ち主でした。まるで機械みたいにね。何か仕事を頼んだら、念押しなんか必要ない。必ず仕上げてくれる、それもきちんと」

当時、エディーの人柄の別の面も役に立った、ジョークで緊張を和らげる才能だ。

「エディーはものすごく辛口のユーモアのセンスがある。こっちが予期しないタイミングで、お得意の一言が出るんです。たまにジョークがあからさまじゃないと、しばらくしてから意味が分かってすごくおかしかったりね。そのおかげで子どもたちともうまくやっていました。辛ロのウイットを使ってひき付けるんです。三歳児から十二年生まで相手にしていましたからね。みんなエディーが大好きでした」

「エディーは職員会議で自分の考えを述べるときはいつも堂々としていたし、これまでの同僚の中で有能さはトップクラス。どうにかフルタイムの教師の仕事とラグビーを両立させていました」

エディーは仕事とラグビーだけにかまけていたわけではない。妻宏子《ひろこ》に出会ったのは、IGSでだったのである。宏子は東京のテレビ番組リサーチャーの仕事を辞めて、世界中をバックパック旅行して回っていた。シドニーに着くと、次の旅に備えて旅費を稼ぐため、IGSで日本語教師の職に就いた。ところが、次の目的地に移動する直前にエディーにデートに誘われ、計画変更となった。その後、二人は結婚し、一九九三年には娘のチェルシーが生まれている。

一九八六年の暮れ、リタ・フィン、エディーとスタッフはついにNSW州教育省の要件を全て満たして登録が認められ、連邦の資金援助も得られた。エディーは一九九一年の終わりに、宏子とともに英国に渡りレスターで六カ月を過ごすことになるまで、教頭を続けた。二人が帰国すると、リタ・フィンは音楽教育に対する情熱を改めて追求するため、残念ながら辞職すると発表した。エディーが校長代理に任命された。

登録を巡る戦いは終わり、財政面の懸念も薄らいで、IGSには平常時の雰囲気が広がっていた。エディーの仕事の一つは、増え続ける生徒数によりふさわしい場所を見つけることだったのだが、もはや日々学校の存続に奮闘する必要はなくなっていたので、ラグビー監督になりたいという思いが強まるのに従うことができた。サザンディストリクトでプレーを続けつつ、グレン・エラを補佐して一シーズンを過ごしたのを最後に、選手としては引退し、一九九四年、ランドウィックのリザーブグレードの監督職に応募した。

クラブの仲間のコーチや選手たちは、エディーが毎週準備にかける時間と精神的エネルギーに度肝を抜かれたが、それまでの九年間にIGSでくぐり抜けてきたことのあとでは、エディーを動揺させるものなど皆無だった。自分のチームに才能あふれる選手たちがいたことにも助けられ、その中にはのちにワラビーズのアウトサイドバックスとなるティム・ケラハー、ピーター・ジョーゲンソン、ジェームズ・ホルベックに加え、NSW代表のスクラムハーフとして活躍したエイドリアン・マクドナルド——一九九一年終盤のワールドカップでは、負傷したワラビーズ主将ニック・ファージョーンズの緊急交代要員として英国まで飛行機で駆けつけた選手である——などがいた。チームのキャプテンはフロントローのポール・チェイカ、のちのワラビーズ監督にして、一九九八年にランドウィックの一軍を総合優勝に導いたマイケル・チェイカの弟であった。当然のように、エディーのチームの力は圧倒的で、レギュラーシーズンで大差をつけ、優勝決定戦ももものにした。

当時、エディーにとって監督業は趣味であり、長い間自分の人生の一部であり続けたスポーツにずっと関わっていくための方法であった。妻の宏子はアマチュアスポーツの概念を理解していたものの、夫がランドウィックのリザーブチームのためにどれほどの時間を費やしているか知り尽くしており、監督を続けるつもりならば報酬をもらうべきではないかとほのめかした。「そういうふうにはいかないんだよ」とエディーは答えたが、それから数カ月のうちにラグビーはその百七十五年の歴史を通じて最大の変革を遂げることとなる。一九九五年のエイプリルフールの日に、ルパート・マードック率いるニューズ社は、自社の開始間もない豪有料テレビネットワーク用のコンテンツを求めて、ラグビーリーグに大胆な奇襲を掛けた。オーストラリア、ニュージーランド、イングランドの選手、クラブと契約を結ぶことにより、独立した自分たちの競技リーグ、「スーパーリーグ」の開設に乗り出したのである。豪ラグビーリーグは自国のメディア長者、ケリー・パッカーの財力を後ろ盾として反撃、二つの競技リーグ運営に必要な何百人もの選手との契約争奪が高じて、「スーパーリーグ戦争」はすさまじい現ナマ戦争となった。じきに両陣営が自分たちのエリート選手たちに目を付けるのを恐れて、ラグビー協会の権力者たちはプロ化の計画を推し進めた。一九九五年、南アフリカで開催されたワールドカップに続いて、国際ラグビー評議会はパリで会合を開き、〝アマチュア精神の最後の砦〟が落ちたことを発表した。ほとんど一晩で、世界中のトップ選手たちは若くして大金持ちになった。現実に富が監督たちにまで行き渡るのには数年かかったのだが、エディーにしてみれば、初めてわずかに希望の光が見えたのである。ひょっとして？　監督として生計を立てられるかもしれないのだ。彼に金を払おうという人さえいれば。その申し出は、あとで考えれば当然にも思われたが、意外なところから届いた。

前のシーズン、東京の東海大学ラグビー部の選手たちがランドウィックを訪れた折、エディーは彼らを数回トレーニングに連れていった。日本に戻ると、知識が豊富で自分たちに快く時間を割いてくれたこの半分日本人の指導者に対して、選手たちは称賛の気持ちを募らせた。大学はエディーにオファーを提示した——体育学部の講師となり、まず夏季キャンプで、次いでフルタイムで、コーチとしてラグビー部を指導する。それは、夢を追うために、ＩＧＳ

の校長代理の地位を離れ、妻と二歳の娘とともに海の向こうに移り住むことを意味したが、同時に二度と巡ってこないかもしれないチャンスでもあった。

「提示額は教師の給料の半分でしかなかったが、宏子は私がラグビー監督をやりたがっていたのを知っていたから、『行きましょう』と言ってくれた」

日本で過ごした十八カ月は、非常に重要な期間となった。職業的にだけでなく、個人的にも。一緒に育ち、ラグビーをしたオーストラリア人には、エディーは日本人に見えたかもしれないが、自分では本物のオーストラリア人だと思っていた。母のネリーは、戦時中のアメリカ人による、そして戦後一家が故国に戻ってからは日本人による排斥によって心に傷を負い、自分の子どもたちには生まれた国で疎外感を味わうという同じ経験をさせまいと決意していた。子どもたちは典型的オージーとして育てられ、二つの文化を受け継いでいる点はめったに触れられなかった。

「私は根っからのオーストラリア人なんだよ」とエディーは言う。「日本的なところはあんまりないんだ」

そうではあっても、日本に最初に足を踏み入れた瞬間から、その国と人々に親しみを感じずにはいられなかった。

「自分の中に別の面があると感じたのは、それが初めてだった。労働意欲がさらに高まったよ。誰でも第二次世界大戦後の日本の再建について知っている。何か素晴らしいことを成し遂げるには、懸命に努力しなくてはならないということを、ますます痛感させられた。最初の六カ月間はたぶん人生でいちばん大変だったね。日本では、外国人はいつまで経っても外国人のままだ。日本語は話すけど、上手じゃない。あんまり下手なもんだから、妻は家では私に日本語は話させてくれなかった。ラグビーに関してはバイリンガルだけど、ほかはだめだ」

先達の多くと同じように、エディーは日本は独特な国だと感じた。アメリカのコピーでも、ほかのどの国のコピーでもなく、むしろこれまで慣れ親しんできた世界に対するパラレルワールドのようであったが、エディーは少しずつ役に立つレッスンを学んでいった。

「いちばんためになったのは、辛抱するということだ。何をするにも列に並んで待たないといけない。それに、日本は、向上するためには不断の努力が欠かせないということのよい例だよ。ただ手をこまねいて、事態がよくなるのを祈っていても仕方ない。日本人は、ほかの人のアイデアを取り入れて自分たちの文化に合わせるのも得意だ。コーチングとはそれに尽きるんじゃないかな。だが何より、日本はものを考えるのに適した場所だと、いつも思う。ラグビーに関する抜群のアイデアは、これまでほとんど日本で思いついたんだ。静かだし、私に連絡を取るのはそう簡単じゃないし、とにかく違う環境だからね。必ずしも特定の方法を守る必要はないということが分かって、とても刺激になる」

とはいえ、ラグビーに関しては、日本的なやり方をいつも受け入れたわけではない。

「東海大学に来てみると、キャプテンが全て取り仕切っていて、監督までキャプテンの指示に従うことになっていた」

もちろん、それはすぐに変えられた。その後約二十年にわたってずっと、選手も、コーチも、選手選考委員も学ぶことになるのは、エディー・ジョーンズが監督であるかぎり、指揮を執るのはただ一人、エディーだけだということだった。外部からの意見も歓迎されたが、取り入れられることはまれで、この点については、テストマッチで活躍したティム・ホーランの経験でも明らかだ。彼は、ランドウィック、サラセンズ、イングランド代表チームでバックスコーチを務めたアラン・ガフニーとともに、エディーのワラビーズ監督時代に、その選考委員だったのである。

「一回か二回はエディーの考えを変えさせたかもしれないが、いつもはそうならなかったね。エディーに何か異を唱えようというなら、よほどしっかり予習をしていかないと。一度、二〇〇五年の終わりのヨーロッパ遠征のときのことだ。ブレンダン・キャノンが正フッカーだったんだが、私は初戦はジェレミー・ポールを使うほうがいいと思った。エディーとアラン・ガフニーと三人で電話会議を開いた。『ジェレミー・ポールで行くべきだよ。敵のラインをうまく突破するし、ラインアウトのスローインもいい、スクラムでも強力だ』と言ったら、アランも『賛成だ。ブレンダンはよくやってるが、確かにジェレミーにチャンスを与える価値はある』と言ってくれた。一瞬の沈黙のあと、エディーの答えはこうだった。『分かった、じゃあブレンダンだ』」

「とはいえ、選考委員だった二年の間、いい信頼関係を保てたよ。エディーは細部まで慎重に目を配っていた。シーズンが始まる半年前には、どの試合に私が出向くことになっていて、彼はどこにいるはずか教えてくれた。毎週月曜午後四時、スーパー12全試合の編集済みテープが届けられる。火曜の朝一でエディーが電話してきて、どう思うかと聞くんだ」

「すごい人だよ。一緒にビールを飲むとすごく楽しいけど、とにかくラグビーが頭から離れないのさ。仕事中毒の医者みたいにね。夜中の一時に手術をして、朝五時にまだ働いているような」

その几帳面でひたむきで疲れを知らない目標追求の姿勢は、IGSを救う戦いで育まれ、日本で磨きがかかった。東海大学は十二チームからなる大学リーグ戦の強豪とはとてもいえず、エディーはまず直観的に、オーストラリアで成果を挙げたのと同じ激しさで、この自分の新しい選手たちをしごいてみようと思った。

どんな目にあうのか誰も分かっていなかった。東海大学のスタンドオフで副キャプテンだった宮野智弘は、二〇一七年にテレグラフ紙の英国人記者、トム・ケアリーにこう語っている。

「最初に言われたのは、『この八月はこれまでで最悪の八月になるぞ』ということでした。嘘じゃなかった。毎日ひたすら練習、練習、練習、練習。キャンプ地にはほかには誰もいなくてね。みんな家に帰りたくて仕方なかった。まだ学生ですよ。でもエディーさんの方針は『一切妥協なし』」

エディーは日本人の選手にランドウィックの選手と同じように練習することを期待したのみならず、同じようにプレーをすることを望んだ。

「エディーさんが考えたのはキックの禁止でした。私自身はスタンドオフでしたから、それは望むところでしたね、ボールを回せる時間が稼げるわけだから。試合ではたまにはそのプレッシャーを緩めてくれていたらと思うけど、決してそれは許されなかった。自陣二十二メートル内でさえね。面白いのは、それがのちの日本のプレーの仕方の設計図だったことです。ジャパンスタイルの。エディーさんは東海大学でそれを試してみたともいえる――パスを回す、キックはしない、ポゼッションを維持する。コンタクトポイントを常に切り替える。ちょっとした混乱を作り出す。デコイを使う」

そのスタイルこそが、やがてラグビー史上で最大といわれる番狂わせを起こすことになるのだが、東海大学ではほとんど成功には結びつかなかった、と宮野は振り返る。

「めったに試合に勝つことはなかった。求められるレベルに選手が達していなかったということでしょう」

それでも、違う環境でコーチを務めるには違うアプローチが必要だということをエディーが理解する助けになったという点では、この試みは貴重だった。

「自分が勝てる戦いと勝てない戦いを見極めなければならない。日本人は対立が大嫌いだ。オーストラリア人は単刀直入。自分の考えを口にして相手にそれを伝えるほうを好む。日本ではそういう態度を大きく変えなくてはならなかった。そうじゃないとうまくいかなかったからね」

「どんな組織でも対立は大事だ、なぜなら対立してこそ創造的になれる。だが、効果的な対立を作り出すには、違う方法を見つける必要があった。日本人は人前ではどんな対立も起こしたがらないから、そういうやり方はだめなんだ。一対一になって、やっと対立を作り出すことができる」

エディーと日本のラグビーとの長い付き合いの間に、その鋭い舌鋒でやり込められた選手たちの多くは、単刀直入すぎる態度を改めるという彼の決意が守られるのは当分先だと答えるに違いない。エディーのお気に入りの日本語のフレーズ「ゼンゼンダメ」は、「全く使い物にならない」という意味だ。二〇一二年にフレンチ・バーバリアンズに負けたあとの記者会見で、日本代表キャプテン、廣瀬俊朗《ひろせとしあき》を叱責した有名な場面は、身をすくませるような公然たる侮辱であった。

文化的衝突にも関わらず、第一日目からエディーは日本のラグビーに貢献し、日本のラグビーもまたエディーに貢献したことに、疑いの余地はない。エディーは東海大学で二シーズンを過ごし、そのときは優勝争いには届かなかったものの、二〇一五年から二〇一七年まで全国大学選手権で三年連続で決勝に進出するという成果につながる基礎作りを手助けしたのである。また、エディーに最初の国際的なラグビー経験を提供したのは、東海大学だったのだ。

一九九六年、グレン・エラは日本代表チーム「ブレイブブロッサムズ」のバックスコーチの任に就いた。エラの大らかで親しみやすい人柄と攻撃的ラグビーに対する直観的な取り組みが、すぐさま選手たちの心をつかんだこともあって、彼は日本に来てくれそうなオーストラリア人フォワードコーチに心当たりはないかと聞かれた。

「私の知るかぎり一番のフォワードコーチが、もうここにいますよ」と答えて、エラはエディーが日本の代表チームに合流し二シーズンを過ごすというチャンスの扉を開いた。

エラ兄弟の中ではグレンがいつもいちばんのんびりしていて陽気だった。一九七七年のオーストラリア学生英国遠征のときに、平日の試合の間ベンチに座っているのに飽きて、ハーフタイムにフィールドに紛れ込むと、双子のマークとこっそりジャージを取り換え、誰にも気付かれずに後半はスタンドオフとしてプレーした。それはまさしく、彼らの若い頃、図々しくて冗談好きのエディー・ジョーンズが率先してやっていた悪ふざけの類だったが、グレンが日本で旧友に再会してみると、笑い声を聞くことはごくまれになっていた。エディーはもうラグビーに興味はなかった――それに取りつかれていたのである。

二人のオーストラリア人はよく練習場や会議室から抜け出してコーヒーを飲んだが、エディーはほんの数分さえ頭のスイッチを切ることができなかった。ちょうどシリル・タワーズがランドウィック・ラグビークラブのバーで小銭を使ってやっていたように、エディーはテーブルの上にあった砂糖の小袋いくつかでバックラインの動きと攻撃のパターンを示してみせた。

「『これがスクラムハーフ、こっちがスタンドオフ』っていう具合にね」とエラは思い出す。「エディーに言ってやらなきゃならなかった。『なあ、一秒でいいからラグビーのことを話すのをやめてくれないか？』」

エディーは仕事に膨大な時間と考えをつぎ込むことをあっさり認めつつも、反省する様子はない。

「そうだな、週七十~八十時間は働くだろうけど、ラグビーの監督よりずっと少ない稼ぎで同じだけ働くタクシー運転手に会ったことがあるよ。アメリカンフットボールのフィラデルフィア・イーグルスの監督は、月曜から金曜までクラブハウスで暮らしているんだ。私がやってることは異常でもやり過ぎでもない。実のところ、全く普通のやり方だと思うね」

第4章

ブランビーズの栄光

　エディーは一九九八年に日本からオーストラリア首都特別地域（ＡＣＴ）のキャンベラに移ると、このラグビーの開拓地をあちこち回った。ＡＣＴではラグビーが知られていなかったというわけではない。その高校ラグビー界は驚くべき才能の持ち主たち——ラグビーユニオンとラグビーリーグの両方で国際的に活躍したマイケル・オコーナーとリッキー・スチュアート、のちにワールドカップで優勝を成し遂げたジョージ・グレーガン、スティーブン・ラーカムら——を輩出したのだが、ニューサウスウェールズとクイーンズランドという主要勢力と比べると、ぱっとしない従弟というところだった。しかし、プロ化が全てをひっくり返した。ＳＡＮＺＡＲ——南アフリカ、ニュージーランド、オーストラリアのラグビーの統括団体三つが有料テレビ番組を提供するために設立した組織——の出現により、新しくできたスーパー12競技リーグの残る一つの参加メンバーとして、オーストラリアの第三の地方チームが必要だった。

財政的な見地からすると、そのチームの本拠地として最適なのはビジネスの一大中心地であるメルボルンと考えられたが、ビクトリア州人は地元発祥の種目であるオーストラリアンフットボールリーグ（ＡＦＬ）に夢中であり、また、時間的余裕がなかったことから、豪ラグビー協会は急場しのぎにＡＣＴにフランチャイズを置くことを選んだ。予定では、このチームはメルボルンで必要な下準備が終わるまで一、二年だけ数合わせに使われてから、解散するかビクトリア州に移るかするはずであった。

これは妥当な計画だったが、シドニーのＡＲＵ本部の経理担当者たちは、ＡＣＴにおけるラグビー人気と、才能あふれる選手たち、そして新チームの先導役に選ばれた男のやる気を、考慮に入れていなかった。

ロッド・マックイーンはルネッサンス人のように多才であった。シドニーのワリンガ・ラグビークラブの生真面目なフォワードであり、サーフボート〔ライフセービング用の手こぎボート〕のこぎ手として全豪チャンピオンにもなっていたが、商業アートの分野でも活躍、また、ビジネスでも成功を収めており、彼の会社の画期的なＰＯＳ表示システムは、レブロンやトーブマン・ペイントといった企業向けに世界的規模で販売されていた。自分のビジネス構想を周到に計画・実行してきたマックイーンは、同じ方針をラグビーチームのコーチングにも生かしたいという夢を長年抱いていた。その夢は、ワリンガのファーストグレード監督として、また、一九九一年にはＮＳＷ代表監督として無敵のシーズンを送ったことで実現したが、ラグビーがアマチュア主義とパートタイムの選手で成り立っていた時代においては、自分のアイデアを実践できるのはそこまでが限度だった。だが一九九五年の終わりに、マックイーンは二つのオファーを受けていた——NSW代表ワラターズの監督を新しいプロリーグで続けるか、まだ名前も決まっていないACTのフランチャイズ・チームで全く新たなスタートを切るか。

ワラターズのマネージメントと会合を持ってみて、マックイーンはニューサウスウェールズ・ラグビー協会は変化を受け入れるには硬直的すぎるという結論に達した。それまでの十年間に二度も瀕死の重症状態をくぐり抜けてきたマックイーンは、ただ座して物事が起こるのを待つつもりはなかった。ACTに行って一から自分の考えどおりの新チームを築くことを選んだのである。

マックイーンの足跡は、この豪ラグビー界最新のチームの至るところに残されている。彼は「ブランビーズ」（野生馬）という名前を強く推し、クラブのロゴとなったデザイン素案を描いた。メンバーの多くはNSWとクイーンズランドのチームにはねつけられた選手たちだったが、それぞれ異質なその一団をオーストラリア随一のチームへとまとめ上げる環境を整えたのも彼だ。

マックイーンは革新的な人物で、どんなにささいで重要には見えないことでも、何か相手に差をつけられる点がないかと常に目を光らせていた。選手同士の連帯感を増すため、全員が住めるように彼が手配したアパートは、〝メルローズ・プレイス〟［米テレビドラマのタイトル・舞台と同名］というニックネームで呼ばれた。ハーフタイムさえ一瞬たりとも無駄にできないとして、全ての動きがストップウォッチで計測された——フィールドから更衣室に戻る時間、水分補給、体調チェック、各部門コーチからの話、そして最後にマックイーンからの指示。それぞれがしっかり記録され、簡素化され、割り振られ、徹底された結果、最初は選手もコーチもてんでばらばら、お互いを無視して叫び合う、更衣室であちこちうろつくという状態だったのが、まるで演出された動作であるかのようにまでなった。

マックイーンはシンプルでありながらインスピレーションあふれるコーチング方法を取り入れており、その分かりやすい例として、ワラビーズ監督だったときの指示が挙げられる。オールブラックスのハカ［マオリ族の伝統舞踊］の二重効果――キックオフ前に自軍を鼓舞するとともに、敵を怖気付かせる――を見て、マックイーンは選手たちに試合前の踊りの間はトレーニングスーツを着ているようにさせた。それからサイドラインまで歩いていってそれを脱げば、時間稼ぎになって感情の波を静められる。ハカの「信管を抜く」ことの効果が大きく影響したかどうかは証明しようがないが、マックイーン時代にはワラビーズはオールブラックスと七回対戦して二回しか負けなかった。

ありがたいことに、ブランビーズの選手はフルタイムのプロであったため、マックイーンはワラターズでは断念したビジネス構想を、今度はうまく導入することができた。最もよく使われたのはＳＷＯＴ分析で、選手とコーチ・監督は次の試合に向けて相手チームの強み（Strengths）、弱み（Weaknesses）、機会（Opportunities）、脅威（Threats）を時間をかけて話し合った。マックイーンはまたラグビーのコーチングにコンピュータを使った先駆者で、自身のＰＯＳ開発経験を生かし、フィールド上の異なるポジションにおける敵のディフェンスのパターンとアタックの動きをデータとして集めるための初期型タブレットを設計した。長年温めてきた野望は、選手の動きをプログラミングして、四、五フェーズ先まで作戦を立て、それに従ってブレイクダウンごとに選手を配置し、決められた流れで得点につながるプレーを実行するというものだった。ワラターズで試したときにはうまくいかなかったのだが、フィールドとホワイトボードの両方でトレーニングを重ねた結果、ブランビーズで成功にこぎ着けた。

今日では普通のこととはいえ、これは一九九六年のラグビーユニオンでは全く画期的な試みだった。もっとも、マックイーンにはプロラグビー用の最適な設計図をすぐに利用できるという強みがあった――ラグビーリーグのクラブ、キャンベラ・レイダーズの例から。

ブランビーズと同じく、レイダーズは一九八一年にNSWの勢力が圧倒的だったラグビーリーグに、まるであとからの思いつきのように加えられたのであるが、一九九〇年には連続優勝も遂げて最強のクラブとなっていた。自分たちのやり方にこだわり、ラグビーリーグを〝マンゴズ〟（「雑種犬」を意味する蔑視語）と敵視したNSWラグビー協会の関係者とは違って、マックイーンはレイダーズのプロチームとしての組織を研究し、その経験から学んだ――まさにエディー・ジョーンズがマックイーンから学んだように。

日本代表チームでの任務が終わると、エディーはサントリー・サンゴリアス――一九八〇年に設立された社会人競技リーグのチーム――の監督となった。ラグビーは趣味でほかにもっと大事なことがあるという選手も多かった東海大学とは、サンゴリアスは違っていた。プロ契約選手が登場する以前から、日本の社会人ラグビーはアマチュアとはかけ離れていた。神戸製鋼、トヨタ、三洋、東芝、リコーといった巨大企業は自社チームを企業アイデンティティの延長とみなした。ラグビーで勝てば市場でも尊敬を得られ、また、外国人選手数の制限もなかったことから、優れた選手が得られれば企業は喜んで報酬を弾んだ。元ワラビーズのウイングで一九九四年に神戸製鋼でプレーしたイアン・ウィリアムズの推定によれば、当時、社会人リーグには百人ほどの外国人選手がおり、日本人選手の倍は稼いでいた。ラグビー以外に何かしらの仕事を会社でしていたのは、そのうちのたった五十人ほど。

エディーがサントリーで監督を務めたときのプロ選手たちは、東海大学の学生と比べると、「対立が創造性を生み出す」式の監督スタイルに対する反応がずっとよかった。おそらく、日本人以外の選手もいたためであり、さらに大きく影響したのは、試合結果次第で週給が決まったことだったろう。いずれにせよ、効果はすぐに表れた。一九九七年のシーズン末には、サントリー・サンゴリアスは東日本社会人リーグで優勝、全国社会人大会で東芝に次ぐ第二位、日本選手権では第三位という成績を残した。

エディーが日本代表チームとサントリーにいた時期は、ブランビーズ設立と時を同じくしており、オフシーズンにオーストラリアに戻ってきては、ACTのトレーニングによく顔を出していた。教師という職業柄か、エディーは監督術を常に学び続け、誰からであろうと知識を得ようと貪欲であった。元クイーンズランド・レッズ監督、リチャード・グラハムは、二〇〇八～二〇〇九年にエディーとサラセンズで一緒だったのだが、彼を「情報共有の妙手」と評している。

「エディーはいつでも知識に飢えている。会う人ごとに『この人から何を学べるだろう？』と考えるんだ。でも同時に、自分の知識も気前よく分けてくれる。エディーがサラセンズに来る前に六年もイングランドでコーチをしていたのに、彼が来てからの一年間で学んだことのほうが、それ以前よりずっと多かった。ほかのコーチや監督に喜んで自分の仕事を見せるしね。相互協力しようと考えるんだ」

時間とともに、その協力方針のおかげで、エディーはラグビーリーグ、オーストラリアンフットボール、サッカーの英プレミアリーグ、ホッケー、武道などの指導者たちと接点を得てきた。絶対に頭のスイッチを切らない男は、常にほかの監督やほかのスポーツから新しいアイデアを得ようと目を光らせているのだ。

「いつでもお互いから学ぶことがある。常にアイデアをやり取りするんだ。スポーツ科学の観点で、またはトレーニングの仕方で、ラグビーに何かいいところがあってそれを人が見に来れば、別のスポーツに持ち帰って広めたり改善できたりして、お互いのためになる。これまでに女子ホッケー、ツールドフランス、それに英サッカーのチェルシー、アーセナル、サウサンプトンを訪ねたことがあるけれど、それぞれのチームから何かしら持ち帰ってカスタマイズしていた。大事なのは、監督として何もかも理解しているなんて、決して言い切れないということだ。完全なはずはないんだから。一生徒だよ。ラグビーをずっと勉強し続け、新しいことを身に付けている。自分より物知りの人なんていくらでもいる。つまり、出かけていって情報を探して、その情報をいかに自分のチームに役立てるか考えて、実際に試すということをしていれば、向上できるわけだ」

一九九六〜一九九七年に日本から帰省したときに、そうした情報の重要な提供者となったのがロッド・マックイーンとブランビーズだった。紹介してくれたのは、エディーのランドウィック時代の元フロントローの相棒、ユーウェン・マッケンジー。オーストラリアでも特にフットボール狂といわれるメルボルンで生まれ育ったマッケンジーは、マックイーン監督下のワラターズにいたのだが、マックイーンが新設のACTの監督になると知って志願し、ブランビーズ最初のチームの数少ない有名メンバーとなったのだ。

ブランビーズに新しいアイデアを取り入れているマックイーンのやり方に感銘を受けて、エディーは細部について話し合おうとマッケンジーに連絡した。マッケンジーは一歩先を行って、自分の元チームメイトをトレーニングに連れていって見せてもよいかとマックイーンに尋ねた。それが二人の監督の親しい付き合いの始まりだった。

ブランビーズ創設の仕事を引き受けるときに、マックイーンは二年間だけと約束したのだが、チームの成功と喜びに後押しされて、三年目も続けることとなった。運命のいたずらか、エディーも同じようにサントリーで二年目を過ごそうか考えているところだった。

プロ化時代に入って最初のワラビーズ監督は、シドニーのクラブ、イースタン・サバーブズ出身のグレッグ・スミスであった。オールブラックスこそ倒せなかったもののスミス体制は好調な滑り出しで、一九九六年春のヨーロッパ遠征ではイタリア、スコットランド、アイルランド、ウェールズに対し無敗であった。自国にウェールズを迎えたシリーズも二対〇で完勝、スプリングボクスとはシリーズ引き分け、だが一九九七年になると歯車が狂い始めた。

豪ラグビー協会の関係者は、チームのパフォーマンスについてはそう心配していなかったが、問題はスミスの奇妙な言動が増している点だった。記者たちは会見でスミスが何を言い出すか見当がつかなかった。ある選手を大げさに褒め称えるかと思えば、次の日にはメンバーから外す。公の場で選手を非常に手厳しく批判することもあり、その最たる例はワラビーズのスタンドオフ、デービッド・ノックスを事もあろうに「タックル不能」「チームのお荷物」と呼んだことである。結局ノックスは南アフリカ戦では、最初外され、そのあと呼び戻された。

ノックスはしっかりオーストラリアの原動力となって記録的な三二対二〇の勝利をもたらしたが、記者たちには皮肉っぽくこう言った。「運よく代わりにタックルしてくれるやつらがいたからね」

メディアでもファンの間でもスミスに対する風当たりが強くなったうえ、混乱が増したワラビーズがスプリングボクスとの再戦で二二対六一というみっともない負け方をするに至り、スミスは退場となった。マックイーンを含む四人が豪ラグビー協会のCEO、ジョン・オニールから監督職への応募を要請された。のちに、当時スミスは脳腫瘍に侵されており、思考プロセスが影響を受けていたかもしれないということが明らかにされた。スミスは二〇〇二年九月三日、まさにオニールが二〇〇三年ワールドカップのチケットを売り出したその日に、五二歳で亡くなった。

ブランビーズの監督に就任したその日から、マックイーンは後継者を誰にしようかと考えていた。一緒にやってきたコーチたちが当然候補となるであろうが、エディーと連絡を取り続けるうちに、彼こそ適任だと確信するようになった。エディーのブランビーズのトレーニング訪問はその場限りにはならなかった――自分が目にしたものを持ち帰り、マックイーンに連絡して、さらに情報を求めた。なぜそうしたのか？　どういうメリットがあるのか？　マックイーンはエディーをシーズン前のトレーニングキャンプに招待したり、彼にスーパー12の自分たちの試合のビデオテープを届けたりして応えた。

マックイーンはワラビーズ監督の地位を射止めると、ブランビーズの関係者に自分は三季目には戻ってこないと告げ、後継者としてエディー・ジョーンズの名を挙げた。自叙伝『一歩先へ』(One Step Ahead) でマックイーンはこう書いている。「とにかく誰よりもジョーンズが、監督スタイルというものとラグビーの試合がどう変わりつつあるかを理解していると感じた」

エディーがマックイーンから受け継いだブランビーズは、動きがよくて効率的なマシンのようだった。創立からわずか二年のチームは、遠征してきたウェールズを一〇トライを含む六九対三〇というスコアで破って一年目を終了し、二年目にはオークランドでスーパー12の決勝戦に出場するという結果を残していた。そうではあったけれど、エディーはチームに素早く自分の刻印をしるした。彼はロッド・マックイーンのコピーでもほかのどの監督のコピーでもないということを、選手たちはすぐに理解した。マックイーンのように細心でビジネスライクで革新的だったとはいえ、似ているのはそこまでだった。

マックイーンはある記者にこう語ったことがある。「ラグビーが人生の全てではない」──エディーなら絶対に言わないだろう──そして、監督モードになっていないときはスイッチを切ることができると。選手と一緒に過ごすのを楽しみ、その妻やガールフレンドたちも招いて、よく自宅でバーベキューやパーティをした。非常に熟練したとはいわないまでも熱心なゴルファーで、時間があると選手とラウンドし、いつも負けてばかりなので〝ATM〟というあだ名を付けられたと冗談を言っていた。

エディーは自分の選手たちと社交的な集まりで一緒に過ごすことはめったにない。選手との関係を問われて、エディーはアメリカンフットボールのニューイングランド・ペイトリオッツ監督ビル・ベリチックとその人気クォーターバック、トム・ブレイディを例に挙げた。

「完全に仕事上の付き合いなんだよ。二人の間に個人的な関係は何もない。一緒に何シーズンもやってきたのに、一度も夕飯に出かけたこともないんだ。ちっとも親しくなんてないけれど、自分たちがやるべきことは分かっている。人に好かれたらうれしいさ。でもわれわれの仕事はラグビーの試合に勝つことだ」

エディーは自分を〝一匹オオカミ〟と呼ぶことは避けたが、こう認めた。「一緒にいて気楽な友人は限られている」。そのうえ、個人的生活と職業的生活をきっぱり分けており、それについてワラビーズ監督時代のＡＲＵの同僚はこう回想している。

「休みの日に試合のテープを見たいときは、エディーはノースシドニーのオフィスに来ていた。日本的な習慣じゃないかな――仕事は仕事、家庭は家庭、二つを一緒にしないというのは」

エディーに言わせると、その区別はもっと徹底している。仕事を家庭に持ち込まないだけでなく、仕事の話さえしないのだ。

「妻にラグビーの話をすることはないね。家の中にラグビーに関するものは何もない。訪ねてきても、私がラグビーの関係者だとは分からないよ。何も取っておかないんだ。全部人にあげてしまう。ほかの人たちのほうが思い入れがあるみたいだからね」

マックイーンとエディーは、練習場でも大きな性格の違いを見せた。ブランビーズ創設時の選手であったスティーブン・ラーカムは、マックイーンが英国のフットボールマネージャー式に部門コーチたちに指示を出すほうを好んだのに対し、エディーは極端な現場指導型だったと振り返る。

「エディーはラグビーに関して模範的な生徒で、自分が得た知識は実際にチームで試してみたいんだ、誰かに任せるよりもね。常にほかの誰よりも分かっていたのだろうから、自分でやったほうが早いというわけだ」

「エディーは全てをコントロールするのが好みだ。フォワードのプレーだろうとバックスのプレーだろうと。誰かに任せるときも、具体的にどうするのか知りたがった。ロッドは自分がフォワードだったから、フォワードのほうにより関心を向けていたけど、喜んでフォワードのコーチがトレーニングを取り仕切るのに任せていた。バックスのコーチにバックスのトレーニングを任せるのと同じようにね。ロッドは後ろのほうに立って全てに目を光らせているだけで、それほど口出しはしなかった。エディーはずばり核心を突いてくる。コーチたちをよく見ていて質問するんだ。『なぜあの選手はあんなことをしてるんだ？ なんだってあいつはあそこに立ってるんだ？』とね。エディーは個々のポジションについて完璧に理解しているうえ、ポジションに就いている一人一人の選手のことも詳しく知っている」

ラーカムはエディーに言われたことがある。「おまえのプレーのことなら、誰よりもよく分かってるぞ」――ラーカムは認めざるをえなかった。

「私自身よりもエディーのほうがよく分かっていただろう」

自分が選手たちのことを全て理解しているのと同じように、選手たちもお互いのことをよく理解するよう望んだ。

二〇〇三年のワールドカップの前のワラビーズのトレーニングでのこと。ラグビーリーグから移籍してきたウェンデル・セイラーは、深いキックオフからボールを戻していく際に、フィールドを横切っていくところだったフォワードの選手たちに、まっすぐぶつかってしまった。怒り心頭のエディーは選手たちに向かって叫んだ。「何やってんだ？　やつがどっち側から踏み出すか知らないのか？　左だよ、いつだって左だ……」

マックイーンとエディーが違っている点がもう一つ。それは選手やアシスタントたちを相手にする際の「時間と場所」の考え方だった。マックイーンはチームメイトや観客の前で選手を叱ることは決してなかったが、エディーは聞こえる範囲の人全員に自分の感情を知られようと全く気にしなかった。

『一歩先へ』の中でマックイーンは、ブランビーズの新人、ジャスティン・ハリソンが初めてトレーニングに参加したときのことに触れている。この外向的な性格のロックは、のちのち何度もメディアで大見出しを飾ることになるのだが、ハンドリングの練習のときに、つまずいてボールを落とし、転んでしまった。新しいチームメイトたちがそれで笑い出すと、ハリソンは自分の不器用さを誇張して何度も繰り返してみせた。だがマックイーンはそれが気に食わなかった。

「周りが笑えば笑うほど、おふざけを続けて、わざと転んだり足元にボールを転がしたり。そのセッションが終わるまで待って、ハリソンを呼びつけた。チームに加わってたった一時間で、ブランビーズ史上最短在籍期間の選手になるところだったわけだ。そして彼にこう言った。『道化が必要なら道化を雇う。一体本気でプレーする気持ちがあるのか』とね。ハリソンの名誉のために述べておくが、彼は私の目を見て答えた。『二度としません』。確かに二度と起きなかった」

実際、ハリソンはのちの二〇〇一年、ライオンズとのテストマッチ第三戦で、ラインアウトのボールをうまく奪い、試合とシリーズ両方の勝利を決した得点につなげて、それがワラビーズ監督としての最後の試合だったマックイーンへのはなむけとした。

エディー・ジョーンズならマックイーンと同じ対処の仕方はしなかっただろう――練習が終わるまで待たずして爆発したに違いない。

だが、スティーブン・ラーカムによれば、選手たちが気付いたいちばん大きな違いは、エディーが仕事に費やした時間の長さだった。マックイーンは努めて息抜きを楽しむことにしていたが、エディーは休みは全く取らないことにしていた。

「ブランビーズ時代、みんな知っていることだけど、エディーは丸一日働いてから夜七時半に帰宅して夕食を取り、またオフィスに戻って十一時まで仕事を続け、翌朝六時にはまたオフィスにいた。毎日毎日、毎週毎週」

エディーの就任による物事の変化にブランビーズの面々が気付くのに長くはかからなかった――正確には、たった四〇分しかかからなかった。一九九八年のシーズン入り前に、選手たちが互いによく分かり合うようになるチャンスを作ろうと、エディーはチームを日本に連れていった。遠征での初戦、ハーフタイムに、エディーは選手たちに自分の考えを歯に衣着せずに伝えた。

このとき観客席から試合を見ていたジョージ・グレーガンは、その場面を思い出してこう言う。「エディーはチームのプレーの仕方にすっかり頭に来ていた。やっと話が終わって、私は選手たちの反応はどうかと見ていたんだが、みんな不服そうだった」

グレーガンによると、試合後、キャプテンのブレット・ロビンソンがエディーのところに来て言った。「がっかりされたのは分かりますが、エディー、みんなハーフタイムでもう少し具体的な指示が必要なのだと思います」

グレーガンはエディーがそのアドバイスを受け入れたと言うが、エディーとブレット・ロビンソンの意見が相反したのはそれが最後ではなかった。

シーズン明けはワラターズに七対三二で惨敗し、その後もぱっとしなかった。エディーが指揮を執った一年目、ブランビーズはたった三試合で勝っただけで、かろうじて南アフリカのブルズとキャッツよりは上という十位で終わった。メディアでは、エディーが二シーズン目の終わりを見届けることはないという臆測が流れた——状況が改善されないかぎり。が、改善されたのである。一九九九年、ブランビーズは全十一試合中の五試合に勝利し、プレーオフ進出に一歩及ばずという成績でシーズンを終えた。より大きな意味があったのは、主力ではない選手たちがエディーの対決的なスタイルに反応し始めたことである。エディーの口の悪さは気に入らなかったにせよ、おかげで結果がついてきた。

ワラビーズでテストマッチ二十五試合に出場したフッカー、アダム・フレイヤーは、一九九九年に豪代表フッカー、ジェレミー・ポールの控えとしてブランビーズと六千ドルで契約したときには、一九歳であった。

フレイヤーは結局は二シーズン限りで移籍し、ワラターズとメルボルン・レベルズで大活躍するのだが、エディーとともに過ごした時間が自分のキャリアに——そして人生にも、最も大きく影響したと思っている。

「エディーは選手たちにとても厳しかった。オフィスに呼ばれて座らされ、こう言われたことがある。『いいか、おまえはプロのラグビー選手でいたいわけじゃないんだろう、なあ……』。もちろんこう答えた。『そんなことはない、エディー、本当にプロでやりたい。もちろんだ、本当です』。すると『でもそうは見えないな。ここにいるのも嫌なんだろう。何だっておまえのトレーニングをしなくちゃならんのだ？ 邪魔になっているだけだろう。邪魔になって誰かをケガさせるぞ』と言われた。逆上したままオフィスを出て、レンガの壁でもぶち破りたいぐらいだった。そのままジムに直行して、ウエイトを上げたり、数え切れないぐらいボールを投げたりしたよ。私はちょうどエディーと同じ、ランドウィック出身の小柄なフッカーだった。小さい分、ほかの誰より頑健で強力でなくてはならないと彼が言ってくれたから、そうなることができた。エディーがいなければ、オーストラリア代表になどなれなかっただろう。ラグビーのことをたくさん教わったけれど、彼のおかげで今の自分がある、そのほうがずっと大事なことだ。エディーは恩人だ」

選手たちはエディー・ジョーンズの爆発の衝撃がいつ襲ってくるか、いつも分かっていた。片方の眉が上がり、レーザービームのような視線が的を絞る。〝ヤバい目〟と呼ばれたが、全員がその対象にされたわけではなかった。エディーは人の扱い方を相手によって変えた。例えばジョージ・スミスは、エディーが自分が指導した中で最高の選手とみなしているオープンサイド・フランカーだが、ほとんど褒め言葉しか聞いたことがなかった。そのほかは、潜在能力を引き出すには刺激が必要だとエディーに判断され、ビシビシやられた。特にひどかったのは――トロイ・ジェイクスだった。

ジェイクスはオーストラリア学生代表でプレーし、ブランビーズに創立メンバーとして加わったときは、豪U-21の代表であった。一九九七年のシーズン第三節の試合でクラブのトップチームに昇格してきたジェイクスが、一九九八年に最初のトレーニングに現れると、エディーは自分が見ているものが信じられなかった。

「ジェイクスはどこにいるべきか、何をすべきか、全く分かっていなかった」

エディーは連日連夜、ジェイクスを鍛えた。フレイヤーは冗談めかしてこう言う。「今でも朝起きると、エディーが練習場に響き渡るようにやつの名前を叫んでいるのが聞こえる気がする。『ジェイクス、ジェイクス、何やってんだ……?』」。ジョージ・グレーガンはジェイクスがついにたまりかねて叫び返したことを覚えている。「もうたくさんだ、人間として扱ってくれ。人として話してくれ」。個人指導は続き、ジェイクスは懸命に努力してプレーを磨いた結果、二〇〇〇年にはワラビーズの選手としてテストマッチ二試合に出場を果たす。エディーは後年、ひたむきな努力とやる気で何でも乗り越えられるという例として、ジェイクスの話をよく引き合いにしている。

二〇〇〇年のシーズンはエディーとブランビーズにとって、転換点であった。それまでの二シーズンに、エディーはロッド・マックイーンが敷いた基礎に立ってチーム作りを続けるとともに、自分の革新案を導入した。一つは、選手のパフォーマンスをより正確に分析するため、トレーニングを録画すること。もう一つは、次の試合の前に敵の選手だけでなく審判についての調査書類も用意することだった。

グレーガンはこう振り返る。「毎回試合の前に、審判の長所と短所、一試合にいくつぐらいペナルティを与えるか、いつどんなところをいちばん厳しく見るかといった点を二、三ページにまとめた書類を渡された」。エディーは審判の身体的能力まで評定し、どの審判がブレイクダウンへの反応が遅れがちか教えて、選手たちが相手にタックルして倒れたままプレーを引き延ばしやすくなるようにした。

新しいシーズンの始め、エディーはチームを次のレベルに引き上げるときだという確信を得ていた。豪代表でもあるブランビーズのバックロー、オーウェン・フィネガンの結婚式のあとで、エディーはグレーガンにこう言った。「なあ、おれたちでラグビーのプレーのあり方を変えよう。これからラグビーのプレーは新しい方向に向かっていく。それを最初にやってみせるのはわれわれだ」

この壮大な計画は、オークランド・ブルーズに一五対一八で負けて、最初はつまずいたが、シャークスをホームに迎えた試合を五一対一〇で制したのを皮切りに五連勝を飾り、これにはブランビーズの南アフリカ遠征初勝利、ケープタウンにおいて二九対一五で決めたストーマーズ戦も含まれていた。グレーガンが百五十回ものパスを出すなど、ストーマーズを破ったパフォーマンスは、エディーが設計したラグビーの未来が体現されたものだった。つまり、多様な動きとワイドな展開、ブレイクダウンでのスピードと攻撃性、素早いボールのリサイクルといった点を重視したプレーによって、タイトなプレーで立ちはだかろうとする相手方の戦略を崩していくラグビーだ。統括組織SANZARが、有料テレビの視聴者向けに自由でわくわくする見ごたえのあるゲームを提供したがっていたため、審判たちもそうしたスタイルのプレーに合わせるよう指示されていた。

このストーマーズ戦の勝利で浮かれ、選手たちはその夜と翌日は祝勝会となり、キャンプスベイのビーチまで繰り出して昼食とビールを楽しんだ。ほとんどは午後早めに引き揚げたが、何人かはそのまま残って飲み続け、夜遅くにタクシーでホテルに戻った。未明に、エディーはチームのマネージャー、フィル・トムソンから、タクシー運転手と一問着あって選手たちが警察署に勾留されていると知らされた。

オーストラリアにそのニュースが届くとメディアは大騒ぎとなり、選手たちが酔っ払って大暴れし、タクシーをめちゃめちゃにしたため、警察が来て収めねばならなかったと報じた。ブランビーズ側は、タクシー代をぼられるのではないかと不安だったのだと説明し、自分たちを警察に連れていったのは運転手だったと言い張った。警察署に着いてから、証拠にするため料金メーターを取り外そうとしたのだ――小さな機器はライターのソケットにつながれていた。起訴はされなかったが、ブランビーズのマネージメントは選手三人が二日連続で過度の飲酒をしたことによりチームの規約を破ったと判断し、ジョー・ロフ、ロッド・ケイファー、ピーター・ライアンを五百～千五百ドルの罰金と執行猶予付きの二試合出場停止という処分にした。

豪ラグビー協会は、この処分は甘すぎ、選手たちを帰国させるか、少なくとも当面の試合からは外すべきだったとした。ブランビーズと統括組織との関係はぎくしゃくし、ARUのCEOであるジョン・オニールは同クラブの態度に懸念を抱いた。

「規律が甘いのは実際の事件それ自体よりも憂慮すべきことだ。こうした問題が起きると、ブランビーズは必死にARUを遠ざけようとする。『自分たちで対処するよ――あんたたちには関係ない』というのが彼らの言い分だ」

選手に対するARUの権限がどこからどこまでなのかという点については、のちに何年もワラビーズに関してオニールとエディーの意見が衝突することになる。

フィールド外の大騒ぎで、ブランビーズのシーズンは始まる前に脱線しかねなかったが、エディーはそれを逆手に取り、包囲攻撃を受けているような雰囲気を作ってチームの一体感を高めるのに利用した。オーストラリアに戻ると記者たちの攻勢にあい、チームのサポーター、関係者とメディア側の間で緊迫した場面が繰り広げられた。当時、豪ジ・オーストラリアン紙の記者であったピーター・ジェンキンスは、「あごに一発お見舞いしたいところだ」と口にしたブランビーズのマネージメントの一員もいたと言う。

「タクシーの一件は、選手中心のブランビーズの体質に対する大批判を呼んだ。全く派手にやったものだ。南アフリカ遠征中に、有名なワラビーズのメンバーを含め、選手数人がタクシーを使い物にならなくして、メーターを引きちぎり、警察の追及を避けるために車の修理代を支払わねばならなかったのだから、監督とマネージャーが選ぶべき処分は一つしかなかったはずだ。粗暴なやつらを次の飛行機でヨハネスブルグから家に送り返すことだ。だが、エディーとフィル・トムソンはそれを怠った。選手たちは次の試合の間も残って、ほかのメンバーと一緒に帰国した。あとになって処罰を受けたが、執行猶予付きの出場停止とわずかの罰金を正当な処罰といえるものだか。あまりに軽くて遅すぎた。毅然とするべきときに、ブランビーズのマネージメントは弱腰だった。そのうち選手もクラブ関係者も、自分たちに対して厳しすぎると言ってメディアに矛先を向けてきた。おかげで、この年の後半にフランス戦でテストマッチにデビューした若手、ジョージ・スミスが、それより何カ月も前のタクシー事件に関して私がブランビーズに取った批判的な姿勢を理由に、試合後の更衣室でのインタビューを拒否するというところまで尾を引いた。そのときは知らなかったが、ケープタウンで例のタクシーの一件が起きたまさにその夜、実はジョージ・スミスはホテルの駐車場でチームメイトと殴り合いを演じていたんだ。スミスの伝記に詳しく載っているよ。そういうことが起きていた間もその後のブランビーズとワラビーズでの任期中も、エディーは選手に肩入れした。エディーは陰で、自分たち対やつら的な見方をたき付けるのがお得意だった。〝やつら〟はたいていARUのお偉方かメディアだ。その戦略を使う監督はエディー以外にもたくさんいるだろうが、彼の手腕が大方より上回っているのは確かだ。とはいえ、エディーは人をひき付けるタイプだし、一緒にいると楽しい。何年もの間、オフレコでいろんな事柄や選手について話し合ったが、そういう内々の事柄を話すつもりはないよ。エディーは監督として使命に駆られ、細部にこだわって、私が後にも先にも見たことがないほどラグビーの虜になっていた。けれども、ケープタウンの事件に関しては、厳しく対処すべきだったのに、それをしなかった」

ブランビーズはシーズンの残りの節を、最大の敵ワラターズに対する一敗のみにとどめて、順位表のトップを飾り、キャンベラのブルーススタジアムで決勝の相手、カンタベリー・クルセイダーズと対戦した。ニュージーランド軍に惜しくも一点差の一九対二〇で敗れたが、十カ月前にエディーが予測したことは、現実のものとなった。試合終了後、クルセイダーズのスタンドオフ、アンドリュー・マーテンズがグレーガンに言った。「今年の戦いぶりは見上げたものだ。ラグビーのプレーの仕方を変えたんだからな」

このとき観客席で見ていたジョン・オニールは、この試合の負け方がエディーとそののちの彼の選手の扱い方に長く影響することになったと振り返る。オニールはARUの任期を二度務めたほか、オーストラリアサッカー連盟大改革の遂行にも貢献して、フース・ヒディンク監督率いる豪代表チームが二〇〇六年のサッカー・ワールドカップ出場を果たすというクライマックスをもたらしたのであるが、エディーのコーチとしての能力に関しては慎重な意見である。

「概していえば、エディーは明らかに優れた監督だが、彼が成功を収めていた時期にはとてもいい選手がいたからね」

「ブランビーズを引き継いで、一九九八年と一九九九年はそうでもなかったけれど、二〇〇〇年と二〇〇一年には特別な選手たちが揃っていた。エディーを見くびるわけではないが、二つのスポーツで長年やってきた経験から言うと、立派な監督には必ず立派な選手という巡り合わせにいつもなるんだ」

「ブランビーズでは、エディーにはジョージ・グレーガン、スティーブン・ラーカム、ジョー・ロフ、ジョージ・スミス、ロッド・ケイファー、デービッド・ギフェン、ジャスティン・ハリソン……ワラビーズのメンバーでチームができていたようなものだ」

「二〇〇〇年の決勝で負けたのは、選手が自分たちで事に当たったからだ。優勝決定戦のラグビーをせずに、ブランビーズ流のやり方で勝とうとした。とにかくやたらと動き回ってね。クルセイダーズにくたくたにされて負けたわけだ。選手たちがやりたいようにやった結果で、それがエディーには教訓になったんだろう。ずっと、選手に味方する監督とみなされていたが、その結果、あの敗戦は選手たちに深い傷を残した。試合後、更衣室でみんな感情的になっていたのを覚えている。いいチームだったが、賢明ではなかった。二〇〇一年には、戦術的にうまくやれた。優勝決定戦のラグビーをやって勝ったんだ」

二〇〇一年、ブランビーズは三試合を落としたが、いちばん肝心な試合——シャークスとの決勝戦では一段階調子を上げた。エディーの分析に基づいて、シャークスはスタートの速さでは随一という点が選手に伝えられた。前後半ともブランビーズが最初の一〇分を押さえられれば、打つ手はあるはずだった。ハーフタイムの時点では六対六で膠着《こうちゃく》していたが、ブランビーズは自信を持って後半戦に登場し、三六対六という大差で勝利した。

結果的にエディーがスーパー12でブランビーズを指揮した最終戦となったこの試合は、おとぎ話のような結末を迎えたのだ。選手とサポーターたちは延々熱狂的に祝ったが、エディーにはシーズン終了前にあと二つ予約が入っていた——ブリティッシュ・アンド・アイリッシュ・ライオンズとの。

二〇〇一年にオーストラリアに遠征してきたグラハム・ヘンリー監督率いるライオンズには、二年後のワールドカップで対戦することになるであろうイングランド代表の中心的選手が含まれていた——キャプテンのマーティン・ジョンソン、スクラムハーフのマット・ドーソン、ウイングのジェイソン・ロビンソン、スタンドオフのジョニー・ウィルキンソンらだ。いずれもその後、エディーをよく知るようになり、エディーのほうも彼らのことを知り尽くすようになるのだが、二〇〇一年六月一九日以前にはエディーはほとんど未知の存在だった。

シーズンの始めに、スーパーラグビーでトップの功績を挙げた監督として、エディーはライオンズの遠征第四戦の相手、オーストラリアA代表チームの監督に任命された。ライオンズはまた、テストマッチの第一戦と第二戦の間にブランビーズとも戦うことになっていた。グラハム・ヘンリーとライオンズのマネージメントにとっては遠征試合が二試合増えただけのことだったかもしれない。だがエディー・ジョーンズにとっては、ラグビー界きっての遠征チームを相手取って、豪ラグビー協会に自分は監督として立派な資格があるということを示す絶好のチャンスだったのである。

豪A代表チームとの試合に先立ち、ライオンズは最初の三試合で堂々たる勝利を収めた。まずウェスタンオーストラリアを一一六対一〇で、クイーンズランド・プレジデンツ・フィフティーンを八三対六でいけにえにし、もっと粘りを見せると期待されたクイーンズランド・レッズも四二対八で退けた。豪A代表は試合の直前にかき集められ、一緒にプレーしたことさえないという選手も多く、誰が見ても健闘を期待される理由は全くなかった。全く、ただしエディー・ジョーンズを除いては。

豪A代表チームのフルバック、リチャード・グラハムは、エディーが最初のトレーニングを指揮したときには、調査書類を用意したりサイドラインで癇癪《かんしゃく》を起こしたりというブランビーズ監督の極端さを示すものは何もなかったと言う。

「エディーがチームの面倒を見たのは一週間だけだったから、それほど深くまで取り組む時間はなかった。『この試合に勝つには何をする必要があるのか、何をする必要はないのか』という点に尽きた。エディーはチームを一つにまとめて信頼関係を築き、ライオンズを倒せるという自信を与えてくれた。年齢も経験も全く様々だったからね。私のように一九八九年のライオンズの遠征を覚えているぐらい年かさなのも何人かはいた。あのときは高校最後の年で、テストマッチを全部見ていたから、ライオンズの遠征の影響力については理解していて、実際に対戦するなんて一大事だった。ずっと若くてそれが分かっていないメンバーもいたから、エディーにはその感覚をみんなにも伝えるようにと勧められた。私はサラセンズではエディーのコーチングスタッフの一員だったから、めちゃくちゃ長い練習も罵声も知っているが、その週に限っては全然それがなかった。エディーに会ったのはそれが初めてで、彼は集中してはいたが同時にリラックスもしていた。全てはエディーがいかに明確なプランを立ててチームにそれを指示するかにかかっていて、実際完璧にやってのけたんだ」

「チームにはライオンズとの試合を足がかりにしようという野心的な選手もいたし、自分の選手生活最大の晴れ舞台だとみなす選手もいた。エディーはそういう選手たちみんなを一つにまとめたんだ。素晴らしい一週間だった」

この試合はオーストラリア人にとって文句のない結末になった。グラハム・ヘンリーは強力なメンバーを選んだ——ウェールズ人のスタンドオフ、ニール・ジェンキンス以外のバックスは全員イングランド人で、マット・ペリー、ベン・コーエン、ウィル・グリーンウッド、マイク・キャット、ジェイソン・ロビンソン、オースティン・ヒーリー。そしてのちのイングランド代表キャプテン、ローレンス・ダラーリオがこれを率いた。

ビジターチームはゴスフォードへの旅は——シドニーの北、車で一時間強の海岸まで——いい気晴らしだと考えたかもしれないが、そんな空気はすぐに消え去った。マイク・キャットはふくらはぎを痛めて足を引きずりながら退場、残りの遠征期間も彼の出場は危うくなった。オーストラリア側の若手ロック、トム・バウマンはラインアウトで圧倒的な力を見せてポゼッションをキープ、ライオンズは六対一五と劣勢でハーフタイムに入った。後半、豪A代表のウイング、スコット・スタニフォースがこの試合初のトライで得点すると、ヘンリーはジェンキンスを下げ、ヒーリーをスタンドオフに動かして、マット・ドーソンをスクラムハーフに投入した。この交代でライオンズは活気付いた。ラグビーリーグからの転向組であるジェイソン・ロビンソンがお手本のような電撃的なトライを挙げ、ドーソンがコンバージョンを決めたのだ。だが、それでは足りず、遅すぎた。エディーのチームは粘り続け、二八対二五というスコアで歴史的な勝利をものにした。

二週間後、テストマッチ出場選手九人を欠くブランビーズとの試合で、ライオンズは二度目のエディー・ジョーンズと対戦した。ブランビーズは後半半ばまで一九対三でリード、インジャリータイムに入ってもまだ二八対二三で、そのまま持ちこたえさえすれば、エディーに二対〇の対戦成績をプレゼントできたのだが、エクストラタイム一〇分過ぎ、オースティン・ヒーリーが十二フェーズにわたるプレーをポスト下のトライで締めくくった。ドーソンがコンバージョンを入れて、ライオンズは三〇対二八でかろうじて逃げ切ったのである。

二人のイングランド人のせいで、エディーはフィールドで完璧な最後を飾ることはできなかったけれども、フィールドを離れ役員室に目を転じれば、まだ十分勝利者であった。ACT対ライオンズの試合の四日後、ロッド・マックイーンはテストマッチ・シリーズ後に辞任する予定だと発表し、豪ラグビー界をショックに陥れた。ジョン・オニールは驚いたなどというどころではなかった。

「長い間交渉を続けた結果、ロッドは二〇〇一年の終わりまでは続けると合意していたんだ。それがなんと、心変わりだ。ちょうどメルボルンでテストマッチの二試合目に勝ったところで、試合後に更衣室でロッドに『これ以上無理だ』と言われたんだ」

「エディーはブランビーズをスーパー12の優勝に導いたところで、オーストラリアA代表の監督としてライオンズを破ってもいた。われわれはロッドの急な心境の変化に不意を突かれて、本当にエディーだけが候補者という状況だった」

「ブレット・ロビンソンはARUのパフォーマンス強化部長に任命されていた。ブレットはエディーのチームが二〇〇〇年のスーパー12の決勝戦で敗れたときのキャプテンだった。エディーの大ファンだったが、彼の独特なところも知っていた。エディーは優れた監督になるだろうが、相手にするのは楽じゃないと教えてくれた。そのとおりだったよ」

またしても、エディーはロッド・マックイーンの後継者に指名された。今度は、選手としては得られなかったワラビーズのブレザーがもたらされたのだ。ラグビー界はエディー・ジョーンズから山ほど話を聞かされることになり、メディアもまた然りだった。

第5章
ラグビー界のファイティング原田

二〇〇一年のシーズン終了から数日後、豪シドニーモーニングヘラルド紙のラグビー記者のチーフ、グレッグ・グローデンは、エディー・ジョーンズから奇妙な電話を受けた。一カ月前、ブランビーズがスーパー12でオーストラリア初の優勝チームとなったとき、試合後の記者会見でエディーはチームが「シドニーのメディアが間違っていたことを証明した」と強調した。

エディーの言う「シドニーのメディア」とはグローデンと、このときには豪デイリーテレグラフ紙にいたピーター・ジェンキンスを指しており、十二カ月前に二人はその後「ケープタウンのタクシースキャンダル」として知られるようになった事件を記事にしていた。ブランビーズの元選手や関係者の多くにとって、それはまだ耳の痛い話だったのである。

エディーはグローデンの電話に、話したいという伝言を残した。グローデンはかけ直したのだが、会話は短いものだった。

「一つだけ聞きたい。今シーズンのあんたの仕事ぶりに雇い主は満足したのか？」

「実はそうなんだ、エディー。昇給してくれたところだ」

「そうかい。じゃあまた来年」

そのときは、なぜそんな電話をしてきたのかと首をひねったが、あとで考えれば明らかだった――ワラビーズの監督職を引き継ぐに当たり、エディーはあらゆることを調べ尽くしていたのだ。マスコミに対応することや、主要なメディア各社が記者たちに何を求めているのかを探ってその情報をどうすれば自分に有利になるよう最大限活用できるか見極めることは、エディーにとって、次の試合に備えタックルバッグやウォーターボトルが必要数揃っているか確認するのと同様に重要だった。シドニーモーニングヘラルド紙は、読者層として高収入の専門職を多く擁しており、オーストラリアのラグビー界で大きな影響力を持つ人々がまず選ぶ新聞とされていた。エディーはマスコミにへつらうタイプでは全くなかったが、常に「おのれの敵を知れ」という格言には従っていた。

エディーはメディアとの対決について触れる際に、ある例え話を用いる。

「記者会見というのは、昔の西部劇の映画みたいなものだ。町によそからカウボーイがやって来てバーに入ると、みんなが銃を構えて立っている。記者会見場に入っていくっていうのはそんな感じだ。撃とうと待ち構えられている」

そうかもしれないが、世界中でたくさんのジャーナリストが先を越されてきた。早撃ちエディーにはなかなか勝てない。

スポーツ監督の記者会見は人それぞれだ。時には、イングランドのプレミアリーグ、マンチェスター・ユナイテッドの元監督、サー・アレックス・ファーガソンのように、上首尾であってもとげとげしい雰囲気ということもある。ラグビーリーグの豪ブリスベン・ブロンコスとイングランド代表の監督を務めたウェイン・ベネットは極端な〝謹厳居士〟で知られ、「そうだ」「違う」「たぶん」以上の答えをすることはなかった。また、同じくプレミアリーグ、チェルシーの元監督にしてマンチェスター・ユナイテッド現監督［二〇一八年退任］のジョゼ・モウリーニョは、記者たちに調子を合わせるタイプで、その冗談や表情、めちゃくちゃな英語のおかげで、毎週試合前に行われる会見はコメディショーに早変わりということも多かった。

　エディーのマスコミ対応は、こうした要素全てが組み合わさっていた。怒っていることも、引き込まれるほど面白いことも、好戦的なことも、辛らつなことも、ユーモラスなこともあったが、グローデンによれば、つまらないといって文句を言われることだけはなかった。

　二〇〇三年のワールドカップでのこと、エディーの記者会見がまるでボクシングのスパーリングのようだったため、グローデンはそれに引っかけてあるニックネームを進呈、今でもオーストラリア人ジャーナリストたちに使われている――その名もファイティング原田。

　スポーツ狂の子ども時代を過ごしたグローデンは、その頃のオーストラリアの子どもがみんなそうだったように、アボリジニのボクサー、ライオネル・ローズの大ファンだった。ローズは一九六八年二月に、日本のバンタム級世界チャンピオン〝ファイティング〟原田政彦《まさひこ》を破って国民的ヒーローとなった。翌年に原田はまたしてもオーストラリア人の今度はフェザー級世界チャンピオン、ジョニー・ファメションに挑んで、再びオーストラリアのメディアのスポットライトを浴びることとなるのだが再度不成功に終わった。

二〇〇三年のワールドカップ開催中、シドニーでの記者会見で特にけんか腰のやり取りがあったあとで、グローデンはニュージーランド・ヘラルド紙の著名なラグビー記者、ウィン・グレイにこう言った。「この男はまるでファイティング原田だな」

「ウィンが『誰だって?』と言うので説明したら気に入ってね。で、今でもそれがあだ名というわけだ」

まさしくそれがふさわしいのは、顔つきが似ているからというだけではなかった。原田のように、エディーも小柄で素早く、常に臨戦態勢であった。記者たちは、ジョーンズ得意のカウンターパンチを避けたいなら、いつも身構えていなくてはならないということを覚えた。

「エディーは愚かな真似は容赦しない」とジェンキンスは言う。「それに誰が愚か者か決めるのはエディーだ。もっともな質問をしても、それが気に入らなければエディーは散々こき下ろす」

誰よりもエディーの行動をつぶさに見てきたメディア人といえば、クイーンズランドのベテランテレビカメラマン、アンソニー・ジョージであろう。〝AJ〟〝コング〟というニックネームのほうが通りがよいこの人物は、テレビネットワークでワラビーズの遠征について報道するために何年間も世界中を旅していたのだが、あるとき素晴らしいアイデアがひらめいた。ロッド・マックイーンに続いてエディーもワラビーズのトレーニングキャンプを地方で行ったため、報道クルーを遠隔地に送り込むコストが膨大になっていた。二〇〇一年の終わりに、ジョージは豪ラグビー協会の広報部長、ストラス・ゴードンにある提案を持ちかけた。ジョージがＡＲＵの正規委託業者となってワラビーズとともに暮らしたり旅したりして、日々のニュースを撮影、編集、制作してプロの水準に仕上げ、メディア各社が無料でダウンロードできるようにする、というプランである。ゴードンがこの案をARUのCEO、ジョン・オニールに諮ると、オニールは直ちに承認した。主要ネットワークは経費節減がかなって大喜びだった。ただ、記者たちにはあいにくのことだった。キャンプ・ワラビーズ——マックイーン時代はクイーンズランド州サンシャインコーストのカラウンドラ、エディーの下ではNSW州北岸のコフスハーバー——で特ダネやスキャンダルを集めて過ごすのではなく、オフィスでARUからその日の出来事のビデオが届くのを待つだけでは。テレビレポーターが自分たちの質問をする代わりに、ワラビーズのメディアマネージャー、ジュロ・センがARUのロゴの入ったマイクを向けながら、あらかじめ渡してあった質問を監督、コーチ、選手にしていった。AJが率いたチームの正式名称は「ARUメディアユニット」だったが、ジャーナリストたちは〝情報省〟と呼んだ。

この結果、記者たちが直接エディーと対決できる記者会見の機会はますます貴重になり、時として一触即発という雰囲気にもなった。

AJはカメラのレンズ越しに、二〇〇二〜二〇〇五年にエディーが出席した記者会見を全て見ており、いつ状況が過熱してくるか必ず当てることができたと言う。

「右の眉が上がると、エディーが戦闘態勢に入る合図なんだ。エディーが際立っているのは、メディアの重要性を誰よりもよく分かっているところだ。世間一般にラグビーについて発信していくうえで自分が担っている役割と、メディアを通して初めてそれが実現可能だということを理解している。エディーは、これを言ったらラグビーに関心が集まるだろうというようなことを口にする。何も起きていないときでさえ、マスコミが取り上げそうなことを何か思いつくんだ。ラグビー監督の体にボクシングの興行主が宿っているようなものさ」

「同時に、エディーはメディアと対決するのが好きだ。試されたいんだ。中にはわざわざネタを与えてやらないといけないジャーナリストもいるが、エディーはそれには不満だった。立ち向かってくる記者が好みだった。『そうは思わない』と言ってくるようなね。エディーをイライラさせるのは、ラグビーのことなんか全く分かっていないのに、質問してくる輩だ」

大事なのは予習をしてくることだと、グローデンは言う。

「エディーは決して簡単な相手ではないが、しっかり下調べをしていい質問をすれば、いい答えをくれる。記者が電話して『どんな具合だい？』と聞けるタイプの監督じゃないけれど、『エディー、トレーニングで誰それが左足でキックする練習をしてるのに気付いたが、それはこれこれっていうことかい？』とでも聞けば、突っ込んで教えてくれるだろう。何が起こっていてどうしてなのか、答えてくれる。昔は遠征中は月曜が選手の休養日だったから、エディーは一人で会見に現れたものだ。われわれは月曜礼拝と呼んでいてね。エディーは座って自分の頭の中にあることを何でも話してくれた——管理部門の問題、望んでいる法改正。本当に貴重だった。次の試合とは何の関わりもない、それについて話せる段階じゃなかったからね。でもいつも優れた内容だった。毎回そこからメインの記事をひねり出せた。エディーはマスコミの相手は好きじゃないと言うだろうが、実は大好きだったんだと思うよ。知的な論戦が好きだった」

二〇一七年にイングランド対イタリアの試合の前に、テレビのレポーターがエディーに、世間で取り沙汰されているバックラインの入れ替えについて、試合当日までの間に検討する時間はあったかと尋ねた。するとかすかに笑みを浮かべながら、エディーはこう答えた。「新聞を読んでいたらそうだったかもしれないが、私は新聞は読まないんでね」

それが本当なら、エディーの習慣に大きな変化があったことになる、とグローデンは言う。「エディーはメディアなら何でもいいんだ。自分とチームに関して書かれたものは一言も漏らさず読んでいるし、誰が書いたのかも知っている。二〇〇三年のワールドカップのとき、コフスハーバーのワラビーズのトレーニングキャンプで、毎朝フィットネスバイクに乗りながら新聞を広げ、こぎながら全部読んでいた。エディーはジャーナリストになりたかったんじゃないかな」

二〇〇七年、エディーはクイーンズランドのクーリエメール紙で定期コラムを担当しないかと持ちかけられて、キーボードを叩く側を経験するチャンスを得た。続く八年間というもの、大変真面目にその仕事に取り組んだ。ラグビー専門の書き手であるジム・タッカーは、毎週編集プロセスを通してエディーのガイドとなるという役目を与えられた。

新聞のコラムの〝ゴーストライター〟とは、場合によっては、コラムニストが電話で手短に話すことを記録して、読める形に整える筆記者を美化して呼ぶ言い方である。有名人の署名入りコラムなどでは、その人物自身が実際に関わることはさらに少なくなる。多くは、スポーツライターたちから選手に関する逸話を教えてもらってまとめるのだが、多額の報酬を得る選手自身は、取り決めの始めにただ一点指示を出すだけだ。「毎週必ず電話して、自分が何を書いたことになっているのか知らせてほしい、いいね？」

タッカーによれば、エディーとのやり取りは、そういうやり方とは全く正反対だった。

「毎週世界中どこにいようと、必ず原稿を送ってきた。最初は手書き原稿がファックスで届いた。読めない字について尋ねる以外に連絡する理由がないこともあったよ。後半はタイプされていてEメールで送られてきた。あるとき、エディーは日本人の選手たちを山奥のトレーニングキャンプに連れていったらしかった。二、三日連絡がないと思ったら、山から下りてくるという知らせがあって、電波が届く範囲に戻ってからコラムが届いたんだ」

「いつもいい出来だった。多少手を入れなくちゃならないこともあったけどね。リード文になる部分を頭に持っていくとか、箇条書きを文章に直すとか。でも、記者としての訓練を受けていないことを思えば、とてもよく整っていた。題材そのものも素晴らしかった。明らかに地元の読者向けで、エディーはとにかくオーストラリアのラグビーの内部事情によく通じていたからね。どんな企てがあるか、どこに計画が隠されているか何でも知っていて、いつでも書く用意ができていた。南アフリカと日本での経験もあった。エディーは誰よりもたくさんラグビー情報を集めていたに違いない。日本に住んでいたときでさえ、スーパーラグビーとヨーロッパの試合を全部見ていた。ラグビー選手なら誰のことでも知っていた。ワラビーズに無名の選手が選ばれたって、エディーは経歴からチームにどう貢献してくれるかまで、その選手のことをコラムで取り上げることができた。しかも彼はオーストラリアに住んでさえいなかったのに。ジャーナリストになりたかったんだという説はうなずけるよ。監督じゃなかったら、腕利きのラグビー記者になっていただろう」

そのコラムは、エディーがイングランド代表監督の職に就いて終了となるまで、彼のラグビーに対する情熱と洞察力を披露する場となっていたのだが、真のエディー・ジョーンズ体験といえばやはり彼のライブで、誰でも一度見たら忘れることはなかった。

エディー・ジョーンズの記者会見は対決的な雰囲気だった。質問をすると、ネット越しにテニスボールがぴしりと打ち返されるように、記者に向けて返されることがよくあった。記者たちをやり込めるために、エディーはよくお得意のフレーズを使った。「あんたには教えないよ」と言うのだ。ジャーナリストを引き込むのが好きで、自分と議論させようと挑発するかのように質問に質問で答え、こんなふうに聞くこともあった。「そんなに頭がいいなら教えてくれよ、あんたならどうする?」

いちばんよい例は、日本代表監督(ヘッドコーチ)時代の二〇一二年にフレンチ・バーバリアンズに負けたあと、エディーが完全に抑えが利かなくなってしまい、有名になった記者会見だろう。会見後に注目が集まったのは日本代表キャプテン、廣瀬俊朗に対する厳しい叱責だったが、ジャーナリストたちの質問を相手に投げ返したやり方はエディーの十八番だった。

日本が二一対四〇で敗者となった主な原因は選手選考の拙さだったのではないかという質問に、エディーはぴしゃりと言い返した。「確かに間違いを犯したが、日本一の若手選手を選ぼうとしたんだ。彼らもそれにもっと応えてくれると思っていた。責任は取る。そうしろと言うなら今すぐ辞める。そうしてほしいか? 喜んでそうするよ。敗戦も貧弱なパフォーマンスも責任を取るさ、監督が悪いんだ。私の失策だ。それであんたは誰を選ぶんだ? ニュージーランド人のメンバー六人を入れたら勝てるさ。そうしてほしいのか? でも以前、カーワン(元オールブラックス)が監督だったときは、外国人選手の数で文句を言ったじゃないか。日本人選手を育てたいのに、今度はそれに文句を言う。どっちがいいんだ？」

　別のレポーターは、次の練習で選手に何を伝えるかと聞いた。

「そうだな、自分の仕事をしろということだ。ラグビーはシンプルなスポーツだ。ブレイクダウンのときはクリーンアウトをする。タイトヘッドプロップのポジションならしっかりスクラムを組む。伝えることなんか別にない。さっきも言ったとおり、敗戦の責任者だと言うなら、今晩にでも辞任する、こんなプレーはとても我慢できないからな。本気だ。日本人の監督を見つけろ。そうしたいんだろう？」

　エディー・ジョーンズの反撃はいつもこう分かりやすいわけではない。メディアを相手にする手段としては皮肉の活用を旨としており、例として、イングランドが二〇一七年にトゥイッケナムでオーストラリアに勝ったときのやり取りが挙げられる。審判のベン・オキーフとテレビジョン・マッチ・オフィシャル（ＴＭＯ）が二度イングランド側に有利な判定をして議論を呼んだことについて、あるレポーターが、幸運だったのではないかと尋ねた際に、エディーはこう答えたのだ。

「じゃあなんで審判がいるんだ？　ＴＭＯはどうなんだ？　質問の意味が分からん。なぜ幸運なんだ？　十回もビデオを再生して結論を出すんだ。ここにいるのは世界最高レベルの審判だろう。世界最高レベルのＴＭＯがいて、たまたまこちらに有利な判断だと、それは幸運だと言う。すまない、すまない、すまない。幸運でございました。悪いがね、幸運だったよ」

　もう一つの得意技は、集団の中の一人を孤立させ恥をかかせることで、集団そのものに対し優位に立つという方法だった。この戦略が披露された例がある。二〇一七年の五月にエディーがオックスフォード大学の由緒ある弁論部の「質疑応答」に演者として招かれたときのことだ。これは、長年にわたりウィンストン・チャーチル、ダライ・ラマ、マザー・テレサといった様々な偉人たちが演説を行ってきた公開討論会である。真面目な学生たちで満員の会場でエディーは遠慮深い聴衆に対面したのであるが、一人のややがっちりした若者が質問をしてから、その場の雰囲気が変わった。

「もちろん例外もあるわけですが、現代のラグビーにおいては技術の重要性はやや薄れており、精神力や体格、そして毎週毎週壁にぶつかるのも辞さないという点が重視されているとはお考えになりませんか?」

エディーはからかって言った。「そう、君は明らかに少しトレーニングが必要なようだね」

部屋中が呆然として一瞬静まり返り、それから驚いて息を飲む気配、続いて大爆笑が広がり、最後は拍手喝采となった。その若者が真っ赤になってきまり悪そうに立っているところに、エディーはもう一押しした。

「いいかな、バーで過ごすことを選ぶ人も、スポーツジムで過ごすことを選ぶ人もいる。君はもう少しジムで過ごしたほうがいいかもしれないね」

それから急に愛想をよくした。

「でも君はきっといい選手に違いない」

エディーが次の質問に移って、やれやれこれで終わったとその若者が思ったとしたら、残念ながら早とちりだった。続く三十分というもの、チャンスがあるたびにエディーはそのかわいそうな犠牲者をネタにして笑いを取った。ラグビーのカルチャーについて聞かれると、またしても彼にスポットライトを浴びせ、今度はまた別のお得意作戦〝名指しで非難〟――攻撃を特定の個人に向けるため、被害者にする相手の名前を尋ねる――を投入した。

「ラグビーをしているなら、世界中どこへ行っても大丈夫だ。ラグビークラブが面倒を見てくれる。実際にそうなんだ。クラブに行って『ラグビーの選手だ』と言えば、体型も体格も関係ない……そこの小柄でちょっとトレーニングが必要な彼だって、どこかのクラブに入っていけば、試合に出して面倒を見ると言ってもらえる」

会場の笑いが収まると、エディーは尋ねた。「何ていう名前だい？」

「マークです」とその若者。

「マーク、ジムの会員証をもらってあげよう。いいジムがあるんだ、ピュアジムっていう名前の。イングランド代表がここに滞在したときに使っていたんだ」

マークの試練はまだ終わっていなかったが、少なくとも一人きりではなくなった。別の学生が選手の行いに関して提起すると、彼もまたエディーの辛らつなウイットをひしひし感じることとなった。

「エディー」と彼は尋ねた。「メディアのあちこちで、選手がいろいろな問題のせいで大見出しになっていますね……夜遊びや薬物やそういうことで。監督として、どういう管理の仕方をしているんですか、そしてその理由は？」

エディーがやり返す。「どの新聞を読んでるのかは知らないがね。ザ・サンとデイリーミラーを読むのはやめて、ザ・タイムズとザ・ガーディアンを読むことだ。いいかい。君たちは教養人のはずだからな」

「うちの選手たちはほとんど飲まない。愚か者がいつも一人か二人は交じっているものだがね。この会場を見回してみれば分かる。二十年後に同窓会をしたら、ここにいるうちの誰かは薬物をやり過ぎたりアルコールをやり過ぎたりしているだろうから、ちょっと見回して誰がそうなりそうか考えてみるといい。マーク、ちゃんとジムに行くんだぞ、なあ。そうすれば大丈夫だ」

その日最後の質問は女性のラグビー選手から、アドバイスを求めるものだった。

「根気よく続けることだ。ただ大好きになればいい、ラグビーを心から好きになれば。たまにマークとジムに行くといいよ」

司会者が会を締めくくる前のエディーの最後の言葉は、「マーク、気に入ったよ、おい。心配するな」だった。

人を引き込む、皮肉を言う、孤立させる、名指しで非難する……全てエディーが長年にわたり最大限の効果が発揮されるよう使ってきた方法とはいえ、一回の記者会見に全部が登場することはまれだったのだけれども、二〇一六年、欧州六カ国対抗におけるイングランドとアイルランドの対戦の前の週に、それが起こった。

ピーター・ジェンキンスが触れたように、エディーはくだらないと思う質問にはすぐさま襲いかかる。ラグビーが分かる人なら――さらにいえば、何らかのコンタクトスポーツについて理解している人なら――大体は、敵の主要な選手を「ターゲットにする」ことについてエディーの見解を求めたその質問は、そう分類されても仕方ないとうなずくだろう。

その対決は、イングランドが四〇対九でイタリアを下した試合後の記者会見中のことだった。その前日、アイルランドはフランスに九対一〇で敗れたのだが、アイルランドのサポーターは、頭部外傷歴を持つスタンドオフのスター選手、ジョニー・セクストンが手荒に扱われたことを怒っていた。

エディーはこう聞かれたのだ。「フランスはセクストンをターゲットにしていたんですかね？　イングランドはあんなふうにスタンドオフをターゲットにしますか？」

「フランスのことは分からんよ。フランスの監督に聞いてくれ」

「でもし……」

「フランスの監督に聞くんだな」

「やっぱり彼をターゲットにしますか？」

「いつだって選手は誰でもターゲットにするさ。ラグビーはそういうものじゃないのか？」

「そのとおりです」

別のレポーターがその話題を引き継いだ。

「特にスタンドオフをターゲットにするっていうのは妥当なんでしょうか？」

「一〇番に特別な条件があるなんて知らなかったよ」

「いやその、フィールドでは司令塔ですよね」

この時点までに、右眉は明らかにかなり上がっており、左眉もそれに続きそうな気配だった。

「特別な法律でもあったかな？　教えてくれよ」

「そうは言ってません。ただスタンドオフをターゲットにしてもいいのか伺っただけで」

「いいかい、選手は十五人いるんだ。なんだ、そのうち一人には当たるなって言うのか？　待てよ、待てよ。彼の頭には赤い印が付いていて、そいつは攻撃しないと……」

「司令塔の役割の選手は特別扱いするということがありましたか?」

「質問の意味が分からんよ、おい。どうやらここのラグビーは違うようだ。フィールドには十五人いるんだ。弱いディフェンダーがいたら、そこを突く。そうじゃないか?」

「ジョニー・セクストンが弱いディフェンダーだと?」

「ジョニーについて言ってるんじゃない」

ほかのジャーナリストが違うことを質問して、その議論はそこで終わったように見えたが、エディーはそのままにはできなかった。記者席の中に、一九九三年にブリティッシュ・ライオンズでロックを務めた二〇八センチの大男、マーティン・ベイフィールドが、BTスポーツ社のコメンテーターとして座っているのを見つけて刺激され、もうワンラウンドと元の話題に戻ったのである。今度は、前列に座っていたややがっしりした体格のレポーター、ニック・ヒースを選び、〝名指しで非難〟作戦によって聴衆を味方に付けようとした。

「ちょっとセクストンについての質問に戻っていいかな? ばかげた質問だとしか思えなくてね。ラグビーは十五人でするスポーツだ。攻撃するときは弱いディフェンダーを攻撃する。弱いディフェンダーを探すんだ。いちばん強いディフェンダーにわざわざ向かっていかないだろう? つまり、もしマーティンがそこにいて……ええと、何ていう名前だい?」

「ニックです」

「ニックね。だからマーティンがそこで……ニックがこっちにいたら、マーティンには当たっていかないよな?」

部屋中大爆笑になると、小柄なヒースも最大限の反撃に出た。

「ぼくのプレーは見てませんよね」

「まあまあ、そうかもしれないな」とエディーは言って、ほかの標的を選んだ。「じゃあたぶんこっちの彼に向かっていくだろう。いちばん強いディフェンダーは避ける。常に弱いディフェンダーを突く。だが、セクストンが弱いディフェンダーだと言っているわけじゃない。フランスはそう思ったんだろうが、とにかくアイルランドの選手をターゲットにするのは勝ちたいからで、ラグビーの試合に勝つには相手の弱いところ攻撃する。それをずるいと言うのは全くばかばかしいし、そういう質問はするべきじゃない」

元の質問をしたレポーターは、サーブを打ち返した。

「誰もずるいとは言ってないでしょう」

「そうだな、質問は妥当かどうかだった。だが、ちっともいい質問ではない」

「理にかなった質問だと思いますが」

「ばかげていると思うね。意見が違うということで意見が一致したわけだ」

「意見の不一致を認め合う」という考え方は、エディーがメディアを相手にするときの拠り所だと、グローデンは言う。

「エディーにはでたらめなところは一切ない。自分の位置を把握しているということだ。問題があったら、解決して前に進む。いつもエディーはプロフェッショナルだと思っていた。不安定なときもあったけれど、最後に彼がワラビーズをクビになったときは、手紙を出して礼を言い、幸運を祈った。ずっと楽しかったよ」

確かに、ほとんどの場合はエディーはメディアとのやり取りを楽しんでいたようだ。快活で気さくな会話が、常にエディーとジャーナリストたちの関係を表す象徴だった。二〇〇三年のワールドカップのときに、あるレポーターがエディーに、左手首に着けているビーズのブレスレットは大事なものなのかと尋ねたことがあった。

「日本の友だちからのプレゼントだ」とエディーは答えた。「幸運を運んでくれるものなんだ」

「効き目は？」

「大会が終わってから聞いてくれ」

二〇一六年の欧州六カ国対抗でイングランドがイタリアに勝ったあとの「ジョニー・セクストンに関する記者会見」で、エディーは張り詰めた空気を和らげようと、自分のひいきのサッカーチームがその日の午後勝ったかどうか、集まっていた記者たちに尋ねた。

「アーセナルはどうだった？　勝ったの？　いい日だったんだなあ、じゃあ」

少なくとも、その記者会見に関する翌日の記事を読むまでは。エディーがアーセナルに寄せる関心についてはもちろん、「スタンドオフをターゲットにするかしないか」という議論の効用についてもほとんど取り上げられてはいなかった。各紙の大見出しとなったのは、ジョニー・セクストンに関する議論に火を付けたエディーのそもそものコメントについてであった。

翌週末にイングランドが対戦するアイルランドの布陣について聞かれて、エディーはこう答えた。「セクストンは面白い選手だね。むち打ち症だったと聞いたが、噂話にしていいようなことじゃないね。両親が心配するだろう。土曜にプレーしても大丈夫であることを祈っている」

「むち打ち症を患ったなら、彼の状態がちょっと心配だ。随分特別な言い方でケガのことが話題にされていたね。選手にはそういうケガはしてほしくないものだ」

「むち打ち症だということは、その人はかなりの外傷を負ったわけだ。メディアは使う言葉を間違ったのかもしれないが、重症だったのならその選手の状態を心配するべきだろう」

マスコミはエディーのコメントに飛びつき、セクストンの両親に触れたことに対し憤怒を表すものもあれば、アイルランドのマネージメントとセクストン自身を迷わせようとして「不安をあおっている」と非難するものもあった。エディーはコメントの真意を明らかにするよう強いられて、こう述べた。「私が言いたかったのは、むち打ち症になったのだったら彼のことが心配だということだ。それだけだ」

「うちには医療スタッフがいる、イングランド一の医療スタッフがいて、選手にとって最善の判断を下す。アイルランドもそうしたはずだ」

セクストンが議論に加わり、エディーについてこう言った。「頭部外傷に関して、大多数の意見に飛びついただけかもしれない。こっちはレッテルを貼られてしまっているからね。見えないところで何が起こっているかなんて全く知りもしないくせに、人が勝手に診断を下したり、脳震とうなんて起こしてないのに、起こしたと決めつけられたりするのは、本当にイライラする。仮にマスコミの誰かのことを認知症だと何度も何度も言ったりしたら、名誉毀損で訴えられるはずなのに。困ったものだよ」

インタビューで追及され、エディーは折を見てセクストンに謝罪すると言ったものの、イングランドが二一対一〇でアイルランドに勝った試合のあとの記者会見では、彼は融和的なムードではなかった。レポーターから試合中の審判の判断について考えを求められると、こう切り返した。「どうしてそんな必要があるんだ、おい?」

「いやあ、記者会見とはそういうものですよね。こちらは意見を求める、あなたは答える」

「いやあ、あんたが自分の意見を言うのは構わんよ。審判は判定を下したんだ。審判について何か言おうものなら、明日の見出しは『ジョーンズ、審判に言いがかり』で決まりだ。だから意見なんて言わないよ」

続いてエディーは、イングランドの次の相手、ウェールズが前夜行ったフランス戦を見たかと聞かれた。

「もちろん見たよ」

「どう思いましたか?」

「そんなこと教えるもんか」

そして、エディーが自分に対するマスコミ取材は拒否すると発表すると、「なんてこった……」と記者からぼやき声が上がった。

「マスコミを怒らせることも、誰かの両親を傷つけることもしたくないからな。今から金曜まで、ウェールズとの試合の前はメディアとの話はなしだ。不安をあおるとかなんとか心配しなくて済むぞ」

レポーターが尋ねた。「これは駆け引きなんですか?」

「いいか、こっちが何も言わないと、あんたは退屈だったと言いながら会見場を出ていく。こっちが何か言うと、不安をあおってるということにされる。どっちにしろ嫌われるんだ。それならいちばん簡単なのは、記者会見に来ないことだ」

最後の質問は、セクストンに関する自分のコメントについて後悔しているかというものだった。

「何についても後悔はしないたちなんだ。どんなこともね。どうして後悔するんだ？」

エディーが逃げ出すところをイングランドのメディアが見たのは、それが初めてだった。それまでは、新記録となるテストマッチ十七連勝の最初の五勝を挙げたところで、お祭りムードだったのである。セクストンの件はマイクを挟んで対決する両サイドにとって、よい教訓となった。エディーは英国のマスコミがいかに素早く、鋭く嚙みつく恐れがあるかということを学んだ。逆にマスコミ側は、エディーがいかに喜々として対決に応じるかということを知った。いつでも備えはできていたのだ。イングランド監督に就任してわずか数日後にオーストラリア人レポーターから、手厳しいことで有名な英国のジャーナリストにどう対応するかと聞かれても、エディーは揺るがなかった。

「敬意を持って、彼らの仕事をしてもらうだけだ。ブランビーズの監督になったとき、ラグビーリーグのトップクラスの監督のところでしばらく過ごしたことがある。メディアについては、向こうが褒めてくれるほど自分が優れているわけでも、けなされるほど自分がひどいわけでもないと、教えてもらったよ」

「それ以来、その見方を取り入れているんだ」

第６章
ワラビーたちのボス

エディーがロッド・マックイーンから受け継いだワラビーズは、変化の過程にあった。ARU内部には、マックイーンはちょうどいいときに辞めたという見方もあった。チームの英雄たちの年齢は上がっていた。マックイーンのワールドカップのメンバーだった選手の中には、センターのティム・ホーランやオープンサイド・フランカーのデービッド・ウィルソンのように既に去った者もおり、シーズンの終わりにそれに続くことになっている者もいた。そのうえ、マックイーンは同じ説法を四年間も続けており――驚異的な成功を成し遂げてはいたものの――その効力は薄れつつあった。その間、ワラビーズはテストマッチ四十三試合中三十四試合に勝ち、一試合――一九九七年のトゥイッケナムでのイングランド戦――で引き分け、敗戦は八回のみ、勝率は八十一・四パーセントであった。この驚異的な数字を維持するのは、どだい無理な話だった。マックイーンは疲れ、主要な選手も疲れていた。新しい指揮者の下、すっかり新しい楽隊を入れる潮時だった。エディーは彼らしい情熱を持ってこの課題に取りかかった。

二〇〇三年のラグビーカップに向かう最初の一歩は、オーストラリア、ニュージーランド、南アフリカが戦う二〇〇一年の南半球三カ国対抗であった。あいにく出だしでつまずき、ライオンズとのシリーズのわずか二週間後に行われたエディーの豪代表監督としてのテストマッチ初戦、プレトリアでの試合は、スプリングボクスに一五対二〇で敗れた。だが、その二週間後、ワラビーズは巻き返し、ニュージーランドのダニーデンでオールブラックスを二三対一五で破り、さらに豪パースではスプリングボクスと一四対一四で引き分けた。その結果、三カ国対抗の結果とブレディスローカップ保持の可能性は、シドニーでのオールブラックスとの次の一戦次第ということになった。この状況をさらに盛り上げたのは、ワラビーズのキャプテンでオーストラリア史上最高の選手とまでいわれたジョン・イールズが、この試合をもって引退すると表明したことだった。ワラビーズはキャプテンと新監督に敬意を表し、二九対二六の勝利を贈り物にした。

就任後短期間のうちに三カ国対抗で優勝を果たしブレディスローカップを守ったことは大きな成果であったが、エディーは単にロッド・マックイーンのチームを引き継いで試合をさせただけではないかと、こき下ろす批評もなくはなかった。しかし、チームに近い筋は違う見方をしていた。当時ARUの関係者だった人物はこう言う。「ロッドがライオンズとのシリーズのあとで、果たして三カ国対抗で勝てる状態にチームを持っていけたかどうか。彼はもう行き詰まっていた」

イールズが去り、ワラビーズのシーズン終盤のヨーロッパ遠征とそれ以降に向けて、キャプテンの地位はエディーのブランビーズ時代のキャプテン、ジョージ・グレーガンが引き継いだ。エディーが二〇〇三年のワールドカップでどの選手を核に据えるかをまとめ始めたのは、この遠征においてであった。主要な役割を担うことになった一人が、クイーンズランド代表のインサイドバックス、エルトン・フラットリーだ。

学生ラグビーでは天才と呼ばれたフラットリーは、一九九六年に一八歳でレッズでデビューを飾り、その翌年にロッド・マックイーンによってワラビーズに加えられたのだが、テストマッチで第一候補の選手となったのは、二〇〇一年末にエディーが監督に就任してからだった。

「ロッドのときは二番手グループだったけど、エディーが来て全てが変わった。ロッドのときの名簿とはもう違っていたからね。ティム・ホーランやジョン・イールズや、年長の選手が大勢引退したから、エディーは新しい選手を育てて新しいチームを作る必要があった。全く違う環境になったんだ。ロッドは専門コーチを抱えていて、どちらかというと管理する立場だった。エディーはもっと実地方式だ。エディーがいるなら、ボスは彼一人だし、彼と一緒にやらないなら、全然やらないってことだ。エディーの下でコーチになりたいとは思わないが、プロに徹した環境だった」

「技術に関しては、エディーは最高の監督だ。ラグビーを知り尽くしていて、改良すべきところがすぐ分かるんだ。パスを左から右に出すか右から左に出すかとかね。説明をするのもうまい。私には、『世界水準のゴールキッカーになってもらわないとな。どうしたらなれるか考えよう』と言って、専門コーチと一緒にプログラムを作ってくれた」

「みんなエディーがどれほど厳しいかは分かっていた。設定するレベルがすごく高いが、やりがいがあった。とてもよくしてもらったよ。彼のことは大いに尊敬している。エディーの下でプレーしたときが自分にとってベストだった」

春期ツアーは勝ち負け相半ばする結果となった。オーストラリアはマドリッドで九二対一〇とスペインに圧勝したが、トゥイッケナムでは一五対二一でイングランドに屈し、エディーと選手たちにとっては不吉な前兆となった。オーストラリアは二トライで先制したものの、ジョニー・ウィルキンソンのキックにしてやられた。このイングランドのスタンドオフは、五つのペナルティゴールと二つのドロップゴールを決めて、ホーム側の全得点を叩き出したのである。続いてマルセイユではフランスに一点差で惜敗、カーディフではウェールズに二一対一三で勝ち、直近の三カ国対抗とブレディスローカップとワールドカップでチャンピオンであった豪チームは、不本意なままツアーを締めくくった。

翌年の結果はさらに懸念を増すものであった。ワールドカップを十二カ月後に控えて、ワラビーズは三カ国対抗で二位に後退、春期ツアーでは二十三年ぶりにアイルランドに負けを喫した。一週間後、ジョニー・ウィルキンソンがまたしても疫病神となって、六ペナルティキックと二コンバージョンキックを蹴り出し、オーストラリアはトライ数では三対二で上回ったにも関わらず、イングランドに三一対三二で敗れたのである。明るい材料はブレディスローカップを守ったことで、シドニーで行われたこのニュージーランドとの試合では、マット・バークがサイレン後にペナルティゴールを決め、一六対一四でからくも逃げ延びた。

それでもARU本部でエディーが全会一致の支持を得るには足りず、雇用者との関係は徐々にぎくしゃくしていった。ARUの元CEO、ジョン・オニールは、ベテラン選手たち、ジョン・イールズ、ティム・ホーラン、デービッド・ウィルソン――全員クイーンズランド人――の引退が、チーム内のカルチャーの明らかな変化につながったと確信している。

「個人的な意見だが、ロッド・マックイーンのチームにはとてもよいカルチャーがあって、主にそれはクイーンズランドの影響によるものだった。クイーンズランド人はあのチームの心であり魂だった。あちらでは保守的な傾向が強くて、仲間と一緒なら塹壕《ざんごう》にこもってでも戦うという精神が尊ばれる。彼らはそこの出で、そういうカルチャーをワラビーズにもたらしたんだ。エディーとジョージがブランビーズから持ってきたカルチャーは全く別物だ」

「私がロッド・マックイーンとジョン・イールズと一緒にやっていたときは、毛布一枚で三人が隠れるぐらい近い間柄だった。意見の違いはまずなかったし、あったとしても非公開の場で解決していた。だが二〇〇一年以降、エディーが引き継いでからは〝自分たち対やつら〟ということになってしまった。協調の度合いはぐっと下がった。エディーは自分をARUの一員とはみなしていなかった。ワラビーズの監督、選手の監督だとしか思っていなかったんだ」

一つエディーとオニールが一致を見たのは、ラグビーリーグの有名選手を何人か獲得して、ワラビーズを強化したいという点であった。

オニールがラグビーリーグに討ち入りを仕掛けようとしたのは、主に「大局的見地」に立ってのことだった。一九九五年のスーパーリーグ戦争で、メディア同士の利害争いによってラグビーリーグが引き裂かれ、選手とクラブが最高額の入札者に身売りすることとなって以来、以前は労働者クラスのものとみなされていたこのスポーツに、多くのファンは幻滅していた。ワラビーズが一九九九年のワールドカップ優勝を頂点とする空前の繁栄期を謳歌していたことから、オニールはラグビーリーグから「浮動票」のファンを勝ち取る絶好のタイミングだと感じていた。彼の見方はこうだ――大物選手を連れてくれば、ファンも、スポンサー企業も、広告主も、テレビ放映契約もついてくる。一方、エディーの考えはもっと近視眼的なものだった。ただ試合に勝ちたかったのだ。

エディーは生涯にわたってラグビーリーグに愛着を感じており、自身、若い頃はプレーしていた。ＮＳＷとクイーンズランドの多くのファンと同じようにテレビで観戦し、ラグビー監督としてそこから学び続けていた。

「世界一シンプルなスポーツだよ。ボールのコンテスト（争奪）の要素を全部取り去ってしまったからね。三十年前にはスクラムでコンテストしていた。二十年前にはプレー・ザ・ボールでコンテストしていたし、ボールキャリアにコンテストすることもできた。今じゃそれもできないんだから。そこまでシンプルなスポーツになったということは、ほかのスキルを向上させなくてはならなかったわけだ。ラインを作る動きやラインでのオプションは、われわれがラグビーユニオンでやっているより上だ。だからずっと試合を見てるし、ラグビーリーグのチームをよく訪ねて勉強させてもらっているんだ。そういう方面では、こっちより大分進んでいるからね、かなりのものだ。相当ギャップがあるけれど、常にそのギャップを埋めようと思っている。面白いスポーツだ、素晴らしいスポーツだよ。大好きだね」

ラグビーリーグの選手を連れてくることが、エディーにとってはチームの攻撃力強化のためであり、オニールにとっては最大のライバル種目であるリーグに対し、マーケティング面で砲撃を加えることだったとすれば、ブリスベン・ブロンコスのウイング、ウェンデル・セイラーほど完璧なターゲットはいなかった。セイラーはでかくて向こう見ずな抜群のアスリートであり、どこへ行っても何を話してもマスコミを引き寄せる磁石だった。二〇歳のときに英国戦でラグビーリーグのテストマッチにデビューして以来、二〇〇一年までに十六回出場、クイーンズランド代表としてステート・オブ・オリジン［NSW州とクイーンズランド州の対抗戦］十四試合でプレー、さらにブロンコスで四度の優勝を経験していた。身長一九一センチ、体重一〇六キロという体で見せる力強い走りと類まれなスピードに加え、〝ビッグ・デル〟はそのカリスマ性と自信で、そして宝飾品好きとしても知られていた。ブロンコスの監督ウェイン・ベネットは、セイラーが妻タラのためにダイアモンドのピアスを買おうと、宝石店に立ち寄ったときのことを語っている。自分の耳にピアスを当てて鏡を覗き込んでいるうちにセイラーはひどく気に入ってしまい、結局自分用に買い求めて、古風なタイプのベネットをひどく驚かせたのである。一九九八年にセイラーに対して英ラグビーリーグの強豪チーム、ウィガンが五十万ポンドを提示したとき、スーパーリーグの最高責任者、コリン・マイラーは彼のことを「ラグビーリーグのロナウド」と呼んだ。

セイラーをラグビーユニオンに引き抜く交渉を成功させたのは、当時のARUパフォーマンス強化部長、ジェフ・ミラーであったが、セイラーによれば最初に行動を起こしたのは実はエディー・ジョーンズだったのである。

「ユニオンへの移籍をけしかけたのはエディーだった。一九九九年のワールドカップのあとで、ブリスベンで会合を持って、ブランビーズに来てほしいと言われた。ブランビーズのバッククラインの片翼を担うことはキャリアアップにつながるし、ワラビーズでプレーできるとね。

そのときその場でエディーに納得させられたんだ」

セイラーがどんな決断をするのか、オールブラックスの巨人、ジョナ・ロムーとラグビーのピッチで激突することになるのかと、メディアもファンも期待を膨らませ、セイラーの契約交渉を巡る「行くのか行かないのか？」の一部始終が二〇〇一年初頭、毎週新聞の最終ページを賑わした。何度か話し合いが決裂するなど状況が二転三転しつつ、結局セイラーはブランビーズが最後に出した提示を蹴って、クイーンズランド・レッズと契約し、二〇〇二年のシーズンからスタートとなった。夫婦お揃いの車二台というオマケとサラリーの上乗せ分七万五千ドルを加えると、一シーズンで六十二万五千ドルを得たことになる。続く数カ月間にARUはラグビーリーグで世界的に活躍していたロテ・トゥキリ、マット・ロジャースとの契約にも成功したが、三人のアウトサイドバックスのうち一番の獲物が誰だったかは疑う余地がなかった。セイラーは初練習のためにレッズのホームグラウンド、バリモアに到着した日、回転式の入場ゲートを通り過ぎながら新しいチームメイトたちにこう言った。「デルは売れる。このカワイ子ちゃんたちがくるくる回るのを見ててくれよ」。そして実際にそうなった。セイラーのクイーンズランドでのデビュー──その練習試合で、初めて自分に回ってきたボールを落としてしまったとはいえ──を見るためにゲートを通った新しいファンからの入場料だけで、そのシーズンの彼のサラリーのレッズ負担分は賄えたと推定されている。

セイラーはオニールが望んでいたもの全てだった。馴染みのあったものではないにしても。ARUのボスが自分が契約したスターと初めて対面したのは、セイラーがシーズン前のラグビーセブンの国際トーナメントに出場する前日、ブリスベンで開かれた昼食会でのことだった。

見事な胸筋と上腕二頭筋を誇示するのにうってつけの体にぴったり添うシャツを着て、ダイアモンドのピアス、ゴールドのチェーンにいくつもの指輪で飾り立てたセイラーは、雇い主のところに歩み寄り、手を差し出してこう言った。「よお、ジョニー」。やや唖然としながらも、オニールはこう答えた。「やあ、ウェンデル。こんなにいろいろ身に着けている人を見るのは、アイザック・ヘイズ［一九四二年生まれの米ミュージシャン］以来だな」。セイラーは戸惑ったような顔で、「誰だい、アイザック・ヘイズって？」と聞いた。

三人がリーグからユニオンへ鞍替えしたことを、みんながみんな同じように喜んだわけではなかった。二〇〇四年の自著『ワールドカップ・ダイアリー』（World Cup Diary）で、ワラビーズのスタンドオフ、スティーブン・ラーカムは当初はチーム内に動揺が生まれたと記している。

「ラグビーリーグからの大物選手がワラビーズに加わるという見通しに、ベテラン選手たちが大喜びしたと言ったら、それは不正直というものだ。逆に、不満が、たぶん恨む気持ちさえあった。何しろ、リーグからの移籍組は自分たちより高給の契約を結んだと報道されていたから、ベテランたちは腹を立てた。何というか、人生の大半をラグビーに捧げて一生懸命努力して這い上がってきた選手が、ラグビーでの実績もないリーグからの闖入者《ちんにゅう》に金銭面で追い越されるというのは、不公平に思われた。テストマッチに出られると期待していたウイングの選手、一人か二人は、リーグから来たウイングたちの出現に特に危惧を感じていた。繰り返しになるが、何年も歯を食いしばってやっとトップまで辿り着いたのに、ラグビーに何の貢献もしていない新人に土壇場で先を越されるなんて、と感じる選手がいたわけだ」

エディーには全くそんな危惧はなかった。そのシーズン最初のホームでのテストマッチ、フランス戦に備えて、セイラーをワラビーズに合流させたのである。それが二人の間の親しく、時には大騒ぎとなった関係の始まりだった。

「エディーとはいつもすごくウマが合った。バスではよく隣に座ったものだ。向こうがこっちに毒づくと、こっちも毒づき返す。彼は本当に面白いよ。自分じゃいろいろ言うくせに、人から言われるのは気に入らない。当時は例のいんちき裁判［練習によく遅刻した選手などを裁判形式でからかう、シーズン後のお楽しみ会］をやっていて、何かの罪で告発されたときにかける曲を一人一人に用意してあった。あるとき、エディーが被告として立ち上がると『吼《ほ》えろ！　ドラゴン』（Kung Fu Fighting）［一九七四年の世界的ヒット曲］が流れた。音楽担当が誰だったか思い出せないが、エディーはご不満のようだった。そいつをあのヤバい目でにらんでいたからね」

「おれにとって最高の監督は、エディーとウェイン・ベネットの二人だった。エディーのすごいところは、選手の長所とそれを伸ばす練習方法を知っていることだ。彼にはおれのキックは見込みがないのが分かっていた。強みは常にボールを動かしていけることと自分自身で突破していくことだった。試合でただうろうろしているだけじゃだめだと言われたことがある。エディーはこう言った。『ジョナ（・ロムー）を見てみろ。彼がボールに触るたびに、何かしらやってくれる。おまえにやってほしいのは、まさにそれなんだ』」

エディーは自分が満足していないときは、セイラーにそう伝えた。

「例えばランが二回にタックルが二回というふうに、試合でおとなしかったときは、エディーに言われる。『今日はほとんど痛むところもないだろう？』とね。おれの場合はわざと厳しくするほうがうまくいくと分かっていた。時にはかなりしごかれたけど、手加減することも知っていた。一度、ダブリンのランズダウンロードスタジアムでアイルランドに九対一八で負けたときのことだ。新聞を読んで、楽勝できると思っていたんだけどね。おれはずっと派手なタイプの選手が好きでね。カンポ（デービッド・キャンピージ）［一九八〇～一九九〇年代に活躍した豪代表選手］が長袖のジャージでプレーするのを昔よく見ていた。それで、その日は寒かったんで長袖ジャージを着てグローブをはめることにした。結局三回キャリーしたが、一回はボールを落とすという具合で、試合後にエディーにこう言われた。『もしまた長袖のジャージを着たら、ワラビーズでは二度とプレーさせないからな』」

フィールド外でも問題があったのだが、エルトン・フラットリーによると、エディーは何人かの選手たちにはほかの選手たちより甘かった。

「エディーは誰かが一生懸命トレーニングしてチームに貢献していると思えば、気に入って肩を持った。私が面倒を起こしたときに、エディーが守ってくれたのは分かっている。選手の目から見ても、違う意見の人もいただろうと思う。ほとんどの選手に厳しかったからね――私にも厳しかったが、おかげで自分のベストの部分を引き出してもらえた。名前を挙げるのは不適当だ。個人的なことでは全くなかったが、エディーは選手をめちゃくちゃ攻撃することもあった。時間とともに選手の管理がうまくなっていくものだろうし、今エディーに尋ねたら、あんなふうにはしないと言うこともあるだろう。でも彼の期待するレベルは高くて、みんながそれを満たすことを望んでいたからね。リーグから来た選手たちを気に入っていた。彼らのトレーニングの仕方を気に入っていたよ」

エディーにしてみると、彼らはまた手近な情報源でもあったと、セイラーは言う。

「ブロンコスの話をすることもあった。どういうふうにやっているのか、大きな試合にどう準備するのか、知りたがっていた。ウェインがどうやって選手のよさを最大限引き出していたか、聞かれたよ。面倒を見てやらないといけないのも、蹴っ飛ばしてやらないといけないのもいると教えた。ブロンコスには名選手が揃っていたよ、ダレン・ロッキヤー、グレン・ラザラス、シェーン・ウェブキとかね。でもおれはロッキーとは違うし、ロッキーはラゾとは違うし、ラゾはウェビーとは違う。おれが間違いを犯したらエディーは怒鳴りつけるだろうが、それはおれにしてみれば当然のことだ。だが、ロッキーに対してそんな言い方をしても、同じ反応は返ってこない。話はそこで終わりになる。エディーにそう伝えたよ。分かってくれたと思うね」

リーグからの移籍組から学んだのはエディーだけではなかったと、エルトン・フラットリーは言う。

「私がプレーを始めたのは、ラグビーユニオンがプロ化された最初の年で、今ほどは全てプロレベルというところまで行っていなかった。時とともに発展して、エディーがその水準を上げた。それが、エディーがリーグの選手たちを本当に気に入っていた理由だ。チームにいろいろなものをもたらしてくれたからね。まず、世間の注目が高まったということと、同時に、リーグからトレーニングにも職業倫理というものが持ち込まれた。今はきっとラグビーユニオンのトレーニングもラグビーリーグと同等になっているだろうが、当時は向こうがずっと先を行っていた。エディーはどうやったらそのレベルになれるか、彼らに見せてもらいたかったのさ」

セイラーも同意見だ。

「われわれがワラビーズに持ち込んだものでいちばん大きいのはアルコールのカルチャーだという見方の人もいるようだが、選手に聞けば、練習も本気でやるという姿勢を新しく持ち込んだのだと教えてくれるだろう。エディーがトレーニングのレベルを一段上げるのを手伝ったんだ」

練習場では全てが実を結び始めていたかもしれないが、ノースシドニーのARU本部の権力中枢では、事態が悪化していた。二〇〇二年に、エディーのブランビーズ時代のチームキャプテンであったブレット・ロビンソン、〝ロボ〟がジェフ・ミラーに代わってパフォーマンス強化部長となったのである。エディーはかつて自分が命令していた相手から、今度は命令を受けることとなった。この立場の逆転は全くうまくいかなかったと、ジョン・オニールは言う。

「基本的に、自分がキャプテンにしてやった男が今は自分のボスなんだから、エディーには納得できなかったわけだ。一度、私の後押しもあって、ロボがエディーを自分のオフィスに呼び、何かに関して彼を問い詰めたときは、ものすごい大げんかになった。お互いにわめき合って、しまいにエディーが席を蹴って出ていったのだが、あんまり強くドアを叩きつけたもので鍵が壊れたほどだった。ロボは私に会いに来て、『手に負えません』と言うんで、今度は私がエディーを呼んではっきり言い渡したんだ。管理体制に従うか、職探しを始めるかとね。エディーは引き下がったが、うまくいく関係では決してなかった」

ARUとチームとの——ひいてはエディーとの——間の軋轢《あつれき》で特に大論争となったのは、二〇〇三年のワールドカップのボーナスについてだった。一九九九年には、ジョン・オニールは同じ問題に関して、選手の代表としてワラビーズのベテラン選手だったジョン・イールズ、ティム・ホーランと直接交渉した。

「二人がやって来て、話し合い、三十分で全て合意した。あのとおりワールドカップで優勝したから、試合後に更衣室でボーナスを二倍にすることを決めたんだ」

二〇〇三年の交渉はシンプルとは程遠く、選手たちの交渉代理人はラグビーユニオン選手協会（RUPA）のボス、トニー・デンプシーだった。選手たちがワールドカップ出場資格を得るためには、国際ラグビー評議会（IRB）の参加合意書に署名する必要があり、デンプシーはこの点を武器に、開催国としてARUが当て込んでいる収益から選手たちが大きな分け前を得るようにしようとした。

「RUPAは非常識としかいえない訴訟のためにわれわれを裁判に引き込んだ」とオニールは振り返る。「ボーナスという身代金のために、選手たちをIRBの合意書に署名させないようにして、うまいことわれわれの動きを封じたわけだ。個人的にいちばん辛かったのは、RUPAの訴訟の鍵となったのがジョージ・グレーガンの宣誓供述書で、私が自分と選手たちの間だけの内々のことと思って言ったことを、彼がその中で引用したことだった。チームの誰に信頼を裏切られても腹立たしいが、こともあろうにワラビーズのキャプテンとは。結局、訴えは取り下げられ、RUPAは通さずにボーナスについて合意に達したのだが、全く不愉快で困難な時期だったよ」

ロビンソンとARUの顧問弁護士、ピーター・フレンドがお忍びでケープタウンまで飛んできて、この混迷は終えんを迎えたのだが、そのときワラビーズはスプリングボクスを相手に三カ国対抗のテストマッチの最中であった。試合前夜、二人はエディーに会って、チームが帰国する前の朝、ホテルで選手たちと話したいと伝えた。ロビンソンはのちにオニールに、エディーは「いつもどおり気難しくけんか腰」だったが、会合を手配することに同意したと話している。ロビンソンは選手それぞれにARUのオファーのコピーを渡したのだが、それによると、ワールドカップ中の肖像権分として一時金一万ドル、試合報酬の上乗せが二千五百ドル（一試合当たりの合計は一万二千五百ドルに）、決勝出場の場合はボーナス二万ドル、優勝ならば八万ドルにアップという内容であった。ロビンソンはまた、同じ条件がオーストラリアのプロラグビー選手全百二十人に提示されていると告げ、応じないのであればARUは応じる選手をほかに見つけるだけだという点を明確にした。選手たちは合意したものの、オニールはこの件がそれ以降のエディーとの付き合いに苦い後味を残すことになったと言う。

「あとから知ったことだが、エディーは裏でこちらの足を引っ張っていた。選手たちにこうアドバイスしたのだ。『粘り腰で行け、にらみつけてやれば、もっともらえるぞ』。エディーが別のスタイルの手を使ったという表れだ。彼は自分自身のことを貧しい土地の生まれだと思っている。反体制側だと。ARUに盾突くために、選手に対する自分の影響力を使いたかったのじゃないかと思うね。アラン・ジョーンズも同じことをした。やる気を起こさせるタイプの監督がよくやることだ。選手に言うんだ。『私はおまえの唯一の友だちだ。スーツを着たあいつらは友だちじゃないぞ』とね。包囲攻撃されているかのような心理をかき立てる古典的な手だ」

オニールによれば、エディーがチームを〝キャンプ・ワラビーズ〟と呼ばれたコフスハーバーのトレーニング施設に連れていって、テストマッチやワールドカップの準備をしているときは、オニールやロビンソンの訪問は歓迎されなかった。

「ロボと私がキャンプに行っても、よそ者のような扱いしかされなかった。夕食に行っても、エディーは違うテーブルについていたよ。食事のあともわれわれと一杯やることもせず、グレン・エラやAJ――あのエディーを笑わせるカメラマン――といった少数の仲間、特別な人たちと一緒にいなくなった。残された者は、受け入れ拒否ということだ」

それは全て、キャンプ・ワラビーズを選手たちの砦にするというエディーの計画に含まれていた――そこは気を散らせるものや日常的な社会の規範からは離れた、自分たちだけの小さな世界だった。ARUには納得しがたいことだったが、ワールドカップの期間を除いて、キャンプは選手の家族にも開放されていた。オニールは、〝保育所〟と呼んでいた。

キャンプ・ワラビーズのコンセプトを、エディーは二〇一五年のワールドカップの際に、大会前に宮崎市郊外で行った日本代表のキャンプでも改良して取り入れた。また、二〇一九年大会の前にも、それをさらに高いレベルに引き上げて、同じ場所で行う予定のイングランド代表キャンプで活用するに違いない。日本代表と比べると、ワラビーズのときはのんきにやっていたのではあるが。

早朝歩いたり泳いだりしたいという選手以外は、キャンプ・ワラビーズの一日の予定は午前七時の朝食から始まる。その後、タイトフォワード、ルースフォワードおよびインサイドバックス、アウトサイドバックスの三グループに分かれて、ジムで九十分間のトレーニング。昼食を挟んで全ての選手、監督、コーチ、医療スタッフが参加するミーティング。午後三時頃から九十分間の本格的なトレーニング。続いて、フッカーはラインアウトのスローの練習、キャッカーは自分たちの基本練習、ウイングはハイキックのキャッチの練習というように、個別のスキル練習。夕食は午後六時半、その後、必要に応じて理学療法を受ける。木曜日は選手は一日休み――ブレイブブロッサムズにとっては夢のような贅沢であったが。

正念場である二〇〇三年のシーズンの土台となったのがこのルーチンであり、当初は効果があったように見えた。ワラビーズはその年の開幕戦となった六月七日のパースでのテストマッチで、アイルランドを四五対一六で退け、一週間後にはシドニーでウェールズを三〇対一〇で下した。が、そこから歯車が狂い始めた。まず、メルボルンでイングランドに一四対二五で屈した試合では、ベン・コーエン、ウィル・グリーンウッド、マイク・ティンダルに三トライを、ジョニー・ウィルキンソンにペナルティゴールとコンバージョンゴール各二を決められたのに対し、ワラビーズはウェンデル・セイラーの一トライとジョー・ロフの三ペナルティゴールにとどまった。次はスプリングボクスが勝つ番で、ケープタウンにおける三カ国対抗の開幕戦を二六対二二でものにした。だが、マスコミだけでなく、いちばん辛抱強いサポーターにさえそっぽを向かれることとなったのは、ワラビーズがテストマッチ三連敗にまで落ち込んだせいだった。七月二六日、四カ月後にはワールドカップの決勝戦の会場となるシドニーのテルストラスタジアムにおいて、八万二千人超の大観衆が呆然と見守る中、オールブラックスはワラビーズを五〇対二一の大差で打ち負かしたのだ。セイラーがキィウィ［ニュージーランド人のこと］のフルバック、ミルズ・ムリアイナにタックルして放り上げ、十分間のシンビンとなったことも痛手であったが、それよりもエディーを悩ませたのは、ワラビーズが六十パーセントのポゼッションを維持したにも関わらず、トライ数では三対七と後れを取ったという点であった。試合後、更衣室でエディーは大変な剣幕で毒づき、わめきたてた。「ポゼッションは六十パーセントだぞ。六十パーセントもポゼッションを保って、一体なんでこんな負け方になるんだ?」。ワラビーズの選手たちが、それまでの準備はきつかったと思っていたとしたらとんだ間違いで、エディーはさらにきつくすると宣言した。「文句は一切聞きたくない」と怒鳴る。「時間厳守、毎回、百パーセント力を出し切ること。それができないやつは要らない」

一週間後のブリスベンでのスプリングボクスとの雪辱戦に向けて、選手たちが走り疲れる頃にはエディーも落ち着いていたが、それも長くは続かなかった。ワラビーズが二九対九で勝利を挙げたあと、ジョン・オニールはあるスタッフから電話を受け、チームの更衣室に行ってみるべきだ、それも至急、と言われた。

「行ってみると、エディーは気が違ったようになっていた。どんな監督でも試合後は興奮しているものだが、そういう興奮とは別物だった。フッカーのブレンダン・キャノンが南アフリカのバッキース・ボタに嚙みつかれ、目をえぐられたと言うんだ。エディーは記者会見でその傷痕の写真をメディアに配ろうとしていた。カメラマンのAJに写真を撮らせるところだったのさ。とにかく彼を落ち着かせようとしたよ。『エディー、それはできないぞ。国際問題になる。スポーツ裁判所に任せるんだ』と言ってね。だが聞く耳を持たない。しまいには、落ち着かないなら部屋に閉じ込めることにすると言ったんだ。分かったと、やっと約束してくれた。ところが、そのまま出ていってみんなに写真を見せた。翌日の新聞は全紙最終ページにそれを載せていた。南アフリカは抗議して、大騒ぎだ。エディーの相手をしていると、一分おきに笑うことになる。全くやれやれだ」

エディーはメディアの前で、スプリングボクスは「世界のラグビーの面汚しだ」と言った。「やつらがやったことは全く不愉快極まりない。彼らのことを全て暴く必要がある。自分たちをよく見直してみるべきだ。あんなひどいことを続けさせるわけにはいかない」

エディーの隣に座っていたジョージ・グレーガンは、相手方のキャプテン、コーネ・クリーグがワラビーズのバックロー、フィル・ウォーに唾を吐きかけたと非難した。のちにクリーグは唾を吐いたことを認めたが、口の中の出血のせいだったと述べた。うっかりウォーに少しかけてしまったので、すぐに謝ったと。エディーが非難を繰り返したので、クリーグは法的措置を取ると脅したが、結局そのままで終わった。

ボタが嚙みついたという件は立証できなかった。しかし、ボタは「故意に相手の顔面を攻撃した」ことにより八週間の出場禁止となった。また、スプリングボクスのプロップ、ロビー・ケンプソンが、ワラビーズのナンバーエイト、トウタイ・ケフに遅すぎるタイミングで、しかもハイヒットを行ったため、ケフはストレッチャーに載せられて病院に運ばれ、「脊髄振とう」で一晩入院、ケンプソンは四週間の出場停止となった。南アの選手二人はいずれもテストマッチ一試合を逃しただけで、ワールドカップの最初のラウンドには復帰した。

オーストラリア軍はワールドカップに向けての最後の実戦練習、エデンパークにおけるニュージーランド戦を一七対二一と無念な結果で終えた。ラグビーファンの目には、キィウィたちは別格であるというさらなる証明と映った。けれどもエディーにとっては、勇気付けられる結果だった。オールブラックスはまさに無敵だった。しかし、三週間前にシドニーで二一対五〇と大敗したのは、エディーの分析によれば、オーストラリア側のミス――ラインアウトでのターンオーバーが三回、キックオフの失敗が二回――のせいでニュージーランドが五トライを挙げたからだったのである。セイラーがシンビンだった間のトライを足せば、それでキィウィの七トライ中の六トライということになる。雪辱戦の前に、エディーはエラーを減らせば勝てるとチームに告げた。実際、審判のジョナサン・カプランがスティーブン・ラーカムのトライは、オールブラックスのフランカー、リッチー・マコウによってライン手前で止められていたと判定して無得点にしていなければ、そうなっていたはずだった。だがそうはならず、ニュージーランド側が五年ぶりにブレディスローカップを奪回して大喜びとなった。

エディーはほとんど喜んでいた。オークランドを離れるときには、自分のチームはニュージーランドを倒せると分かっていたからだ。チームは自分の計画にきっちり従いさえすればよいのだ。

九月四日木曜日、ワールドカップ出場の二十九人のメンバー発表に際して、エディーは一人一人の選手に自ら電話をかけてニュースを伝え、祝いの言葉を述べた。それから、元の四十人のうち選に漏れた十一人にも電話した。

だが二〇〇三年のワールドカップに取りかかる前に、エディーは最後にもう一つ、ラグビー人生最高作だったかもしれない奥の手を用意していた。チームを国中でいちばん暑い、いちばん人里離れた、神聖な場所、オーストラリア人が〝ザ・トップエンド〟と呼ぶ場所に連れていったのだ。メディアの中には宣伝行為と決めつけるものもあったが、エディーにはよく分かっていた。グレーガンは「お互いのきずなを深め合うには、想像できるかぎり最高のプログラムだった」と言っている。

一行はシドニーから四千キロのフライト後に豪ノーザンテリトリー準州の州都ダーウィンに到着。ちょうど乾季の終わりで、乾季の間の月間平均降雨量はわずか五ミリであった。九月の平均最高気温は三三度、平均湿度は三十パーセント。ウェンデル・セイラーの言葉を借りると、「地獄の暑さ」だった。

ダーウィンで、チームはフィットネストレーナー、ジェイソン・ウェッバーの下、四回のトレーニングを行ったのだが、丸一年続けてきたうちで間違いなく最後がいちばんきつかった。スキルとディフェンスの練習から始まり、次が四十分間のフィットネストレーニングで、これにはタッチフットボールを休みなしにトップスピードで続ける「ハンマー」と呼ばれるゲームが含まれていた。続いて、ハーフウェイラインと十メートルラインの間の反復ダッシュで、反対側に着いたら地面にタッチしジャンプをしてからまた走り出すというやり方だった。最後は五十メートル全力疾走を六回で締めくくる。コフスハーバーやシドニーのいつもの環境では、過酷なルーチンにも慣れていた。けれども、ぐったりと消耗させられるダーウィンの高温と湿度の中では、耐えがたかった。医療スタッフが目を光らせ、毎朝選手たちの体重を計って過度の減量がないかチェックし、脱水症状の予防のためバイタルサインをモニターした。トレーニング中に具合が悪くなって嘔吐《おうと》する者もいたが、続行した。選手たちがそれまで経験したことのなかった極限の環境で行われたこのトレーニングで、自分たちの肉体がどれほど持久力を備えているか分かったわけだが、キャンプ最後の夜こそがジョージ・グレーガンの言う「エディーの名人芸」だった。

午後、ウェッバーの恐怖のトレーニングのあとで、選手たちはカカドゥ国立公園に隣接したアーネムランドの北西部、マウントボラデイルに近い、人里離れた野生の中の一角へと向かった。古くから土地の主である人々の聖地であるこの場所に立ち入りが許されたのは、バックスコーチであるグレン・エラが連絡を取ってくれたおかげであった。

到着後、ペアを組んで二人用テントを割り当てられてから、地元の先住民コミュニティの人たちにその地域の驚くべき自然を案内してもらった。何人かは近くの川のよどみでバラマンディ［大型のスズキの一種］を釣り、ほかのグループはボートに乗って川岸で自分たちをにらんでいるワニを見物しに出かけた。グレーガンは、三万年から四万年前のものといわれているアボリジニの岩壁画を見に出かけるグループに加わった。

その夜、全員キャンプファイアの周りに座って伝統的なダンスによるもてなしを受けた。彼らは、踊り手の中の一人はそれまで〝よそ者〟の前で踊ったことはなかったのだと教えられた。その踊り手が選手たちのために踊ろうと決めたこと自体が、チームに対する特別な敬意を表していた。踊り手たちはグレーガンの顔に顔料を塗り、幸運の印である儀式用の棒を二本与えた。そして火のそばにワラビーズの面々だけが残された。選手とマネージメントの一人一人が順に立ち上がって、ワールドカップで祖国を代表するということが自分にとってどんな意味を持つのか、心からの言葉で語った。そのあとで、先住民の人たちが戻ってきて、残りの選手たちにも顔料を塗り、一同にユーカリの木片に黄土で描いたワラビーの絵をプレゼントしてくれた。チームはトーナメントの間ずっとこの絵を携えていた。

翌日、ワラビーズが開幕試合となるアルゼンチン戦に備えるためにコフスハーバーに戻る際、全員がこれまでにないほど緊密で、力にあふれ、自信に満ちていると感じていたのである。

ウェンデル・セイラーが言ったように、「エディーはみんなを精神的にそれまで経験したことがなかったところに連れていってくれたんだ。本当に必死で頑張ったというだけでなく、自分たちの文化に触れることができた。オーストラリアの真髄を学んだんだ」

第7章
クライブ&エディーのショータイム

二〇〇三年のワールドカップのスタートに合わせてクライブ・ウッドワードがパースに着いたとき、彼は既に標的としてねらいを定められていたのかもしれない。オーストラリアが開催国ということもあり、地元メディアは敵役を探していて、ウッドワードは要件を完璧に満たしていた。それだけでなく、彼は自分の役割をわきまえ、とことんそれを演じる覚悟ができていた。

ウッドワードとオーストラリアの間には長い歴史があった。レスターでセンターを務めたウッドワードのテストマッチ二十一試合に出場という選手生活の中で、ワラビーズと対戦したのは一度だけだった——一九八二年にトゥイッケナムで一五対一一で勝ったその試合は、ハーフタイムのエリカ・ローによるストリーキングで有名だった。だが、植民地住民を見下す典型的な高慢な英国人(オーストラリア人なら「生意気なイギリス野郎」とでも言うだろう)というウッドワードについての世間一般のイメージが固定したのは、フィールド上で起こったこととは全く関係なかった。全てフィールド外で彼が言ったり行ったりしたことのせいだったのだ。

一九八六年、テストマッチの選手としてのキャリアを終えた二年後、ウッドワードはランクゼロックス［現ゼロックス社が吸収］に雇用される形でシドニーに移り、マンリー・ラグビークラブに入団した。イングランドの世界的な選手を得てチームが強化されることを喜んだマンリーの理事会は、ウッドワードとフィアンセのジェーンが快適に過ごせるよう、あらゆる努力を惜しまなかった。彼らはカップルの住まい探しを任されて、地元の不動産業者でありクラブの熱烈な支援者であるバーニー・バージェリンを訪ねた。

バージェリンはメラノーマとの戦いののちに二〇一一年に六五歳で生涯を終えているが、マンリーのラグビーの帝王だった。ポジションはフロントローで、クラブのメンバーとして二百十四試合に出場、うち百二十二試合ではキャプテンを務めるという最多記録を残している。頑強で優秀な選手であったのと同じくらい、真のラグビー愛好者で、ビールと歌を楽しみ、上品ぶって無駄にする時間など全くないというタイプだった。

二〇〇三年のワールドカップの期間中、地元のレポーターたちがイングランド代表監督のネタを掘り出そうと、ウッドワードのマンリー時代のチームメイトに電話したところ、こう言われた。「バーニーに当たるといい。信じられないような話を知ってるよ」

そのとおり、バーニーの逸話は国中の新聞で広く取り上げられた。彼の話によると、クラブはウッドワードに特別よい物件を探すよう依頼してきた。町一番のビーチサイドの地区にある、目を見張るような設備が整った完璧な住まいをと。入念に探した結果、ぴったりの場所が見つかった。マンリー・サーフクラブとフェアリーバウアーという名の高級ビーチエリアの間の岬にあるモダンなマンションだった。クラブが十二カ月間借り上げ、ウッドワードが入居した。しかし、わずか四日後、彼がバージェリンのオフィスに現れた。

「波の音で眠れないから引っ越さなくてはならないと言うんだ。冗談だと思ったよ。毎日電話で何人もが、あのマンションの半分の眺めしかない場所でも見つからないかと聞いてきていたんだ。今なら数百万ドルはする物件だ。それなのに波の音がするからあそこには住みたくないと言ったんだ。信じられないよ」

ウッドワードはもう少し試してみるようにと説得され、結局はバルコニーの下から聞こえる海音にも慣れた。ジェーンと二人、マンリーの生活を四年間楽しんだのであるが、「波のせいでおちおち眠れなかったイギリス野郎」の話はクラブの伝説と化し、ワールドカップで反イングランドの空気をあおるネタにされたというわけだ。

物心がついた頃から、ウッドワードはワールドカップに出ることを夢見てきた――とはいえ、ラグビーという種目ではなく。子どものときの情熱はほとんどサッカーに注ぎ込まれ、スポーツのヒーローといえば、一九六六年にウェンブリーで行われたワールドカップ決勝戦で西ドイツを破ったイングランドの選手たちであった。イングランドが大舞台で最初にして唯一の優勝トロフィーを手にしたときに一〇歳の少年が感じた高揚感は、それ以後の人生で彼を前進させ、刺激し続けたと、二〇〇四年の自叙伝『勝つ!』（Winning!）で述べている。

「試合終了の笛が鳴ってイングランドは四対二で勝ったのだが、それ以上の効果があった。あのチームがあれほど完璧に、力強く勝利を成し遂げたおかげで、国中が勇気付けられた。すっかり虜になった。夢中になったのだ。それ以来、私のスポーツ人生全体が、あれと同じ究極のレベルを、信じがたいほどの成功の感覚を理解し、手に入れるための旅となったのだが、それを自覚するまでにはしばらくかかった」

ウッドワードは有望な少年サッカー選手で、練習してうまくなることに専念し、勉強を犠牲にした。英国空軍のパイロット指導官であった父、ロナルド・ウッドワード少佐はその状況が気に入らなかった。プロリーグのエバートン・フットボールクラブのスカウト担当者が、一三歳だったクライブの潜在能力を見極めるために試合を見に来た日に、ウッドワード少佐は息子に、次の学期の始めには、HMSコンウェイというウェールズの海軍寄宿学校に入学するのだと告げた。ウッドワードが打ちのめされたのは、家族やノースヨークシャーの空軍基地内の家を離れることになるせいではなく、HMSコンウェイがサッカーをする学校ではなかったからである。同校の主なスポーツはラグビーだった。

ウッドワードは始めの数カ月間に三度HMSコンウェイから逃げ出したが、ついにはどうしようもないと諦め、始めは嫌々ながら、一チーム十五人というおかしなスポーツに順応し始めた。最初のシーズン、ポジションはスクラムハーフで、年齢別グループのA代表のチームのキャプテンを務めた。一九七三年には――HMSコンウェイに在籍した最後の年――スタンドオフとしてウェールズ学生代表を選考するための練習試合に送り込まれたが、イングランド人とみなされて選に漏れた。だが一年後、一八歳のウッドワードはハーレクインズのトップチームでプレーしており、イングランドのU-19代表となっていた。

ウッドワードが次に進んだ道は、もう一人の軍人の息子が選んだ道ととてもよく似ていた―

——エディー・ジョーンズの進路と。ウッドワードは法学を学ぶことは諦めて、ラフバラ総合大学に進んだ。その少し前にラフバラ単科大学とその体育教育コースが吸収され、三年間のスポーツ科学学士課程が新設されたところだった。ウッドワードは千九百七十五人の新入生の一人であった。

最新のスポーツ科学を学びながら教員となる学位を取得できることが、ウッドワードにとって重要な点だったが、同じぐらいひかれたのは、周囲に刺激を与え革新的な取り組みをするラフバラの監督、ジム・グリーンウッドの下でラグビーができるということだった。スコットランド人であるグリーンウッドのラグビーについての信条は、安全第一、基本はキック・アンド・チェイスで、ランするのは最後の手段という、ウッドワードも含めイングランド中のチームの考え方とは、全く正反対だった。グリーンウッドは〝全体的ラグビー〟と彼が呼ぶスタイルの長所を信奉していた――まさにエディーとマトラビル高校の少年たちが〝ランドウィック式ラグビー〟として出会うこととなったスタイルである。ウッドワードはスポンジのようにその全てを吸収した。

ラフバラ大学卒業後はレスター・ラグビークラブに加わり、ランクゼロックスで働き始めた。一九八〇年には、五カ国対抗戦の初戦、アイルランド戦でイングランド代表の一員としてベンチ入りした。後半の途中、センターのトニー・ボンドが脚の負傷でストレッチャーに載せられて退場すると、ウッドワードにチャンスが巡ってきた。結局このトーナメントの残り全試合に出場し、イングランドは二十三年ぶりにグランドスラムを達成した。シーズンの終わりには、南アフリカに遠征するブリティッシュ・ライオンズのメンバーに選出された。これがウッドワードの輝かしいと同時に必ずしも満足ではなかった世界的選手としてのキャリアの始まりだったのだが、イングランドの監督、コーチ、管理側の古臭いやり方に対する欲求不満が徐々に募っていった。彼に対する評価は、テストマッチで勝利に貢献可能——一九八〇年のグランドスラムのときの対スコットランド最終戦で最優秀選手に選ばれたように——ではあるが、敗戦をもたらすこともある——翌年のウェールズとの開幕戦でペナルティを取られたように——というものであった。

「世界を相手にしたキャリアでは、すごく有能かと思えば次の試合はまるっきりお粗末で、行き当たりばったりという感じだった。とにかくもっとわくわくするようなラグビーをしたくて、ボールを持って何かしでかそうと必死だった。残念ながらイングランドの監督やコーチは全員パートタイムのボランティア待遇だったから、私が満足できるような競争力の高い環境を作ることはできなかった。イングランド代表チームは何よりも現状維持に熱心だった。選手たちもルーチンをこなし、安全でリスクのないラグビーをして、選考委員の覚えがめでたいようにというふうだった」

「何かを変えようという気概はどこにもなかった。毎回トゥイッケナムで行われる国際試合のチケットは売り切れで、イングランドが勝っても負けても関係ないようだった。資金が潤沢で、イングランドラグビー協会（ＲＦＵ）は自分たちでホームスタジアムを所有している唯一のスポーツ団体だったからね。何も変える必要はなかったんだ。ラグビーユニオンが今とは全く別物だった時代だ。ワールドカップも世界ランキングもなかった」

ウッドワードが四年間のシドニー生活を終えて——二シーズンはゼロックスで働きながらマ

ンリーでプレーし、二年間は国際的な金融・リース事業のオーストラリア支社の設立に携わった――英国に戻ると、ラグビー人生は終わったように感じられた。ジェーンと結婚して二人の子どもをもうけており、家庭と事業に専念したいと思っていた。毎年恒例のロイヤルレガッタで知られるヘンリーの町から二十分のところに家を買い、一九九〇年四月、自身の設備リース会社のオフィスを開設した。たまたま、ラフバラ時代の元チームメイトが地元の二部リーグのチームで指導しており、ウッドワードに一度トレーニングで選手たちに話をしてくれないかと依頼してきた。そこでまたしてもラグビー熱に取りつかれ、次のシーズンには監督になっていた。続く四年間で、ウッドワードはクラブをすっかり立て直し、半愛好会的なものから所属リーグの有力チームへ、そして優勝チームへと変貌させた。それまでとは全く違うプロ意識を植えつけ、基本的なスキルを高め、更衣室ではアルコールではなくお茶を飲むようにし、毎週フィットネスのプログラムを設けてエアロビクスのインストラクターを呼ぶことまでした。何よりも、ジム・グリーンウッドの教えを説き、キックを禁止してボールを持って走り、楽しむようにと選手を促した。ヘンリー・ラグビークラブは四年間に三度昇格して、一九九四年には全国リーグへと躍進したのである。

翌年、ウッドワードはロンドンアイリッシュの監督となった。このクラブは長く輝かしい歴史を持ちながら二部リーグに降格されたところで、元オールブラックスのフッカー、ヒカ・リードの辞任後、監督は空席になっていたのだ。二シーズンのうちに、ヘンリーで見事に奏功した革新的手法とプレーする楽しさを合わせた同じ処方で、ウッドワードはクラブを一部リーグ昇格へと導いた。にも関わらず、翌シーズンの開始から一カ月後、彼の進歩的な考え方と険のある態度がチームの有力者と理事たちを怒らせ、クビになった。すぐにバースからお呼びがかかり、アンディ・ロビンソン監督のアシスタントという役目を引き受けた。ウッドワードはロンドンアイリッシュの監督業と並行して、それまで二シーズンにわたりパートタイムの立場で、ロビンソンとともにイングランドのU-21チームで働いていたのである。だが、バースも長くは続かなかった。一九九七年九月、ウッドワードはイングランド代表初のフルタイムのプロ監督に任命された。

新チームとの最初のミーティングで、ウッドワードは非常にはっきりと、口にするのはばかられることを口にした――究極の目標はワールドカップで初優勝を飾るイングランド代表の監督となることだと。

「私のねらいは、一九九九年のワールドカップで優勝できるチームを育てることだ」と宣言した。「そのためには、プレーの仕方を変えなければならない。当然、高い危険を伴うし、何十年もの間イングランドのラグビーの特徴だった消極的なスタイルに慣れてしまっている批評家たちを納得させるには、かなり時間もかかるだろう。だが、南半球のチームがこれまで世界のラグビーを圧倒してきたのには理由があるんだ。私がイングランド代表だったときには、ほとんど毎回監督から言われたのは、オールブラックスやワラビーズやスプリングボクスがしているのと同じことをしろ、真似をしなければだめだということだった。人のあとをついていくのが楽なもので、誰もこれまで南半球のチームをしのぐことを目指そうと考えたこともなかったようだな。これからは、ただ一つの目標は、彼らの真似をせず、毎回徹底的に彼らを叩きのめすような試合とプレーのスタイルを実践することだ。プレーも指導も管理も向こうとは全く違うやり方にして、彼らがこっちを真似して変わろうとするぐらいになるんだ。それを成し遂げるまで、ほかのことはどうでもいい」

ウッドワード時代の始まりは有望だった。就任後初のトゥイッケナムでのテストマッチで、イングランドはロッド・マックイーン監督のワラビーズと、一五対一五で引き分けた。だが次のマンチェスター、オールドトラフォードにおけるオールブラックス戦では八対二五で敗退、続いてトゥイッケナムでも一一対二九でスプリングボクスに屈した。けれども、同じ会場で行われたその年の最終戦の結果は、イングランドの選手にもサポーターにも自信を与えた――オールブラックスと二六対二六で引き分けたのである。

一九九八年のシーズン幕開けは対フランスの敗戦だったものの、残りの五カ国対抗は無敗で、特にウェールズ戦は六〇対二六の大勝だった。しかしながら、続くオーストラリア、ニュージーランド、南アフリカを巡ったツアーの結果こそがウッドワードの記録の汚点となったのであり、ワラビーズのサポーターや運営者たちとの難しい関係の端緒であった。

ウッドワードは長年の間、オーストラリアで自分に向けられた批判に逃げ腰になったことは決してなく――むしろ時にはそれをうまく利用した――この場合、彼には責任はなかった。一九九五年のワールドカップ後にラグビーがプロ化されたとき、ＲＦＵは自軍の選手と契約を結ばないという選択をした。オーストラリア、ニュージーランド、南アフリカといった国々とは対照的に、イングランドの統括組織は選手との契約を各クラブに任せ、必要な際に国際試合のために「借りる」ことにしたのである。クラブは選手たちに高給を支払っているので、黒字を維持するには、チケットを買って入場してくれる観客を彼らにひき付けてもらわねばならず、当然ながら、無意味に見えるテストマッチのために自分たちの大物選手を貸し出すのを渋ることもよくあった。一九九八年のツアーはその部類に入れられ、クラブが選手は疲れ切っている、負傷している、単に貸せないと言い出すたびに、ウッドワードが選んだ遠征チームは日々縮小していった。

豪ラグビー協会は、多くの観客を集め一九九九年のワールドカップに向けて財源を確保すべく、ブリスベンでのテストマッチが見ごたえのあるものになることを期待していた。ウッドワードが無名の選手たちとともに――三十二人中二十人はイングランド代表としてプレーするのは初めてだった――到着すると、オーストラリア側の関係者とファンは唖然とした。ARU副会長のディック・マグラザーは、その状況を第一次世界大戦における有名なダーダネルス上陸作戦に例えた。その戦闘では英国の指揮官たちが無能だったせいで、オーストラリア軍兵士は砲弾の餌食となって使い捨てられたのである。

「まさにガリポリの戦い以来最大のイングランドによる裏切りだが、ここに致命的な上陸を果たした彼らを歓迎しよう。イングランドの諸君の無事を祈るが、あいにくオーストラリア人はイギリス野郎が袋叩きになるのを見るのが大好きだからね、皆さん、見に来て楽しむといい」

イングランドのメディアはマグラザーを「ターピン〔英一八世紀の有名な追いはぎ。異名はディック〕以来最悪の愚か者《ディック》」と決めつけて応酬した。

マグラザーが不穏当な言葉で怒りを爆発させたことは、試合を盛り上げる刺激にはなったのだが、残念ながらイングランドの経験不足の選手たちはその熱気にフィールドで応えることはできず、〇対七六と一方的な試合となった。

ARUのCEO、ジョン・オニールは試合後にこう述べた。「これは国際的レベルのラグビーといえる試合ではなかった。戦いになっていなかったからね。あの哀れな選手たちはやる気があって誇りも持っていたが、テストマッチには力不足だった」

オニールの発言はその時点では正しかったけれども、やがて自分自身に跳ね返ってくることになる。十一トライを献上したその屈辱的な試合でイングランドのスタンドオフだったのが、当時一九歳のジョニー・ウィルキンソンだったのである。

ウィルキンソンはウッドワードとエディーの両方の人生に多大な影響を与えることになったのであり、勝つことへの執着に関してその二人に比肩するというまれな人物の一人であった。一九八七年の第一回ラグビーワールドカップの決勝戦でニュージーランドがフランスを破るのを見たときに八歳だった彼は、将来の夢をリストにした――イングランド代表になる、キッカーになる、ワールドカップで優勝する、世界一の選手になる。そしてその達成のために全人生を捧げたのである。

二〇〇三年のワールドカップに至るイングランドの歩みを辿った二〇一五年のドキュメンタリー「エルサレムを築く」(Building Jerusalem)の中で、ウィルキンソンは子どものときの性格がラグビー人生を通して自分を前進させ続けたと回顧している。

「遊んでいないときは、裏庭で壁に向かってボールを蹴っていた。左足、右足、左のパス、右のパス、全部同じぐらいうまくなるように――自分自身と競争していたんだ。試合のときにヒットして地面に叩きつけられると、もっと頑張らなければとかえって励まされた。フィールドで受ける痛みから逃げたいと思ったことは一度もない。それはごく当たり前のことだった。

それに伴う精神的苦痛のほうが厄介だった――結果を出すというプレッシャーやコントロールの欠如のほうが。負けたり物事がきちんといかなかったりすると憂鬱になった。フィールドでプレーしていて何か起こると、何カ月もそのことを考えてしまった。自分以外はみんな忘れてしまうことでもね。『誰もあのときのことなんて覚えていない、誰も気にしていない。なんでおまえはくよくよしているんだ？』という感じだった。何でも完璧主義者的な見方をしてしまった。スペリングのテストで二十問のうち十九問しかできなかったときに動揺し過ぎて、両親と大騒動になったことがある。『ゲージ』という単語を間違ったんだ。今でも覚えている」

ブリスベンでオーストラリアに惨敗したことは、ウィルキンソンに深刻な影響を与えた。彼はサリー州ファーナムの自宅にいる父親に電話をして泣き崩れた。

「涙が止まらなかった。こう言ったんだ。『自分はただの場所ふさぎだ。全部まやかしなんだ』。父は少し間を置いて言った。『分かった、で、どうするんだ？』」

ウィルキンソンがしたのは、ニューキャッスルのクラブに戻り、トレーナーのスティーブ・ブラックの助けを借りて、有望な天才少年から最高のプロへと自分自身を完全に改造することだった。ブラックはこう言う。「一日に二十三時間は練習していた。残りの一時間に何をしてたのかは知らないがね」

時を同じくして、ウッドワードもイングランド代表チームに対して同様の改造を画策していたと、スクラムハーフだったマット・ドーソンは述べている。

「全く極端だった――フィットネストレーニング、栄養、道具、全て最高のものをとね。それなりのセールスマンが、ラグビーをプレーする能力を高められる商品を何かしら持ってクライブのところに来れば、彼はすぐに買ったよ」

そのよい例がプロゾーン（ProZone）というビデオプログラムで、試合を分析して相手方のディフェンスのパターンや攻撃の動きを解き明かすため、フィールド全体を一度に眺めたり、画像を静止させたり、拡大したりできるようになっていた。これはサッカーのプレミアリーグのクラブが使っていたものである。ウッドワードはＲＦＵを説得して、大枚を投じてそれをラグビー用に調整するよう手配し、二〇〇〇年のシーズンから自分とスタッフが使えるようにした。また、ビジネス畑の同僚のアドバイスを取り入れて、ハーフタイムに選手にジャージを着替えさせ、後半に新たな気持ちで臨むという心構えを促した。これは効果があったため、今ではほとんどの世界レベルのチームの習慣となっている。ウッドワードはまた、チームを英国海兵隊と一緒のトレーニングキャンプに連れ出したり、南アフリカの視覚専門家、シェリル・コルダー博士を雇い入れたりした。最初は疑っていたのだが、コルダー博士の技術によって手と目の協応が改善されたことを、選手たちはすぐに感謝するようになった。博士は現在、エディーのイングランド軍のスタッフに加わっている。

ウッドワードが前進していたことは確かだったが、穏やかな航海では全くなかった。側近であったローレンス・ダラーリオは、英ニュース・オブ・ザ・ワールド紙の計略にはまって薬物使用を認めたために、キャプテンの地位を剝奪され、また、選手たちはボーナスの支払いと肖像権を巡って二十四時間のストライキを行った。

とはいえ、イングランド、ウェールズ、フランスにまたがって開催された一九九九年のワールドカップに、ウッドワードは用心しながらも楽観的な見通しを持って乗り出した。イングランドの第一試合、イタリアとの対戦は六七対七の圧勝。その次はオールブラックスとの危険な戦いだった。ウッドワードはキィウィを相手に、経験豊かなポール・グレイソンではなくウィルキンソンをスタンドオフに起用したのは、致命的なミスだったと認めている。三〇対一六でニュージーランドの勝利に終わったのだ。「その結果のせいでワールドカップ優勝を逃したのは確かだ」とウッドワードは言う。

「決勝トーナメントに最速で進んでいたのは、イングランドではなくオールブラックスで、われわれは準々決勝に進んでパリで南アフリカと対戦する前に、もう一試合余計に戦わなければならなかった」

イングランドはトンガとフィジーと当たった次の二試合で勝利を収めたものの、主要な選手が深刻なケガを負うという代償を支払わされた。わずか三日という準備期間ののちに臨んだ準々決勝で、ウッドワードはまたウィルキンソンに関してミスを犯した——今度は、全く出場させずグレイソンを一〇番に据えたのである。南アフリカが強さを見せつけて四四対二一で勝ち取ったこの試合では、スプリングボクスのスタンドオフ、ヤニー・デ・ビアが後半に五つのドロップゴールを蹴り込んだ。

ウッドワードと選手たちが帰国して非難の嵐に直面していた間に、イングランドのワールドカップの望みを絶ち切った二チームも、自分たちの夢を砕かれていた。オーストラリアが南アフリカを、フランスがニュージーランドを破ってカーディフにおける決勝戦へのチケットを手に入れ、ついにはロッド・マックイーンのワラビーズが三五対一二で優勝したのである。

ウッドワードにとっては、決断のときだった。イングランドのメディアはワールドカップ前の彼の「監督・コーチの全員がその結果によって評価が下されるだろう」という発言に飛びついた。その基準によればウッドワードが職にとどまることはありえない、とコメンテーターたちは言った。イングランドは敗退したのだから、辞任するかRFUに解雇されるかしかなかった。数週間にわたって臆測が飛び交ったあとで、RFUは二〇〇〇年のシーズン末を期限として契約を更新するというオファーをし、自己省察を重ねた末にウッドワードは残留に合意した。

ワールドカップ後最初の選手とのミーティングは、トゥイッケナムの南西、車で三〇分の距離にあるサリー州バグショットのペニーヒル公園に新しくできた、自分たちのトレーニングセンターで開かれたのだが、その場でウッドワードは四年計画の概要を述べた。

「二〇〇三年のオーストラリアの大会には、優勝候補として、世界一にランクされ、チーム全員の体調がピークの状態で、ワールドカップ出場チーム中で最高の準備を済ませて乗り込みたい。今からはそこに的を絞る」

エリートスポーツに関わった人なら誰でもよく知っているように、口で言うだけなら簡単だ。ウッドワードは選手たちに、オーストラリアに着くときまでにイングランドが達しているべきレベルについて指示し、選手たちは心底彼を信じたかもしれないが、ラグビー界全体を納得させるにはさらに努力が必要だった。全て前にも聞かされた話だし、イングランドは一九九一年には決勝まで進出したとはいえ、ワールドカップはなお南半球のチームの独壇場で、オーストラリアが二度、ニュージーランドと南アフリカが一度ずつ優勝をさらっていた。ウッドワードが準備を始めたときには、二〇〇三年に状況が変わると考える理由はほとんどなく、ワラビーズのホームグラウンドで開催されるとなればなおさらだった。しかし準備が本格化するにつれて、オーストラリアでも地球の裏側で起きていることに人々が気付き始めていた。開会式を一年後に控え、ＡＲＵは試合が行われるオーストラリア各都市で催しを開いた。ブリスベンでのイベントの終了後、来客たちはバーで一杯やりながら優勝候補の三チーム、オーストラリア、ニュージーランド、南アフリカのチャンスについて話し合っていた。元ワラビーズのセンターで前回の大会に出場したティム・ホーランは、英サラセンズでの契約期間を終えてちょうど故郷の町に戻ってきたところだった。

「イングランドも外せないな」と彼は言った。「思っているよりかなり強くなってるよ」

笑う者はいなかったが、皆さほど気にしてもいなかった。いずれにせよ、そのときはまだ。二〇〇三年一〇月、ウッドワードと選手たちがワールドカップに挑むべくパース空港に降り立ったときには、イングランドが強敵であることを知らない人は南半球でもいなくなっていた。二〇〇二〜二〇〇三年のシーズン、イングランドはトゥイッケナムにおいて、オールブラックスに三一対二八、ワラビーズに三二対三一、南アフリカに五三対三——スプリングボクス史上最大の点差での敗戦——と三勝を挙げてスタートしたあと、六カ国対抗でグランドスラムを達成した。ホームで無敗のシーズンを過ごしたのに続き、ニュージーランドとオーストラリアへの短期遠征でも同様の成功を収め、ウェリントンでオールブラックスを一五対一三で破ってから、メルボルンではテルストラドームの閉じられた屋根の下、ワラビーズを二五対一四で下した。

イングランドはいまや世界ランク第一位となり、まさにウッドワードの予想どおりだったのだが、メルボルンでのテストマッチはほかの点でも注目の一戦となった——クライブ・ウッドワードとエディー・ジョーンズの間でメディアバトルが激化したのだ。

二人の監督の間の敵対意識の高まりを示す最初の兆候が表れたのは、二〇〇一年にトゥイッケナムで行われた豪英テストマッチ——代表チーム監督同士として初の対戦——の前日のことだった。ニュージーランド生まれでラグビーリーグからの移籍組であるヘンリー・ポールは、祖父がイングランド出身であったことからイングランドの選手選考で適格とされた。ラグビーユニオンでの経験は移籍先のチーム、グロスターでの八十分間だけだったにも関わらず、ウッドワードはすぐに彼を自軍のメンバー二十六人の一人として加えた。エディーはそこにねらいを定めて引き金を引いた。

「ワラビーズのジャージを着るためには、選手たちは相当の努力をしなければならないがね」とエディー。「イングランドの選考方法はどうやら違うらしい」

その少し前に、オーストラリアもやはりラグビーリーグからの移籍選手を獲得していたことから、ウッドワードはすかさずやり返した。

「エディーは自分のところの移籍選手たち、マット・ロジャースやウェンデル・セイラーの即効力を試す度胸があるかな?」

ふたを開けてみれば、両監督とも元ラグビーリーグのスターだった選手たちを出場させるという賭けには出ず、結局二一対一五でイングランドが勝ったのだが、二人の間には戦線が敷かれ、やがて険悪な関係へと進んでいった。

次の対決は十二カ月後、二〇〇二年にオーストラリアが行ったヨーロッパ遠征の際であった。オーストラリアとのテストマッチの一週間前に、イングランドはオールブラックスとの接戦を制したのだが、ウッドワードは、オールブラックスの二度のトライの際にオブストラクションの反則があったにも関わらず、南アフリカの審判、ジョナサン・カプランが無視したとして、憤慨した。ニュージーランドの審判、ポール・ホーニスも同じようにワラビーズが取るであろう戦略――ウッドワードの言い方では「ボールキャリアの前にデコイを走らせるというエディー・ジョーンズの古臭い手」――に対して「南半球びいきの」立場を取るのではないかと恐れて、ウッドワードは自分の懸念を電波に乗せるために記者会見を開くという前代未聞の策に出た。そのときに初めて、ウッドワードはそれまで二年間使ってきたプロゾーンシステムについて明らかにし、イングランドが勝った試合でオールブラックスのジョナ・ロムーが挙げた二つのトライのビデオ映像と静止画像を、ジャーナリストたちに見せたのである。

「プレミアシップの試合でうちの選手たちがあいうラインを走ったら、警告される。土曜日、敵方はそうならなかった。そういう策略が反則にならないなら、こっちも同じことをせざるをえない。サッカーでいえば、まるでプレミアリーグではオフサイドにならないのに、ワールドカップではオフサイドになることにしたと言ってるようなものだ。ワラビーズは土曜日と全く同じことをするだろう。負けてから不平を言うはめにはなりたくないからね。だから今のうちに全て放送で公開しているんだ」

ウッドワードは、「このビデオを見せた審判で、あの二つのトライの判定は間違っていると言わなかった人は一人もいない」と付け加えたが、どの審判に見せたのか明かすことは拒否した。

テストマッチの前に、エディーはポール・ホーニスに試合でどのように審判を務めるつもりか尋ねたのかと聞かれ、尋ねていないと答えた。
「いいや」とエディー。「どうやらまだクライブのビデオを見ているところらしいよ」
事前のスパーリングからすると、メインイベントも間もなく勃発するのは避けがたく、
試合に先立ち、エディーはウッドワードのチームを英プレミアリーグのサッカーチームにな
二〇〇三年六月にイングランドがメルボルンに到着すると、事態は真剣味を帯びてきた。
ぞらえ、ボールを前方に蹴って、得点するのはキック頼みだろうと言った。さらに、スコット
ランド人の審判、デービッド・マッキューにタックルエリアに目を光らせるよう求め、イング
ランドはプレーを遅らせる名人だと暗示した。開閉式の屋根を開いたままにするか閉じるか
も、大きな議論となった。エディーは自然にさらされるほうを好んだが、ウッドワードは選手
の能力を信頼しているからと言って、天候に左右されないよう閉じることを望んだ。オースト
ラリアのメディアは、これを公平でペースの速いゲームにしようという姿勢の表れとは受け取
らず、イングランドのキックマシン、ジョニー・ウィルキンソンに安全な環境を用意するため
だと片付けた。
それ以前の十二カ月間に、イングランドはニュージーランドおよびオーストラリアと三試合
を行って——オールブラックスに二勝、ワラビーズに一勝——七三得点を挙げており、その大
半はウィルキンソンによるもので、トライ一、ペナルティゴール一三、コンバージョンゴール
四、ドロップゴール二という内訳だった。メルボルンの試合の一週間前のウェリントンでの試
合では、イングランドの得点一五全てをウィルキンソンが叩き出しており、ペナルティゴール
四、ドロップゴール一という内容だった。前年一一月にトゥイッケナムで一点差でワラビーズ

に勝った試合でウィルキンソンが六ペナルティゴールを決めたことは、オーストラリアのメディアやファンの間でまだ記憶に新しかった。それが意味するところは明らかだった――イングランドは一つ覚えの芸しかできない。強大で経験豊富な――想像力には欠けるが――このチームは、ただ一つのことだけを考えてフィールドをどかどか駆け回っている。ウィルキンソンがキックを決められる範囲までゴールポストに近づくこと。メルボルンのテストマッチまでの一週間、地元のマスコミの攻撃は容赦なく続き、イングランドを「おやじ連隊」(Dad's Army)〔一九六〇～一九七〇代に人気を博した英テレビコメディ〕と名付け、ウッドワード流とされる戦略は後ろ向きで退屈だと決めつけた。

イングランドが二五対一四で勝利を手にし、これにはウィルキンソンのペナルティ、コンバージョン各二のキックによる一〇点が貢献したのだが、メディアと同様にウッドワードもすぐさま舌戦の用意ができていた。ワールドカップ開催中に起きるであろう事態に備えるため、ウッドワードは最初の質問でイングランドの勝利の内容を問われると、いきなり戦闘態勢に入った。

「私は何か忘れているのかな」とウッドワード。「スポーツの意義は勝つことにあると思っていた。オーストラリアでは何もかも変わってしまったようだ――ラグビーユニオンに関しては確実に、私がここに住んでいた頃と比べるとね。オージーは勝つことだけを考えていた、パフォーマンスが十点満点のいくつかということではなく。エディー・ジョーンズとワラビーズはこの一週間というもの、われわれのことを古臭くてヨレヨレでのろくて退屈なチームだと言って、苛立たせようとしてきた。まあたわ言だったがね。誰も彼もこの試合に関して、双方に屋根を開けておきたいか閉じたいかと聞いてきた。私は閉じたほうが完璧な環境でプレーできて、ランニングラグビーのいい試合ができる可能性が高まると思った。エディー・ジョーンズは開けておいて天候という不確定要素を織り交ぜたかったわけだ——それでわれわれが退屈だと？」

ウッドワードはデービッド・マッキューの審判ぶりについて手放しで褒めてこう言った。「一週間ずっとあれだけ煩わされ、プレッシャーをかけられたことを考えればね」。そして、エディーが審判に影響を与えようとしたと非難した。

「監督が審判にプレッシャーを与えようと周到に計画するなどというのは感心しないね。審判にメディアを通して圧力をかけるなんて、私の仕事でもほかの誰の仕事でもないだろう。スポーツのためにもラグビーのためにもならないが、でもエディーがそうし続けるのなら、こっちが四戦四勝しているのは喜ばしいことだ。一〇月に彼がまた次のメディアキャンペーンを画策するのを待つとしよう。もう慣れてきたからね、うまく乗り越えられるさ」

ウッドワードは、彼のチームの「キック頼み」戦略に関するエディーのコメントが、自分たちの勝利——イングランド初のオーストラリアでの勝利——に対する大きなモチベーションになったとまで述べた。

「この試合で勝てる自信は大いにあったよ——特に一週間ずっとあのマスコミの大騒ぎがあったからね。私からチームに話す必要はなかった。幸いエディーが代わりに発破をかけてくれたのさ。みんなやる気満々だったし、勝てるという気持ちがとても強かった」

エディーのラグビー人生を通して、よくあることなのだが、自分の発言が誰かの気分を害したということに驚きを示した。

「勝つと、クライブはコメントするときに饒舌《じょうぜつ》になりがちだからね」とエディーはデイリーテレグラフ紙の取材で語っている。「先週、われわれは試合の宣伝をしたわけだが、それが悪い手本だったとは思えない。試合についてと、イングランドについてと、規定を徹底させる必要性について話した。われわれのコメントはごくまっとうなものだったし、イングランドを称賛さえした。それをチームミーティングでこき下ろすなんて、まず理解できないね」

翌日、ジ・オーストラリアン紙はウッドワードのことを、一九三二～一九三三年のクリケット対抗戦、ジ・アッシズで悪名高い「ボディライン」戦略を編み出したイングランド代表のキャプテン、ダグラス・ジャーディンに例えた。オーストラリアの優れたバッツマン、ドン・ブラッドマンを危険な短い距離の投球によって抑え込むというねらいだったことから、ジャーディンは「この国を訪れたいちばん不人気なイングランド人」という称号を与えられていたのである。ウッドワードは大喜びだった。

「どれほど騒ぎを起こせるか分かっていたら、もっと早くやっていたんだがね」

第８章
全てを賭けた大決戦

二〇〇三年のワールドカップは一〇月一〇日、シドニーのテルストラスタジアムにおいてワラビーズがアルゼンチンを相手取った試合で開幕となった。オーストラリアはウェンデル・セイラーの大会初トライによる得点を含め、二四対八で勝利を挙げたとはいえ、八万一千人の観衆を前にした現チャンピオンのパフォーマンスとしては、とても納得いくものではなかった。二日後の夜、国土の反対側で今度はイングランドが出番を迎えた。ウッドワードと選手たちは初戦の十日前にオーストラリアンフットボールの牙城パースに到着し、ジョージアとの「楽な」対戦に備えた。

この試合は八四対六の圧勝ではあったものの、リチャード・ヒルとマット・ドーソンの負傷という代償を払わねばならなかった。イングランドは六日間の準備期間ののちに第二戦——最重要といってもよかった——の南アフリカ戦に臨むこととなっていた。が、チームがフィールドに登場する前に、ウッドワードは自ら次の戦いに取りかかった――機先を制して発砲したのである。

オーストラリアがアルゼンチンに勝ったあと、ウッドワードはレポーターに、ワラビーズのマット・バークがディフェンダーの妨害をしたので、ジョー・ロフによる二つ目のトライは、無効とされるべきだったと語ったのだ。

エディーはすぐさまやり返したかっただろうが傍観するにとどまり――少なくともしばらくは――ワラビーズの一九九九年のワールドカップ優勝チームのキャプテン、ジョン・イールズに反撃の第一波を任せた。イールズは新聞のインタビューの中で、ウッドワードによるオーストラリアのバックスに対する批判を退け、ルールを破ったのはむしろイングランドのフォワードだったと主張した。

「イングランドのモールのやり方は妨害行為になる、ニール・ブラックはずっとバインドしていない状態で、モールの後ろに移動していたからね。バックラインがデコイを使うのと同じようなことを、フォワードがしているわけだ。審判はブラックがモールにバインドしていないと思ったら、ペナルティを科すべきだ。バインドしてれば問題はないが、そうとは限らない」

イールズのコメントにイングランドの主要なライバルたちがたちまち飛びつき、まずスプリングボクスの監督ルディ・ストラウリが審判のピーター・マーシャルに、自分たちの次の対戦でイングランドのモールのプレーによく注意するよう要請し、さらにフランスのフォワードコーチ、ジャック・ブリュネルは、イングランドのラインアウトに注目を集める機会を逃さなかった。

「イングランドはボールをコンテストしているように見せかけているだけだ。腕を相手のジャージに回して、ボールを放させないようにしている。同時にほかの選手が腕を上げたまま、『おっと、審判殿、ちょっとしたミスだ』とでも言うようにラインアウトの中や周りをうろうろするのさ。でも実は、サポートに入る相手の選手を遅らせているんだから、笛を鳴らされるべきだ」

むろん、エディーはこの論争を避けていることはできなかった。

「イールズの主張は正当なものだ。ポゼッションを巡ってコンテストが起きていないときは、審判はよく目を光らせている必要がある。モールをルールどおりに判定するなら、ボールを持った選手はディフェンス側の選手とくっついていなければならないんだから、イングランドがしていることは反則になる。これはクライブ・ウッドワードとの言い争いとかなんとかとは全く無関係だ。うちのチームから批判が出ているわけじゃない。これはただのコメントだ」

ウッドワードは大会開始早々、身にしみる教訓を得た。ワラビーズに関して批判めいたことを言うと、それが二倍、三倍、四倍になって自分に跳ね返ってくるということだ。それ以後、口を閉ざして、自分のチームのことに集中しようと最大限努力した。エディーのチームには構わず。それに、新聞の話題の心配をするよりずっと大事なことがあった。イングランドは、このワールドカップ全体の命運が懸かった試合に臨むところであった。

前シーズン、イングランドはトゥイッケナムでスプリングボクスを記録的なスコアで叩きのめしたのに、その点に注目する評論家はあまりいなかった。遠征試合だったし、監督はよくワールドカップ前に自分のチームでいろいろ実験をしてみるものだから、というのが理由だ。

オーストラリアの専門家の間では、次の試合こそが「本物の対戦」で、この二チームのどちらがプールマッチC組トップに立ち、準々決勝でオールブラックスと当たらずに済むことになるか、間違いなく決まると考えられていた。

ラグビーファンやメディアは、ウッドワードがこの大会をどんなプレーで戦うつもりなのか、この試合から大きなヒントが得られるものと期待していた。結局、トライ数は一対〇でありながら二五対六という得点で白ジャージ側が圧倒し、ウッドワードとイングランドのサポーターは大興奮だったはずだが、これはまたワールドカップ史上最も記憶に残る見出しを付けられた試合でもあった。

その少し前にジ・オーストラリアン紙のスポーツ欄編集者になったニール・ブリーンは、若く熱心なクイーンズランド人で、この堅苦しい全国紙を活気付かせるようにと指示されて、シドニーに連れてこられたのだった。元ファーストグレードのラグビー選手でもあり、ブリーンはワールドカップを新しい読者を獲得すると同時に同紙の評判を上げる絶好のチャンスと考えた。イングランド対南アフリカの試合当夜、彼は市内のレストランで妻や友人たちと夕食を取っていた。

「隣のパブではパースで行われている試合の中継を流していた。何度も食事のテーブルからそこまで走っていってスコアを確かめたんだが、そのたびにジョニー・ウィルキンソンがゴールキックを決めていた。イングランドが勝ったけれど、トライで得点したのは一度だけで、私はそれを見逃した。見たのはとにかくウィルキンソンがキックで得点を挙げているところだけだった。こう思ったよ。『あれがイングランドがやろうとしていることだ。十人だけでプレーしてペナルティを引き出し、ウィルキンソンがゴールキックを入れる』。翌日出勤すると、ジョニー・ウィルキンソンがゴールの態勢を作っているところの写真が手に入った。それを紙面に組み込んで、大見出しは何がいいかと十回は知恵を絞った」

「シドニーのデイリーテレグラフとメルボルンのヘラルドサンの二紙は、いつも見栄えのする格好いい大見出しで最終ページを飾っていたからね、それに対抗したかった」

「スポーツ部の主任代理だったダレン・ハドランドが来て、最終ページはどうするんだと聞いてきたから、例の写真を見せてこう言ったんだ。『イングランドにはジョニーしかいない。キックができる距離まで進めてペナルティを誘い、ジョニーが蹴る。ワールドカップで優勝するだろうが、退屈な勝ち方だ』」

「行ったり来たりして、見出しをひねり出そうとした。ジョニーはこれこれ、ジョニーはなんとか……『ほかに芸はないのか?』とかね。最後に書き留めたのは『彼だけしかいない』だった。ダレンにこう言った。『これだ。やったぞ』。彼は十分後に『それだけしかないのか?』を考えついて戻ってきた」

「『それだよ!』と私は言った。それに決定したんだが、そうしたらとんでもない大騒ぎになった。私は翌朝「トゥデイショー」〔豪テレビ人気ニュース番組〕に出演、英国のBBCとBスカイB〔メディア通信企業、現スカイ社〕にもインタビューされた。あの見出し自体が一人歩きし始めたんだ。イングランドが優勝すると、英デイリーミラー紙は第一面に、マーティン・ジョンソンがトロフィーと、破り取ってきたあのうちの最終ページを掲げている写真を載せて、トロフィーのところに矢印を加え、こう見出しを付けた。『そうだ、これだけだ』とね」

「ウッドワードもジョンソンも、伝記の中でそのことに触れている。クライブは二〇一五年のワールドカップのときにも、まだその話をしていた。悪意があったわけではないんだ。ただわれわれの表現の仕方で、言いたかったのは、そっちが優勝候補で、勝てると思ってるんだろうし勝つのかもしれないが、そう簡単には許さないぞということだった」

その見出しはウッドワードの神経を逆なでしたとしても、実のところ気にすることはなかった。どこにそんな必要があるだろう？　彼のチームはプールマッチにおける主要なライバルを破ったところなのだ。気になることがあるとすれば、それはエディーのほうだった。

ワラビーズの調子に関するメディアの報道は、初戦から否定的なものだった。出場国中ではずっと格下のルーマニアやナミビアを相手に大量得点を獲得して、試合に勝ってはいたものの、完全には噛み合っていないようだった。

エディーの選手の選び方、特にバックラインに対する批判も起きていた。オーストラリアは非常に評価の高いフルバックを三人擁して大会にやって来た――一九九九年大会のフランスとの決勝戦で二五点を挙げて勝利に貢献したマット・バーク、型破りのクイーンズランド代表メンバー、クリス・レイサム、そして一九九九年大会決勝戦ではウイングを務めたブランビーズの万能選手、ジョー・ロフである。いずれも信頼できる、テストマッチで優れた実績を残している選手であったにも関わらず、エディーは一五番のジャージを、ラグビーリーグからの移籍組、多才でどのポジションでもこなせるマット・ロジャースに渡すことを選んだのだが、なにぶん彼は経験に欠け、ほかの三人のように頼りになるキック力もなかった。

エディーはまた、元はラグビーリーグの国際試合で活躍していたもう一人の移籍組、ウイングのロテ・トゥキリの使い方に迷っているようだった。プールマッチでは一度しか起用しなかったのに——ルーマニア戦でフランカーとして途中から出場——決勝ステージになってがらりと変えて、左ウイングとして先発メンバー入りさせた。こうしたことが積み重なって、監督が場当たり的に判断しているような印象を与え、また、チームのまとまりのなさも自信を高めるという点では逆効果で、優勝トロフィーを守るどころの話ではなかった。

マスコミ報道の中には辛らつなものもあり、特にプールマッチの最終戦で、アイルランドがドロップゴールを一つミスしてくれなければワラビーズが負けていたという状況に至って激しさが増した。一七対一六の辛勝のおかげで、オーストラリアは一一月八日にブリスベンのサンコープスタジアムで行われる準々決勝に進出、スコットランドと対戦し、その翌日には同じ会場でイングランドがウェールズと戦うこととなった。

またしても、ワラビーズが勝ったとはいえ、あまり納得のいく試合ではなかった。次はシドニーにおける無敵のオールブラックスとの準決勝が控えていたことから、メディアとファンの間には、三三対一六というぱっとしない勝ち方は不可避の結末を延ばしているだけではないかという見方が広がった。

スコットランド戦でのオーストラリアと同様、ウェールズ戦でのイングランドも覇気がなかった。それどころか、ウェールズははるかに積極的なプレーを見せて後半開始直後には一〇対三とリードし、イングランドは次の便で帰国かという状況だった。しかし、トライ数ではウェールズが三対一と上回ったにも関わらず、イングランドは二八対一七で勝利をものにし、フランスとの準決勝へと駒を進めた。これもまたまたウィルキンソンのキックによる二三得点が大きな勝因で、内訳はペナルティ六、コンバージョン一、ドロップゴール一であった。

オーストラリアはオールブラックス戦に備えてコフスハーバーのキャンプ・ワラビーズに向かい、一方ウッドワードはいちばん居心地よく感じられる基地へと自軍を率いた——マンリーである。

ウッドワードはチームが——一週間前に合流していた家族たちも含めて——豪華なマンリーパシフィックホテルに宿泊できるよう手配したのだが、そこはジェーンと二人でシドニーに初めてきたときに滞在した思い出の場所だった。勝手知ったるビーチサイドの町で、ウェールズ戦で味わった恐怖と、試合後に激しさを増したフランス人ジャーナリストたち——イングランドのウェールズ戦でのプレー、特にウィルキンソンの出来に対し批判的な目を向けていた——との衝突を忘れて、自分の考えをまとめようとしたのである。

「レキップ紙の記者はしつこくマンリーまで追ってきた」とウッドワード。「いかにもイングランドは肝心なときにいいプレーができなかったと言わんばかりの質問を繰り返し続けた。質問自体もさることながら、そいつの言い方がね。ジョニー・ウィルキンソンは全然ダメだと言って何度も攻撃した」

ウッドワードは、エディー・ジョーンズのメディア作戦計画書そのままのような皮肉で応酬した。

「そのとおりだ」と、その記者に同意して、フランスを褒め殺しにする手に出たのだ。「傑出したチームで、間違いなく優勝候補だ。イングランドがフランスに負けるほうに賭けるなら、どうぞ。そうするといい」

そのフランス人記者がウッドワードのアドバイスに従って「レ・ブル」に何フランか賭けたのかは分からないが、そうした人はたくさんいた。イングランドは準々決勝で苦戦しただけでなく、サモアと戦ったプールマッチ最終戦でも混乱を来し、ハーフタイム時点では相手にリードされ、コーチの勘違いで三十二秒間十六人の選手がフィールド上でプレーしてしまった結果、一万ポンドの罰金となった。一方、フランスはプールマッチを全勝でスイスイくぐり抜け、準々決勝ではアイルランドを四三対二一で簡単に仕留めた。こうした点と、ワラビーズの不満足な出来を根拠に、大方の予想では決勝はフランスとニュージーランドの対戦で一九八七年大会の再現になるとされた。

オールブラックスとの対決の前週早くにエディーがワラビーズをシドニーに連れ戻すと、彼もまたメディア裁判にかけられるはめになった。大会を通してオーストラリアに関する報道は、手厳しさと素っ気なさの間で揺れていた。エディーの人選が間違っている、グレーガンはかつての面影はすでにない、チームはキックオフ直前に更衣室で初めて会った他人同士のようにプレーしている、等々。しかもそう言うのはジャーナリストだけではなかった。元ワラビーズの選手たちからも、事態の成り行きに不満の声が上がっていたのである。

試合前の木曜日の記者会見でのこと、エディーの出場メンバー発表に関して、オーストラリアの記者がずばりと聞いた。「エディー、本当にこのメンバーでワールドカップ優勝が可能だと思っているんですか?」

「このメンバーで?」。彼は答えた。「思っているよ」

その会場でエディーの言葉を信じた者は多くはなかった。彼自身、その数分前に「大勢の人が、われわれはここまで進むことすらできないと考えていた」と述べていた。

メディアはこの発言にも飛びついたが、確かに彼の言ったことは正しかった。ワラビーズのどれほど熱心なファンでも、自信というよりは願望を胸に、オールブラックスとの対決を注視していた。両者が最後に対戦したテルストラスタジアムにおける試合では、ワラビーズは二一対五〇で屈辱的な敗北を喫しており、ワールドカップが始まってからも、準決勝でその結果が逆になるという兆候は全く見られなかった。

けれども、ワラビーズの内部関係者には、そうではないことが分かっていた。七月に一方的な負け方をした直後の怒りが収まると、エディーはビデオテープを見直してオールブラックスには勝てるという結論に達していた。オーストラリアはその試合でポゼッションの過半を維持しながらも、自軍のエラーでボールをキィウィに渡してしまっていた。オールブラックスはそうして反撃のチャンスをつかみ、要注意のバックス三選手、フルバックのミルズ・ムリアイナ、ウイングのジョー・ロコココとダグ・ハウレットが一トライ、ハウレットがそれを最大限利用して、ロコココが三トライ、ハウレットが一トライを挙げたのだ。オージーのプレーには自信も欠けており、キックオフの前からニュージーランド側の評判に恐れをなしたかのようであった。エディーとコーチたちは、その三週間後のオークランドでの雪辱戦に備えてこれら全ての点について対処したのだが、ワラビーズは惜しくも一トライが無効となったせいで、シリーズを互角にしてブレディスローカップを保持することはできなかったのである。

だが種はまかれた。エディーは手帳の二〇〇三年一一月一五日の日付を丸で囲った。全て計画どおり行けば、その夜、ラグビー人生最大の勝利を挙げるのだ――その夜こそ、自分のワラビーズが強敵オールブラックスを倒す。

　エディーはそれまでの試合に関する、またはチームの出来に関する批判さえ、気にしていなかった。ワラビーズのワールドカップでのプレーは、トレーナーが競走馬をゆっくりと仕上げ、オーストラリア最大の競馬レース開催日にぴたりとピークを合わせる「メルボルンカップの準備」に、のちに比較された。運任せにされた点は一切なかった。選手たちはナミビア戦やルーマニア戦にも備えたかもしれないが、トレーニングを重ねていたのは、ロココのポゼッションをどううまく阻止するか、キィウィのラインアウトの弱点にどうつけ込むかであった。けれども、何にも増して改善に取り組んだのは、選手たちの姿勢だった。

　試合の一週間前にコフスハーバーで行ったスタッフ会議で、エディーはするべきことが全て完了しているか尋ねた。

「何か提案はないかい？」

　メディアユニットを率いる〝ＡＪ〟アンソニー・ジョージが発言した。

「ボッシーに来てもらうようにしたいんだが」

　マイケル・ボスはオーストラリアンフットボール（ＡＦＬ）史上、ひときわ尊敬を集めた選手である。ブリスベン・ライオンズのキャプテンで、彼のチームは一カ月前に三年連続でＡＦＬの王者となったところだった。フィールドの内外で指導者の役割を担っているこの人物と、ＡＪはブリスベンのチャンネルセブンでカメラマンとして働いていたときに親しくなったのである。

「そうしてくれ」とエディーは言った。

シドニーに移動する数日前に、ボッシーはコフスハーバーでチームに話をした。メディアを通して受ける批判には耳を貸すなというのが、彼のアドバイスだった。

「私は太っちゃいないが、毎週毎週誰かに太っていると言われ続けたら、しまいにはそうだと思うようになる」

それから、ボスはチームが直面しようとしている課題について、実体験に基づく完璧な筋書きを提供してくれた。当時、ブリスベン・ライオンズは現代のAFLにおいて最強のチームという呼び声が高かったが、常にそうだったわけではない。二〇〇一年、それまで全く話題にもされていなかったライオンズが、初めて決勝に進出し、君臨するチャンピオン、まさにオールブラックスのように多くの人が無敵だと信じていたエッセンドンと対決したのである。ジョージ・グレーガンは自身の伝記の中で、ボスの話はワラビーズの全員に強い印象を残したと振り返っている。

「ボスによると、エッセンドンはまるで相手方を吹き飛ばそうとでもするかのように常に激しく飛び出してきて、オールブラックスのように、試合のムードを自分たちの側に引き寄せ、早めに優位を固めようとした。ブリスベンのやり方は、できる限り体調を万全にして準備を完璧に済ませ、始めから全力で当たって、なんとか互角に持ち込めれば、最後にはかわせるはずだというものだった。重要なのは、試合開始から全員が自分の役割を全うすること。考え方としては、勝つのではなく負けないということだった。この筋書きに従ううちに、選手たちは強豪エッセンドンといえどもつまりは人間だということに、はたと気付いた。ライオンズは第三クォーターまではリードされていたが、うぬぼれ過ぎた敵を最終クォーターで圧倒し、二六点差で勝った。マイケルは、結局のところプレミアシップで優勝するために何かとてつもないことが必要だったわけではない、ということを強調した。みんながチーム内の自分の役割をしっかり果たせばよかったのだと。鍵となるのは、いつもと同じぐらいしっかり自分の仕事をするということだ。大きな成功を収めた人から、基本的にはシンプルなメッセージをとても雄弁に語ってもらって、本当に力がわいてきた。勝者のそばにいると、いろいろいいことがあるものだ」

試合が近づくにつれて、エディーとコーチ陣の自信は増した。チームがシドニーに着いた夜、エラ兄弟のためにフォーシーズンズホテルで謝恩ディナーパーティが開かれた。エディーとアタックコーチのグレン・エラはキャンプから駆けつけた。レスターでコーチをしていたゲーリー・エラも、この催しのためにイングランドから飛んできた。彼はエディーとグレンの態度が信じられなかったと言う。

「二人ともすごくリラックスして自信にあふれていた。びっくりしたよ。二日後にはオールブラックスと戦うというのに、自分たちが勝つと確信していた。全く疑っていなかったんだ」

選手たちも同じことだった。エルトン・フラットリーは、その夜チームメイトとフィールドに走り出たときに、いつもとは違う興奮に包まれたのを思い出す。

「走って入場しながら『今日は負ける気がしない』と思ったのを覚えている。不思議な感覚だったよ。わずか数カ月前に同じフィールドでやっつけられたというのに。だが、キャンプでやってきたことは全て、大会の最後の一、二週間にピークを持ってくるために計画されていたわけで、本当にそうなるという感じがしたんだ。テストマッチではそんなふうに感じたことは一度もなかったけれど、今度こそは全部計画どおりに運ぶという気がしていた」

ただ一つ計画されていなかったのは、オーストラリアがハカにどう対応するかという点だった。オールブラックスの伝統的な戦士の踊りとどう対決するかは、百年以上も敵方を悩ませてきた問題である。近くに立ってキィウィたちをにらみつけるか、それとも後ろに下がってのほほんとしてみせるか？　中にはハカをボイコットするといって、終わるまでベンチに下がったままでいたり、ずっと背中を向けていたりするチームもあった。どんな手を選ぼうと、これまでの記録を見ればほとんど効果がなかったことが分かるが、二〇〇三年一一月一五日の夜、とうとうハカの影が薄れた――そしてそれには選手たちは一切関わっていなかった。

ハカが終わるや否や、八万二千九百五十七人という満員の観衆の中のオーストラリアのサポーターたちが、チームを鼓舞するように声を限りに「ワルツィング・マチルダ」［オーストラリアの愛唱歌］を歌い始めたのだ。スポーツ観戦中にオーストラリアの観衆がそうした情熱を声にすることはめったになかった。そして、オーストラリアのラグビーチームが、それほどの大胆さと正確さで試合をスタートさせたこともほとんどなかった。

エディー・ジョーンズにとっては、監督席に座りながら、夢が実現するのを目にしているかのようだった。

二〇〇七年に、エディーはレポーターとの会話で、若い頃、エラ兄弟と一緒にプレーしながら、彼らのスキルと試合のときに大胆なプレーを楽しむ様子に驚いたと語っている。

「以来、あれが私の夢なんだ」とエディーは言った。「あの頃に戻って、エラ兄弟がプレーしたとおりのラグビーを見るのが」

その夢がかなったことがあるかと聞かれて、こう答えた。「一度だけね」

「二〇〇三年ワールドカップの準決勝で、ニュージーランドと対戦したときの最初の九十秒間だ。完璧だったよ。その九十秒でわれわれはあの試合に勝ったんだ。こっちがボールを四十メートル回し続けたものだから、『どうなっているんだ？』と向こうは思っていた。パスを一つ落としていたら、たぶん負けていただろうが、そうはならなかった。古典的ラグビーではなかったけれど、勇敢で独創的で、われわれがやりたいと思っていたラグビーだった」

その九十秒は、オールブラックスのカルロス・スペンサーによるキックオフで始まり、それをワラビーズのロテ・トゥキリがレシーブ、左サイドのタッチラインから二、三メートルのところまで突き進み、ラックの後ろからボールをエルトン・フラットリーに押し戻した。フラットリーは自陣二十二メートルラインのかなり後ろに立っていたスティーブン・ラーカムにパス。分かりきった動きを選ぶならば、ラーカムはタッチキックをするところだが、オーストラリアのプレーで分かりきったものなど皆無だった。

ラーカムはフィールド中央にいたスクラムハーフのジョージ・グレーガンへとスピンパス、グレーガンはナンバーエイトのデービッド・ライアンズを抜かしてフランカーのジョージ・スミスに完璧なカットアウトパスを出し、スミスはオーストラリアの二十二メートルを越えるところまで進んだ。ブレイクダウンからグレーガンがラーカムにパスを戻し、ラーカムはまたしてもタッチキックに最適の位置にいたにも関わらず、論理的思考を拒否して意外性を選び、そのままフィールドを斜めにラン、それからフルバックのマット・ロジャースにロングパスを出した。ロジャースは敵のディフェンダー二人を従えたまま二メートルほど突進し、引き倒された。そこから出たボールをグレーガンがショートサイドにいたトゥキリに渡した。トゥキリも倒されると、グレーガンは今度はラーカムへとクリア、ラーカムはフラットリーにパスした。

ワラビーズのパフォーマンスを要約する一続きのプレーがあるとすれば、まさにこれがそうだった。フラットリーはデコイランナーのライアンズの後ろ側からロングパスをロックのネイサン・シャープへ、シャープは精一杯体を伸ばして低い位置で捕らえた。これはリスクの高いプレーでトレーニングでも五分五分の策であり、ましてやプレッシャーが頂点に達するワールドカップ、オールブラックスとの準決勝においてである。

ところが、外科医のような精度でそれが決まった。シャープはそのスピンボールを、身長二メートル、体重一一五キロのフォワードなどではなく、駿足のスタンドオフであるかのように、黒のグローブをはめた両手でクリーンキャッチした。シャープが引き倒されると、ウェンデル・セイラーが突入して、さらに一メートル前進。そのあとのラックからグレーガンが中央に戻したパスはそれたものの、タイトヘッドプロップのベン・ダーウィンが弾むボールに走り込んで死守、そのままキィウィのディフェンスに突っ込んだ。グレーガンがそこからラーカムにパス、ラーカムはキックと見せかけてセンターのスターリング・モートロックへとインサイドにパスしたが、モートロックはアリ・ウィリアムズとリッチー・マコウにつぶされた。審判のクリス・ホワイトがホイッスルを吹いて、ラックでマコウにハンドの反則と判定、観衆は――そしてオールブラックスも――たった今目撃したことに呆然としながら、やっと息をついた。

その一分半の間に、ボールはオーストラリア側の手から手へ、九フェーズにわたって二十回移動した。グレーガンのパスがバウンドしてダーウィンが拾ったときを除けば、ボールは一度も地面にはつかず、片方のサイドから逆サイドへと四回行ったり来たりした。いかにもキィウィらしい堅固なディフェンスのおかげで、ワラビーズはあまり大きくはゲインできなかったものの、突き詰めればもっと重要なことを成し遂げていた。意図と実行力を見せつけたのだ。オールブラックスの心の中に、疑いの種がまかれた。エディーが言ったように、完璧だった。

ニュージーランドは試合開始から六分半後に、マット・ロジャースがキックでクリアしようとしたボールをミルズ・ムリアイナがレシーブするまでは、誰もボールに手を触れていなかった。とはいえ、最初に二度得点のチャンスを得たのはニュージーランド側、ジョー・ロココとムリアイナで、ただし元ラグビーリーグ選手のセイラーとトゥキリがそれを阻止した。オールブラックスは時計が開始九分になろうかというときに、三度目のチャンスを作った。キィウィ側のラインアウトから、オーストラリアのゴール前十メートルまで進んで、マコウがラックを仕掛け、スクラムハーフのジャスティン・マーシャルがスペンサーにボールを出し、スペンサーはセンターのアーロン・メイジャーへとロングパス。もしこのパスが通っていたら、メイジャーのアウトサイドにはロココがいて、まさにゴールラインが手招きしているという状況だった。

ところが、ワラビーズのセンター、スターリング・モートロックが猛ダッシュでインターセプト、そのまま九十メートルのランのあとゴールポスト下にトライしたのだ。フラットリーがコンバージョンを決め、それでもまだスコアは七対〇だったが、実際にはオールブラックスは参っていた。一九八七年の第一回ワールドカップで優勝して以来四回目もまた優勝候補となったプレッシャーと、ニュージーランド中からの期待は大きすぎた。

オーストラリアがハーフタイムを一三対七で迎えたときも、スティーブン・ラーカムが自著『ワールドカップ・ダイアリー』で触れているように、エディーは冷静で淡々としていた。

「休憩の間、エディーは自分たちがリードしていることにそう興奮してもいないようだった。いつもどおり事務的で、ゲームプランの大事なところをざっと繰り返しただけだ——できる限りボールを持ち続けること、ブレイクダウンに持ち込むこと、素早くディフェンスに戻ること」

「後半もだいぶ過ぎてから、勝利を実現させつつあると実感がわいてきた。それまでずっと、緊迫した展開だった。後半の半ばくらいに、こちらがディフェンスで激しいヒットを繰り出し始めると——オールブラックスを押し戻すぐらい激しかった——向こうには何も手がないんだということがはっきりしてきた。ラックからその場その場で誰か走らせようとしたり、ほかにも貧弱な攻撃策を試したり、アタックがばらばらになっていた印だ。向こうがうなだれてるのを見て、われわれが優位に立っているのが分かった。そのまま粘って勝つという機運になっていた」

七二分、交代したニュージーランドのスクラムハーフ、バイロン・ケラハーがラックでのハンドによりペナルティを献上した時点で、ジョージ・グレーガンはオールブラックスのワールドカップがまた失敗に終わったことを確信、手向けの言葉を口にした。

「あと四年だよ、なあ」と落ち込む黒ジャージたちをいびった。「あと四年待て」

試合終了のホイッスルが響き渡り、二二対一〇でオーストラリアの勝利が確定すると、一気に感情がほとばしり出て感動の場面となり、スティーブン・ラーカムはこんなことは二度とあるまいと思った。

「終了のホイッスルの直後に、テレビカメラがエディー・ジョーンズとグレン・エラが喜びのあまり抱き合っている姿をとらえた。翌日か翌々日に録画を見て、全く信じられなかった。エディーとグレンを少しでも知っている人なら、二人がこんなふうに人前でうれしさや親しみを表すなんて、全く柄じゃないと分かっている。普段は自分たちの感情は内に秘めているんだ。絶対に抱き合ったりするタイプじゃないよ。だからあの姿は、われわれの勝利が二人にとってどれほど意味のあるものだったかを示していると思うね」

エディーは二〇一五年大会で日本を率いて南アフリカを破るという、ラグビーワールドカップ史上最大の番狂わせを構想、実現したことで、ずっと人々の記憶に残るだろうが、この二〇〇三年の準決勝ニュージーランド戦におけるワラビーズの勝利こそが、彼にとって最も栄えある瞬間だった。それはまた、エディーの能力を疑問視するか、全て自分で管理したがる彼の性格に苛立つかしていた批評家たちにとっては、平手打ちを食らったようなものだった。まあ、ARUのある関係者たちは、両方に当てはまったわけだが。

しかし、これには大きな犠牲が伴った。後半の始め、スクラムが回転して崩れた。そのときオーストラリアのフロントロー、ベン・ダーウィンは頭から地面に倒れ込み、オールブラックスのフォワードから圧力をかけられて、彼自身の表現によれば「爆竹が弾けて、顔面パンチを食らったような」感覚に襲われた。危険な状態にあることを察知したダーウィンが「首が、首が！」と叫ぶと、彼の対面ポジション、ルースヘッドのキィウィ、キース・ミューズは、即座に押すのをやめた。二分間というもの、ダーウィンは首から下の感覚が全くないまま、グラウンドに横たわっていた。

「恐ろしかったよ、でも医療スタッフは私を的確な体位にして、しっかりと対処してくれたので、腕と脚にピリピリとしびれを感じるようになった。ものすごくほっとした。大丈夫だということを必ず妻に伝えてくれるよう頼んだんだ、自分にとってはとても大事なことだったからね。病院に向かう救急車の中で生中継のラジオをかけてくれたから、試合の成り行きを聞くことができた。みんながきっちり締めくくってくれて、本当にうれしかった」

翌日、ダーウィンがミューズに感謝を伝えると、同じ状況に陥ったフロントローなら誰でもするはずだと思ったことをしただけだと、ミューズは言った。

「仮に自分が同じ目にあって『首！』って叫んだとして、相手がそのまま続けて回復不可能な障害を負わせてやろうなんて考えないことを願っているよ。人を殺そうとする愚か者がいなくたって、生きていくのは十分大変だからね」

エディーは翌日の夜、もう一つの準決勝を見ながら、自分が一九九八年に二二歳だった彼をブランビーズに連れてきて、屈指のタイトヘッドとして評価されるまでに育ててきた、そのフロントローを欠いて、この試合の勝者に直面しなくてはならないのだと考えていた。ダーウィンは永久的障害は免れたが、選手としての道は閉ざされたのだった。

間もなく、決勝戦のオーストラリアの相手はイングランドだということがはっきりした。フランス戦は、キックオフの何時間も前に土砂降りの雨になった時点で、終わったも同然だった。フランスはのちに、乾いて固く動きが速まるフィールドしか想定していなかったと言ったが、全く試合にならず、イングランドのフォワードがポゼッションもテリトリーも支配して、またしてもウィルキンソンのキックが圧倒、七対二四でフランスが敗れた。フランスがこの試合唯一のトライを決めただけで、一方のイングランドの得点はペナルティ五、ドロップゴール三という全てウィルキンソンのキックによるものだった。ウッドワードは、いつもどおり、荒れ模様の天気が自軍に有利になったとは認めず、メディアにこう述べた。「休暇でフランスに行ったことがある。フランスでも雨は降るよ」。もし晴れていたら、もっと大きな差でイングランドが勝っていただろうと。

部屋一杯に詰めかけたオーストラリア人レポーターたちは、イングランドの戦略に関してすぐさま決勝戦前の舌戦が始まるかと期待していたが、ウッドワードは悪口合戦に引きずり込まれるのを拒んだ。

「ベイリウム〔精神安定剤の商品名〕を二錠飲んだからね、ばかなことは何も言わないよ」

メディアには彼のような節度はなかった。続く七日間というもの、すさまじい攻撃が続いた。ワールドカップの決勝戦は二つのラグビーチームの対戦だったかもしれないが、事情に疎い人なら、実際にはクライブ・ウッドワードとエディー・ジョーンズという二人の男の戦いのことなのだと思いかねなかった。この二人のライバル関係——根深い敵意とまではいわずとも——に触れなかったものなど、新聞でも放送でも皆無だった。二監督自身は相手への中傷と解釈されそうなことは一切言わないよう注意していたけれども、試合前に出回った記事の中には、二人の発言らしく思われる記述がたびたび登場するものもあった。

ウッドワードは、エディーが過去に審判に圧力をかけたことに関して、自分の見方を明らかにしていたが、エディーはそれについては珍しく黙っていた。とはいえ、イングランドのルールの解釈に対する疑問がマスコミで取り上げられなかったわけではなかった。ただし、エディーの口からではなく。試合前日に、エディーに代わって議論に加わったのは、彼の昔の監督でメンターであるボブ・ドワイアーだった。

ニューズコープのジム・タッカーのインタビューに答えて、ドワイアーはイングランドのバックロー、リチャード・ヒル、ニール・ブラック、ローレンス・ダラーリオの三人は「ブレイクダウンのときのごまかし名人」で、決勝の審判、アンドレ・ワトソンは反則を取るべきだと主張した。

「イングランドのボールキャリアがタックルされた場面で、ルールに反するプレーがよく見られる。彼らが編み出した戦略は効果的だが、あからさまな反則だ。ぎりぎりなんていうものじゃ全くない。イングランドの選手がタックルされると一人か二人チームメイトが寄ってくるが、ほとんどはサイドからで、しかもタックルされた選手の前側でボールに覆いかぶさるように倒れ込む。サイドから来た選手は反則を取られるべきだ。それにルールでははっきりと両チームともタックルのあとでボールを奪いに行くことが許されているが、あとから来た選手の体が盾になっていては、ジョージ・スミスもリッチー・マコウも一秒たりともボールに触るチャンスなんてない、体の上からじゃね。イングランド人たちが私の言ってることを認めないなら、ブレイクダウンで横から選手が入ってくるプレーの映像を、二時間でも見せてあげられるよ」

ほかのオーストラリア人ジャーナリストは、そこまで技術的なことは気にしていなかった。デイリーテレグラフ紙のベテランコラムニスト、マイク・ギブソンは、一ページを丸々使ってイングランドは退屈で、しかもそれはラグビーだけではないという点を論じた。国全体が退屈なのだと。

「なるほど、イングランドのプレーは退屈だ。冗談だろう。それのどこが珍しいんだ？　ローマ法王はカトリックだって？　ヒトラーは悪者だ？　カイリー［女優のカイリー・ミノーグ］のお尻はいかしてる？」

「いい加減にしてくれよ」

「結局そういうことだとみんな分かっていたんじゃないのか？」

「イングランドはワールドカップの決勝に進出するために、ボールを高く上げて敵陣深くまで出し、ジョニー・ウィルキンソンがポンと決められるようにするという手を使うはずだということは、もちろん知っていた」

「イングランドのラグビーチームが、友だちを作ったりみんなを楽しませたりするために、はるばるここまで来たなんて、誰か本気にしたのかい？」

「それは間違いだ。ワールドカップで優勝するために、彼らの試合を見るなんていう苦行に金を払った観客をうんざりさせるために、ここに来たのだ」

「まだ週の半ばだというのに、イングランドは退屈だというラグビーファンの苦情ばかりで、もう我慢の限界だ」

「ニュース速報、イングランドはずっと退屈だ」

「何年もかけて、イングランドのスポーツチームは退屈なプレーを芸術の域にまで高めた。われわれがキャトルドッグ［オーストラリア産の牧牛犬］を繁殖するように退屈な人物を生み出すイングランドでも、その極めつけのスポーツ選手といえば、ジェフ・ボイコットだ「国際的に活躍した英クリケット選手」」

「ボイコットがピッチに入ると、クリケットのファンは、彼がついにアウトになったらみんなを起こすという係を決めていたほどだ」

「イングランド人は退屈だという点を疑うならば、長年の人気テレビ番組が何なのか見てみるだけでいい」

「『コロネーション通り』（Coronation Street）という、この世でいちばん退屈な田舎町に住んでいる惨めなイギリス野郎どもの哀れな長編ドラマだ。それが英国テレビ史上最高の人気番組なんだ」

「『コロネーション通り』が大好評だったんで、舞台をもっと南のロンドンに移して始めた番組が『イーストエンダーズ』（EastEnders）だよ」

「これでもまだ彼らがわくわくするようなプレーをすると思うかい？」

「いいかい、いちばん人気のある俳優が、あのつまらない能無し、ヒュー・グラントだっていう国なんだ。夏休みといったら、バケツとスコップを持ってブライトンかブラックプール「ともに英国の代表的ビーチリゾート」に行くぐらいしか思い浮かばない」

「リスクを取るというのは、サッカーくじを買うことだと思っている人たちの国だ。わくわくするといったら、列に並ぶことだしね……」

　信じられないことだが、同紙はジョニー・ウィルキンソンの呪い人形の作り方まで掲載し、こう付け加えた――「イングランド代表は、ノーステイン五五番地のマンリーパシフィックホテルに滞在中で、そこの火災報知機は分かりやすい場所にある」。この悪ふざけたっぷりの攻勢に対し苦情の手紙が山ほど届き、また、英ザ・タイムズ紙の反撃コラムは、オーストラリアのマスコミは「ニキビ面のティーンエージャーの典型——無愛想で、不平がましく、怒りっぽい——ともいえる症状」を呈し、「毎日イングランドのラグビーチームを攻撃するその激しさは、ほかの状況なら人種関係法違反になったかもしれない」と応酬した。

ウッドワードはレポーターたちに、試合前の木曜の夜に誰かが「退屈だ、退屈だ」と繰り返し叫ぶ声で眠れなかったと語った。

「隣にいた妻じゃなかったな。通りから聞こえてきた」

あるオーストラリア人のジャーナリストはこう書いている。「それが冗談だったのかどうか、みんな分からなかった。ウッドワードが冗談を言うのを一度も聞いたことがなかったので、裏の取りようがなかった」

ウッドワードは、もちろんチームの安全が笑い事だとは全く考えなかった。二〇〇一年のブリティッシュ・アンド・アイリッシュ・ライオンズ戦で、ワラビーズは敵のサインを事前に知っていたおかげで、大事なラインアウトでボールを獲得できたのだという噂があり、ウッドワードは秘密保持にうるさかった。彼のスタッフはイングランドから盗聴防止用の電子装置を持ち込んで、ホテルの会議室や選手の更衣室をくまなく調べ、また、ウッドワードは自分たちの練習グラウンドであるブルックベイル・オーバルの周囲に黒のビニールシートを張り巡らすよう指示して、〝スパイ〟が練習を録画できないようにした。

一切スパイ活動をしなくても、エディーにはイングランドのゲームプランが分かっていた。

ファンやメディアは「退屈」と決めつけたかもしれないが、ワラビーズのコーチ陣はその効果を知っていた。あまりに効果的なので、実際、エディーはウッドワードをからかって、別の手に変えさせようと最大限努力した。試合前の最後の記者会見で、膨大な数のテレビ視聴者にラグビーの面白さをアピールするという両チームの責任という観点から、展開型のラグビープレーをするよう、エディーはイングランドを「けしかけた」のだ。

「われわれの責任は自然に、自由にプレーすることだ。われわれにとってありのままのラグビーとは、攻撃を意味する。こちらは自分たちの役割を果たすよ。その点は保証する。イングランドと審判も同じようにしてくれたら、素晴らしい試合になるだろう。世界一の試合になるかもしれない」

ウッドワードの答えは、「退屈なラグビーをしたかったら、本当に退屈な試合をするよ。オーストラリア人はまだわれわれが本当に退屈な試合をしたくなったらどうなるか、見たことがないからね」。

決勝戦に先立つ数週間、この大会の本命はどのチームか、いろいろな意見が戦わされた。当初は、ニュージーランドとイングランドが最右翼とされ、そのうちフランスも候補に挙げられるようになった。オーストラリアがオールブラックスを破ると、ワラビーズも遅ればせながらその仲間入りをしたが、どのチームのサポーターがベストかという点は、初日から全く議論にならなかった。イングランドの白シャツに身を包んだファンの歌唱隊による「静かに揺れよ」(Swing Low)〔Swing Low, Sweet Chariotはもともと米黒人霊歌であるが、イングランドラグビーの応援歌として愛唱されている〕が他を圧倒したのである。彼らは決勝戦の会場、シドニー郊外のホームブッシュにある元オリンピックスタジアムに、チームの一番のファンであるハリー王子とともに押し寄せると、一九六六年のサッカー・ワールドカップ優勝以来、イングランドのスポーツ史上最高の勝利となるか、あるいは再び、できそうで結局できなかったという落胆に終わるかという決戦の舞台に備えた。

その週の間中、天気予報を調べながら、エディーは自分のチームに重いコンディションの中でプレーすることになっても心配しないようにと言い聞かせた。ワラビーズが前週のフランスのようにつぶれることはない、とエディーは言った。いつもどおりのプレーをするだろう。とはいうものの、選手たちはエディーが緊張の印を見せ始めるのを感じ取っていた。その週の最初のトレーニングが終わったとき、エディーはたるんでいると叱りつけたが、選手たちはしっかりトレーニングできたと思っていた。翌朝、録画を見直して、エディーは自分が間違っていたと認めた。彼らはよくやっていたのだ。エディーらしくない言動だったが、週末が近づくにつれて落ち着きを取り戻したようだった。

ウッドワードはオーストラリアがオールブラックスに勝った試合を見てから、スターティングメンバーを変更し、センターのマイク・キャットの代わりに強力なディフェンダー、マイク・ティンダルを入れて、パワフルなランが持ち味のスターリング・モートロックに対抗しようとした。エディーはベン・ダーウィンに代えて二六歳、テストマッチ出場はまだ七回目というアラステア・バクスターを起用したのだが、負傷離脱したタイトヘッドはなお大きな役割を果たしたと、スティーブン・ラーカムは振り返る。

「午後六時三〇分に、ジャージの贈呈式に集合すると、うれしいことに、ベン・ダーウィンがキャプテンのジャージの贈呈役として来てくれていたんだ。ほんの二、三日前に退院したばかりでまだ首のギプスを付けていたのに。気持ちを揺さぶられる場面だった。みんなフィールドに出てラグビーをできることは幸運なんだと思わねばと、ベンに言われた。彼はそれまでほぼ一週間病院の脊椎脊髄科に入院していたんだが、脊髄損傷の痛ましい例も見ていて、隣の人は腕も足も動かせなかったそうだ。ベンの話を聞いて、みんな心を動かされた。ジョージ・グレーガンが立ち上がって彼に感謝を伝えようとしたけれど、涙で言葉にならなかった。そういうわけで、ワールドカップの決勝戦まで一時間ほどというときに、全員立ち尽くして涙をこらえようとしていた。一つには、ギプス姿のベンに会って改めて彼は二度とプレーできないかもしれないのだと思い知らされたからだ。それと、涙を流したり流しそうになったりしたのは、それまで五カ月間自分たちの内側で高まっていた感情が、噴き出したんだと思う。それからようやくバスに乗ってスタジアムに向かった。道々、バスのワイパーが雨を弾き飛ばして忙しく動いていた。そんなコンディションでイングランドを倒すのは簡単じゃないと、みんな分かっていたよ」

準決勝のニュージーランド戦と同じように、ワラビーズにとってほとんど最高といっていいスタートを切った。その一週間ずっと、エディーはラーカムにロテ・トゥキリにキックを出すつもりでいるようにと指示していたのだが、それはトゥキリならば相手側のウイング、ジェイソン・ロビンソンよりも十八センチ身長が高いというメリットを生かせるからだった。チャンスは開始六分でやってきた。ラーカムがコーナーに向けてキックし、トゥキリが飛び込んで、オーストラリアは五対〇とした。イングランドはウィルキンソンによるペナルティキック三つで応え、九対五と逆転した。前半の残り十分で、イングランドのロック、ベン・ケイが容易にライン取りできた場面でボールをこぼし、トライしそこなった。ロビンソンはその落胆を打ち消すように、ハーフタイム間際に左コーナーに速攻でトライを決めた。ウィルキンソンはコンバージョンを外したが、前半終了時点でスコアは一四対五であった。

イングランドは試合の前に、スクラムでワラビーズの新人フロントロー、バクスターをターゲットにするとともに、マット・ロジャースのキックの際にプレッシャーをかけるという作戦を立てていた。最初は、イングランドのルースヘッド、トレバー・ウッドマンがバクスターに過酷な試練を与えていたため、ワラビーズはスクラムから崩壊するかと見えたが、後半に入ると、若きオーストラリア人は本領を発揮し、また、審判のアンドレ・ワトソンがイングランドのフロントローによるコラプシングの反則を取り始めた。セットプレーから勢いに乗ることができず、イングランドの攻撃が力を失った一方、ワラビーズのほうは、ラーカムがベン・コーエンに対するタックルのタイミングを誤って頭に傷を負ったせいで四回もフィールドを出入りしていたにも関わらず、粘りを発揮して徐々に劣勢を盛り返していった。刻々と時間が過ぎる中、エルトン・フラットリーがペナルティを二度決めたことにより、オーストラリアはあと三点で同点というところまで迫った。

ワラビーズは持てる力全てをイングランドにぶつけていた。ジョニー・ウィルキンソンはドキュメンタリー「エルサレムを築く」の中で、「試合が終わる頃には、何でもいいからとにかく持ちこたえろという感じだった」と回想している。スクラムハーフのマット・ドーソンはそうした気持ちをより具体的に表している。

「ただもう自分の身を全て投げ出した。こう思ったんだ。『相手は自分を踏み越えていくだろうが、それならスピードバンプとなってやろうじゃないか』」

イングランドのキャプテン、マーティン・ジョンソンは、スコアボードを見てイライラしたのを思い出す。

「時計を見て、『あと四分だ、いいプレーはできていない。後半に一点も入れていないが、勝てそうだ』と思ったのを覚えている。ちょっと気落ちしたような感じだった。『ワールドカップってこういうものなのか？』とね」

だが、ジョンソンの結論は早すぎた。残り一分、ワトソンがワラビーズに敵陣二十二メートルライン付近、タッチラインから十メートルの位置で、ペナルティを与えた。グレーガンがどうするか決める前に、フラットリーがヘッドギアを外して歩み寄ってきた。

フラットリーはこう語る。「絶対にキックの場面だった。キックしなくちゃと思ったんだ。その前に二回外していたから、チームに借りがあるような気がしていた。ジョージがボールを手渡しながら、『やってやれ、フラッティ』と言ってくれて、本当にそうなったというわけだ」

スコアボードが一四対一四に変わったかどうかのタイミングで、アンドレ・ワトソンがホイッスルを鳴らし、両チームは二十分間の延長戦に備えることとなった。それぞれ、対照的な気持ちで作戦会議に入った。

ジョンソンはこう語る。「突如として『もうすぐ世界チャンピオンになるんだ。背中を叩いて労われ、よくやったと褒められる』というのが、『まずいことになった』に変わったんだからね」

グレーガンはこう思い起こす。「チームの雰囲気は本当に明るかった。一四対五から一四対一四に持ち込んだんだ。こっちが先行できれば向こうにとっては本当に、本当にきついだろうとね」

元シドニーモーニングヘラルド紙のラグビーコラムニストであるスピロ・ザボスは、自著『ワールドカップ観戦記』(Watching the World Cup)の中で、二〇〇五年にウッドワードと交わした会話で、この延長戦前の休憩の間に選手たちに何を話したのか質問したことについて触れている。

「ウッドワードの答えには驚いた。『ラグビーの延長戦というのはそれが人生初だったんだ』と言うのだ。『選手たちのところに行くと、マーティン・ジョンソンがもう何をしなくてはならないか話していた。それで、ジョニー・ウィルキンソンを捕まえて、〈ボールが回ってきたら、とにかく相手方のフィールドの端まで確実に蹴ってくれ〉と言った。〈敵陣のゴールライン付近でプレーしなくちゃならない〉とね。ありふれた指示だと分かっていた。見え見えの作戦だ。〈それだけですか?〉とジョニーは私にぴしゃりと言った。〈それだけですか?〉私はそうだと言った。彼は私とチームメイトたちから離れて、またゴールキックの練習を始めた。ジョニーが私に無礼な態度を取ったのは、唯一そのときだけだ。だが、彼がしたことは正しかった。試合中ずっと維持していた集中力のレベルに戻したかったんだ。あのとおり、数分後には練習のときとまさに同じ場所からペナルティキックを決めて、リードをもたらしてくれたんだから』」

ウィルキンソンに対するウッドワードの指示は「ありふれて」いたかもしれないが、実に見事な交代も行っていた。審判のワトソンが後半、三度もイングランドのスクラムの反則を取っていたことから、ウッドワードはタイトヘッドプロップのフィル・ビッカリーを下げて、ジェイソン・レナードを入れた。ビッカリーは相手側のビル・ヤングと当たるたびに力でねじ伏せようとしたが、レナードはただ起き上がった姿勢のままワトソンの怒りを買わないことに努めた。それが功を奏した。イングランドはそれ以降はスクラムで反則を犯すことはなかった。

延長一分過ぎにウィルキンソンがハーフウェイライン付近から入れたゴールキックは、残り一分一〇秒に、こちらもまたプレッシャーの中でフラットリーが決めたキックで相殺された。そこから、ジョニー・ウィルキンソンを大英雄にし、クライブ・ウッドワードに爵位をもたらし、エディー・ジョーンズを永久に苛《さいな》むことになる一連のプレーが展開された。

ウィルキンソンがキックオフしたボールをワラビーズのジョージ・スミスが捕らえたのだが、スミスは自陣二十二メートルラインの少し外でタックルされた。ラックから、グレーガンはマット・ロジャースのキックでクリアすることをねらって、パスを出した。イングランドは作戦会議でロジャースにねらいをつけてはいたものの、試合ではロジャースのキックはずっと好調だった。ただし、このときはグレーガンのパスがやや低く、また、交代したイングランドのバックロー、ルイス・ムーディ――フィールド上でいちばん疲れていない選手――が一瞬で駆け寄り、プレッシャーをかけた。ロジャースは速やかにキックして、なんとか十メートルをゲイン。オーストラリアはイングランドの〝金庫番〟マーティン・ジョンソンにスローインされると読んだのだが、ボールは後ろにいたムーディに渡った。スクラムハーフのマット・ドーソンがウィルキンソンにパス、ウィルキンソンからボールを受け取ったもう一人の交代選手、センターのマイク・キャットは斜めに突進。キャットはラーカムとフラットリーにつぶされ、その二人も何人もの下敷きになった。

ラーカムは、ウィルキンソンが十分ドロップゴールの射程内にいると気付くと同時に、ワラビーズのロック、ジャスティン・ハリソンがラックの横にファーストディフェンダーとして立っているのを見て、彼にこう叫んだ。「フィールドゴール、フィールドゴール！　フィールドゴールをつぶせ！」

ドーソンがボールに手をかけると、ハリソンはウィルキンソンのほうに飛びかかったがドーソンはパスをする代わりに、ハリソンの横にできた隙間を抜けて突進し、貴重な十五メートルを奪った。

またしても、ウィルキンソンは完璧な位置につけ、またしても、イングランドは彼にボールを出すのを遅らせた。今度はキャプテンのマーティン・ジョンソンで、テストマッチ八十四試合で得た経験を総動員し、デコイとして走っていたはずがたまたまボールを受け取ると、突進してラックに持ち込んだ。ドーソンからウィルキンソンにパスが出ると、オーストラリアのディフェンダーは窮地に追い込まれた。

運命であったかのように、自分の将来の夢は、イングランド代表のキッカーとしてワールドカップで優勝することと書き記してから十六年後に、ジョニー・ウィルキンソンはドロップゴールをポストの間に入れた。

「向こうがあのドロップゴールをねらっていたのは分かっていたのに、何も打つ手がなかった」とグレーガンは振り返る。「あの決勝戦の終盤、『最後まできっちり仕事をする』のが鍵なんだと、みんなに繰り返し伝えていたんだ。だが最後のプレーでは、イングランド人が完璧な仕事をしてみせた」

　ワトソンの試合終了のホイッスルは、イングランドのファンと、選手と、スタッフ、特にウッドワードとウィルキンソンに、高揚感と、ショックと、興奮と安堵を一度に運んできた。エディーと彼の選手たちは、「あのとき仮に」という気持ちが強かった。

「それはイングランド側の状態に関してだが、どちらにしても彼らを倒すのは容易ではなかった」とエルトン・フラットリーは言う。

「向こうのフォワードはすごかった。これまで戦った中でもトップクラスだ。世界有数のレベルだったのは間違いないし、世界チャンピオンにふさわしかっただろう。あれは、引退してからもずっと思い出す、そういう経験だ。あのとき自分たちの思いどおりにいかなかったほんのささいなことを、まだ考えてしまうんだが、それがスポーツなんだと思うよ。今振り返ってみても、自分の選手人生で最高の試合に数えられる。あの雰囲気、懸かっていたものの大きさ……そこに参加できたなんて信じられない。見ている人にとっては、最高の試合とはいえなかったかもしれないが、互角の試合で面白かったはずだ。見直せば、変えられたらと思う点も多少はあるだろうけど、全体としては立派な戦いだったし、オーストラリアのラグビーにとっていいときだったね」

　おそらく当然とはいえ、それまでの七日間、大変な目にあっていたウッドワードは、地元メディアと最後に対面した際、融和的なムードではなかった。

　決勝でオーストラリアを破ったことで、ワールドカップの優勝が一層喜ばしく感じられるのではないかと聞かれて、ウッドワードはこう答えた。「そうだね。大差で勝ちたかった。スポーツとはそれに尽きる――勝つことに――それにコンディションがよかったら、もっと楽に勝てただろう。こういうことを誰も怒らせずに礼儀正しく言い表すなんて無理だろう？ 今週のくだらない嫌がらせは明らかにオーストラリアのメディアが仕掛けたものだが、チームには全く影響しなかった。われわれはフィールドに出て、ラグビーの試合で勝とうとしただけだ。これでオーストラリアには五連勝だがね。トライの数はオーストラリアが八で、こちらが七だ。今晩はわれわれのほうがオーストラリアよりさらに展開型のゲームをした。それが私が目にした事実だ。ある形のプレーを織り込みながら、テストマッチ一試合に臨んで勝利を飾り、家に帰るというだけのことだ」

敗戦チームの更衣室で、エディーは沈んではいたが、いつも以上に挑戦的だった。「イングランドは世界一のチームだ」と認めた。「一分間の差でね」

誇張に終わった「メルボルンカップの準備」については、「百分のうち、九九分間ずっともがき続けた果てに負けたんだ。写真判定差といっていいと思うね。戦争に勝つという目的で、戦闘ではいくつか負けを喫した。最後には戦争でも負けたが、最初の四週間は準備期間だったからね。ハードな身体訓練もやって、おかげで今晩はそれが役立った。肉体的には全く問題はなかった。戦略と戦術という点では、ワールドカップが始まるずっと前に戦略を実践に移し、戦術は常に開発し続けてきた」。

「何か取っておいたかどうかというような話じゃなく、勝つのに十分なだけやったかどうかということだろう。それぞれの試合で、勝つのに使う必要があったものを使った。われわれ四十四人が今ここで座って、『できることは全てやったのか？』と問われたら、お互いの目を見て正直に、そうしたと答えられると思うね。間違いは犯したし、疑いや不安を抱いたこともあったし、結局は優勝には至らなかったが、持てるもの全てを出し切ったと本当に思っている」

ワールドカップの最後の試合は終わったけれども、エディーにはあと一つ公務が残っていた。翌朝、選手全員に連絡して、テルストラスタジアムから車で二十分のところにある、プロップのビル・ヤングの家族が経営するパブに集まって最後の昼食をともにし、一緒に一杯飲む予定だと念を押した。ウェンデル・セイラーは最初は行きたくないと思っていたが、すぐに行ってよかったと思い直した。

「正直言って、ちょっと落ち込んでいたからね。決勝戦で負けたのは初めてだったんだ。でもエディーとジョージが必ず全員参加するようにさせた。昼食を取って、ちょっと飲んで、それから何人かは都心の『カーゴ・バー』に向かった。そのときまでに多少は飲んでいたな。着いてみると、イングランドの選手が何人かハリー王子と来ていた。最初はちょっと会釈して『やあ』というぐらいだったんだが、しばらくするとみんな一緒になった。一度はビル・ヤングがバーカウンターからトレイに一杯ショットグラスを載せて戻ってきて、みんなに回した。ハリー王子にも一杯進呈しようとしたんだけれど、お付きの人にだめだと言われた。ビルが『それはだめだ。連帯責任です』と言ったら、ハリー王子はオーケーと答えてくださって、一緒に一杯というわけだ。いい人だよ。いい日だったし、いい夜だった。閉店まで飲んで、家に帰った」

それをもって、二〇〇三年のワールドカップは終了。だが忘れられることは決してない。二〇一七年に、オックスフォード大学の質疑応答で、「二〇〇三年当時、ワールドカップの決勝戦のあとで、いつか敵側の監督になっているかもしれないと考えたことがありましたか？」と聞かれて、エディーはかすかに笑みを浮かべて眉を上げ、こう答えた。

「唯一分かっているのは、ジョニー・ウィルキンソンがあのフィールドゴールを決めていなかったら、私は今頃サー・エディー・ジョーンズだっただろうし、クライブ・ウッドワードはまだ働いていただろうということだね」

第9章
打ちのめされて

二〇〇三年の決勝戦後、最後の観客がまだぞろぞろとスタジアムをあとにしつつあるうちに、エディーは二〇〇七年ワールドカップの計画について話し合いを始めていた。「七十〜八十パーセントのメンバーは、次の大会でも主力として戦っているといえる。だから将来に向けてプラスの点があるわけだ」とエディーは言って、ワラビーズのキャプテン、ジョージ・グレーガンに次回までプレーを続けるよう強く励ました。「選手として向上し続けようという意欲を、彼がまだ持っているなら」

グレーガンは次のワールドカップでもワラビーズを率いることになるのだったが、エディーは一緒ではなかった。本人の知らないところで、ARUのボス、ジョン・オニールは、決勝戦の数日後にはエディーの役割を交代する候補者たちに連絡を取っていたのだ。とはいえ、実際には、オニールのほうが先に舞台を去ることになり、それは二〇〇三年一二月一一日のARU

理事会で、オニールとの契約更新に反対する票が上回った結果であった。エディーは継続となったものの、残された日数は限られていた。ことわざにあるように、片足を棺桶に突っ込んで、もう片足はバナナの皮の上だった。

CEOとしてオニールに取って替わったのはゲーリー・フラワーズで、ハーバード大学でMBAを取得している事務弁護士であり、エリート校のクラブラグビーに深く関わった経歴を持つ人物だった。マンリーの下のほうのグレードで選手だったことがあるという熱心な支持者で、一九八三年のプレミアシップでマンリーが優勝したときにはアラン・ジョーンズのために選考委員を務めていた。

フラワーズはエディーとの関係について、「最後のほうまでは、全く険悪ということはなかった」と言う。

「一切先入観を持っていなかったのでね。最初はかなりうまくいっていたと思う。いくつか意見の食い違いはあったが、あとに引きずることはなかった」

そうした見解の不一致のうちの二点は、ラグビーリーグの選手の移籍問題であった——試合の司令塔として高く評価されているアンドリュー・ジョーンズと、トラブルメーカーとして悪名高いウィリー・メイソンである。

「着任してみると、アンドリュー・ジョーンズのことで大騒ぎが起きていた。それ以前に、理事会はジョンズにはオファーを出さないことに決めていた。一方、ニューサウスウェールズ・ワラターズはARUの管理システムからは外れて、自分たちでやっていくという決定を下していた。ワラターズの監督、ボブ・ドワイアーからはARUに対する批判がたくさん出ていたからね。だが、私はボブがARUの給与支払い名簿に載っているのを見つけたんだよ。エディーにこう言ったんだ。『待ってくれよ、これはちょっとひどいじゃないか。こっちはボブにコンサルタント料を払っているのに、好き勝手に批判されるっていうのは』。それからすぐ、そのコンサルタントの役目は終わったはずだ」

「エディーはラグビーリーグの選手に夢中だった。それが悪いとは言わないし、どのポジションだろうと構わなかったが、ウィリー・メイソンには一線を引いた。エディーは彼こそが自分の求めていた六番だと考えていた。こう話したんだ。『エディー、なあ、そっちは考えるのもやめてくれ。実現はしないぞ』。その時点では大きな問題はなかった。口げんかをした覚えもない。始めは調子よかった。定期的に一対一で普通に話していたよ。エディーとブレット・ロビンソンとのやり取りとは違っていた。エディーは必ずパフォーマンス強化部長にではなく、CEOに報告するのを好んだ。いつもロボを避けて私のところに直接ね、だが監督たちにしてみたらごく当たり前のことだと思う。本当に大変な仕事だ――ものすごいプレッシャーにさらされて、チームが勝っていなかったら、どんどんそれが増すばかりだ」

ワラビーズの二〇〇四年のシーズン幕開けは、スコットランドとのシリーズで二対〇の連勝と快調で、六月にはいまやサーとなったクライブ・ウッドワードが率いるイングランドが、一試合のためにオーストラリアに遠征してきた。イングランドは、ワールドカップのあとの二日酔いが続いているせいだと散々冷やかされたように、六カ国対抗でアイルランドとフランスに敗れ、この遠征の最初の目的地でもオールブラックスに二度屈していた。にも関わらず、ブリスベンに着いた際、ウッドワードは上機嫌だった。「優勝してクライブ・ウッドワードは変わったか?」とある大見出しは問うた。地元メディアは確かにそう考えた。チームが滞在するホテルでマスコミと会見した陽気でリラックスした英国貴族は、七カ月前にむっつりした鬼軍曹よろしくオーストラリアを早足で駆け回っていた人物とはかけ離れていた。ウッドワードはラグビーリーグのスター選手、アンドリュー・ジョーンズがラグビーユニオンに移ってワラターズと契約するかもしれないという話を軽く受け流して、冗談で答えた。『それはよかった。彼の祖父母はイングランド出身だからね、うちがもらおう』。あるレポーターが、オーストラリアのマスコミを前にウッドワードが冗談を言ったのは初めてだと突っ込むと、腹を立てたふりをした。

「それは全く間違いだ」と彼は言った。「ワールドカップのときにシドニーにいなかったようだね。マンリーではかなり笑いを取ったんだが。冗談の練習をして、書き留めて、リハーサルもしてる。でも誰も笑わないのさ」

爵位授与の知らせをどう受け止めたかという質問に、ウッドワードはこう答えた。「自分でも実はよく分からない。手紙が届いたから、開けて読んだ。『大変光栄なことだ、受けよう』と思ったね。自分の生活上唯一の変化といえば、名刺を作り直さなくちゃならなかったことだ。ほら、また冗談を言っただろう。これで三つだ」

けれども、エディーに対する皮肉を口にするときには、コメディの場面はすっかり終わっていた。自分のチームは、長期間の六カ国対抗とニュージーランドでのテストマッチ二戦のあとで、ほとんどくたくたなので、「エディー・ジョーンズにとってはイングランドを倒す絶好のチャンスだろう。まだ一度も成功していないからね」。

予想どおり、エディーはすかさずやり返した。

「去年の六月にやって来てニュージーランドとオーストラリアを破ったときは、誰も文句は言っていなかった。あのときは、疲労の兆候はなかったな。どうして今度は疲れているんだ？　今年になってテストマッチ七試合中三試合で勝っているんだから、少しはプレッシャーが軽くなるのかと思っていたよ」

二人の間の言葉のスパーリングでは、またしてもエディーが一点リードとなった――何度もそうなっているがと、インディペンデント紙の元主任ラグビー専門執筆者であるクリス・ヒューイットは言う。

「クライブはずっと自分は巧妙にメディアを操れると思っていたけれど、エディーとの戦いでは勝てなかった。二〇〇一年にクライブがワラビーズのブロック作戦を気にして、われわれにビデオを見せてくれたときのことを覚えているよ。全員まっすぐオーストラリアチームのホテルまで、一、二キロの距離を出かけていった。事の全部をエディーにぶつけると、彼はこう言った。『クライブがそんなにルールに通じているとはうれしいね。イングランドがラインアウトで何をやってるか、見たかい？』。エディーはみんなにすっかり説明して、全てひっくり返したというわけだ。われわれはオーストラリアのデコイランナーのことを話しに行ったはずが、イングランドのラインアウトのことを話しながら出てきた。エディーはとにかく頭の回転が速い。彼が相手じゃクライブに勝ち目はなかった」

フィールド外の出来事はともかく、数日後、ブリスベンのサンコープスタジアムで五一対一五でイングランドを破って最後に笑ったのは、ワラビーズの選手たちだった。マーティン・

ジョンソンも、ニール・ブラックも、フィル・ビッカリーも、何よりジョニー・ウィルキンソンも、皆引退か負傷で欠いており、イングランドはオーストラリアに歯が立たず、トライ数では二対六というあり様だった。ワラビーズは圧倒的勝利でワールドカップの雪辱を果たしたが、溜飲を下げたとまでは言えなかった。ジョージ・グレーガンはこう言った。「過去に起きてしまったことは変えようがないが、いいスタートになるよ」

それがエディーとウッドワードが監督同士の立場で対面した最後の機会で、サー・クライブはその九月にRFUのマネージメントとうまくいかなくなって辞任した。その後、ブリティッシュ・アンド・アイリッシュ・ライオンズの監督として二〇〇五年にはニュージーランド遠征を率いたが、不満足な結果に終わり、続いて英サッカー、サウサンプトンFCで、さらに英オリンピック協会の競技担当理事長として二〇一二年のオリンピックまで働いた。近年は、高名なラグビーコメンテーター、コラムニストとして活躍している。

二〇一五年の終わりにエディーがイングランド監督に指名されて以来、二人はお互いの不和を水に流し、敵対する監督として反目し合ったことも全て「ちょっとした楽しみ」だったとさえ言っている。当時を知る人の多くは、本気にはしなかったが。

「信じられるものか」とオーストラリアのジャーナリスト、グレッグ・グローデンは言う。

「あの二人はお互いに毛嫌いしていたよ」

オーストラリアのイングランドに対する大勝利は、好調なシーズンを予言しているはずだったが、結果は勝ち負け半々という具合だった。ワラビーズはパシフィック・アイランダーズ［太平洋島しょ国選抜チーム］には二九対一四で勝利を挙げたものの、オールブラックス戦では連勝を維持できず、ウェリントンで七対一六で敗れた。続いてパースにおいてスプリングボクスを三〇対二六で下し、シドニーでもニュージーランドを二三対一八で倒した。ダーバンでも南アフリカに勝っていたら三カ国対抗のタイトルが得られたのだが、ハーフタイムまで七対三でリードしていたにも関わらず、後半開始直後にスプリングボクスがトライとコンバージョン二、ペナルティ二を決めて逆転、ワラビーズは一九対二三で涙を飲んだ。

「あの二十分間に、その前の三試合全部を足したよりも多くミスを犯したんだが、理由は分からない」とエディーは暗い顔で認めた。

春の遠征は同様に苛立たしい成り行きとなった。フィールド上の結果としてはそう悪くなかったものの、エディーと選手たちの間に亀裂が見え始めたのである。ワラビーズはスコットランドに二度、三一対一四と三一対一七で勝ち、監督がアンディ・ロビンソンに代わったイングランドも二一対一九で下したのだが、パリでフランスに一四対二七で敗れた試合では、ひずみがエディーの上にも影を落とし始めた。

二〇〇三年のワールドカップでもキャプテンだったフランス代表のスクラムハーフ、ファビアン・ガルティィエが、自分のチームの予測不能な浮き沈みについて説明したこのくだりは有名だ、「鳥のように飛ぶこともあれば、クソみたいなプレーの日もある」。二〇〇四年一一月一三日のスタッド・ド・フランスにおける試合は、鳥の出番だった。試合後の記者会見で、エディーは自分にいちばん近い副官二人を批判するという前例のない行動を取って、キャプテンのジョージ・グレーガンを唖然とさせた。

「敗戦後にエディーは、私とスティーブン・ラーカムがフィールド上で下した判断をいくつか批判して、われわれが指示を無視したと言った。メディアを通して公に自分たちに疑問がぶつけられたのは初めてだったから、もちろんがっかりした――批判にではなく、エディーが公の場を選んだことにだ。チームのリーダー格の選手たちは、こういうことに関しては常に一致していた。勝とうと負けようと、お互いに支え合う。あとになってエディーは私に、リーダーグループにもっと指導力を発揮してほしかった。それであいう方法を取ったと言った。彼が感じたのは、ベテランの選手たちの命令をただ待っている者が多すぎる。何か過激な、マスコミを使うといった手を使わないと、目的を達成できないということだったんだ。エディーの言いたいことは分かる。だがあの行動には納得できなかった。苛立ちのあまり起きてしまったことだが、あれ以降、ワラビーズの監督在任中にエディーがあれほど自分を見失ったことがあったかどうか分からない」

エディーにとって最悪の年となった二〇〇五年は、スタートは十分明るく、ホームでサモア、イタリア、フランス、南アフリカを迎え、四連勝を飾った。が、そこから歯車がすっかり狂い出し、ワラビーズは一戦また一戦と混迷を深め――なんと七連敗――オーストラリアの百六年にわたるテストマッチ史上最悪の連敗記録となった。

負傷によりチームは大打撃を受け、ある時点ではテストマッチの経験豊富な選手十五人が出場不可能という状況だった。バックスの主力、スティーブン・ラーカムとスターリング・モートロックは長期間戦列を離れ、フォワードのデービッド・ライアンズとダン・ビッカーマンは手術を受けてシーズンを棒に振った。エルトン・フラットリーはパースにおけるシーズン八戦目の南アフリカとの試合のウォームアップ中に視野がかすみ、脳神経の精密検査の結果、現役引退となった。

そのうえ、エディーは二〇〇七年のワールドカップに向けて導入を図っていた新しいスタイルのプレーに、断固としてこだわり続けた。フィールドの幅全体を使おうとするため、ファーストレシーバーをボール展開の中心として、四フェーズ先を見据えて選手たちを所定の場所に動かす必要があった。それぞれが位置についてからは、フィールドのどちらかのサイドに分かれて、スタンドオフやセンター陣から離れた動きとなる。このシステムがうまく機能するためには、スクラムハーフのグレーガンは、リスクを冒しても自らアタックしようとする自然な欲求を抑えて、きちんとラーカムに、そして彼の負傷のあとは代わって入ったスタンドオフ、マット・ギタウやマット・ロジャースにボールを出すことを求められた。これが、エディーの指示を知らないメディアやファンの目には、グレーガンはやる気を失っており、ワールドカップ後に引退すべきだったことの証しと映った。グレーガンを下げて、ワラターズのエネルギッシュなスクラムハーフ、クリス・ウィタカーを起用しろという声が、しだいに大きくなった。

連敗がさらに続いて、グレーガンはエディーに、新システムを考え直して自分にもっと自然なプレーをさせてほしいと頼んだ。エディーはこれを拒み、二人の間の摩擦がさらに強まった。グレーガンが試合中にランを見せると、マスコミやファンからは称賛されたが、エディーからは指示を無視したと責められたと、コーチだったアンドリュー・ブレイズは言う。

「少し疑心暗鬼になっていた。エディーは選手たちが自分の足を引っ張ろうとしているのではないかと思っていた。フランスではスティーブン・ラーカムとジョージ・グレーガンがゲームプランを変えたといって非難したし、ほかにもジョージとの間で同じことが起こった。エディーが本気で言ったのかは分からないね。プレッシャーを吐き出しただけだったかもしれない。でもエディーがストレスを抱えているのは明らかだったし、それがほかのみんなにも伝わっていった」

ワールドカップの間、チームの誇りだった連帯と規律は日ごとに損なわれていった。二試合を行う南アフリカ遠征で、その事実に直面することとなる。のちの代表キャプテン、スティーブン・ムーアは初めてワラビーズの一員として遠征に加わっていたのだが、選手の行動にショックを受けることもあったと言う。

「自分の経験からすると、あんまりプロフェッショナルとはいえない環境だったね。エディーはずっと以前、ブランビーズの時代からそういう選手たちとはいろいろ経緯があったわけだし、全体として疲れ果ててしまったような空気があったのかもしれない。中にはするべきではなかったことをしていた選手もいた」

プレトリアでのテストマッチ第二戦の三日前に、ケープタウンのナイトクラブで事件を起こし、控えのスクラムハーフ、マット・ヘンジャックが面目を失って帰国させられると、規律の乱れが各紙で大見出しとなった。のちに判明したあらましはこうだ。ヘンジャック、ウェンデル・セイラー、ロテ・トゥキリ、そしてフロントローのマット・ダニングが午前四時頃ザ・パルスという店にいたときに、ヘンジャックとトゥキリの言い争いで手が出てしまった。その振る舞いに苦言を呈した地元客に、ヘンジャックが氷を投げつけ、彼は店の警備員に店外へ連れ出された。テストマッチのメンバーには入っていなかったヘンジャックは送還、セイラーとそのルームメイト、トゥキリとダニングは、五百ドルという通り一遍の罰金だけで、試合に出ることを許された――とはいえ、セイラーが言うには、自分がエディーから受けた叱責はそれ自体がひどい罰だった。

「テストマッチの前には出かけないという取り決めがあったんだが、夕食後にほんの一、二杯ということになった。マットとロテがちょっとしたつかみ合いになったんだが、警備員がやって来たんで、マット・ダニングと二人でなんとか落ち着かせようとしたんだ。ホテルに戻ってロテに言ったよ。『エディーに見つかったら、おれたちはおしまいだ』。ロテはいつだって楽観的なんだ。『大丈夫さ』と言っていた。だが試合の日の朝には、新聞に載ってしまって、朝食のときエディーは不機嫌だった。ロテに『エディーの顔を見たか?』と言った。試合の三時間前に部屋の電話が鳴った。ロテが出て、『エディーだ、おまえと話したいそうだ』と言った。エディーに『デル、連中と出かけたのか?』と聞かれたんで、『そうなんだ』と答えた。『部屋まで来てくれ』と言われたんで行ってみると、エディーはカンカンになって雷を落とした。『今日しっかりやるしかない』と言われた。でも負けたからね。更衣室でもみんなの前でずたずたにされたよ」

チームの規律、特にラグビーリーグから移籍してきた有名選手三人の言動は、ARUの関係者にとっては継続的な問題だった。エディーが自分のひいきの選手たちをむやみにサポートするせいで、彼らは責任を問われずに済むと思っているのだと考える人が多く、ジョン・オニールも自伝『たかがゲームだ』(It's Only a Game)でこう触れている。

「二〇〇三年に南アフリカ、ヨハネスブルグのホテルでくだらない騒ぎが起きたときに、この目でマット・ロジャースを観察したことがある。スプリングボクス戦のあとでチームは一晩自由時間を与えられたのだが、その翌朝一一時に、廊下で騒がしい音がした。調べに行ってみると、酔っ払ったロジャースが膝をついて、ドアの下の隙間から中に向かって叫んでいた。大声でチームメイトのオーウェン・フィネガンに自分の携帯電話を返してほしいと訴えていたのだ。ロジャースは私を見上げると、こう言った。『オーウェン、まずいことになったぞ――ここに誰がいると思う？』

フィネガンがドアののぞき穴からこちらを見て、ドアを開け、前夜ロジャースが明らかに酩酊《めいてい》して電話をかけまくったので、やめさせるために取り上げたと説明した。ほぼ二時間後にバスが出発したときも、ロジャースの酔いはまだ覚めていなかった。選手の不行跡の例としてはちっとも深刻なものではなかったが、この一件で、なぜロジャースとセイラーを、ナイトクラブにひき付けるような具合には、われわれのカルチャーに同化させられなかったのか考えた。テストマッチの代表にふさわしい行動基準から最初に逸脱したときに、しっかり分からせるべきだった。こんなことを言うと、気取っていると受け取られかねないのは分かっている。ラグビーユニオンが誰からも愛されるスポーツであってほしいが、その一方で、大酒を飲んでどんちゃん騒ぎをするカルチャーという点では、ラグビーリーグより優れた態度を保つべきだと考えている。私が言いたいのは、ラグビーリーグはわれわれとは違うということだ――もっと大胆で、時にはしゃくに障ることもある。それでも、ウェイン・ベネットはブロンコスでウェンデルにまっとうな道を歩ませることができたのに、われわれのどこが悪かったのだろう？　おそらく、ワラビーズのカルチャー、というか彼らの移籍前に存在していたカルチャー――選手は聖人君子ではないにしろ、反抗的な要素は普通は内部規律で対処できた――が彼らを感化できるほど強力だと思い込んでいたことだろう」

セイラーの説明はもっと簡単だ。

「代表ジャージを着ることよりも、ロックスターの気分でいることのほうが大事だったのさ」

エディーがリーグから獲得した三人は全員、契約期限前にラグビーユニオンを去ったが、いちばん不名誉な立場に陥ったのはセイラーだった。二〇〇六年のシーズンの始め、クイーンズランド・レッズからNSWワラターズへの移籍後、ケープタウンでのスーパーラグビーの試合後にまたしても深夜、事件を起こした。ナイトクラブで酔っ払い、ほかの客を床に押し倒して、外によろめき出ると、植木鉢に吐いた。面目を失ったまま帰国させられ、その四カ月後、ワラターズのシーズン最終戦前のテストでコカイン陽性となり、セイラーはラグビー人生に終止符を打つことになる。

セイラーは自分に対するARUの幹部の扱いに、苦々しい思いを抱き続けている。二年間の出場停止が発表されて契約が打ち切られて以来、かつて最も重要な獲得選手として世界中に鼻高々と彼を見せびらかした男たちは、一言の連絡もしてこなかったと言う。「第一日目から、おれは彼らに対して率直だったよ」と彼は言う。「間違いをやらかしたことについては否定も言い訳もしたことはない。『そうだよ、やっちまった、ばかだった』と言ったのに、一度として、うちの女房がどうしているか、子どもたちは大丈夫かと電話してくることもなかった。向こうのためにしてやったことを考えると……頼まれたことを断ったことは一回もない。慈善活動や病院の慰問や……。それも仕事のうちだと分かっていたし、喜んで引き受けた」

例外はエディーだった。

「彼は全く揺るがなかった。事が知れ渡った瞬間から、力になってくれた。電話で、『デル、おまえはミスを犯したけれど、家族のためにしっかりしなくちゃだめだぞ』と言われたよ。二年間、エディーはおれを見捨てなかった。今でも困ったときにいちばんに電話するのは彼だ」

セイラーが不名誉のうちにラグビーから追放されたときには、エディーは既にワラビーズ監督ではなく、それは二〇〇五年の壊滅的な春のツアーを生き延びられなかった結果であった。

南アフリカでの二連敗に続き、シドニーでオールブラックスに、パースでスプリングボクスに、オークランドでまたニュージーランドに敗れて五連敗となり、次はヨーロッパであった。最初のテストマッチ、マルセイユで行われたフランス戦を一六対二六で落としてしまったのだが、後戻りできない段階に達したのは、翌週のイングランドとの対戦においてであった。

「スクラムがぼろぼろだった」とゲーリー・フラワーズは言う。「見るに堪えなかったよ」

二〇〇五年のシーズンを通してワラビーズを苦しめた負傷者数の多さが致命的だったのだが、イングランド戦では、エディーは二年前のワールドカップ決勝戦のときのスターティングメンバー八人中五人と、当時は控えだったマット・ダニングを送り込むことができた。それでも、オーストラリアのスクラムはイングランドに匹敵できる状態ではなく、特に一九五センチ、一二八キロのルースヘッド、アンドリュー・シェリダンには手を焼いた。重量挙げの選手でもあったシェリダンは、相手方のフロントロー、アル・バクスターを圧倒し、フランス人の審判ジョエル・ジュジャから二度コラプシングの注意を受けたあと、ワラビーズのタイトヘッドは交代ということになった。バクスターに代わってリザーブのフッカー、タタフ・ポロタナウを投入したが、次のスクラムも崩壊、そのうえ、ダニングが首を負傷しストレッチャーで運ばれた。これによりテストマッチのチームとしては究極の屈辱——残りの時間は八歳未満のレベルの試合のようにアンコンテスト・スクラム適用という事態となり、一六対二六でイングランドに敗れたのである。

本国オーストラリアでは、エディーの更迭を求める声が高まっており、その先頭に立っていたのがアラン・ジョーンズだった。シドニーで有数のラジオ番組司会者となっていたジョーンズが、それより二十一年前に監督として率いたワラビーズは、カーディフ・アームズパークでウェールズ自慢のスクラムをプッシュオーバートライによって撃破し、グランドスラムを達成したのだった。トゥイッケナムでエディーのチームが逆に似たような屈辱を受けていることに対し、ジョーンズは激しい非難を浴びせた。とはいえ、目新しいことでは全くなかった。二〇〇三年にシドニーでワラビーズが二一対五〇でオールブラックスに倒されたときも、ジョーンズはレギュラー出演しているテレビ番組でこう話している。「ワラビーズには問題がある、でも選手の問題ではなく監督の問題だ。あの監督が言うことは、時としてほぼ理解不能だ。選手たちがどうやってその意味を解き明かすのか、神のみぞ知るだな。ひどい監督がいるより、全然監督がいないほうがいいこともある。オーストラリアのラグビー界には優秀な選手がたくさんいる。そういう才能が無駄になっているわけだ。いちばんの悲劇は、へぼ監督のエディー・ジョーンズがオーストラリアのラグビー全体に悪影響を広げていることだ」

ワラビーズが二〇〇三年のワールドカップで成功を収めたことで、猛攻撃は多少収まったが、その後二年間にわたって勢いを盛り返し、イングランド戦の惨敗で頂点に達した。

「一体全体、この男は給料分、何をしているというんだ?」とジョーンズは自分のラジオ番組で述べた。「素晴らしい選手たちがいるのにだ。われわれは、現代のニーズに応えられない指導者を抱え込んでしまっている。敵からの挑戦を受けて立てるようチームをまとめることもできない指導者を」

エディーはのちに、自分がクビになったのをジョーンズの彼に対する激しい攻撃のせいにしたが、この元監督、転じて放送人となった人物の見方と、オーストラリアのラグビーファンの多くの見方が一致していたことは、疑いの余地がなかった。

ところが、エディーを擁護する声がただ一つ、全く予想外の方向から聞こえてきた――もう一人、別のジョーンズから。英サンデータイムズ紙のラグビー記事の主任執筆者であったスティーブン・ジョーンズは、オーストラリアのこともオーストラリアのラグビーのことも別に好きではなく、むしろオーストラリア人は粗野で視野が狭く、プレーのスタイルも見せかけだと思っていた。しかしエディー・ジョーンズに関しては、進んで例外とするつもりになっていた。エディーをクビにしろという声の高まりを受けて、ARU側に慎重な姿勢を促すコラムを書いたのだ。

「オーストラリアの結果が悪いときは、いつもすぐ分かる。元ワラビーズ監督のアラン・ジョーンズが、自分のラジオ番組の視聴率が上がるのを期待して、現監督を酷評するためにしゃしゃり出てくるからだ。彼が口を閉じたのは、ボブ・ドワイアーが率いた栄光のワラビーズが一九九一年のワールドカップで優勝したときだけだ。ジョーンズは表彰式の間、ずっと黙っていた。さて、またジョーンズはご不満だ。彼は先週、昼食会の席で、昔は自慢だったフォワード陣のタイトプレーにおける衝撃的な崩壊の責任は、オーストラリアの最悪のプロップたちにではなく、エディー・ジョーンズにこそあると主張した。アラン・ジョーンズは、トゥイッケナムで屈辱を受けたタイトヘッドプロップのアル・バクスターに、その『オーストラリアのラグビーへの多大な貢献』を称えるために、自分が書状を送ったと述べた。バクスターは内緒のテストマッチでプレーしていたに違いない」

「エディー・ジョーンズは品格に欠け、テストマッチの前の週にはメディアを通してうんざりするほど敵を挑発してきた。エディーやオーストラリアの観測筋は、そうした見せかけの感情の爆発を神経戦がピークに達したせいと説明するが、普段は小学校一年生の口げんかが過熱した程度にしか見えない」

「なかなか勝てないのは、ジョーンズがオーストラリアの雲をつかむようなラグビー理念に固執しているからだが、筆者はそういう彼に感心するようになった。戦術的観点では、彼は二〇〇三年のワールドカップの準決勝でニュージーランドを見事に打ち負かし、ドワイアーほど展開型のスタイルを好む監督ではないものの、スクラムの後ろに優秀な選手を送り出し続けている。オーストラリア国内のラグビー界がフロントローの柱となるプロップ二人を輩出していたら、ジョーンズは聖人の地位を期待できただろう。クビではなく」

「オーストラリアのラグビー界は、エディー・ジョーンズを見限るに当たっては十分慎重を期すべきだろう。彼は頭脳的で抜け目なく、議論好きで、能弁、そしてそのチームのプレースタイルによってわれわれを楽しませてくれた。世界ラグビーの達人である――後継者が誰であれ、ジョーンズの標準レベルに達するかどうか試されることになる。さらに、今秋ジョーンズは主要な選手九人が欠けたまま遠征を行ったということを決して忘れてはならない。彼は一軍の十五人が揃った状態でもう一度チャンスを与えられるに値する」

オーストラリアは次の試合では三〇対一四でアイルランドを破って持ち直したが、エディーを救うには十分ではなかった。ワラビーズのその年の最終戦であったウェールズ戦――エディーにとって豪代表監督最後の試合になるのだが――の前日、ゲーリー・フラワーズはオーストラリア人ジャーナリスト、ピーター・ジェンキンスのインタビューに応じ、不運の兆しを明らかにした。

「あとから考えると、私の発言はあまり賢明ではなかったかもしれない」とフラワーズは言う。「試合を見にカーディフまで行っていて、そこで初めて私はエディーのパフォーマンスをどう見ているか、自分の胸の内を漏らしてしまったんだ。職務を続けていくうえでのエディーの能力に疑問が生じていた。運命のいたずらと言おうか、私がこの仕事を始めたときに、エディーとのミーティングで冗談を言ったことがあった。『万一、私があのお決まりの、監督を全面的に支持しますというセリフを持ち出したら、君はまずいことになっていると思ってくれよ』とね。私がカーディフで口にしたのは、ほぼそれに近かったから、エディーは自分がまずいことになっていると分かっていたわけだ」

ジェンキンスによるインタビューでほのめかされて、エディーと彼のコーチたちはウェールズ戦の結果に自分たちの将来が懸かっていると知りつつ、試合に備えた。勝てば、あと少し戦い続けられる。負けたら、それで終わりだ。

シーズン中の例に漏れず、ワラビーズはスタートはよかった。ウイングのロテ・トゥキリとフルバックのクリス・ラーカムは驚異的なアタックを見せ、オーストラリアはこの試合の始めの二トライを決めて、後半途中まで一四対六でリードした。サイドラインの脇で、エディーとスタッフは祈るような気持ちでいたが、またしてもスクラムが弱点であることが露呈した。ワラビーズがウェールズ側のラインそばで三度コラプシングを犯したとして、イングランドの審判トニー・スプレッドベリーはウェールズにペナルティトライを与えたのである。ワラビーズのキッキングコーチ、ベン・パーキンスはマネージャーのフィル・トムソンのほうに向いて「これで決まりのようだな」と言った。彼は正しかった。ウェールズは自信を取り戻し、そのまま二四対二二で勝利を手にした──一九八七年以来の対オーストラリア初勝利であった。六日後、エディーはクビにされた。

「私のオフィスに来てもらって契約打ち切りを告げた。こちらはそうする権利があったのでね」とゲーリー・フラワーズは言う。「われわれが大々的に口論をしたとかいうような記憶はない。私が彼に伝えて、彼がそれを聞いて、それだけだった」

翌日にかけて、エディーは数え切れないほどインタビューに答え、レポーターたちにこう言った。「とてもがっかりしているよ。監督を続けて次のワールドカップで優勝することが夢だった。それが取り上げられてしまったんだ。自分こそオーストラリアの監督にふさわしいと、まだ信じている。出すべきだった結果を出せなかったことについては、もちろん全面的に責任を認めるが、実際にはわれわれは二〇〇七年のワールドカップの基礎を固めたところだ。私はまだ若い。四五歳だ。髪は薄くなったが、またワラビーズの監督にならないとも限らない。それを目指す。もっといい監督になってワラビーズの監督をまたやりたいね。何よりも光栄で名誉なことだ」

エディーは、フラワーズやARUを悪くは思っていないと言った。

「彼らに対して悪意や不信感は全く持っていない。オーストラリアのラグビーにとって最善と思う決定を下したんだから、それはそれで仕方ない」

しかしながら、エディーはアラン・ジョーンズを非難した。二十年以上も前に自分がブライアン・スミスを野次ったことに暗に触れて、こう言った。「この仕事に就いて以来ずっと、私を追い出そうとしてきた。アランとは、私が選手で彼が監督だったときに意見が食い違ったとはいえ、それはもう昔のことなんだがね」

アラン・ジョーンズはエディーのワラビーズ監督としての采配に対する批判を続けているが、自分が始めからエディーの更迭を画策したという説は否定している。

「彼が監督になったときに、私は祝意を表して彼を支援すると述べたが、ピック・アンド・ドライブのラグビーに固執してゲームをだめにした。オーストラリアはプレーの仕方を変えるまで世界ラグビーで卓越した地位を取り戻すことはできない。エディー・ジョーンズのせいで壊滅したなら、本当の壊滅だ。常に結果がその証拠となる。最近は彼も少し穏やかになったんじゃないか。そうならざるをえなかったんだろう。私のコメントのせいで彼がオーストラリア代表監督の地位を失ったのかという点については、大いに疑問だ。スコアボードと選手たちがその理由だよ。私が彼を排除しようとしていたという主張は、エディーの想像の産物だ」

ゲーリー・フラワーズは、アラン・ジョーンズが批判を続けたことは、エディーの契約解除の決定になんら影響を与えていないと言う。

「アランは、その他大勢と同じくエディーのパフォーマンスについての懸念を表したに過ぎない。貧弱な結果であったことはどうしようもないが、正直に言うと、それだけが要因ではなかった。エディーが去るべきときが来ていたのは明らかだった。ある意味で、あの成績がいい理由になったわけだ」

「エディーはプログラムを組み立てていくのが本当にうまいという点はずっと分かっていたけれども、あの時点で彼が監督を務めていくことには納得していなかった。あれ以来、彼も変わったかもしれないが、あの春期遠征が終わる頃には、私の見たところでは選手グループはエディーから離れていた。あのとき、チームが成功するかどうか命運を握っていたのはリーダーグループだったが、それが機能しなくなっていた。更衣室にいれば感じ取れるものだよ。エディーがプレッシャーを受けるにつれて、倒れるほどトレーニングを課して、負ければ延々と説教だ。選手たちはもう彼にはついてきていないというのが分かったんだ。それが大きな問題だった」

「もう一つずっと付きまとっていた問題は、エディーのマネージメントスタイルだ。物事をうまくまとめて素晴らしい働きをしていたのは、エディーのチームマネージャーだったフィル・トムソンだ。フィルは第一級だ。エディーとはお互いに尊敬し合っていたから、フィルはうまくエディーを御すことができたが、それは本当に珍しいことだった。エディーをクビにしたときに、ディフェンスコーチのジョン・マグルトンとアタックコーチのアラン・ガフニーがとても憤慨したのは分かっているが、エディーは本当にコーチ陣にきつく当たっていた。実際に相当きつくね」

第10章
助力者たち

テストマッチ三十二試合でタイトヘッドプロップを務めたアンドリュー・ブレイズは、ラグビーでいちばん厳しい役回りはオールブラックスのフロントローとがっぷり組んで押し合うことだと思っていた。そしてその後、彼はエディー・ジョーンズのワラビーズでコーチになった。

ブレイズはロッド・マックイーン監督の下、一九九九年にワールドカップ優勝を成し遂げたときのワラビーズの一員で、二〇〇四年、英ニューキャッスルのコーチとして結んだ三年契約のうち、二年目を終わろうとしていたところに、オーストラリアに戻ってエディーのスタッフに加わらないかというオファーが舞い込んだ。二〇〇一年にブランビーズがスーパー12のプレミアシップ優勝を飾ったときに、エディーのフォワードコーチとしての仕事を楽しくこなしていたことから、ワラビーズでも同じような経験ができると考え、ブレイズはクラブの総監督であったロブ・アンドリューにニューキャッスルから解放してくれるよう頼み込み、帰国したのであった。

だが、ブレイズが自分の過ちに気付くまで、長くはかからなかった。

「確かに、喜べる経験ではなかった。ブランビーズのときのことは、本当にいい思い出だったんだが。あのときは、エディーは素晴らしいプログラムで選手を育てていた。選手の改善点を見つけてフィードバックを与えたら、そのあとどんなプランでそれを実現させるかはコーチの裁量次第で、とてもそれが気に入っていたんだ。エディーは効果的なシステムを導入していた。スーパーラグビーのほうがシーズン入り前に十分時間があるから、たぶんやりやすかったんだろうが、とにかくエディーはチームにどんなプレーをさせたいかを考えて、そのプレーのために必要なスキルをどう取り入れるか、綿密な計画を立てた」

「実際的なプロセスが実行されていた。選手一人一人が自分専用のプランを持っていた。毎回トレーニングのあとで、コーチは選手についてエディーに報告する。こんな具合だ。『この選手はこれはうまいけど、こっちはもっとよくする必要がある』。それから、その分野を改善するためにその選手に必要な追加トレーニングのリストをまとめる。例えば、ベン・ダーウィンは左肩でタックルするやり方を直さなくてはということになったら、それから二週間に六つ追加トレーニングを与えて、そのあとで見直し、もし改善されていなかったら、それはコーチの責任ということだ」

「運任せにすることは一切なく、全て文書化された。ほかと比べてはるか先を行っていた。ブランビーズには互いに協力する環境ができていた。何かを提案したら、騒々しいディスカッションになるかもしれないが、みんな利己的な考えは脇に置いて、最後には結論を出して前に進んだ」

「ワラビーズのやり方は別だった。その段階では、エディーの精神状態は違ってしまっていたよ。ARUからかなりのプレッシャーを受けているという感じがした。私がいたときは、テストマッチ八試合のうち六試合に勝ったけれど、チームが団結しているという気は全然しなかった。喜んで働ける場所じゃなかったんだ。その直前までいたニューキャッスルには、ロブ・アンドリューというとても一緒に働きやすい人がいたからね。ジョニー・ウィルキンソンがキャプテンで、テストマッチに出場するようになる熱心な若手選手が揃っていた。トビー・フラッド、トム・メイン、ジェイミー・ムーン、マシュー・テイトといった面々だ。雰囲気がとてもよかった。そこから、あのワラビーズの状況の中に飛び込んだんだ。自分でもこう思っていたよ。『一体全体おまえはここで何をしてるんだ?』とね」

エディーが配下のコーチに課した要求にまつわる逸話はたくさんある。たびたび繰り返されたのは、ワラビーズが長く厳しいシーズンの最後のテストマッチで勝利を挙げたときの話だ。コーチたちがやっと寛いで労いの杯を傾けていたところ、夜中の二時に、彼らの携帯電話の通知音が鳴り始めた。エディーからのメッセージだった。シーズン中に撮ったテープを見直し終わり、翌年に向けて活動を開始する用意ができたというのだ。コーチ全員、午前六時にミーティングに集合とのことと。エディーはこの話を認めている。

「そうだな、たまにそういうこともあった。コーチについては、選択を間違ったこともある。あまりいい関係にはならなかったな。きっと向こうはそういう話を蒸し返して喜んでいるんだろう」

もちろん、エディーの元スタッフ皆が皆、一緒に過ごしたのは辛い思い出だと感じているわけではない。元テレビカメラマンの〝コング〟ことA・J・ジョージは、エディーのオーストラリア代表監督時代を通してワラビーズのメディアユニットを率い、今でも彼の大ファンだ。「エディーのことは監督としても、人としても、褒めても褒め足りない。タフな男だよ、私と同じだ、それでいつも気が合った。だからといって、エディーに注意されたことがないわけではない。それが彼らしいところだ、常に相手に一段上のレベルを求める。こう言うんだ。『AJ、もっとうまくやれるはずだぞ』。それで実際彼が正しい。おかげで仕事の腕が上がった。エディーはいつも『オン』のスイッチが入ったままみたいだ。全くリラックスしないというのはよくない。でもコフスハーバーのキャンプでは、たまには何人かと一緒に金を出し合い、まあ二十ドルぐらいずつだが、ピアホテルに繰り出してグレーハウンドのレースに賭けては賑やかに過ごしたものだ。エディーはいつだって楽しい相手だ。仕事の場では厳しいが、周りの人たちのことを気遣いもする。私の結婚生活がうまくいかなくなったとき、彼はワラビーズを辞めてかなり経っていて海外生活をしていたのに、電話をかけてきてこう言ってくれた。『大丈夫か？　飛んでいってやろうか？』人はエディーのそういう面を見ないが、私は絶対忘れないよ」

AJはエディーの疲れを知らない仕事ぶりと、細部に対する注意深さも忘れないだろう。「スタッフに多くを求めた。全て百パーセント完璧でなくてはならなかった。エディーが仕事に取りかかったら、一日二十四時間、週七日ずっと働くということだ。仕事が生活の全て。それを吸って生きてるみたいなもので、それをほかのみんなにも期待した。私の仕事はそこまで張り詰めたものじゃなかった。エディーとコーチと選手たちの間を行ったり来たりという感じだったけれど、彼はマネージメントチームの一員のように扱ってくれた。主な役割はメディアに画像を提供することとトレーニングを録画することだったが、いろいろなスキルを求められて、試合当日に担当することも与えられた。トレーニングジャージ姿で走り回ったよ。選手用ドリンクの手配のほか、選手が医師の診断を受けたりヘッドビン〔頭部外傷評価〕で交代となったりした際の世話を受け持った。エディーは信頼してくれて、意見を求められたりもした。私がトレーニングを撮影しているのは知っていたから、自分が見逃したことで何か気付いたことはないかと聞かれることもあった。誰それの肩は百パーセントじゃないとか、片方の足をかばっているとかね。録画映像を見たいとよく言われた。とにかく徹底しているから、どんな小さなことも見逃さなかった。コフスハーバーでのある出来事を覚えているよ。静かな日で、トレーニングの撮影を終えてからグラウンドを見渡せる丘に登って、テレビ配信用映像の最後に入れるパノラマの景色を撮った。エディーはそれをニュースで見てから、私をオフィスに呼び出して再生して見せた。その映像の隅っこの、はるかかなたに、ラインアウトの練習をしていた三人のフォワード陣の豆粒のような姿がかろうじて見分けられるのを指摘して、彼はこう言った。『コング、これは流してほしくなかったよ。これから気を付けてくれ』。何一つ見逃さなかった」

同じことが、イングランドの現フォワードコーチ、スティーブ・ボーズウィックについても言える。この元イングランド代表キャプテンは、最初はエディーがサラセンズの監督だったときに選手として出会ったのだが、勤労意欲と細部へのこだわりという点でエディーに引けを取らない、世にもまれな人物だといわれている。

イングランドのフロントロー、マコ・ヴニポラによれば、「スティーブにかかると、どんな小さなことからも大きな違いが生まれるんだ。とにかく基本をしっかり押さえることが全てで、ほかはあとからついてくるという考え方だ。どんなことでもすぐ気付く。リフターという自分の役割からすれば、リフトがうまいと人は思うだろうが、スティーブは足の位置がどうだったかまで見ている」。

二〇一五年のワールドカップに先立ち、エディーは日本で自分のコーチングスタッフにボーズウィックを迎え入れ、意気投合した。

「世界ラグビーでスティーブほどのノートパソコン好きはいない」と言っている。

日本でともに成功を味わったことから、エディーがイングランド代表の裏方のスタッフ候補をまとめたとき、ボーズウィックはリストのいちばん上にいた。唯一の問題は、エディー同様、RFUのオファーを受け取る前にボーズウィックがほかの仕事を引き受けてしまっていたことだった。エディーの契約を解除するために、ケープタウンのストーマーズに十万ポンドが支払われたと報じられている。ボーズウィックの場合はブリストルの監督となって既に一カ月が経過しており、クラブの姿勢は当初あまり寛容ではなかった。

イングランドの監督としてエディーが最初にしたことの一つは、免職となった前任者、スチュアート・ランカスターのコーチたち、アンディ・ファレル、マイク・キャット、グレアム・ラウントリーと週の半ばにミーティングを持つことだった。翌週の月曜に彼らは解雇され、その翌日、ボーズウィックはブリストルに辞職願を提出して、その数時間後にRFUは彼がイングランドのフォワードコーチに指名されたと発表した。ブリストルもすぐさま声明を出した。

「明確にしておきたいのは、スティーブ・ボーズウィックの退職に合意してはいないという点である。スティーブ・ボーズウィックは長期契約に署名したばかりでその履行義務がある。ブリストル・ラグビークラブは、RFUがスティーブ・ボーズウィックと交渉することを許可していない」

ブリストルのオーナー、スティーブ・ランズダウンは激怒して法的措置をちらつかせ、BBCにこう述べた。「RFUは誰でも無視して構わないと考えているが、そうはいかないということが分かるだろう。統括団体があんな行動に出るとは信じがたい。プロフェッショナルとは断じて言えない。RFUにはどんな形であれ誇りというものはないね」

結局それから一週間で事態は収拾され、報道では、ボーズウィックの契約期間の残り十八カ月分を買い取るのに、RFUは五十万ポンド近くを支払ったといわれる。エディーは自分の部下を獲得したが、これがイングランドのプレミアシップクラブとの厄介な関係の始まりとなった。オーストラリアではエリート選手はARUと契約を結ぶが、それとは異なり、イングランドでは私的に所有されていることの多いクラブに雇用されるのである。二〇一六年八月、RFUとプレミアシップクラブが二億二千五百万ポンド相当の八年間の協定に調印し、クラブ所属の選手たちの代表トレーニングキャンプへの参加が拡大された。だが、六カ国対抗の終了と年末のホームでの国際試合の開始の間にブライトンで実施されたキャンプで問題が起きると、わずか四カ月後には、エディーとクラブは対立状態にあった。日本で行ったのと同じように、エディーはタックルの技術を改善するため柔道の専門家を呼んでいた。そのトレーニングの間に、ワスプスのフランカー、サム・ジョーンズは脚を骨折、バースのウイング、アンソニー・ワトソンはあごの骨を砕いた。ほかにもサラセンズのロック、ジョージ・クルースなど、ヨーロッパのクラブ対抗戦の開幕に向けたトレーニングができなかった選手がいた。

サラセンズの総監督マーク・マッコールは、キャンプのタイミングを「常軌を逸して」おり「唖然とする」と決めつけ、プレミアシップクラブは共同声明を出した。

「選手の福祉のためには、イングランド代表はプレミアシップの試合が行われる週末の直後に、本格的なトレーニングを行うべきではないと、プレミアシップラグビーは信ずるものである。このような進め方は想定されておらず、今シーズン中に予定されている残り二回の二日間のイングランド代表キャンプでは本格的トレーニングは実施されないものと考える」

エディーはクラブ側の言い分にはほとんど配慮しなかったが、再び〝自分たち対やつら〟というシナリオ作りの手段として使うことは忘れなかった。結果として選手とスタッフに送られたメッセージはいつもどおり。「しっかり守りを固めるぞ、おまえたちとおれとで、やつらに対抗するんだ」

シェリル・コルダー博士は、二〇〇七年のワールドカップの際にスプリングボクスで最初にエディーと働いて以来の長年のアシスタントで、その後サントリー・サンゴリアスで、また現在はイングランドでもスタッフの一員であり、イングランドの選手とアシスタントはエディーの考え方にすっかり引き込まれていると言う。

「選手たちは彼を尊敬しています。チームは活気にあふれている。エディーには存在感があるんです。彼が入ってくればみんなが分かる。全員が常にいいプレーをしたいと思っている。エディーのトレーニングの手法と、コーチたちをやる気にさせる方法には驚きます」

「いつも何かしら強みになるものを探していて、そのためには何でも活用しています」

二〇〇三年のワールドカップの前にも、コルダー博士はイングランド代表チームと仕事をしており、この南アフリカ人も十二分にエディーが求めている強みの一部となっている。「視覚認識コーチ」と呼ばれるとおり、博士の専門分野はスポーツ選手がより効果的に視覚を用いて反応時間を改善できるようにトレーニングすることである。ラグビーやサッカーの選手のほか、フライフィッシング、アイスホッケー、セーリング、果ては犬のアジリティ競技のトレーニングにまで関わってきた。ワールドカップ終了までイングランド代表チームと働く契約となっており、まずは「バックスリー」の選手たち――フルバックとウイングに重点を置いている。

「概念としては、目がボールを早くとらえて、早く判断を下せるようにするということです。選手のトレーニングを続けると、フィールドに出たらボールが大きく見えるというぐらいのレベルになります。ブライアン・ハバナはインターセプトの名手として有名ですが、身体的な動きの速さだけでなく、素早くプレーを見極めていいタイミングでいい場所に動く能力があるということなのです。末梢《まっしょう》神経レベルの判断と反応の能力。一日一〇分、週に三、四回のトレーニングで選手に効果が出ています。二〇〇三年のワールドカップ以来、技術は飛躍的に進歩していて、エディーといろいろ取り組んでいます――彼の考え方に敬意を持っていますし、彼の話に共感を覚えることも多いですからね」

元ワラビーズのキッキングコーチ、ベン・パーキンスもまた、エディーと働いたときのよい思い出を持っているが、常に順調な航海とは限らなかったと認める。

「エディーは本当に優れた資質を持っている。間違いも犯すが、監督なら誰でもあるようなことだ。欠点もあるが、そんなもののないという監督がいたら知りたいものだ。すごくいいところもある。そのバランスをどううまく取るかはエディー次第だ」

「ぶつかりもしたけれど、基本的にエディーが好きなんだ。おれに激怒したこともあったが、彼が正しかった。大きな問題だったのは、医療スタッフやスポーツ科学者が幅を利かせていたことだった。フィットネスやウエイトトレーニングの担当者、理学療法士、医者といった連中が仕切るようになっていたんだ。この選手はウエイトをやり過ぎた、こっちの選手がしていいキックは五回だ、十回だと言い出す。それでおれにどうやって働けというんだ？　そんな具合だったから、こっそり休みの日にクリス・レイサムとトレーニングをしたものだ」

「一度、トレーニングを放棄したこともあった。チームはパースでプレーすることになっていたが、エディーにおまえは一緒に来て準備するには及ばずと言われた。その場にいてキッカーのトレーニングをする必要があると反論したよ。一緒にいないでコーチが務まるか？　パースには連れていけないと聞かされて、『好きにしろ』と言ってそのまま立ち去った。エディーがカンカンになるのも分かるが、あのときは自分の仕事のために戦ったんだ。選手たちと関わり続けようとしたのさ」

「二〇〇二年にイタリアでも大げんかをした。試合には勝ったが、マット・ロジャースとクリス・レイサムのキックはだめだったと批判された。それでマスコミに向かって、『キックが悪いといって選手を責めるのは見当違いだ。練習を禁止されているんだから』と言ったんだ。エディーは渋い顔だった。自分のやり方を公然と非難したというふうに受け取ったんだ」

「あの頃はどうかしていたよ。フィットネスのトレーナーがやって来て、乗っ取ったんだ。コーチたちは、『あいつら自身が百分間プレーを続けられるよう、フィットネスをやればいい』という態度になったりもした。そっちとスキルの練習とバランスを取る必要があるということだ」

この問題については、その後の何年かでエディーは心変わりをしたようで、創造的なプレーを犠牲にして身体的優位性に頼るという姿勢を、イングランド代表チームから根絶やしにしようと積極的に努めている。

「ラグビーというスポーツはスキルと身体能力のバランスで成り立っている」とエディーは二〇一七年に述べている。「北半球では、身体面があまりに重視されたままになっていると思う。優秀な若い選手がいて――名前は伏せておくが――あるクラブと契約した。彼はせっかくいいスキルをいろいろ持っているのに、そのクラブはあと七キロ体重を増やせと言ったんだ。全くばかばかしい。彼らは、『もっとスキルを伸ばそう』と言うべきだった。簡単なのは体のほうで、スキルが難しい。キャッチ・アンド・パスを上達させるのは大変だ。意思決定能力を改善するのも大変だ。そういう分野にはうんと時間をかけなければならない。ジムで伸ばせるのは易しいところだ。体力を付けたり強くなったりするのは簡単だよ」

「ニュージーランドは活動性の高さとスキルの高さのバランスが素晴らしいから、世界一のチームなんだ。イングランドでもそれに取り組もうとしているところでね、うちの選手たちははるかにスキルトレーニングに熱心だ、いいことだよ」

パーキンスは、エディーが一生懸命磨かなくてはならないスキルは、人との話し方だと言う。「監督たるもの、誰ならきつく当たってもつぶれないか、誰はもっと注意して扱うべきか、見極めがつかないといけない。エディーはそこのところが必ずしもうまくできなかった。容赦しないところがある。監督というのは遠回しな表現で言いつくろう。自分たちは〝挑戦しがいのある〟人種なんだとね。だがそれに耐えられるのと、耐えられないのがいる」

ARUの元のボス、ジョン・オニールは、エディーが自分のスタッフに何を求めるか、実地で見たことがある。「エディーは自分のコーチたちにとても厳しく接する。だが、人によるんだ。例えば、グレン・エラに対しては、ほかのコーチと同じ度合いじゃない」

「コフスハーバーのキャンプにブレット・ロビンソンと出かけたときに強く印象に残ったんだが、エディーはある問題について一晩で分析を終わらせて翌朝提出するようにと望んだ。〝リンク〟(ユーウェン・マッケンジー)は徹夜して仕上げて、トレーニングの開始直前にエディーに手渡した。われわれは彼がそれをフォルダーに入れたのを見たが、一日中見もしなかった」

「高い基準を設けるのはいいが、自分が必要ともしていない分析をさらに要求するなんて、ほとんど〝安心毛布〟というのと同じじゃないか」

マッケンジーは、のちの二〇一三〜二〇一四年にワラビーズの監督を務めることとなるが、コーチの仕事量の多さに不平を言うことは全くなく、その後継者のアンドリュー・ブレイズも同様であった。

「長時間働くのは気にならなかった。イングランドで慣れていたからね、向こうでは五十人の選手を抱えて年に四十試合戦っていた。何時間働くかは問題ではなかった。心配したのはコミュニケーションがうまく図られていなかったことだ。エディーがどうしてブランビーズ時代のやり方を変えたのかは分からない。スーパーラグビーよりテストマッチのほうがずっとプレッシャーが大きいんだろうが、エディーはうまくコミュニケーションを取れていなかった。あれでチームがうまくやっていけるとは思えなかった」

ワールドカップ後にブレイズがマッケンジーの後釜となり、バックスコーチのグレン・エラは更迭され――かつてスコットランドとのテストマッチ初戦に備えて、ボブ・ドワイアーがエラを選んだという逆の状況を考えると、これは皮肉なことであった――元クイーンズランド代表であり、ワラビーズのフルバックを務めたロジャー・グールドが後任となった。

が、グールドとエディーは最初から衝突したと、ブレイズは言う。

「ロジャーはとても人気があってカリスマ的なところのある男だが、エディーはそれを踏みつけにした。ロジャーを彼の居場所にとどめて、誰がボスか分からせようとしたんだ。ロジャーはそれが我慢ならなかった」

グールドはこう述べている。「誰かが一日十八時間働くというと、人は感心するのかもしれない。でも仕事を終わらせるのに休みなしで働かなくてはいけないのなら、必要なものが備わっていないか、あっても十分使いこなしていないか、そのどちらかだと思うね」

「エディーの下でコーチになると、常に自分の職を守らなくてはならない。持てるもの全てをさらけ出して、自分が正しいということをエディーに納得させる必要がある。向こうが何かを並べてみせるときは、正反対だ。エディーは自分が正しいと相手を説得する必要などなくて、逆にこちらのほうが、彼に彼の間違いを認めさせなくてはならない。問題は、そんなことは絶対に起きないということだった」

「エディーの管理職としてのスキルはお粗末なものだ。相手と話をするのに、ほかの人たちの面前でするあのやり方はひどい。自分でも十分管理職の仕事はしてきたから、人にしてはいけないことがあるというのはわきまえているつもりだ。相手の尊厳を踏みにじってはいけない」

エディーと働いたことがある者は誰でも、サラセンズ時代のコーチ、リチャード・グラハムが言うところの〝悪名高い噴射〟を目撃している。

「エディーの下で働いていたときに、被害者のそばですっかり、彼がそいつをお見舞いするのを見たよ。監督として、エディーの仕事ぶりはすごく集中度が高くて、周りにもそれを期待する。パフォーマンスを求める。仕事の質がとにかく大事で、結局のところ、一生懸命やったらその努力を認めてくれるが、例の噴射になるとすごいのなんのって、実際に見ているからね」

「大体の人は、何かでカッとなるとただ爆発するだけだが、エディーのはほとんど詩の世界だ。何分も切れ目なく続けられるんだよ。しまいには拍手したくなるぐらいだ。鏡の前で練習していたとしても不思議はないほどさ」

ブレイズによれば、二〇〇四年にオールブラックスとスプリングボクスと対戦する三カ国対抗の間、エディーに対するプレッシャーが高まるにつれて、選手やコーチに対する彼の攻撃も激しくなった。

「自分が目にしたことの中には、『いやはや』としか言えないこともあった。最後には、それが彼自身の気持ちを楽にする方法なんだと気付いた。何人かの気持ちを打ち砕いて、自分は前に進む。エディーは自分の胸の重荷を下ろして気持ちを切り替えるんだからいいが、彼が引き裂いた相手がそこから動けなくなったらどうするんだ？　そのうち、エディーは特定の人間たちがわざと自分のゲームプランを無視していると言い出した。被害妄想みたいなものだ」

「そのときの三カ国対抗では、われわれはオールブラックスと南アフリカをホームで破っていたが、シリーズ優勝のためにはダーバンの最終戦で南アフリカにもう一度勝たねばならなかった。残り二〇分の時点ではリードしていたのに、結局四点差で負けてしまった。確かに大事な試合だったし、チャンスを逃してしまったことは今でも悔しいけれども、最後にはもうどうでもよくなっていた。それ以上続けられないと、気持ちは固まっていたんだ。なぜだか分からないが、その週に朝目が覚めて、『だめだ』と思った。自分がずっとやりたいと夢見ていたことだったのに、それに春の英国遠征が近づいていたにも関わらず、そのことは全然考えられなかった」

「エディーが監督としてよくなかったとは決して言わない。いろいろな面で本当に優れていた。彼のシステムは素晴らしかったが、結局のところ、うまくいっているとは思えなかった。喜びを感じられなかったんだ」

シドニーに戻ると、ブレイズはジョン・オニールとブレット・ロビンソンに会いに行き、自分の決心を伝えた。

「エディーはそのまま日本に行ってしまったから、それについて彼と話すことはできなかった。本当に残念だった。座ってビールでも飲みながらよく話し合えたらよかったんだが。そのままになってしまった」

ブレイズは一人、コーチ仲間のロジャー・グールドには話をした。

「ロジャーに電話して、辞めることを伝えたら、こう言われた。『おれのことは気にするな。おまえの先を越したんだ。もう辞任したよ』」

ブレイズはテストマッチ八試合をチームとともに戦ったが、グールドは二試合しか続かなかった。

「別に恨んではいないが、残る意味がなかった」とグールドは言う。「自分はチームに貢献しているというふうに、自尊心を持つことができなかった。そういう状況では、辞めたほうがいいだろう。別の世界だよ」

ARUはこの成り行きに前向きな解釈を加えようとした。メディア部門の担当者がブレイズの自宅に電話してきて、声明が発表されるまでマスコミとは接触しないように依頼した。

「きっと携帯に電話が殺到しますよ」とブレイズは言われた。

「その心配はないね」と彼は答えた。「電話はオフィスに置いてきた。もう戻ることはないよ」

ARUの声明では、ブレイズはビジネス分野におけるチャンスを求めて、辞任を決意したことになっていた。グールドのほうは、家族と離れている時間が長すぎるためという理由だった。

元ワラビーズのバックローでシドニー大学の監督として成功を収めていたロス・レイノルズが、二〇〇四年の春期遠征に向けてブレイズの後任に指名された。

「ちょうど英ロザラムの仕事が終わりかけていたところで、エディーから春のイギリス遠征で試しに一緒にやってみないかと言われた。私の重点分野はラインアウトだったんだが、テストマッチ四試合でうまくいったので、そのまま続けることになった」

「エディーは上司とするには楽な相手じゃないが、全部承知で加わったんだ。ロジャー・グールドと話したら、何が起こりうるか教えてくれた」

「ゲームプランとその実践に関しては、エディーにかなう人など見たこともないが、一緒に働くのはとても大変だ。本当にきつい」

「驚くほどの長時間労働だ。日曜、月曜、火曜は一日に十四〜十六時間働いた。手加減なしだ。百六十五日間ぶっ通しで働いた。週末や祭日という感覚は全部なくなった。次のテストマッチから逆算して動くんだ。それが日にちの数え方だ——次の試合まであと何日とね」

しかし、コーチたちがどれだけ長い時間費やすよう求められたとしても、エディーはさらにその上を行っていたと、レイノルズは言う。

「もちろん、時にはミーティングもあった。エディーが朝六時に集まると決めたら、そのとおりにそこにいなければならなかった。信じられないぐらいの時間をビデオ分析にかけたよ。たぶんんやり過ぎだった。みんな分析で麻痺状態だった。試合のあとビデオを見直すと、朝の三時か四時までかかった。Eメールでエディーに送ると、すぐに返事が来たものだ」

「ラインアウトについていえば、選手のトレーニング方法も驚きだった。全てセンチメートルの単位で動いていた。ラインアウトに関して、対戦チームの直近のテストマッチ四、五試合のビデオを選手たちに見せて、スローのたびに何が起こるか、そのパターンを教えた。タイトヘッドプロップやロックの動きによって、ボールがどこに行くか分かったはずだ。トレーニングでは、汚れ役たち（リザーブの選手たち）がその役割を演じた。ほかの監督もやっていることだろうが、エディーはほかのチームの弱点を見つけるのが本当にうまかった。何度も練習を繰り返して、選手に覚えさせた」

レイノルズはエディーの〝選手の監督〟という評判にうなずくが、だからといって選手たちに甘いという意味では全くないと言う。

「エディーは選手のためなら何でもする。少しもサポートを惜しまないが、話し合うというよりは説教だった」

「エディーは人を相手にする管理者としては厄介なタイプだ。ストレスはとてつもなかった。いちばん順調なときでも、本当に大変な仕事だ。毎週結果に直面させられてね。それにエディーは物事をかなり強引に進めた。必ずしもグループで話し合うというのではなく、彼のやり方でまっしぐらだ」

長時間の仕事と、要求の多さとストレスの高さにも関わらず、レイノルズはエディーのコーチを十八カ月間続け、その関係が終わりを迎えたのは、二〇〇五年の春期遠征のおしまいにエディーがワラビーズの監督をクビになったときであった。

「二人とも同時に辞めたんだ。エディーがああなったら、こっちも終わりだった。遠征が終わって、みんなばらばらになった。よくある悲しい結末だね。クビとなったら、即クビだ」

「社交的な面を見せているときは、本当に愉快な人にもなる。一緒に一杯やるのは楽しかったが、プレッシャーが高まってくると、全然そんなムードではなかった。エディーは更衣室の居場所を失った。選手たちと対立したんだ。彼にはブランビーズからワラビーズまでずっと一緒だったエリート選手グループがいた。チームの状況が悪化してエディーが冷静さを失ってからは、その聖域でもうまくいかなくなった。彼らはそういうことを超越していると思っていたんだ。一時は、八十パーセントという勝率を挙げていたのに、突如として勝てなくなった。しまいにお互いを攻撃し始めた。いろいろなことが組み合わさった結果だが、実に居心地の悪い環境だった」

「終わってみれば、面白い経験だったがね。南アフリカでの四試合を含め、テストマッチ十七試合で一緒だった。三カ国対抗シリーズを二回、春期遠征を二回。世界をいろいろ見られた」

「もう一度やるかって？　たぶんやらないな」

第11章
赤い屈辱

二十年前にレグ・セントレオンのオフィスを訪ねたとき以来初めて、エディーは無職だった。とはいえ、それも長くは続かなかった。ＡＲＵには解雇されたかもしれないが、その実績はまだ輝かしいものだった。ＡＣＴブランビーズではスーパーラグビー優勝を達成、ワラビーズではテストマッチ五十七試合中、三十三勝、二十三敗、一引き分け――勝率五十七・八パーセントという成績であった。代表監督を務めた四シーズン中、二〇〇一年の三カ国対抗で優勝、ブレディスローカップを二度にわたって守り、二〇〇三年のワールドカップは、延長の残り一分で惜しくも優勝を逃したのだ。こうした戦績のおかげで興味を誘う履歴書ができ上がり、間もなくオファーが届き始めた。エディーが受けたのは、クイーンズランド・レッズとの三年契約だった。

ワラビーズを辞めたばかりの監督がバリモアにやって来るというニュースは、大多数のレッズサポーターを大喜びさせ、ＡＲＵの権力中枢の人々を驚かせた。

「レッズがエディーと契約したとは信じられなかった」とゲーリー・フラワーズは言う。「ＡＲＵの理事会にクイーンズランド・ラグビー協会（ＱＲＵ）からも二人入っていたんだ。一人はＱＲＵの理事長だよ。二人とも、いろいろ事が起こっていた間、われわれとずっと一緒だった。報告は全て目を通し、話し合いに参加して、それでもなおエディーと契約したとは。びんたをされたみたいに驚いたよ」

ＡＲＵのノースシドニーの本部ではそれが共通の反応だったとしても、クイーンズランド人は、フラワーズだろうと誰だろうと州境の南の人間が考えることなど全く気にしなかった。それまでもずっとそうだったように。エディーが自分の監督スタイルの一つとして包囲攻撃されているかのような心理を利用する達人だとすれば、彼はぴったりの場所に向かっていた。クイーンズランド人は〝自分たち対やつら〟に関しては誰にも負けず、ニューサウスウェールズ州の色であるブルーのユニフォームを着たスポーツチームを病的なほど嫌悪していた。クイーンズランドのスポーツファンにとって、仇敵《きゅうてき》リスト上でＮＳＷのラグビーユニオンおよびラグビーリーグのチームのすぐ下に位置していたのは、シドニーに本拠を置く豪ラグビー協会と豪ラグビーリーグ――いずれも表向きは全ての業界関係者を代表する統括団体ではあるが、クイーンズランド人にしてみればＮＳＷの利益代表に過ぎない――であった。

ＡＲＵがエディーはレッズの監督になるべきではないという見方だったにも関わらず、クイーンズランド人が彼の指名を断念するには至らなかった。それどころか、そのせいでエディーはさらに望ましい人物となったのである。とはいえ「ＮＳＷの悪党どもに一泡吹かせたい」という点が主な理由で、QRUがエディーを追いかけたわけではない——その仕事にエディーが興味を持った理由ではあったかもしれないが。実際には、レッズには観客を魅了するプレーとチームの方向性がすぐにでも必要であり、エディーはそれをもたらすことができる理想的な人物だったのだ。

一九七〇年代終わりから一九八〇年代始めにかけて、クイーンズランド代表は地方レベルのラグビーでは世界でも一番のチームとされていた。ボブ・テンプルトン監督の下、マーク・ローン、トニー・ショー、ポール・マクリーン、アンドリュー・スラック、ロジャー・グールド、マイケル・ライナーといった優秀な選手たちに恵まれ、長期間NSWを圧倒して、特に一九七六年には四二対四で、一九七九年には四八対一〇で勝利を手にしている。〝テンポ〟監督のチームは海外遠征でも大成功を収め、一九七〇年にスコットランドを、翌年にはブリティッシュ・ライオンズを、一九八〇年にはオールブラックスを破った。テンプルトンが二十三シーズンにわたって二百三十三試合で監督を務めたのち、一九八九年に辞任すると、ジョン・コノリーが後を引き継いだ。コノリーは鋭敏な元フッカーで、ノーザンテリトリー準州のダーウィンの町でバーの警備員だったときに、〝ナックル〟（指の関節）というニックネームを付けられた。コノリーはレッズの第二黄金期を率い、ティム・ホーラン、ジェイソン・リトル、ジョン・イールズといった若く才能豊かな選手たちを輩出したことで知られる。一九九二年にスーパー6優勝、一九九四～一九九五年にはスーパー10で二年連続優勝、そしてプロ化の時代に入った翌シーズンにも、その後何十年も南半球の強豪チームであり続けるということは、あらゆる点から見て確実だった。

しかし、ＱＲＵが二〇〇七年とそれ以降についてエディーに契約を求めたときには、事情はすっかり変わっていた。二〇〇〇年にレッズがスーパー12を七位で終わるとコノリーは退陣させられ、ヨーロッパに向かって成功することになる。ナックルは十二年の任期の間に、百八十六試合で百二十八勝、四引き分けという驚異的な記録を残し、これには一九九〇年と一九九七年にフランス、一九九一年にイングランドとウェールズ、一九九八年にスコットランドに対して挙げた勝利が含まれるが、ＱＲＵのマネージメントは、プロ化の時代に追いついていくにはコノリーはあまりに「古風」だとして、変化を選んだ。

コノリーの後任は元クイーンズランド代表でワラビーズのフッカーだったマーク・マクベインであった。もともと建築業界で働いていたというマクベインは、働き者で几帳面であったものの、メディアに言わせると、あまり上手に前任者の真似はできなかった。マクベインの下、レッズは初年度の二〇〇一年は快調に四位でスーパー12を終えたのだが、決勝ラウンドではエディー率いるブランビーズにノックアウトされ、優勝への道を断たれた。翌年、レッズは勝ち数を増やしたにも関わらず五位で終わり、決勝ラウンドには一歩届かなかった。十分といえる結果ながら、マーケットを見回せばラグビーリーグのブリスベン・ブロンコスが圧倒的で、さらにブリスベン・ライオンズがＡＦＬ三年連続優勝の二勝目を挙げたところでもあり、ファンを興奮させるには不足だった。

マクベインはお払い箱となり、クイーンズランドラグビー界の人気者、アンドリュー・スラックが替わった。一九八四年にアラン・ジョーンズ率いるワラビーズがグランドスラムを達成したときのキャプテンだった元センター、〝スラッキー〟は、どのレベルでも監督を務めたことはなかったが、ファンから絶大な支持を得ており、チャンネルナイン・テレビネットワークのスポーツ部門の地元責任者という経験もあった。QRUは彼こそ、試合に勝てる、見て面白いプレースタイルを導入し、新たなスターとして獲得したウェンデル・セイラーをうまく使いこなして、スタジアムをファンで一杯にするという役割にぴったりの人物だと確信したのである。しかしまたしても、判断ミスだったことが明らかになる。感じがよく繊細で正直なスラックは、自分がアマチュアとして楽しくプレーしたラグビーと、プロ化してからのラグビーは全く別物だということを間もなく痛感した。三年契約の最初のシーズンの終わりに、レッズは八位となり、スラックは辞表を提出した。

この突然の辞任によって、レッズは窮地に立たされた。クラブは新規採用と契約継続交渉の真っ最中だった。選手もそのマネージャーたちも、監督が誰なのか分からない状況では、二〇〇四年およびそれ以降についての契約には消極的だった。監督採用にかけられる時間はほとんどなく、レッズのCEO、ジェフ・ミラーが自らその役割を果たすこととなった。元フランカーのミラーは、一九九一年にワラビーズがワールドカップで優勝したときのメンバーであり、一九九九年大会の優勝の際はロッド・マックイーンの下でコーチを務めていた。けれども、監督になるのは不承不承で、ただそれ以外に選択肢がないという気持ちだったのである。レッズのCEOとなって最初の年の最初の大仕事がスラックを監督に指名したことだった。自分がこの厄介な状況を引き起こしたのだから、と彼は思った。自分で片を付けるしかないと。

ミラーにとっては不運なことに、かつてはワラビーズのパフォーマンス強化マネージャーも務め、いつの日かARUの最上層でジョン・オニールやゲーリー・フラワーズの後を引き継ぐとみなされるような経歴を積み重ねていたのに、フィールド上では大混乱で、レッズの状況はさらに悪化した。二〇〇四年、二〇〇五年と続けて、チームは十位でシーズンを終えた。この苦境に加え、二〇〇五年のシーズンの始めに、統括団体であるSANZARは、二〇〇六年からスーパーラグビーに新たなオーストラリアチーム、ウェスタンフォースが加わることを発表した。オーストラリアンフットボールの強力な地盤であるパースを拠点とするフォースは、試合出場登録名簿を満たすだけの地元選手を獲得することはできず、ラグビーの中心地であるクイーンズランド、NSW、ACTから選手を奪ってくるしかなかった。レッズはキャプテンでワラビーズのロックであるネイサン・シャープを含め、ベテランと新鋭を合わせて十四選手を失い、ほぼ壊滅となった。

五年間にわたる貧弱な成績に加えてシャープを流出させたことは、実際上の打撃であると同様に象徴的な意味でも打撃だった。テンプルトンとコノリーの時代には、クイーンズランドのラグビーチームはその強固な仲間意識と団結でオーラを放っており、熱狂的なファンを大勢引き寄せた。人気者だったフロントロー、〝仏《ほとけ》の〟クリス・ハンディは一九九九年のテンプルトンの葬儀でこう述べている。「クイーンズランドのトレーニングに初めて参加したときに、私には新たに十四人の兄弟ができたのです」。シャープのように名声を得ている人物が、しかもバリモアのバーに飾られている一〇〇キャップ達成者表彰ボードに自分の名前と写真が加えられるまで、あと三十試合を残すのみであったにも関わらず、クイーンズランドのキャプテンの地位に背を向けたというのは、考えられないことであった。QRUは策を講じねばならなかった、それもすぐに。選手も、深く根付いている価値観も、この衝撃で揺らいではいないということを、示さねばならなかった。まだ勝負は終わっていないと、示さねばならなかった。エディー・ジョーンズを連れてこい。

二〇〇五年のシーズンの終わりに、ジェフ・ミラーは、彼の契約は二〇〇六年末に期限切れとなっても更新されないだろうと言われた。ミラーは契約金を払い戻して直ちに辞任できるようにと掛け合ったが、拒否された。レッズが自分の後釜候補の面接をしている一方で、二〇〇六年のシーズンを通して監督を続けなくてはならないということだ。プレシーズンの遠征でミラーがチームとアルゼンチンにいたときに、メディアにニュースが流れ、ほとんど我慢の限界、受け入れがたい状況となった。二カ月前には、開催間近のスーパー14で好成績を残せば契約延長もありうると見る向きもあったのだが、全て空論で終わった。エディーが自由の身となり、レッズが飛びついたというわけだ。

QRUの会長、〝筋肉男〟ロビン・トムソンは二〇〇五年の年次報告書でこう述べている。「あの時点で理事会が行動を起こしていなかったら、エディー・ジョーンズはおそらく海外のクラブにさらわれていたに違いない。理事会は難しい決定を下したが、それがクイーンズランドラグビーのために正しいものであったと確信している」

二〇〇四年、バリモアでのスーパー12のある試合の前に、エディーはワラビーズの監督として、レッズのスポンサーやサポーターを集めた昼食会に特別ゲストとして招かれた。司会者にマイクを向けられ、彼はこう明言して参加者たちを大喜びさせた。「クイーンズランドには国内随一の優秀な若手選手が揃っています。その活躍によって、必ずや五年以内にスーパーラグビーで優勝を飾ることでしょう」。いまやエディーはそれを実現させるチャンスを得たわけだが、まず先に、別の奇跡を起こして見せねばならなかった――英国における短期の救援任務である。

レッズと同様に、かつては無敵であったサラセンズが窮地に陥っていた。一九九八年には、クイーンズランド人、マイケル・ライナー、フランス代表であったフィリップ・セラ、スプリングボクスの一九九五年のワールドカップ優勝時のキャプテン、フランソワ・ピナールが先頭に立ってチームをリードし、このロンドンのクラブはイングランドプレミアシップ優勝を果たしており、特にトゥイッケナムでワスプスを四八対一八で破った決勝戦は鮮烈だった。けれども二〇〇五～二〇〇六年のシーズンの終わりにまでにその成功の記憶も薄れ、たったの四勝に一引き分け、十一敗という結果で、〝サリーズ〟は二部リーグ降格という重大な危機に瀕していた。クラブはラグビーリーグの国際試合で活躍していたフォワード、アンディ・ファレルをラグビーユニオンに引き込むという大きな投資をしたのだが、センターとしてのプレーではまだ本領を発揮するには至らず、プレッシャーが高まっていた。サラセンズは欧州カップのプレーオフを逃し、プレミアシップの成績表では下から四番目とはいえ、降格される一チームの位置に転落するまでわずか七点という状況で、総監督のスティーブ・ダイアモンドはクビになった。サラセンズのCEO、マーク・シンダーベリーはエディーのブランビーズ時代のボスであり、六週間コンサルタントを務めるために飛んできて、一部リーグになんとか残れるよう監督のマイク・フォードを助けてほしいと彼に懇願した。元ラグビーリーグの世界レベルの選手であったフォードとエディーの不断の努力が功を奏し、サリーズは続く四試合に勝って順位を上げ、六位で終わって、翌シーズンの欧州カップ出場権を得るという望みさえ出てくるところまでこぎ着けた。結局、シーズン終了前は二敗となり――レスター・タイガース戦ではたった一点差――十位で終わったが、うまく危機からは脱した。クラブのオーナー、ナイジェル・レイはエディーの継続に関してかなりの内容のオファーを提示したが、まだ契約書に署名してはいなかったにも関わらず、彼はレッズとの約束を守ることを選んだ。だが、その決断を関係者全員が後悔することとなるのだった。

監督退任が決まっていたジェフ・ミラーはスーパー14の二〇〇六年のシーズンを通して悪戦苦闘し、四勝九敗と、かろうじてキャッツと新参のウェスタンフォースよりは上の十二位で終わった。ミラーの下での最終戦、二〇〇六年五月一二日のハイランダーズとの試合では、二二対一六と士気の上がる形で有終の美を飾った。その二週間後、エディーはバリモアのミラーのオフィスに移った。

いつもどおり、エディーはすぐに全力を挙げて取り組み、プレシーズンマッチの連戦で前途有望な結果を出し、期待が高まった。また、レッズはホームゲームの開催地を、非常に親しまれてはいたものの時代遅れになっていたバリモアから、五万人収容の最新鋭のサンコープスタジアムへと移した。これによりレッズの経済的負担は増したが、QRUの代表、ピーター・ルイスの新監督に対する信頼は揺るぎなく、全く問題にはされなかった。二〇〇六年の年次報告書で来るシーズンの抱負としてルイスはこう述べている。「慎重に検討した結果、新監督、エディー・ジョーンズの提言を受けて、チームのかなりの資金を新たな選手、スタッフ、施設のために投入したが、これはわれわれの競争力の向上には必要不可欠な対策であった。エディーがもたらしてくれる効果は決して小さくない。あらゆる点で、われわれの若きチームは対戦者たちから敬意を受け、また、辛抱強く待ってくださったサポーター諸氏からも改めて関心が寄せられている」

スーパー14前の最後のウォームアップとして、エディーはチームを日本に連れていき、代表チームと対戦させた。二九対二二でクイーンズランドが勝利を収めたこの試合で将来に向けて最大の意義とされたのは、二人の若者がデビューを果たし、後半遅くにランのチャンスを与えられたことだった——ウィル・ジェニアとクエイド・クーパーである。

エディーは若い才能を伸ばすという約束を守り、将来のチームの要として有望なこの二人はまだ学業を終えて数週間であったにも関わらず、レッズ・アカデミーで見習いを始める前に、トップレベルのラグビーを少し味わわせようと帯同したのだ。スクラムハーフのジェニアは、のちにスーパー14の初戦——サンコープスタジアムを埋めた二万二千六百五十四人の観衆の前でハリケーンズを二五対一六で破った——に交代出場を果たし、一方、スタンドオフのクーパーは、その一週間後にクライストチャーチにおいて、前シーズンのチャンピオン、クルセイダーズとの試合で危機的状況に投げ込まれることになる。若手の投入は、実はエディーのプランが瞬く間に瓦解して、ベテラン選手が一人また一人と負傷で戦線離脱したことの表れであった。

レッズのスーパーラグビー優勝というエディーの予言が現実のものとなるのは二〇一一年になってからのことで、彼が二〇〇六年に最初のチャンスを与えたときはまだ一八歳だったその若者たちの力が大きく働くことになるのも、まさに予想どおりだった。クルセイダーズに一八対一三で勝ったその優勝決定戦で、ジェニアは決勝トライを挙げており、またクーパーがシーズン中に見せた絶妙なプレーもチームをよく支えたと言わねばならない。こうした点から見て、レッズの二〇〇六年のシーズンは少なくとも一つはプラスの点があったわけだが、ことクーパーに関しては、非常に厳しい試練の時期であった。

ニュージーランド、オークランド生まれのクーパーが一三歳のときにブリスベンに移ってきたのは、それまで母、継父、二人の姉妹とともに住んでいた北島の小さな町、トコロアにいては手の届かないチャンスを、自分が持つ早熟なラグビーの才能によってつかむという望みゆえのことだった。二年後、QRUのおかげでクーパーは名門私立学校、アングリカンチャーチ・グラマースクール（〝チャーチー〟）の奨学生となり、トップクラスの指導を受けることになった。のちのワラビーズのバックロー、デービッド・ポーコックとセンターでプレーしつつ、クーパーはチャーチーを無敗のままGPSプレミアシップ優勝へと導き、二年間にわたり豪学生代表チームでもプレーした。

まだ最終学年在学中にレッズが契約を交わしたほどクーパーの才能は間違いなかったものの、その激しい気性にはクエスチョンマークが付された。桁外れにすごいことをやってのけたかと思うと、次の瞬間には驚くほど愚かなことをしでかすという調子だったのだ。エディーはできるだけゆっくり彼を育て、メディアから守り、地に足を着けた状態に保とうと懸命に努めた。だが、この戦いは敗北に終わる。サンコープで行われた第八節のワイカト・チーフス戦で、それが露呈した。チーフスはクーパーの故郷の地元チームだった。子どもの頃に選手となることを夢見たそのチームと、スターティングメンバーの一〇番として対戦することになり、強い印象を与えようと張り切っていた。そして実際にそうなったのだが、自分で考えたのとは逆だった。

「自分のプレーの中で最悪といってもいい。ボールをキャッチできなかったんだ。まるで石鹸でもつかもうとしているようだった。頭に血が上っていた。家族や親戚がみんな来ていた――ニュージーランドからも、こっちにいる人もたくさん。子どもの頃からそばにいてくれた人たちだ。いいところを見せようとし過ぎたのさ。大きな穴があったのを見ていたんだ、おっとと思って、そこを抜けていこう、こいつはステップでかわそう、そしてトライだと……」

それに輪をかけたのは、興奮し過ぎたクーパーが場を誤って、図に乗るほうの性格を大舞台で初めて見せてしまったことである。自分のプレーはどんどんひどくなり、レッズも二二対三三という敗戦に向かっていたのに、ニュージーランド人たちに野次を飛ばし続けた。試合の終盤、チーフスのフォワードがペナルティを取られると、クーパーは寄っていって相手の頭をなでることまでした。チーフスのスクラムハーフ、バイロン・ケラハーに生意気な口を利いたときには、テストマッチ五十七試合の経験を持つこの三一歳のオールブラックスのメンバーは、驚き呆れてクーパーを見ると首を振った。エディーはおかんむりで、試合後更衣室に戻ると、クーパーと周囲の者全員にそれを分からせた。

その夜のクーパーのプレーは、レッズのシーズン全体を象徴するものだったかもしれない。頑張れば頑張るほど、状況は悪化した。第一節にハリケーンズを破ったあとは九連敗。その流れをチーターズ戦の勝利で止めはしたが、シーズン終了までにさらに二敗し、通算二勝十一敗で最下位というレッズ史上最悪の記録となった。

それがフィールド上の話。フィールド外でも同様に悲惨な状況だった。エディーは更迭の件でまだ腹の虫が治まらず、ＡＲＵは意図的に自分がレッズで成功できないようにしていると思っていた。ゲーリー・フラワーズはエディーは被害妄想だと感じ、彼らのほうには何の遺恨もないとした。この騒ぎに加え、新しい代表コーチ、ジョン・コノリーとエディーはとにかくそりが合わなかった。これが不信感、噂話、当てこすりの温床となった。新しい揉め事の記事が登場せず一週間が終わることはないというあり様だった。

　最初は、ナショナル・ラグビーリーグ（ＮＲＬ）で二百を超える試合出場経験を持つキャンベラ・レイダーズのフルバックまたはウイングのクリントン・スキフコフスキを、エディーが獲得しようとしたことであった。セイラーやロジャース、トゥキリのように大見出しを飾ることはなかったが、三一歳のスキフコフスキは信頼のおける一流の選手で優れたゴールキッカーだった。ステート・オブ・オリジンにもクイーンズランド側で二度出場、とりわけシリーズ優勝の懸かった二〇〇六年の第三戦では、ダレン・ロッキヤーが最後に粘って入れたトライのコンバージョンを決めている。エディーは彼の獲得に熱心で、ＡＲＵに資金援助を申し込んだが、断られた。エディーは諦めず、結局ＱＲＵが契約に関わる全コストを支払うはめになった。エディーはのちに、ＡＲＵの権力者たちとの関係悪化のせいでレッズが不利な立場に追いやられたことの例として、スキフコフスキの一件を持ち出している。

「ほかのチームだったら、ＡＲＵは援助していただろう。それが私だったから、一セントたりとも出さなかったわけだ。おかげでかなりの支出だ。自分が抱えている問題のせいでチームにまで負担を掛けるのは申し訳ないが、個人的には気にはしていられない。正しいことをしていると思っているから、どんどん進めるよ。人が言うことにくよくよしてもしょうがない」

フラワーズはこの件を、エディーは被害妄想だという自分の説の裏付けとして挙げている。「スキフコフスキはいい選手だし、レッズに加われば重宝するだろうが、ワラビーズでプレーすることはなかっただろう。別にエディー個人がどうということではなく、われわれには無関係だった。なぜ彼の移籍を手伝わなくてはならないんだ？　エディーが触れ回っている例の陰謀など、全く存在していない」

エディーとARUの大々的ないさかいは、第三節にサンコープでレッズがブランビーズに三対六で敗れた試合――自由で活気あるプレーが見られるはずのスーパーラグビーで、当時の史上最少得点試合であった――のあとで勃発した。テレビ放映中、試合直後にサイドライン脇で行われたインタビューで、始めはレッズがブランビーズを圧倒していたのに、審判のマット・ゴダードが「後半は互角にすることに決めた」のだとエディーは言った。試合後の記者会見でも同じように非難し、翌日のラジオでも繰り返して、ゴダードのスクラムに関する裁定を「ばかげた」「恥ずべき」という言葉で表した。この三度目のあとで、エディーはSANZARの行動規範に反した疑いで、聴聞会に召喚された。有罪の場合、最悪一万ドルの罰金と資格停止という制裁を受けかねなかった。

南アフリカ、ニュージーランド、オーストラリアの協会の合弁事業であるSANZARは、その当時、二年交代でそれぞれの国が運営していた。二〇〇七年の担当運営組織はたまたまARUで、エディーの説では、そのせいで彼のコメントが槍玉に挙げられたのだ。

「糸を引いているのはARUだね、SANZARじゃなくて」とエディーはレポーターたちに言った。「競技の歴史を見てみれば、監督が審判について述べたコメントなどいくらでも出てくる。それでもARUは私のコメントをとがめるのさ。人の発言を罰したいなら、正当に、一貫して、法に基づいてやってほしいものだ」。それから、弁護士を雇いに行った。

自身弁護士であるフラワーズは、エディーの追及に個人的な含みがあったという見方を否定したが、シドニーの新聞には「ARU関係者によれば、ジョーンズは見せしめにされた」という記事が載った。

「エディー・ジョーンズを〝やる〟という指示など一切ないことは言っておこう」とフラワーズはレポーターに語った。「借りを返すというようなことは、この件では一切起きていない。私個人としては、過去の経緯には関係なく、エディーにクイーンズランドで成功してほしいと思っている。この件はエディー・ジョーンズとARUの間の問題ではない。SANZARの問題だ。われわれは単に運営者としての責任を果たしているだけだ。感情的になって何か言ってしまうというのは十分理解できる——よくあることだ——しかし彼は翌日にもそのコメントを繰り返したんだ。まるでわれわれに何かしてみろと挑むかのようにね、だからそうしたんだ」

当初の聴聞会の日程は、エディーの弁護団に十分準備の時間を与えられるよう延期され、エディーに自分を告発した相手をからかうチャンスをさらに与えた。

レッズのトレーニングのあとで、エディーは詰めかけたレポーターたちに歩み寄り、にやりとしてこう言った。「今日の大見出しは自分たちで考えなきゃならないぞ、おい——行儀よくしてるところなんだ」。それから英国のサッカーに関する知識を披露して、判決で資格停止になったら当時のチェルシーの監督、ジョゼ・モウリーニョの先例に従って、遠隔操作でレッズの監督を続けると述べた。

モウリーニョは欧州サッカー連盟から資格停止処分を受け、二〇〇五年のチャンピオンズリーグの準々決勝、バイエルン・ミュンヘンと引き分けになった試合では指揮を執ることができなかった。このときに、実はモウリーニョはテレビで試合を見ながら、イヤホンを隠して着けていたチェルシーのフィットネスコーチ、ルイ・ファリアに指示を伝えるという方法で処分をくぐり抜けたのだと取り沙汰され、ファリアがウールの帽子を不格好にかぶり、しきりに耳をかいていたのがその印だとされた。

「最悪の場合でも、テクノロジーは全て揃っているからね」とエディーは言った。「どちらにしても気にしてないよ。チームのために正しいことをしたんだ。それが私の務めだと考えている。公平な扱いを求めることがね」

結局、イヤホンもウールの帽子も弁護士も不要だった。エディーは罪状を認めて一万ドルの罰金を科され、それは慈善団体に寄付された。

小切手では解決できなかった問題もあった。ワラビーズで彼の後釜となった人物とエディーとの関係が悪化していたことである。ジョン・コノリーはクイーンズランドの監督となるべき正当な人物は自分だと、常に思っていた。エディーはワラビーズの監督職について、同じことを考えていた。二人とも気が強く、メディアが自分の側の話を報道するよう仕向ける術に長けていた。間もなく、エディーが自分の元のテストマッチ選手たちと連絡を取り合い、コノリーをないがしろにして、実質的に彼らを遠隔指導しているとほのめかす出所不明の記事が、新聞を賑わすようになった。同時に〝某情報筋〟の観測として、コノリーはワールドカップ後に自分の契約が切れた暁には、レッズで自分が総監督、弟子であるマイケル・フォーリーが監督に指名されるよう、エディーの解任を画策しているという見方を示した。ゲーリー・フラワーズは、言い争っている生徒たちの間に入った教師のような気分になり始めていた。

「エディーとナックルはすぐにけんかになった。ジョンは譲るような男じゃない。彼がパワー全開になると、エディーもそうなる。エディーはわれわれにクビにされたんで、自分の正しさを示さねばならなかった。ナックルと協力することなど問題外だったし、ワラビーズの都合を考慮して便宜を図ってくれたことも一度もない。その頃は、全国的に強化とコンディション調整のレベルを揃えようとして、ワラビーズと各州の選手たちが同じプログラムでトレーニングしていたんだ。エディーには厄介事だったというわけだ。自分の縄張りなんだから自分のやり方でやりたいとね。楽な付き合いじゃなかった」

選手がやりやすい環境でもなかったと、当時、レッズとワラビーズのフッカーであったスティーブン・ムーアは言う。

「思い出に残るシーズンだったとは言えないね。エディーは世界でも最高レベルの選手やコーチと働くのが好きな監督だ。自分にも周りにも、とても高い水準を設定する。自分と同じような考え方の人たちと働くのを好む。その高いレベルこそ彼の得意とするところで、レッズを引き継ぐまで何年もそのレベルでやっていた。そこから下がってくるのは、エディーにとっては大変なことだった。その年、レッズには経験のない選手がたくさんいた。世界最高クラスの選手と働いていたのに、クラブの選手の相手をすることになったんだから」

十カ月の間にプレッシャーが増していった。チームは一敗また一敗と、もがき苦しんだ。士気はどん底だった。レッズの代表、ピーター・ルイスはひっきりなしに発言を求められては、エディーはクビになるという臆測を否定しなくてはならなかった。エディーは娘のチェルシーがシドニーの友だちから離れてブリスベンに移るのは不満だったということは認めたが、三年契約の終わりまで見届ける覚悟は変わらなかった。エディーとコノリーは、レッズの練習中にテストマッチ選手のクリス・レイサムが負傷して以来、「口も利かない仲」だといわれていた。シーズンの始めと終わりの間に、ホームゲームの観客数は一万人以上減っていた。レッズがシーズン最後の二試合であるストーマーズ戦とブルズ戦のために南アフリカに向かう頃には、悪夢がやっと終わりに近づいたという安堵の空気が漂っていた。が、実際にはまだ序の口だったのだ。レッズはケープタウンでストーマーズに二四対三六で敗れ、それからプレトリアのロフタス・バースフェルドスタジアムにおいて、クイーンズランドラグビーの百二十四年の歴史上、最も暗い日を迎えることとなる。スティーブン・ムーアはその試合のことをよく思い出せないと言う。記憶を遮断してしまったのだ。

「でも一つよく覚えているのは、何度もゴールポストの後ろに並んだことだ。とはいっても、あのときのブルズは最高のチームだったんだ。その年優勝して、それからブルズの選手がたくさん入っていた南アフリカ代表がワールドカップも制した。子どもの集まりが、フーリー・デュプレア、バッキース・ボタ、ビクター・マットフィールドといった名選手と対戦したようなものだった。向こうが得点を積み重ね始めると、その流れを止めるのは難しかった。その頃は、ロフタスではよくチケットが売り切れで、観客は熱狂していた。調子が最高のときでもひるむのに、あの試合では相手が怒涛《どとう》の勢いで点を入れてきた。ああいう経験はいろいろ教訓になるが、そのときには全く耐えがたいものだ」

最終的なスコアはブルズ九二点に対しレッズ三点と、クイーンズランドラグビー史上最悪の敗戦だった。

往年の選手たちは愕然としていた。レッズとワラビーズで活躍しタフで知られたサム・スコットーヤングは、エディーを追い出すために選手たちが「わざと負けた」とまで言い出した。「信じられない。全くありえない対戦成績だし、全くの面汚しだ。クイーンズランドのラグビーには根深い問題があるに違いない、スコアボード上のことを超えた問題だ。クイーンズランドのジャージを着たチームが、どうしたらあんなふうに負けられるんだ？　選手が反乱を起こしたのか？　監督を信じられないのか、嫌いなのか？」

南アフリカからの帰国便がブリスベン空港に着陸すると、メディアが待ち構えていた――空腹で餌をねだる小鳥たちのようにレポーターやカメラクルーがエスカレーターの下に集まっていた。選手たちが税関審査を終えて現れ、ゆっくり人垣に向かって降り下りてくるのは、愉快な光景ではなかった――もっとも、翌朝の第一面を驚きの場面で飾りはしたのだが。判断ミスだらけだったシーズンの終わりに、これまた見事な判断ミスを犯して、選手としてのその年の責務は完了、帰国の旅で正式なユニフォーム着用の義務はなしと決め込んだのだ。エスカレーターで下りてきたのは、てんでばらばらなジーンズ、短パン、Tシャツ、フードジャンパー姿だった。サンデーメール紙でアンドリュー・スラックが用いた表現はこうだ。「ビーチの休暇から帰ってきた旅行者の一団のように、金の心配をしながら」。一人ずつカメラの前を通り過ぎて、スーツケースを取りに行った。それ以上誰も下りてこないというときになって、メディア陣は気が付いた。「エディーはどこだ?」。監督はチームとは別行動だった。選手たちだけに報いを受けさせたのだ。

「イングランドに出かけたよ」と選手の一人が言った。「休暇だそうだ」

ただし、ワーキングホリデーだった。エディーはまっすぐウォトフォードのサラセンズのオフィスに向かった。あのオファーはまだ有効だったのか？　残念ながらそうではなかった。エディーのワラビーズ時代のコーチ、アラン・ガフニーが既に総監督の地位に就いていたけれども、サラセンズは二〇〇八～二〇〇九年のシーズンに備えて、三カ月から六カ月のコンサルタントとしてのオファーを提示することはできた――というのが、とにかく表向きの説明だった。エディーが来るまでガフニーはただ席を温めておいただけだったのではないかと、皮肉な目で見る向きもあった。いずれにせよ、エディーはそれを受け入れて、QRUには自分は戻らないと伝えた。スーパーラグビー二〇〇七年のシーズンの悪夢は過去のものとなったが、ロフタス・バースフェルドであの日被った汚名をそそぐことは決してできなかった。

二〇一四年にジャパンタイムズ紙のインタビューで、これまででいちばんばつの悪い思いをした場面はと聞かれ、エディーはこう答えた。「クイーンズランド・レッズの監督だったときに大敗を喫したことがある。ブルズに九二対三で負けたんだ」

そして、クイーンズランドでの経験全てが間違いだったと認めている。

「オーストラリアにとどまっているべきではなかった」とエディー。「一度国の代表チームの監督を務めて、そのあとも監督を続けたかったら、国外に出なくてはだめだ」

第12章

銀を金に変える

南アフリカはエディーにラグビー人生でいちばん不名誉な敗戦経験を与えた。だが、命綱を投げ渡してもくれた。

エディーとジェイク・ホワイトの親しい付き合いは、二〇〇〇年に始まった。スプリングボクスのハリー・フィルヨーン監督のスタッフだったホワイトは、実地調査の目的でフィルヨーンとフィットネストレーナーのクリス・ファン・ロッゲレンベルグとともにブランビーズを訪れたのである。二人はすぐに意気投合した。ホワイトはエディーと同じく元教師で、ラグビーに関しては永遠の生徒、常にアイデアを学んだり交換したりするのに熱心だった。さらに、エディー同様、ラグビーに取りつかれていると認めている。

「自分自身をラグビーから切り離せるようにはできていないんだ。どんなときもラグビーのモードになっている。朝目が覚めたらラグビーのことを考えて、眠りに落ちるときもラグビーのことを考えている。夢に出てくることもある。ラグビーに関わっていなかったら何をしていたか分からないけど、不幸な人間だったろうね」

始まりは仕事の付き合いだったが、すぐに友情に発展した。エディーが南アフリカに行くか、ホワイトがオーストラリアに行くかすると必ず、ビールかコーヒーを間にしてラグビーの話をした。互いに代表監督として対戦したときも、親しさは変わらなかった――メディアを通して言い争ったり互いに嚙みついたりする様子は、なかなかそうは見えなかったが。二〇〇五年にシドニーで行われたテストマッチの前に、エディーはホワイトが試合までの一週間を「サイドショー」(前座)にするつもりだとして、テレビ番組「ザ・シンプソンズ」〔米人気アニメコメディ〕の登場人物に例え、彼を〝サイドショー・ボブ〟と呼んだ。

ホワイトがスプリングボクスに関わるようになったのは、一九九七年に代表監督ニック・マレットの技術アドバイザーに指名されたときのことだった。二〇〇〇~二〇〇一年にはフィルヨーンのアシスタントを務め、二年間は南アフリカのU-21チームの監督を、そして二〇〇四年にはルドルフ・ストラウリに代わってトップの地位に就いた。

スプリングボクスの監督というのは、南アフリカでは最も注目を浴び、プレッシャーのかかる仕事に数えられる。ファンからの期待と詮索の眼差しは大変なもので、そのうえ、複雑さを増したのは、まるで地雷原を爪先で歩くように、国内の人種問題のデリケートさに配慮しなければならないことだった。二〇一九年までにチーム全体の五十パーセントを黒人にするという最近導入された割り当て基準と比べれば、二〇〇四年当時の状況はかけ離れていたが、それでもホワイトは選手選考に関して南アフリカラグビー協会(SARU)の会長、ブライアン・

ファン・ローイェンの承認を得ねばならなかった。

監督となって七試合目のテストマッチ――ヨハネスブルグ、エリスパークで行われた三カ国対抗の命運を握るニュージーランド戦――のために選んだ選手リストは、ウイングのブレイトン・ポールセしか黒人選手が含まれていなかったため、却下された。選出された選手たちには既にメンバー入りが伝えられていたにも関わらず、ホワイトがファン・ローイェンの許可を得るには、スクラムハーフのフーリー・デュプレアの代わりに黒人選手のボラ・コンラーディを入れるしかなかった。結局、スプリングボクスは四〇対二六で勝ち進み、翌週ダーバンではエディー率いるワラビーズを破って、三カ国対抗優勝を確定させたのだが、ホワイトの任期を通して〝能力か肌の色か〟という問題はずっと苦痛の種であった。その年の英国遠征では、アイルランド戦で黒人のウイング、アシュウィン・ウィレムセが脚を負傷し、トゥイッケナムでのイングランド戦のメンバーから外れた。ウィレムセの代わりに白人のウイング、ジャック・フーリーを入れると、黒人選手はプロップのエディー・アンドリュースだけになるので、ホワイトはファン・ローイェンに許しを求めた。許可が出て、ホワイトはメンバーを発表しトレーニングが始まった。だが翌日、決定が覆されたのでブレイトン・ポールセをスターティングメンバーに入れなければならないと、ファン・ローイェンから告げられた。テストマッチ五十試合出場選手として尊敬されるべきベテランのポールセは、当然ながら〝割り当て選手〟扱いをされて怒りと屈辱感を感じ、結局南アフリカは一六対二一という情けない負け方をした。ジャック・フーリーも、明らかに政治的理由による選考のせいで、苦労して手に入れたテストキャップが奪われて同じく憤慨していた。ホワイトは勝ち目のない状況に置かれて、苛立ちを募らせていった。このときも、友人であるエディー・ジョーンズに支援と助言を求めた。

ワラビーズも英国遠征中で、ボクス〔スプリングボクスの略称〕がイングランドと対戦する同じ日に、マレーフィールドでスコットランドと戦うことになっていた。情報交換のチャンスを、ホワイトが逃すはずはなかった。

「休みの日に、エディーと会ってイングランドとスコットランドとの試合に備えて戦術を話し合うために、エディンバラまで飛んだ。向こうはスコットランドについて、こちらはイングランドについて、意見を交わした。次の週は対戦相手を交換することになっていたからね。会えて本当によかった。普段、シーズン中はほとんど会えないし、私はまだ相手のホームであの二チームを破るにはどうすればいいか、学んでいるところだった」

これが二人にとって非常にためになるものだったことが分かる。エディーのワラビーズは、スコットランドを三一対一四で倒し、クライブ・ウッドワードの後継者であるアンディ・ロビンソン率いるイングランドにも、二一対一九で初の敗戦を味わわせた。スプリングボクスはスコットランドに四五対一〇と圧勝して遠征を終えたのだが、このときの交流は情報交換の機会であったのと同時に、エディーにとってはホワイトに対する外部のプレッシャーがいかに大きいかを、初めて詳しく知る機会となったのである。

「世界の上位四チームか五チームの監督でいるというのは、それだけで大変なことだ。とてつもなく期待される、しかもスプリングボクスが絶対的な支持を得ている南アフリカのような国では特にね。世界でもトップレベルの監督同士がわずかの差でしのぎを削っているわけだから、選手選考だろうとほかのことだろうと、何か干渉されれば不安定になる。ジェイクには世界レベルの監督として普通のプレッシャーに加えて、ほかの監督は耐える必要のない余計な重圧がのしかかっていた。民主的な国となって日が浅い分、南アフリカのラグビーに特定の決定が必要だという理由も理解しているけれど、いい監督であり続けるのはものすごく難しい」

選手選考に政治的介入を受けるという懸念は、ホワイトが就任したときに直面した多くの課題のうちの一つに過ぎない。二〇〇三年のワールドカップでスプリングボクスはよろめきながら進んだ挙げ句に悲惨な終わり方をして、ストラウリはチームを大きな暗雲の下に置いたまま辞めていった。最終的な優勝チームであるイングランドと同じプールマッチCグループで戦った南アフリカは、最初のハードル、パースでのイングランド戦でつまずき、クライブ・ウッドワード軍が二五対六で圧勝した。グループ内二位で予選を終えると、準々決勝でオールブラックスと対戦するという宣告を受け、九対二九で退けられた。ウルグアイ、ジョージア、サモアには大勝だったが、無意味だった。〝トップクラス〟とのいざという二試合で一つもトライを挙げられず、スプリングボクスは帰国となった。けれども、南アフリカのラグビーの評判に泥を塗ったのは、ワールドカップにおけるチームのフィールド上のパフォーマンスではなかった──大会を通してチーム内に存在したと報じられた人種間の摩擦でさえなかった。その前に起こった出来事だったのである。

大会後にヨハネスブルグのサンデータイムズ紙は、カンプ・スタールドラート（有刺鉄線キャンプ）と呼ばれる軍隊式のトレーニングについて衝撃的な内容の記事を掲載した。匿名の内部告発者（のちにビデオ分析担当のデール・マクダーモットと判明）によると、選手たちは警察の訓練施設で四昼夜、肉体的身体的拷問と紙一重の〝トレーニング〟を受けさせられた。

新聞の続報で――マクダーモットのビデオから抽出された写真入りで――明らかにされたのは、武装した指導員の監督の下、全裸の選手たちが砂利の上を這い進んでから凍るような冷たさの水に首まで浸かって、ボールに空気を入れさせられたということであった。フッカーのジョン・スミットは後日、自分とキャプテンのコーネ・クリーグが水から出ようとしたら頭越しに銃弾が飛んできたと述べた。スミットはバックローのジョー・ファン・ニーケルクが素手でニワトリを殺すように強要されて、過呼吸に陥ったと語っている。ファン・ニーケルクの苦痛があまりにひどかったので、ほかの選手が助けに歩み出た。ファン・ニーケルクが哀れなトリを即死させそびれた光景を目の当たりにしていたスミットは、自分が別のニワトリで試す番が来ると、素早くその頭を胴体からもぎ取った。写真でさらに裏付けられたのは、英国国歌とオールブラックスのハカの録音が大音響で途切れなく流れる中、選手たちが地面の穴の中で裸で身を寄せ合うはめに追いやられたことだった。

この影響は甚大で、最後には悲劇的な結果となった。ストラウリは当初キャンプのことを擁護しようとして、結局ほかの多くのスタッフとともに辞任を余儀なくされた。マクダーモットは内部告発をしたことが暴かれ、クビになった。ジェイク・ホワイトがスプリングボクスの監督に指名されると、マクダーモットは復帰させてもらおうとしたが、ＳＡＲＵは拒否した。後日、彼は遺体で発見され、警察の発表では頭部の自傷による銃創が死因とされた。

世界中が注目の中で屈辱を受け、ワールドカップの前に白人選手が黒人のチームメイトと同室になるのを拒んだことが発覚して、チーム内に不和が生じ、政治的な介入があり、悲劇的な事件も起こるという状況で、ジェイク・ホワイトは団結力のある、勝てるチームにまとめていくという課題を与えられた。そのチームで、不可能と思われることを成し遂げようというのだ——二〇〇七年にパリでワールドカップ優勝杯を掲げること。

ホワイトはジョン・スミットをキャプテンに指名するとともに、一九九五年のワールドカップ優勝時のフロントロー、オス・デュラントを呼び戻し、また、ブライアン・ハバナをテストマッチに投入するなど、主要な変更を打ち出した。

「自分が引き継いだときに変化を起こしたかったんだが、そのやり方を自分の手柄にすることはできない。選手たちが変化を望んでいたんだと思うよ。二〇〇三年のあと、気持ちを切り替えるのにちょうどいいタイミングだった。それまでと同じやり方で続けていくのは無理だったし、ベテランの選手たちは全員それに気付いていた。新しい選手たちの前向きなエネルギーのおかげで、そこから先に向かって準備を進めることができた」

始めは快調だった。二〇〇四年の三カ国対抗で優勝してから、遠征でウェールズとスコットランドを倒しグランドスラムを達成したのだが、ホワイトの将来についていえば、フィールド上の結果は戦いの半面でしかなかった。二〇〇五年、フランスとのテストマッチのシリーズ優勝の懸かった一戦で、ホワイトは危うく職を失いそうになった。その少し前に亡くなった地元の管理責任者で元選手だったある黒人に敬意を表するため、国際ラグビー評議会の年間最優秀選手賞の受賞者であるスカルク・バーガーを下げて、代わりに黒人のフランカー、ソリー・ティィビリカを入れるという指示を拒否したのだ。スプリングボクスがその試合に勝ってシリーズ優勝を決めると、ＳＡＲＵは引き下がったが、この一件は、ホワイトが政治的圧力を受ける環境で職務を果たさねばならなかったことを示す典型的な例である。二〇〇六年には、危険なほど事態が悪化した。

契約延長交渉が長引き、時には過熱していた折に、強大なイングランドラグビー協会（RFU）が総監督の職に応募するようホワイトに働きかけていたことが明るみに出た。ホワイトはSARUにそのことを知らせていたのだが、RFUの件がメディアで取り上げられると、SARUにプレッシャーをかけるために彼自身が漏らしたのだという見方が出てきた。フィールド上の成績がぱっとしなかったことから、ファンの不満とマスコミによる攻撃がさらに高まった。ホワイトとメディアの間のやり取りに苦い断絶が生じ、スプリングボクスが〇対四九でワラビーズに叩きのめされると、チームをフランス大会に率いていける可能性はほとんどなくなったのである。

南アフリカは、アンディ・ロビンソン監督のイングランド軍とトゥイッケナムで二度対戦し、シーズンを終えた。両監督は似たようなプレッシャーの中でその連戦に臨んでいた。クライブ・ウッドワードが達成したワールドカップ優勝を再現して二連覇を飾ることは至難の業という状況で、イングランドがアルゼンチンに史上初のホームでの敗戦を喫したあと、ロビンソンはもう後がないといわれていた。この連戦は引き分けとなり――初戦、スプリングボクスは前半終了時点では一三対六でリードしていたのだが、イングランドがフィル・ビッカリーの終了間際のトライのおかげで二三対二一で勝利。第二戦はスプリングボクスが二五対一四でイングランドを下した――どちらの監督にとっても将来の保証を得るには不十分だった。このテストマッチ二戦目から四日後、ロビンソンは辞任に追い込まれた。ホワイトは生き延びたが、それにはまず、不信任評決を突きつけていたSARU理事会に申し開きをするため、イングランドから飛んで帰らねばならなかった。安堵したのも束の間、雇い主からの支援は望むべくもない状態で、ワールドカップの準備を始めたのだった。

フィールド上では、ワールドカップの年のスタートは上々だった。史上初の南アフリカ勢同士によるスーパー14優勝決定戦でブルズがシャークスを二〇対一九でかわしたのち、ボクスはテストマッチ二戦のために遠征してきた人員不足のイングランドと対戦した。欧州カップの決勝シリーズにレスター、ワスプス、バースが全て絡んでいたことが響いて、新任のイングランド監督、ブライアン・アシュトンはトップの選手三十人が負傷や欠員で出場できないまま戦わねばならなかった。そのうえ、のちのイングランドのキャプテン、ディラン・ハートリーが退場処分となる。手もなく打ち負かされ、イングランドは一〇対五八、二二対五五と二連敗。相手方は二流レベルだったかもしれないが、ホワイトに文句はなかった。自軍はよいプレーをして、自信が深まりつつあった。ただしフィールド外では、状況はそれほど楽観的ではなく、またしても政治的圧力によって緊張が高まっていた。今度は、ホワイトは自分がそのシーズンのために選んだ四十五人の選手を、変えさせられたわけではなかった。代わりに、SARUは黒人のフランカー、ルーク・ワトソンの名前を単にリストに加え、ホワイトに無断で発表したのだ。それ以上の混乱を避けるため、ホワイトはサモアとのテストマッチでワトソンを起用することに同意したが、世界レベルには達していないと考えて、その後は二度と使わなかった。

三カ国対抗では、南アフリカは一勝しかできず――ケープタウンで二二対一九でワラビーズを下した一戦――オールブラックスにはクライストチャーチで六対三三と大敗を被った。その後、ホワイトはワールドカップに向けて、最終的にメンバーを三十人に絞った。長く、時に困難な道のりを経て、やっとパリに旅立つ準備が整った。あと一人、必要なメンバーを加えることと以外は。

二〇〇七年のワールドカップが近づいていたとき、エディーのキャリアは停滞しきっていた。二〇〇三年大会の決勝でイングランドに敗れた数分後には、四年後の優勝を目指す計画を口にしていたものの、二〇〇五年の終わりにはワラビーズの監督職を追われ、クイーンズランド・レッズでは一シーズンを大きな失望のうちに終えただけで辞任することになり、二〇〇七年大会での成功に関わるチャンスなど皆無に思われた。

オーストラリアのラグビー界でエディーを中傷していた多数の関係者は、彼が栄光の座から滑り落ちて喜んでいたが、ジェイク・ホワイトは友人の能力に対する信頼を決して失わず、その知識の深さと幅広さに驚嘆し続けていた。

二〇〇五年にブリスベンの新装したサンコープスタジアムでスプリングボクスがジョン・コノリー監督率いるワラビーズと対戦する前に、ホワイトはエディーとコーヒーを飲んだ。ワラビーズの監督職を離れたばかりで、エディーがホワイトにオーストラリアのチームの内部情報を与えるのは不適切であったが、昔のサンコープで何度もプレーしたチームの監督として警告してくれたと、ホワイトは振り返る。

「ラグビーについて話したけれども一般的な内容にとどめていた、もちろんエディーはまだオーストラリア代表チームにつながりを持っていたからね、でも彼は一つ面白いことを言ったんだ。『ジェイク、サンコープは多目的スタジアムだから、すごく速いぞ。ほかのどのスタジアムより、試合のテンポが速くなる』とね。彼が言いたかったのは、あのグラウンドは速くて、流れるような、ランニングラグビー向きで、なるべくスクラムやラインアウトを減らすように、つまり、まさにオーストラリア流のプレーのやり方に合わせているということだ。エディーのことはすごく尊敬していたけれど、そのときの推論はちょっと的外れだと思ったんだ。『おいおいエディー、なんでそんなことを言い出すんだ？　七月の中旬の土曜にどこのチームがプレーしようと、どんな試合になるかは分かっているだろう』と考えた。ピンと来なかったんだ。芝生をライン四本で囲んであるスタジアムじゃないか、でもエディーはずばりと言い当てていたんだ」

オーストラリア人たちは最速のプレーをしてスプリングボクスを忙しく走り回らせ、新記録の四九対〇という勝利を挙げた。

ほかの監督ならば考えもしないような、そうした分析と細部に対する注意の向け方こそが、ホワイトをしてワールドカップの前のスプリングボクスのトレーニングに、エディーに何度か来てもらおうと思わせたのだ。エディーは日本滞在中で、サラセンズに合流することになっていたが、イングランドに向かう途中で一週間ほどケープタウンに寄り道することに合意した。スプリングボクスの選手たちがエディーのアイデアに非常に素早く反応したことを、ホワイトは印象深く受け止めた。

「その一週間にエディーがどれほど大きな貢献をしてくれたことか。われわれが持っていたアイデアを取り上げて、違うひねりを加えるんだ。その新鮮なアプローチに、選手たちはとても前向きに応えていたのが分かったよ」

エディーのケープタウン滞在中に、スプリングボクスの技術アドバイザーだったラシー・エラスムスが、二〇〇八年のシーズン始めからスーパーラグビー加入チーム、ストーマーズの監督に就任することになったので、フランスには行けないとホワイトに告げた。最初は憤慨したものの、ホワイトは身近なところに交代要員が用意されていることに気付いた。

「数日間じっくり考えて、エディーに言った。『ワールドカップが終わるまで、このまま続けるっていうのはどうだい？』とね。迷わず答えてくれた。『ぜひそうしたいね、ジェイク』。エディーは心底興奮していたよ。南アフリカはワールドカップで優勝する可能性があると考えていたし、世界チャンピオンになりうるチームに関わるチャンスができたんだから」

エディーはサラセンズの最高責任者、マーク・シンダーベリーからは着任を遅らせる許可を得たが、SARUからの指名を得るのは一筋縄ではいかなかった。南アフリカ人ではない人間をワールドカップでスプリングボクスに関わらせるというアイデアは、国の統括団体の見方にそぐわないものであったうえ、エディーは南アフリカのラグビーファンの間で決して人気のある人物ではなかった。バッキース・ボタとブレンダン・キャノンの件でエディーが爆発して、スプリングボクスを「面汚し」と呼んだときに、〝愚痴男エディー〟というあだ名を付けられていた。しかし、ホワイトは粘り、エディーはコーチ陣に加えられた——一つSARUからの条件付きで。チームの正式なメンバーとは認められず、スプリングボクスのブレザーは与えられなかったのだ。いちばん近いのはチームのトレーニングウェアだったが、それでも議論の的となった。胸にスプリングボクスのエンブレムがあるウェアを元ワラビーズ監督であるエディーが着ている写真が初めてメディアに登場すると、オーストラリアでは悲鳴が上がるほど否定的な見方が圧倒的だった。

最初に口を挟んできたうちの一人、ジョン・オニールは、オーストラリアサッカー連盟CEOとしての三年の任期を終えてARUに戻ってきたばかりだった。オニールはスプリングボクスに加わるというエディーの決断を、「元オーストラリア代表監督のものとしては全く予想外の行動」と評した。

「エディーは二カ月前までクイーンズランドの監督だったんだ。言い分としては、『いやあ、もうプロスポーツになっているんだ。いちばん多く払ってくれるところに行くさ、仕事は仕事だ』というのだろう。それじゃあ随分寒々しいというか、ラグビーの行く末がそんなふうなら悲しいことだ。エディーは本当に興味をそそられる判断を下すものだ。よりによって、スプリングボクスに出向いていってワラビーズの倒し方をアドバイスしようというんだから、これはエディーの決定的な、熟考を重ねたうえでの判断なんだろう」

エディーに引けを取らない舌鋒で知られるオニールは、嫌味を言わずにいられなかった。

「エディーが何か特に有益な見方を提供できるかどうかは分からないね。それにジェイク・ホワイトとエディー・ジョーンズの組み合わせというのも面白い――サイドショー・ボブとビーバーだ。ワラビーズが警戒する必要があるとは思わないよ。むしろ彼らは助かるかもしれない」

シドニーの著名なラグビー専門執筆者であるスピロ・ザボスは、それほどのんきな気分ではなく、エディーを激しく非難した。「スプリングボクスのウェアを着て、ワールドカップ前のトレーニングでその監督の手伝いをするとは、エディー・ジョーンズはどうかしてしまったのか?」と自分のコラムで疑問を呈した。

「そうとしか思えない。ジョーンズはオーストラリアとクイーンズランドの監督として、莫大な金額を受け取ってきた。加えて、オーストラリアのシステムから、ラグビーに関する知的財産をたくさん入手している。そのうちワールドカップでワラビーズと対戦する可能性の高い相手に、それを渡すべきではない。エディーがあそこまでスプリングボクスを支援するというのは正しいこととは思われない。この件全体に報復という要素が絡んでいるようだ。ワラビーズの元監督が、二〇〇七年のワールドカップにおけるオーストラリアの優勝を今以上に難しくすることがあってはならない」

当然ながらエディーは反撃し、元上司のオニールにねらいを定めた。

「ジョンは自分の意見を述べる権利がある、だが自分のことは棚に上げてという感じもちょっとするね。オーストラリアのラグビーのCEOからオーストラリアのサッカーのCEOに転身したということは、まさしく競争相手に移ったわけだ。それは構わなかったと。彼には言行不一致なところがあるな。サッカーのオーストラリア代表チームの運営に携わって、オランダ人のフース・ヒディンクを監督に据えたんだからね」

二〇〇八年には、オニールはオーストラリア初の〝外国人〟監督となる元オールブラックスのロビー・ディーンズを指名することもしている。それだけでなく、ディーンズの就任後のことではあるが、ジャーナリストたちに対して、実際にはまだエディーの在任中にディーンズを監督として獲得しようとしたことを認めた。

「二〇〇三年のワールドカップ後に、クライストチャーチで開かれた救世軍のイベントで会ったんだ。決勝まで残れたのはエディーの功績だと思ってはいたものの、チームを次のレベルに引き上げることに関しては大いに疑問だった。エディーは契約期間の満了を見届けることはないのではないかと感じていた。それでロビーにぜひと思ったが、当時は彼は関心がなかったんだ」

二〇〇三年の決勝戦の直後にひそかな動きがあったことなど、エディーは全く知らなかったが、どちらにしても、スプリングボクスの仕事を引き受けるのに少しも迷いはなかった。
「自分が生まれ育った国のことは常に心の中で思っているものだろうが、よその国でコーチや監督の仕事に就く機会があるなら、それをつかもうとするのは普通のことだ。やましい気持ちはないよ。指導に関する私の知識は何年もかけて積み重ねてきたもので、私自身の仕事の結果だ。国独自というものではない。ワールドカップで南アフリカがオーストラリアと対戦するなら、私は南アフリカを百パーセント支援するよ。忠誠心がないと言う人もいるが、そうは思わない。私はオーストラリアのラグビーに忠実に尽くしてきた。オーストラリアでプロの監督として十一シーズンやってきたんだ。大半は非常にうまくいったし、そうでないことも二度ほどあったが、後悔はしていない。自分の価値観に従って生きてきたし、これからもそうするよ。人がどう考えようと構わない。私はなんとかやっていくさ」

確かに、彼はそうしてみせた。スプリングボクスにおけるエディーの役割の主眼はバックスに関する取り組みだったが、チーム全体が彼のアドバイスを大いに尊重した。キャプテンのジョン・スミットは、エディーを引き入れるというホワイトの決断を「素晴らしい名案だった」と評している。
「ジェイクのコーチの仕方は、エディーの考え方や彼が監督だったときのブランビーズ式のプレースタイルに基づく部分が大きかった。われわれはブランビーズとワラビーズのビデオを見て、ラインアウトのストラクチャーやスクラムからの三フェーズの動きに焦点を絞って観察した。彼らのプレーを再現しようとしたわけではないんだ。ジェイクは、自分たちの強みを生かしてフェーズを重ねていくゲームスタイルの利点を、われわれに示そうとしたというほうが正しい。その結果、フォワードを中心にしたストラクチャーのゲームが生まれた。エディーは昔よくジェイクに、自分がやりたいと思っていたようなタイプのプレーを南アフリカの選手にさせたかったと言っていたそうだ。そのチャンスが来たというわけだ」

「チームがパリに向かう直前にエディーにボクスに加わってもらったのは、抜群のアイデアだと思った。おかげで、ワールドカップの決勝戦を経験している人から、新鮮なアイデアとエネルギーをもらうことができたからね。選手全員が心からエディーを歓迎していた。たぶん以前のボクスだったら外国人のコーチは不信の目で見られて、そうはいかなかっただろうけどね」

スプリングボクスの面々は、エディーが自分たちに対して高い成果を期待していることにすぐに気付いた。彼が参加した最初のトレーニングで、チームは自分たちのセットプレーを一通りやって見せた。そのあとでスミットはエディーにこう尋ねた。「どうでした？　十点満点なら何点でしょう?」

「大サービスで四点だな」と彼は答えた。

エディーはずっと、南アフリカの二〇〇七年ワールドカップ優勝に自分が果たした役割を控え目に見せようとして、選手たちにアドバイスしたのは「今やってることを続けるだけでいい。でももう少しうまくやれ」というぐらいだったと言っている。

「あのチームは四年間一緒にやっていたんだ。私は十三週間いただけだったから、彼らのためにできたのはそれに見合う分だけだった。少しばかり細かい点と策を付け足そうとしただけだ。システムはもうできていた。私がスプリングボクスのためにしたのは、ちょっとしたひび割れの補修だけだよ。孤立していた期間（アパルトヘイトに対する制裁措置として国際的スポーツから締め出されていた）のせいで後れを取り、少し不安定な感じだったのだと思うね。彼らがワールドカップで優勝する前に自分が補修工として行ったのは、あと少し目を向ける必要があったところに手を入れたことだ。自信を持たせて、彼らの攻撃に緻密さを加え、どうやって攻撃をうまくコントロールするか教えたんだ」

エディーは謙遜しているのか、ボクスのワールドカップ優勝に自分が果たした役割はわずかだったと本当に思っているのか。いずれにせよ、ホワイトと選手たちは全くそうは思っていない。わずか数カ月間、スタンドオフのブッチ・ジェームスなど主要選手と個別の取り組みをしてもらっただけで、チームのプレーは格段に向上したと、スミットは振り返る。

「特にブッチにとっては、エディーは天の恵みだった。パリに出発する前でさえ、ジェイクはブッチをスタンドオフに起用するかどうか迷っていたし、サモアとのワールドカップ開幕戦の週になっても、大事な試合にはスタンドオフにアンドレ・プレトリウスを入れようと思うと私に言っていた。だが、エディーの指導の下、フランスでブッチは選手として本当に成長した。エディーの言うこと一つ一つに耳を傾けてね。毎週どんどんよくなって、決勝戦に到達するまでに華々しい活躍を見せていた。あのときは、ジェイクはブッチを神様だと思っていたよ」

ウイングのブライアン・ハバナは、この大会中七試合で八トライという最多トライ得点を挙げたのだが、彼もまたエディーの知識とアドバイスから恩恵を受けた。

「エディーはわれわれのプレーの改善に、大きな役割を担ってくれた。オーストラリア流に変えようとしたわけじゃなく、われわれのやり方をよくしようとしたんだ。心から尊敬しているよ」

エディーは個々の選手が自信と能力を高める手助けをするとともに、ボクスのセンター、ジャン・デビリアスが述べているように、「ランニングラインや見落としてしまいがちな細かいところの修正によって、バックラインが創造的なプレーをすることに助力」したが、バックローのボブ・スキンスタッドによれば、この大会での優勝に彼が最も大きく貢献したのは、ジェイク・ホワイトの支えとなるような影響を与えたことだった。

「エディーの貢献には二つの意味があったと思うんだ。チームがいくつかの面でプレーを磨く手助けをしてくれたことと、ジェイクの負担を引き受けてくれたことだ。どっちのほうが大事だったかといえば、ジェイクに対する効果だったろう。エディーよりは経験が少なくて、あのときはとても難しい状況だった。トーナメントが続くと、みんな監督に何か求めてくる。選手もメディアもコーチも関係者も相手にしなくてはならない。時間は限られていて、ジェイクの体は一つだ。レポーターに『コーヒーでも飲みながら今のチームの状態を教えてもらえませんか？』とでも言われたら、エディーは『そのほうがよかったら、おれが行くぞ』と言ってくれただろう。彼がいてくれたおかげで、重荷を分担できた。ジェイクの肩の荷がどれほど軽くなったことか」

「ジェイクにとっては最高のタイミングでエディーが来てくれた。ジェイクのキャリアという点から見ると、あの段階では、仕事の微妙な部分を覚えて監督としてなんとかやっていくので精一杯だったろう。ワールドカップで優勝した監督というのは、必ず困難を切り抜けた人たちだと、ベテランの選手たちと話したことを覚えている。クライブ・ウッドワードは一九九九年に細かく粗探しをされたし、ジェイクは二〇〇四年にものすごいプレッシャーにさらされた。エディーは二〇〇三年のあと大変だったけれど、それをくぐり抜けてきたことの価値を付け加えてくれたんだと、みんな思っていた。エディーはジェイクにもわれわれにも、これは気にするな、あれは放っておけと言うことができた。われわれは彼の経験から学ぶことができた。といっても、エディーが加わった時点で、チームは既にかなり仕上がっていたんだ。ワールドカップには自信を持って臨むことができた。スーパー14の決勝戦は南アフリカのチーム同士の対戦だったから、いい選手が揃っているのは分かっていたんだが、運も大きく作用するからね。トーナメントに入って、われわれが準々決勝でフィジーと、準決勝でアルゼンチンと当たって、フランスのフォワードのパス二つのおかげで、オールブラックスとは戦わなくて済むことになるなんて、誰が予想できたと思う？ ワールドカップで優勝するには、星の巡り合わせがよくないとね。エディーもその一つだったんだよ」

ホワイトはその点についてずっと感謝している。

「エディーはたくさんのものをもたらしてくれたが、私にとっていちばん大きかったのは、ワールドカップの決勝戦での監督経験だった。確かに、優勝はしていない、でも彼はトーナメントのプレッシャーが分かっていて、一方うちのチームには、オス・デュラント以外、そういう経験のある人間はいなかった。だからエディーの役割はとても重要だった。南アフリカ人は経験の浅い人から学ぶのは好まないんでね。エディーには、ただ『もっと深くランだ、ワイドに行け、このプレーだろう』と言ってもらうだけじゃなかった。経験があるからこそという洞察を与えてもらえたのが何よりだった。彼はドロップキック一つの差でワールドカップ優勝監督になりそこねたが、もう一度試してみたかったのさ。おかげでこちらは自信を深められて、その点はとても助かった。自分でずっと戦い、選考の問題を抱えてきたから、外から客観的な目で見てもらえたのもよかった。リラックスしろと言ってくれることもあった。エディーも同じような状況を通ってきたからね。それ以外のときは、私が考えたり行ったりしてきたことを、再確認してくれた。本当に気持ちが楽になった」

エディーがホワイトの気持ちを落ち着かせた例として、スプリングボクスがサモアとの初戦で序盤なかなかうまく運ばなかったときのことが挙げられる。

気をもんでイライラしながら、ホワイトはこう尋ねた。「エディー、一体どうなってるんだと思う？」

「分からんなあ」と彼は答えた。「こういう立場になったことがないからね。ハーフタイムまでにはリードしているはずだと思って、そのときに考えよう」

この返答にホワイトは笑い出し、そしてハーフタイムまでにはボクスは確かにリードしていた。五九対七の勝利だった。

スプリングボクスはプールマッチでイングランドと同じ組になった。ディフェンディングチャンピオンを破り、予選をトップで通過することは、ウェブ・エリス・カップ［ラグビーワールドカップ優勝国に贈られるトロフィーのこと］を掲げるための詳細な計画の大事な部分だった。両チームとも初戦で勝利を得ていたのではあるが、イングランドがアメリカを二八対一〇でかわすのに手こずったのに対し、南アフリカは出だしこそむらがあったものの、ハバナが四トライを挙げて、力強くサモアを下した。

九月一四日、七万七千人の観客が詰めかけたスタッド・ド・フランスでは、ラグビー界のトップ二チームによる激戦が期待されていた。が、状況はそれには程遠く、イングランドは主力選手の負傷と出場停止処分のせいで、準備がろくにできていなかった。試合前の一週間、二〇〇三年大会優勝時のヒーロー、ジョニー・ウィルキンソンがプレーできるかどうかについて、様々な臆測がメディアを賑わしていた。結局、練習で痛めた足首のせいで涙を飲むこととなった。そのうえ、イングランドはバックアップのスタンドオフ、オリー・バークリーも練習中に運悪く負傷して欠いていた。ブライアン・アシュトン監督はセンターのマイク・キャットとアンディ・ファレルを一〇番のポジションに入れて巨大な穴を埋めようとしたが、バックラインがずたずたになり、さらにキャプテンのフィル・ビッカリーもアメリカ戦で相手をつまずかせる行為により出場停止となっていた。イングランドは〇対三六と惨敗した。

ホワイトはこの大会で再びイングランドとぶつかることがあるとは思わなかったが、彼らはなんとか形勢を立て直した。次の試合ではウィルキンソンとバークリーが復帰し、イングランドはまずサモアを四四対二二で、次いでトンガを三六対二〇で下し、プールマッチをグループ二位で終えた。南アフリカはトンガ戦では主要選手を休ませたため三〇対二五と苦労したものの、最後はアメリカを六四対一五で圧倒し、無敗のまま予選ラウンドをトップで通過した。

準々決勝の初日は、ワールドカップ史上でも非常にまれな展開となった。最初にイングランドが、全く望み薄だったにも関わらず、マルセイユでオーストラリアを一二対一〇で倒したのだが、これもまた天敵のジョニー・ウィルキンソンが得点の全てをペナルティキックで挙げたせいだった。元の自分のチームが早々に大会を去ったことに関して、エディーはコメントを拒んだが、ジェイク・ホワイトは全く遠慮しなかった。翌日、南アフリカが準々決勝のフィジー戦に備える中、ホワイトはオーストラリアがイングランドに敗れた理由について質問された。エディーをその答えとして挙げ、「下の階のうちのチームの更衣室に彼がいるんだからね」と言った。同日、パリでは、フランスがラグビー史上屈指の番狂わせを演じてみせた。プールマッチの初戦ではアルゼンチンに一二対一七で敗れていたというのに、フランス人はワールドカップにおけるキィウィの二十年にわたる不幸をさらに長引かせ、無敵のオールブラックスを二〇対一八で敗退させたのである。ニュージーランド人たちは審判のウェイン・バーンズが、フランスがパスを前方に出してトライにつなげたのを見逃したと抗議したが、オールブラックスもまた、同じくらい疑わしかった裁定から恩恵を得ていた。いずれにせよ、一方の準決勝ではイングランドとフランスが、もう一方では三七対二〇でフィジーを下した南アフリカと、スコットランドに一九対一三で勝ったアルゼンチンが対戦することとなった。

このときには〝愚痴男〟エディーは、南アフリカで大の人気者となっていた。元スプリングボクス監督、ニック・マレット——とにかく負けず嫌いで、一九九九年のワールドカップ準決勝でロッド・マックイーン率いるワラビーズにノックアウトされて以来、オーストラリア人を毛嫌いしていた——でさえ、エディーによるプラスの影響を認めた。大会も大詰めになって新聞に掲載された辛らつで洞察に富んだコラムでは、エディーはテレビインタビュー好きだと、マレットは嫌味を浴びせていたにせよ、スプリングボクスがエディーの知識と人柄に触発されたことを無視することはできなかった。

「ジェイク・ホワイトが南アフリカのコーチングスタッフにエディー・ジョーンズを加えたのは、大成功となった。選手の指導からテレビカメラの前まで、ラグビーシューズで駆けずり回ってさえいれば、ジョーンズはいつも陽気だ。ワールドカップの決勝にチームを導いたことのある監督ならではの知識ももたらしている。もちろん、自分は最高だという例のばかげたオーストラリア人特有の考えも持っている。こういうこと全てが南アフリカ軍に与えた影響を見くびってはいけない。常々アフリカーンス語［オランダ語から派生した言語］を話す南アフリカ人は傲慢で偏狭だといわれている。とはいえ、人間なら誰でもそうであるように、虚勢を張るのは不安定な内面を取り繕うためであることも多い。よく見かけるアフリカーナーは、包囲攻撃されているかのような心理のせいで不安を抱きながら、攻撃的になるのだ」

「エディー・ジョーンズは南アフリカチームにとってワラビー叔父さんとなった。オーストラリアでも世界でも、どれほど彼らが一目置かれる存在であるかを説いた。日頃南アフリカ人はそういうことにあまり耳を貸さないものだが。突如として、選手たちは外に対してだけでなく内面的にも自信を深め、自分たち自身のラグビーとして結実させたのである」

「さらにジョーンズ氏は、南アフリカのバックスのプレーにオーストラリア式のノウハウもいろいろ導入した。彼のチームのスクラムが崩れてオーストラリア代表監督の職は失くしたかもしれないが、ブランビーズからワラビーズまで、ジョーンズのバックラインは常に見事だった。その手法を南アフリカに教えている。ジェイク・ホワイト自身も社交的で生来楽観的なたちとはいえ、このオージーの前向きな態度が大きな力となっている。一九八七年以来、ニュージーランドがワールドカップで優勝できずにいる大きな理由の一つは、チームが陰気に内にこもりがちであるという点だ。オージーは自分たちがキィウィより賢いからだと思いたがるが、私は彼らのほうがずっと陽気なため、大舞台でうまく力を発揮できるのだという説を採る」

「けれども、今回の南アフリカチームがエディー・ジョーンズの作品だという印象を与えたいわけではない。ジョーンズの配置はホワイトの指名によるものであり続ける。南アフリカ監督による明敏な判断の一つなのである」

　アルゼンチン戦で、大柄なビクス・ファン・ヘールデンではなくスキンスタッドをベンチ入りさせるという判断も、ホワイトによるものだったが、これはプーマス［アルゼンチン代表チームの愛称］はスプリングボクスの巨漢揃いのフォワード陣を避けてキックを多用するだろうと考えたためだった。ホワイトは試合終了近くに、スキンスタッドの優れた運動量が勝負の鍵になると賭けに出て、報いられた。南アフリカは三七対一三で勝ち、決勝戦へと駒を進めた。もう一方の準決勝では、フランスは一週間前のオールブラックス戦で見せた奇跡的パフォーマンスを再現することはできず、九対一四でイングランドに敗れた。プールマッチでスプリングボクスに一方的な負け方をして優勝候補の対象外とされたにも関わらず、イングランドはチャンピオンのタイトルを守るため再試合にこぎつけたのだ。ホワイトは誰よりも驚いていた。

「また対戦するとは思ってもみなかった。あの予選の試合のあと、イングランドはまさに敗退して空気が抜けたというふうに見えた。試合後にメディアの取材エリアで彼らをよく見ていたんだが、崩れ落ちる寸前という様子だった。そのあとでバスに乗るときに、イングランドのバスが隣に停まっているのに気付いたけれど、霊安室みたいだったよ。あの彼らが四連勝して決勝まで這い上がってくるとは、考えてもみなかったが、あの反撃の仕方は尊敬する。すごいことをやってのけた」

決勝戦までの一週間に、エディーの二〇〇三年の経験が本当に生きてきた。ホワイトは緊張してイライラしていた。エディーは彼をなだめることができた。

「エディーは私に言い続けていた。『みんなおまえの声を聞くことが必要なんだ。監督が何を言うか、監督がどれだけ言うかが問題なんだよ。おまえの言うこととおまえの態度から、自信を得るんだ』。コーチたちに任せていたけど、最後の週はたくさん話をした。今思うと、それは正解だった」

その一週間、もう一つのことを何度も考えては、ワールドカップの旅の始めにエディーと交わした会話を振り返ったと、ホワイトは言う。

「ワールドカップで技術コーチとして助けてほしいと最初に頼んだとき、エディーが聞いてきたんだ。『おまえは銀を金に変えられるかな？』。彼はよく気の利いたことを言っていた。あのときも半分は冗談だったが、とうとう夢の実現まであと一歩というところまで来て、がっかりする結果にしたくなかった理由がもう一つあった。エディーにワールドカップをまた銀メダルで終えさせたくなかったんだ」

「自分の神経がすごく高ぶって、とうとうエディーにこう言われた。『ジェイク、選手たちはこれ以上ないほどの仕上がりだ。フィールドで何をしなくちゃならないか、完全に理解している。体調も万全。もうくよくよ考えるな』。チームには強くて健康な選手三十人がいて、毛ほども心配事はなかった。エディーはそれがどれほど稀有なことか思い出させてくれた。『こんなのは信じられない』とね。『半々程度にしか当てにならない選手が一人いるというわけでも全くない』。そのとおりだった」

懸命な努力を重ねてきて、壮健なメンバーが揃っていて、うまくいかないわけがないと、エディーはホワイトをなんとか納得させた――とはいえ、彼自身は自分の言葉を信じるほどお人好しではなかった。二〇〇三年のワールドカップ決勝の一週間前、エディーは同じような状況にいたのに、周到に用意された計画が結局は不首尾に終わった。まず、ワラビーズはベン・ダーウィンを欠き、乾いた速いフィールドをと願っていたのに、エディーは土砂降りの雨をただ眺めているしかなかった。それでもまだ不足であるかのように、ワラビーズの重要な司令塔、スティーブン・ラーカムは、頭部裂傷のため試合の間ずっとフィールドを出たり入ったりしていたのである。

故に、決勝戦の二日前の木曜、選手もコーチたちも一日休みとなった日、エディーはどんなことに対しても覚悟ができていた。または、どんなことに関しても。

「その日、チームのある幹部と話をしたんだが、選手の選考について非常に不満を抱いていた。ベンチ入りの二十三人にもっと黒人選手を入れろと言うんだ。かなり強硬で、チームのコンサルタントとして私にその件をジェイクに伝えるよう求めた」

エディーはその苦情を自分だけにとどめておくことにしたが、ボブ・スキンスタッドは、その週にエディーがチームに大事なアドバイスを与えたことを覚えている――計画どおりに運ぶとは限らない。心の準備をしておくように。

「エディーはこう言った。『スプリングボクスのラインアウトは世界一だ。誰でも知っている。きっとラインアウトは全部うまくいくだろう。だが、もしうまくいかなかったら？　イングランドはこちらのラインアウトでアタックしてくるだろう。一つでもスローを取られたらどうする？』。基本的にエディーはフォワードに備えをしておけと言っていたんだ。もし何かうまくいかなかったら、ぼんやり立ったまま手をこまねいて、『なんてこった』と思ってるだけじゃだめだぞと。その次のところがいちばん大事だった。『何かまずいことが起きても、落ち着いているんだ。いつもの自分と同じように動け』。実際に、試合でイングランドが一度こっちのスローを奪ったけれども、ビクター・マットフィールドは迷わず突進して、フィールド中盤でマシュー・テイトに完璧なタックルをしてカバーした。そういうことを、エディーはチームに教えてくれたんだ。何でもとても簡潔ではっきりしている。彼がいなかったらワールドカップで優勝できなかったとは言わないが、チーム一丸となって頑張った、まさにその一部だったんだ」

選手たちは大会後に、その事実をエディーにはっきり分からせた。

イングランドは希望にあふれて決勝戦に臨んだが、スプリングボクスは全く危なげなく、後半の始めにのちのちまで議論となる瞬間が一度あったのみだった。四年前のシドニーとは異なり、天候は完璧でフィールドは乾いており、南アフリカ軍のプレーは磐石だった。イングランドは何度もボールを得たが、スプリングボクスのディフェンスを破ることはできず、やっと開始四二分、南アフリカが九対三でリードという場面で、イングランドのセンター、マシュー・テイトが目覚ましいブレイクの末、ライン際一メートルで倒された。スクラムハーフのアンディ・ゴマソールがワイドに振って、ジョニー・ウィルキンソンがウイングのマーク・クエトの手にボールをひょいと投げ入れ、クエトはそのままコーナーに飛び込んだ。クエトのボールの位置はライン上だったので、スプリングボクスのナンバーエイト、ダニー・ロッソウはクエトをサイドラインのほうに引っ張ろうとした。一見したところ、クエトがスコアを挙げたようだったが、アイルランド人の審判、アラン・ローランドは納得していなかった。

「確認のため」と彼はオーストラリア人のテレビジョン・マッチ・オフィシャル（TMO）、スチュアート・ディキンソンに尋ねた。「トライと判定できない理由がありますか?」

TMOはあらゆる角度からプレーを見直し、クエトの左足がボールをグラウンディングさせる一瞬前にタッチを割っていたという裁定を下した。ノートライ。これがイングランドにとっていちばん惜しいチャンスだった。結局両チームとも一トライも挙げられず、観客とテレビ視聴者をがっかりさせたが、ホワイトもチームも大喜びだった。膝のケガにも関わらず、スプリングボクスのフルバック、パーシー・モンゴメリーが四キック全てでゴールを、チームメイトのフランソワ・ステインは二キックで一ゴールを挙げたのに対し、ジョニー・ウィルキンソンは二キックで二ゴールという結果だった。決勝の対戦成績は一五対六で、南アフリカはワールドカップのチャンピオンとなり、ジェイク・ホワイトは銀を金に変えたのである。

「選手たちがメダルを受け取りに進み出た。コーチたちは列の後ろにいて、エディーは私に先を譲ろうと脇にどいた。『おまえが先だよ、おい』とね。私はそれを断って、彼に先に行くように言った。エディーは背景に控えていようとすることが多いが、彼の手助けのおかげで南アフリカは新たな歴史を開いて、その中に彼は一体となっているのだということを感じてほしかったんだ。エディーには金メダルがふさわしかった」

「記者会見で、まさに二〇〇三年大会の仕返しをしたかったのかと聞かれて、エディーは彼らしい答え方をした。『イングランドに仕返しするなんていう問題じゃない。でもあの銀メダルは捨ててもいいかもしれないな』とね」

エディーの銀メダルの運命は分からないが、二〇〇七年大会の最後に、同じぐらい重要なものを贈呈される。ボブ・スキンスタッドは、決勝戦のあと南アフリカの全選手が集まって、SARUの指示に背こうとも、エディーにスプリングボクスのブレザーを贈るべきだと決めたことを思い出す。

「チームとしての決断だった。みんなその案に大賛成だったよ。われわれはとても緊密で、エディーもその一部だと思っていた。部外者じゃなくね。でも彼にブレザーを贈ることはお偉方から認められていなかったから、その分はなかったんだけれど、ブライアン・ハバナが言ったんだ。『おれのをエディーに渡すよ』。ワールドカップの祝勝夕食会の夜、『エディーがブレザーを着られないなら、われわれも着ない』と言って、みんな自分のスーツを着た。それがうちのチームのあり方だったし、誇りであり続けた」

結局、ハバナは自分のブレザーを直接渡すチャンスを逃したということを、エディーは翌年、自分の新聞コラムで明かしている。

「決勝戦の翌日、ブライアンは何かくれるつもりだったらしいが、私は日本に飛び立つところで、会うことはできなかった。三週間後、サラセンズのオフィスにジョン・スミットぐらいの大きさの荷物が届いた。ブライアンのブレザーが額装されていた——素晴らしい選手からの心遣いだった」

そのブレザーは、エディーのラグビー人生の中の特別な時間をずっと思い出させてくれる。

「以前は、南アフリカを訪れるたびに相当な敵意を向けられたものだが、あのチームと一緒に過ごせて本当によかった。彼らは群を抜いていたが、非常に謙虚で、努力を惜しまず、どんなアイデアにも耳を傾けた。団結力が大変強く、それは誰が見ても明らかだった。つまるところ、思い上がりでも何でもなく、南アフリカは易々とワールドカップで優勝したのだが、決勝戦とはいつも厳しいものだ。得点が三〇に至らなかったのは、あの試合だけだった。彼らが単に優れていただけでなく、全員が目指すゴールを達成するために固く結束していたことは明白だが、それを成し遂げるのは本当に難しい」

ビクター・マットフィールドはエディーについて、スプリングボクスに「彼が加わったおかげで大きな違いが生まれた」と述べ、〝現場偏重〟と批判されることの多いこの人物に関して説得力のある見方を示した。

「コーチの役目はエディーに合っていた」とマットフィールド。「ラグビーだけに専念できたわけだからね。彼のいちばんいいところが引き出された」

＊

エディーの次の仕事は「ラグビーだけ」では済まされず、不満足な経験となるのであった。それどころか、自分のラグビー人生で最悪の時期と呼んでいる。

短期間日本を訪れて、かつて自分が監督を務め、コンサルタントとしての契約が継続していたサントリーに立ち寄ってから、エディーはコーチングコンサルタントの職務に取りかかるべく、サラセンズに向かった。夢のような仕事になるはずだった。二〇〇七年、レッズの監督就任前に七週間にわたり引き受けた救援任務は大成功だった。サリーズの寛大な後援者であり役員会代表でもあるナイジェル・レイから全面的な支援を受け、クラブのCEOでACTブランビーズ時代から友好的な協力関係にあったマーク・シンダーベリーの支持も得て、エディーと監督のマイク・フォードはチームの二部リーグ降格を回避し、未来に向けて基盤を固めた。

レッズでの悲惨なシーズンは過去のものとなり、スプリングボクスのワールドカップ優勝に貢献して沈んでいた気持ちを回復させ、エディーは自分のキャリアの次のステージに乗り出そうと、生き返った思いでウォトフォードにあるサラセンズの本拠地に到着した。

だが、またしても彼の大きな期待は失望に終わることになる。

アラン・ガフニーは、ワラビーズではエディーの下でコーチを務めたのだが、十二カ月前にエディーが短期間の契約を終えたあとで、サラセンズの総監督となっていた。マイク・フォードはイングランド代表監督、マーティン・ジョンソンのスタッフに加わることになっていたため、もう一人のオージー、リチャード・グラハムがコーチングコーディネーターに指名されていた。

ガフニーとグラハムは、エディーとフォードが築いたチームを発展させていた。サラセンズは二〇〇六〜二〇〇七年のプレミアシップを四位で終えたのだが、その後の準決勝でグロスターに九対五〇と惨敗した。翌シーズンにはハイネケンカップで快進撃を続けたものの、準決勝で最終的な優勝チームであるマンスターに一六対一八で敗れ、また、プレミアシップでは八位という結果だった。

エディーはその三カ月後、ガフニーの下で短期間コンサルタントを務めるためにやって来たのだが、彼らの職務はすぐに変更された。エディーは総監督として三年契約を結び、ガフニーがコンサルタントになったのである。結局、ガフニーはアイルランドの代表チームにバックスコーチとして加わるため辞任し、エディーとリチャード・グラハムがサラセンズの二〇〇八～二〇〇九年のシーズンの準備をすることとなった。

グラハムは、二〇〇一年にエディーが監督を務めて、ブリティッシュ・アンド・アイリッシュ・ライオンズに対し歴史的勝利を飾ったときのオーストラリアA代表チームの一員であり、サリーズに加わる前は、五年間バースの監督だった。ほかの大勢と同じく、彼もエディーの働き方に衝撃を受けた。

「エディーはその日の予定を話し合うため午前六時にコーチたちと会い、事後分析のため午後六時にまたミーティングを持った。彼の先を越すことを目標にしてみたんだ。朝五時に目覚まし時計をセットすれば、エディーが入ってくるときには自分は席に着いていられると思った。何時に行っても無駄だったよ――彼はもう着いていた。一年間試したけれども、一度も勝てなかった」

エディーはサリーズをイングランドでもヨーロッパでもトップにするための三年計画を作り上げた。最初の主要な戦略の一つは、イングランド代表のロックで、バースで十年間プレーしているスティーブ・ボーズウィックを獲得することだった。ボーズウィックはその後サラセンズで六シーズンにわたって成功を収めたのち、コーチとなって、日本とイングランドでエディーの右腕として活躍することになるのであった。

エディーとグラハムの下、サラセンズは二〇〇八〜二〇〇九年のシーズンの始め、ハーレクインズとセール・シャークスに二試合続けて三点差で負けたけれども、次のニューキャッスル戦で四四対一四の勝利を挙げて息を吹き返し、それが三連勝の始まりとなった。一月の時点では十戦五勝とまずまずの成績だったのだが、それ以降は、エディーにとってもサラセンズのファンにとっても、主な関心はフィールド外での戦いに向けられた。

六カ月前、シーズン開幕前に、サラセンズのオーナー、ナイジェル・レイはクラブの所有権の半分を南アフリカの富豪、ヨハン・ルパートに一千万ポンドで売却した。エディーにとっては、自分の野心的な計画に喜んで融資しようという大金持ちの後援者を得るなどとは、ラグビーの神様の計らいとしか思えなかった。が、すぐにそれは悪魔の計らいだったことが明らかになる。

レイの推定三億ポンドの資産はメディアや不動産、ドミノ・ピザの英国法人などへの投資で築かれたものだが、彼自身は熱狂的なスポーツファンであり、一九九五年に自分の地元クラブであるサラセンズを二百万ポンドで買い取り、資金的にはほぼ見返りは期待できないにも関わらず、てこ入れのためにさらに数百万ポンドをつぎ込んでいた。

ルパートは南アフリカ一の金持ちという評判で、二〇〇八年初頭にサリーズに目を付けたのは、それほど利他的な理想を抱いていたためではなかった。彼はスイスに本拠を置く高級品企業グループ、リシュモンの代表を務めており、傘下には有名ブランドのカルティエ、モンブラン、ダンヒルを擁していた。ルパートは、ほかの利害も絡んで、四十五万人に上る未開発ながらも有望な英国在住南アフリカ人マーケットに参入するには、サラセンズがうってつけの手段になると考えたのである。

彼が二〇〇四年にある計画を実行しようとした際は不成功に終わっていた。そのときは、下部リーグのチーム、ウェイクフィールドを買収し、ロンドントライブと改名、スタッフをほぼ全員南アフリカ人にして、トップリーグに昇格するという目論見だったのだが、リーグにおけるクラブの地位は売り物ではないという点を根拠に、RFUにぶち壊しにされたのだ。

しかし、既にトップリーグに所属するサラセンズならば、五十パーセントの売却は乗っ取りではなく〝合併〟とみなされ、ルパートの株式買い入れを阻むものは何もなかった。これにより、レイの資金的負担は軽減されたものの、古くからのサラセンズのファンは懸念を深めた。そのうち自分たちのクラブが、スプリングボクスの年かさの選手や南アフリカ人の見習い若手選手が、スーパーラグビーの同じくルパート所有のフランチャイズであるブルズやストーマーズに入団するまでの、乗り換えラウンジとして扱われるようになるのではないかと恐れたのだ。辛らつな地元人は、クラブの名前はサラボクスか南アフリセンズになると揶揄《やゆ》した。ルパートの娘、キャロライン、元スプリングボクスのフランソワ・ピナールとモルネ・デュプレッシーが役員会に加わったため、その恐れの解消は遠のいた。いつものように楽観的なエディーは計画を進めたが、二〇〇八年一二月に彼のブランビーズ時代のボス、マーク・シンダーベリーが「キャリア上の転身のため」サラセンズのCEOを辞すると発表するに至り、事態に暗雲が垂れ込めてきた。

シンダーベリーの後任にルパートが指名したのはエドワード・グリフィスで、元ジャーナリスト、作家、テレビ局重役で、一九九五年のワールドカップの際には南アフリカラグビー協会のCEOとして「一つのチーム、一つの国」という宣伝スローガンを作った人物である。

ブランビーズでエディーと一緒だったときに、シンダーベリーはこのコーチとうまくやっていく最善の方法は、彼の望むものを与え邪魔をしないことだという結論に達していた。それによって二〇〇一年のスーパーラグビー優勝という見返りが得られ、シンダーベリーは――そしてエディーも――サラセンズでも同じようにうまくいかないわけがないと考えた。しかし、グリフィスは管理職としては別のタイプで、あらゆるプロセスに口を挟まずにはいられなかった。つまり、エディーとぶつかるのは必至であった。

グリフィスは二〇〇八年一二月一〇日にサラセンズのCEOに就任した。二〇〇九年二月九日に、エディーはシーズン終了後に、契約期間を二年残して、クラブを辞任すると発表した。元スプリングボクスのブレンダン・フェンターが後任と発表された。

辞任の理由を「完全に個人的なこと」と主張して、エディーはこう言った。「妻も娘もいつも無条件に私を支えてくれたが、今度は家族のニーズを優先させる番だ。二〇〇六年以来、サラセンズで過ごした時間は本当に貴重なものだ。役員、スタッフ、選手の皆さんの幸運を願っている」。そして、サラセンズの監督として残りの六試合に全力で取り組み、シーズンをよい形で終われるようにすると付け加えた。

だが、実際にはそこまで長くはもたなかった。

二週間後、フェンターはサラセンズと契約中の選手十五人に連絡して、自分の翌シーズンの構想の枠外だと告げた。これには、元オールブラックスのロック、クリス・ジャック、三二歳では年を取り過ぎていると言われたフロントローのニック・ロイドらが含まれ、さらにファンをいちばん激高させたのは、サリーズで三百試合近くに出場し二度も「年間最優秀クラブメンバー」に選ばれているセンターのケビン・ソレルまで入っていたことだった。

エディーは激怒し、「ラグビー人生で最悪の一週間」と述べてグリフィスとフェンターを激しく非難した。

「人に対してきちんとした扱い方というのがあるだろう。これは全く当てはまらないんじゃないか」と彼は言った。「こんな仕打ちは見たことがない。今週ずっと涙ぐんでいた選手もいたし、昨日は弁護士たちとミーティングだった。つくづく嫌気がさしたよ。私は家族を連れてここにやって来て、強いクラブ、ヨーロッパ一のクラブにしようと思っていたんだ。こんなことは決してあってはならない。自分のチームのベストの選手をこんなに何人も除外して、クラブに与える影響は計り知れない」

数日のうちにエディーは辞して、再度父祖の地に向かった。再生の地、日本へ。

第13章
サムライラグビー

コメンテーターと観客にとっては、二〇一五年のワールドカップにおいて日本がブライトンで南アフリカから驚異的な勝利を奪った際の決定的瞬間とは、キャプテンのリーチ・マイケルが試合を同点にできる可能性が十分あったペナルティキックを拒んで、スクラムを選んだときであった。だがエディー・ジョーンズにとっては、その三年前に当時のキャプテン、廣瀬俊朗が、日本が二一対四〇でフレンチ・バーバリアンズに負けたあとの記者会見で笑うという過ちを犯したときが、その決定的瞬間だった。

サントリーで三年間を過ごしたのち、エディーは二〇一二年四月に日本代表チームの監督（ヘッドコーチ）に指名された。彼が引き継いだチームは、驚いたことに、人並みであることが尊ばれるという長い伝統を持っていた。三十年以上の努力にも関わらず、ブレイブブロッサムズはトップクラスの国に一度も勝ったことがなかった。トップのチームとの対戦における平均スコアは〇対八五。七回ワールドカップに出場して、勝ったのは一試合、一九九一年のジンバブエ戦だけ。その四年後には、ニュージーランド・オールブラックスに実に一七対一四五で敗れている。全ワールドカップの成績は、二十四試合中一勝、二引き分け、二十一敗だった。総得点四二八に対し、総失点は一一五八。

エディーが就任初日に二〇一五年のワールドカップで準々決勝進出を目指すと発表したとき、ほとんど誰も本気にはしなかった。日本の選手は小さすぎ、遅すぎ、技術的にも未熟だった。何よりも、負けることに慣れていた。アメリカンフットボールの監督、ビンス・ロンバルディが、「負けてにこにこしているようなら、毎回負けて当然だ」と言ったのは、ラグビーの日本代表チームのことを言っていたのかもしれない。

エディーの就任当初は順調だった。恐れるに足りない敵を相手に、ブレイブブロッサムズは大量得点を挙げてアジア五カ国対抗トーナメントを楽々くぐり抜け、カザフスタン戦で八七対〇、UAE戦で一〇六対三、韓国戦で五二対八、香港戦で六七対〇という勝歴を残した。一段上のパシフィック・ネーションズ・カップでも善戦し、フィジーに一九対二五、トンガに二〇対二四で敗れたあと、東京でサモアを相手にあわや番狂わせかという戦いぶりを見せ、一点差の二六対二七で惜敗したのである。

日本の基準でいえば、これは素晴らしい結果であった。自分たちを倒すのが当然というチームに対して、死力を尽くし名誉ある敗戦となったのだから。全てそうあるべき成り行きだった。しかしエディーにとっては、その姿勢こそまさに、彼が完全に打ち砕こうとしているものだった。サモア戦の八日後にフレンチ・バーバリアンズに屈したことは、エディーが物事をすっかり変えるための格好のきっかけとなった。サラセンズでエディーの補佐を務めたリチャード・グラハムは、彼の〝噴射〟があまりに見事なので、事前にリハーサルをしているのではないかと思っていた。ワラビーズ時代にエディーのフォワードコーチだったロス・レイノルズも同じ意見だ。「そうだとしても驚かないね。ばっちり台本があるような弁舌だ」

　二〇一八年一月にスペイン人のフットボールジャーナリスト、グイレム・バラゲからフレンチ・バーバリアンズ戦のあとの有名な記者会見について聞かれて、エディーは爆発をあらかじめ用意することもあるとは認めたが、件《くだん》の出来事については否定した。

「決して計画したわけじゃないが、ベストの行動だったね。日本人選手たちのものの見方、マインドセットを変えるのに役立った。一生懸命やって負けたら、それでも構わないというチームだったんだ。五〇対二五の敗戦でも、試合に出て負けるのは織り込み済みだったから、拍手してにこにこしていただろう」

　その記者会見は不穏な空気のうちに始まったのだが、エディーはまっすぐ前をにらみつけて座り、腕組みをして、眉は既に要注意の状態だった。通訳を通して話すため長い間合いが必要となり、そのせいでさらに怒りが増幅したようで、ついに自軍のパフォーマンスに対する怒りをぶちまけた。

「戦う姿勢が全く見られなかった。身体的な面で、前半はフレンチ・バーバリアンズに好きなようにさせてしまった。セットプレーでは完全に向こうが勝っていた。今日の選手たちの姿勢には本当にがっかりしたから、選考についてもう一度よく考えなければならない。今日の選手のほとんどは、日本代表としてプレーしたいとは思っていないんだろう。それが現実だ。前半に若手を投入したのは、フィールドで敵を打ち破れたはずだったからだ。結局ハーフタイムには学校の教師みたいに怒鳴りつけるはめになった。どうしてだ？　勝ちたいという気持ちが足りない。変わろうという気持ちも足りないのだから、選手を代えるしかないだろう。簡単なことだ。代表として、あんなパフォーマンスを見せるわけにはいかない。今日は勇敢なところは全然なかった。全くの期待外れだ。これまで選手たちの努力を褒めてきたが、今日は大きな後退だ。相手は優れてはいるが抜群というほどではなかったのにだ。いいか、私が若手の一人として今日出場していたら、必ず目立つプレーをやってやろうと思っただろう、だが実際には今日そんな選手はほとんど見かけなかったな。日本人でそういう選手を見つけるか、昔の選考方法に戻って外国人を十人入れるか、今日はそのぐらいひどかった。日本のラグビーのだめなところがあらわになった。このパフォーマンスについては謝罪する。チームの責任者は私だから、パフォーマンスの責任も私にある。私の指導が、あるべき水準に達していないということだが、全て変えていくということは請け合う」

それから、レポーターに質問されたキャプテンの廣瀬は、マイクの方に身を傾け、「どうやってフォローしろというんだ？」とでも言いたげに、ため息をついてかすかに笑みを浮かべたのだ。これには議論の余地があった。というのも、エディーが機会をとらえて飛びついたので、廣瀬は口を開くこともできなかったからだ。

エディーの元の監督、ボブ・ドワイアーは次に起こったことを「あまりに残酷で見ていられなかった」と言い表している。エディーは、日本のラグビーの歴史を変えた大事な転換点であり、廣瀬俊朗が巻き添えになるのなら、それはそれで仕方ないと考えた。

「彼は小柄だが優秀な選手だった。ずっと友達だよ。日本に行くたびにコーヒーを飲んでいる。私がしなくてはならなかった仕事のうちでも特に重要だったのは、彼らのマインドセットを変えることだと分かっていたから、廣瀬が笑ったときに、『なんてこった、またか。少しかき回してみるか』と思ったんだ」

そしてそれを実行した。

「おかしくなんかないぞ。おかしくない。それが日本のラグビーのだめなところなんだ。勝つことに真剣になっていない。勝ちたいなら、フィールドで体で相手にぶつかっていくしかないのに、それをしなかった。実際、今日の選手の中には二度と日本代表としてはプレーできない者もいるだろう、彼らが変わらないかぎりね。それが現実だ。タックルしたくないという選手が代表でいる見込みはない、変わらないかぎり。分かるか、成長しなくてはならないんだ。選択肢は目の前にある。日本のラグビーをどうしたいんだ？　成長したいのか？　世界で通用する選手を育てたいのか、このまま続けてニュージーランドチームのできそこないで終わるのか？　選手が成長して、責任を持つ必要がある、それもできるだけ早く。ワールドカップまであと三年しかないんだ。勝つという気持ちが全くない。それを選手に急いで植えつけなくてはならない」

「日本の伝統というものだ。過去を見てみれば、大きな試合ではいつも日本は前半でやっつけられて、後半で持ち直そうとする。そういうマインドセットを変える必要がある。フランス人選手たちはわれわれをつかまえ、ディフェンスの動きを阻んでいたが、こちらはなされるがままだった。今年、強豪と対戦するたびに、また同じことが起こるという考えが頭に浮かんだ。

そんなふうにはならない選手を見つけなくては。今日は最悪だった。ほかに言いようがない。十五人いたが、体を張ろうという選手はいなかった。ゲームプランは理解しても、体がついていかない。体ができていなくてラグビーの選手が務まるのか？　身体面の準備ができる選手が必要だ」

「日本のラグビーは間違いなく問題を抱えている。U-20がジンバブエに負けそうになったのを見たよ。選手に頑健さが足りない、体力がない、しっかりした姿勢ができていない。状況をがらりと変えなくてはならないんだ。だから今日のプレーについてもこんなにきつい言い方をしている。なぜならこんなことは受け入れられない、こうでも言わなければ何も変わらないからだ。選手たちがそれを理解して、責任を持つことが必要なんだ。『これもできなかった、あれもできなかった……』とぼやくのは全くくだらない。今晩は、気迫のこもったプレーも体を張ったプレーもできていなかった。試合終了間際になって、ラインから飛び出してタックルしようとしたのはなぜだ？　どうして試合の始めにしなかったんだ？　怖気付いていたんだろう。そういうマインドセットを変えるべきなんだ。まさにサッカーの日本代表チームが自分たちのマインドセットを変えたようにね。彼らは勝とうとして戦っている。われわれは競り合うだけで満足している。全員、六週間、八週間、十週間も代表メンバーとしてやってきたんだ。何が求められているかは分かっているはずだ。言い訳は通用しない」

エディーの爆発を待つまでもなく、ラグビーに関しては、日本は言い訳だらけの国だった。代表チームの二〇点差の負け試合について、ある記事は「日本は後半は善戦したが、名誉の敗戦となった」と記述している。エディーによる猛攻撃の場に居合わせたジャーナリストは、日本が負けても、以後決してそういう表現を使わないだろう。なぜならあれは選手たち同様にジャーナリストに向けられたメッセージでもあったのだから。

「最後に代表（日本ラグビーフットボール協会の）が私に歩み寄ってきて、『誰かが言わなくてはならないときだった』と言ったが、確かにチームには効果があった。それからは負けていい試合などないということがはっきりしたからね。勝つことに全力を傾けるようになって、日本人のラグビーに対する考え方を変えるのにも役立った。観客も、メディアもだ。常に負けるチーム、常に負ける国というマインドセットは、単にチームや選手だけに限らない。メディアにもファンにも関わることだ。そうなると信じたらそう行動してしまうという予言のようなものだ。それは打ち破らなくてはならない」

フレンチ・バーバリアンズの遠征のあと、エディーはコーチたちを招集して、ある課題を与えた――チームのどこが悪いのか、報告すること。主要な三点が答えとして示された。選手が小さすぎる、十分な体力がない、そしてコーチたちの言い方では〝百姓根性〟を持っていることだ。選手として小柄であることを懸命の努力と断固とした姿勢によって克服したエディーは、最初の二点は理解することができた。が、三点目は分かりづらかった。それは日本の文化に根差すもので、何世紀にもわたる伝統が反映しているチームのあり方を大きく変えるには、エディーはこの謎を解かねばならなかった。

「こういう意味だったと思うよ、七十年前には日本人の七十五パーセントは村落に住んで米を作っていて、そういう村では一人のボスがみんなに何をするか指示していた。規則に従わない者がいたら、村から追放されたんだが、どこにも行く当てはないから、みんな規則を守ってボスに言われるとおりにした。つまり、日本人にはリーダーシップを取るというスキルがなかったということだ。しかし、この説は納得できない。一国にリーダーシップスキルというものがないだって？　第二次世界大戦後の大混乱から世界の有力国へと再建を果たした国に、リーダーシップスキルがないことがありえるか？　もちろん持っているはずだ。そこでだ、われわれが行ったのは、リーダーシップを伸ばせるような状況を創り出すことだった。ちょうどよさそうな部屋を選んで、チームミーティングをするということにした。四隅にビデオカメラを設置して、コーチは誰も現れない。それでどうなるか見ていたんだ。誰が主導権を取って、ミーティングを取り仕切るか。トレーニングでもコーチは参加しないことにして、選手たちがリーダーシップを発揮せざるをえなくした。混乱させるような状況を創り出して、選手たちが指揮を執るような機会を設け続けたら、彼らは行動を起こした。指導力を発揮するスキルを身に付けたんだ」

百姓根性の代わりに、エディーは日本の究極の戦士が尊んだ精神を選手たちに植えつけることに取りかかった——サムライ精神である。

「サムライの文化に関する研究報告を用意してもらったんだ。日本の文化の中で譲れない部分というのが何なのか知りたかったからね。若者とサムライとは結びつかないが、どんな社会にも潜在的な特質や価値観があるもので、それを理解したかったんだ。そこから忠誠、信頼、勤勉という三つの特質が明らかになったので、われわれはその点に重点を置いて徹底するようにした」

日本人のメンタルコーチを雇い入れて、カルチャーの面について選手の手助けとなるようにした一方で、エディーはフィールド上の準備に集中した。

「体が大きくなくても、より速く動き、体力を向上させ、もっと頭を使ったプレーをするようにはできる。それには何の差し障りもない。選手の体力を増進させるだけでなく、動きを速めるために、世界一のフィットネスとコンディショニングのコーチを付けた。六カ月間ほど続けて、うまくいっていたんだが、ほかと同じトレーニングをするのでは、同じぐらいの体力と速さにはなっても、それをしのぐことはできない。それでもう一度集まって、『ほとんどのチームは一日二回トレーニングをする。トップクラスの国を倒すチームになるには、一日三回トレーニングが必要だ』ということにしたんだ」

エディーは朝五時の回を増やした。

「選手は大いに不満だった。寝坊しないか気になって、ほとんど皆夜寝られなかったんだ。コーチも大体そうだった。寝られなかったそうだ。私はついていたな。どっちにしろその時間には起きるから、うってつけだった。『それは無茶だ』と言われたが、『どうして？　体にどれほど適応力があるか誰も知らないだろう』と答えたんだ。結局、午前五時、午前一〇時、午後三時にトレーニングをして選手の体力と速さを向上させ、体重を増やすことにも成功した」

選手のトレーニングの量だけが問題だったのではなく、質が重要だった。小柄な日本人選手たちを、大柄で経験豊富な相手に勝るようにするためにエディーが立てた基本計画には、ボールをもっと有効に使うということが含まれていた。ディフェンスに激しくぶつかりながら進む必要はなかった。ディフェンスのいないところに行けばよいのだ。ほかのスポーツのチームがそれをどう成功させたか研究するうちに、エディーはサッカーのクラブ、バルセロナとその監督、ペップ・グアルディオラの大ファンになった。二〇一三年に、エディーは当時はバイエルン・ミュンヘンの指揮を執っていたグアルディオラを訪問できるよう手配した。

「われわれは小柄な選手ばかりのチームだったから、スペースを見つけるか作るかする必要があって、そういうプレーをするチームの世界一の監督に会いに行ってみようと思ったんだ。あるスポンサーを通してなんとか彼と会える段取りがついた。快く時間を割いてくれたよ。一緒に座って、スペースを見つける原則について話し合ったんだが、チームとしてのわれわれのプレーの仕方にとても役立った」

けれども、グアルディオラがエディー自身と、ひいては彼の選手たちの取り組み方に、さらに大きなインパクトを与えたのは、練習フィールドにおいてであった。

「ペップのトレーニングセッションを見に行ったんだ。世界でも有数の選手たちを指導していた、零下五度の中でね。凍えそうだった。ごく一般的なウォームアップをしていたので、『どうやら今日は特別学ぶことはなさそうだ』と思った。ところがそのあと、二十一人いた選手を七人ずつ三チームに分けて、スペース取りの練習を始めたんだ。ペップ自身がそのセッションを取り仕切っていて、四種類か五種類の言語を使いこなしながらアリエン・ロッベンみたいな選手たちに指示を出していた。あの二十分間に彼らがいかに懸命に取り組んでいたか、いかにペップが自分の理念をしっかりチームに植えつけ、そして選手たちがそれを取り込んでいたか、本当に啓発された」

「選手たちが汗だくで戻ってきたのを覚えている。いろいろなサッカーチームのトレーニングを見学してきたが、ほかのチームとは雲泥の差だった。おかげで自分の指導の仕方が確実に変わった。それまでの自分のやり方を振り返って、恥ずかしく感じた。監督としてまだ若かった頃は、かなり厳しいやり方をして、随分批判もされた。今は選手にもっときついことをさせているが、時間的には短くしている」

エディーはミュンヘンから戻ると、一回二、三時間だったトレーニングを、長くても五十分間までに減らし、強度と質を高めた。

「選手たちにはこう言った。『トレーニングで百パーセントの力を出し切れと言われて、そのとおりのことをしないなら、トレーニングに来る必要はない。ホテルに戻っていい。緑茶を飲んで餅を食べるなり、好きなようにしていいが、トレーニングはするな』。最初の二回ほどはトレーニングから叩き出された者もいて、日本人の選手たちは不満だっただろうが、向上しようという意志がないのなら、参加するに及ばずというメッセージが伝えられたわけだ。監督の印象をよくしようと長時間トレーニングを厭わない選手もいたが、能力を高めようという意志は欠けていた。一回五十分のトレーニングに、選手は向上するという決意を持って参加しなくてはならなくなって、われわれは世界一のトレーニングをするチームになった。それを証明するデータもある。トレーニングのスピードも強度も、ほかのどこより上だった。従来どおりののんびりトレーニングをするチームから、速く、強く、お互いに競い合うチームへと、チーム全体のマインドセットを変えることができた。先輩も後輩もなかった。全員が互いにしのぎを削っていた」

こうした革新的な方法は全てエディーが導入し、改善し、そしてのちにイングランド代表にも持ち込んだものだ。日本代表チームの監督を務めることは、彼のキャリアの上で岐路に立つことであり、学習課程を終えることだった。オーストラリア代表をワールドカップの決勝まで導いて以来十年の間、エディーの履歴書は栄光とは縁遠かった。ワラビーズをクビになり、レッズで悲惨なシーズンを過ごし、サラセンズのマネージメントとぶつかり、日本のクラブの監督へと追いやられた。二〇〇七年に短期間スプリングボクスのコンサルタントとして成功を収めたことを除けば、エディーは過去の人だった。だが、日本がそれを変えた。まさにエディーにとっては、ふさわしいときに、ふさわしい仕事に巡り合ったのだ。父祖の国が、トップクラスの国々では得られない白紙の状態からスタートするチャンスを与えてくれた。

日本人の選手たちはキィウィやオージーやブリッツほど大きくも強くもないかもしれないが、素直だった。権力者を敬い、疑問を持たず指示に従うのに慣れていた。日本の統括団体の運営者たちも喜んでエディーの判断に従い、ARUの権力者とは大違いだった。もっと権威の確立した協会ならば拒絶したであろうトレーニング形態を、エディーが試したり取り入れたりすることを許した。公衆の面前で選手やコーチを責めても、潜在的な人事問題とは考えず、やむをえないこととして受け入れた。求められたのは結果だけで、エディーはそれに応えた。

二〇一二年一一月、フレンチ・バーバリアンズとの対戦による混乱から五カ月後のヨーロッパ遠征で、日本はルーマニアを三四対二三で、ジョージアを二五対二二で破った。翌年、再びアジア五カ国対抗を無敗で勝ち抜き、このときは総得点三一六に対し総失点はわずか八点だった。このほか、スペイン、ロシア、カナダ、アメリカにも勝利を挙げた。ニュージーランド・オールブラックスは東京で日本代表を五四対六で下し、世界のトップクラスとその他の違いを見せつけた。だが、自軍に別の大事な要素を加味してくれたとエディーが考えるのは、同じ二〇一三年のもう一つの敗戦、大阪でウェールズに一八対二二で屈した試合だった。そのおかげで、ブレイブブロッサムズは二〇一四年にサモア戦とイタリア戦で勝利を収めて、ワールドカップの準備を締めくくることになるのだった。

「ウェールズに負けたときは本当に頭に来たんだ。試合の最後に単純なミスが出てしまった。その晩眠れずにいたら、われわれが貫かねばならないプレーの仕方を言い表すフレーズを考えついて、そこからはうまくいった」

日本は雪辱戦で六カ国対抗のチャンピオン、ウェールズを二三対八で打ち破り、シリーズを引き分けとした。世界で十位以内に入る強豪を日本が破ったのは史上初だったのだが、この快挙も世界的には軽く扱われ、その理由としてウェールズはブリティッシュ・アンド・アイリッシュ・ライオンズのオーストラリア遠征のせいで監督のウォーレン・ガットランドのほか十五人の選手を欠いており、代役の監督、ロビン・マクブライドは、初戦で日本を下したメンバーのうち五人の選手を第二戦では入れ替えていたことが挙げられた。とはいえ、この勝利は日本人選手にとって、自分たちの監督とその方向性についての自信を大きく膨らませるものとなった。あの眠れぬ夜にエディーが思いついたフレーズは、スローガンとしてしっかり浸透した――マインドセットを変えろ。

「分かりやすいシンプルなフレーズだが、プレーの仕方を変えてくれた。うまくいくときも、いかないときもある。とにかく相手に態勢を立て直させないようにするのがポイントだった。攻撃の際には、相手を劣勢にしたらすぐ、確実にそのままの状態を保つようにすることが必要だった。それだけのシンプルなことだよ」

第14章　「エディーさん」

二〇一五年のワールドカップのためにイングランドに到着した日本代表チームは、その三年前に準備を始めたときとはすっかり違っていた。その監督もである。

初心者同然のチームを一目置かれる部隊へと改造していた間、エディー自身も自らを発見する旅を続けていた。その時期に、父祖の国との精神的なつながりを育み、初めて自分の母親とその文化的アイデンティティに絡む葛藤についてじっくり語り合い、父親を亡くし、自分自身の死の可能性にも直面した。

その全てをくぐり抜けて、エディーはよりよい監督となり、そして以前の姿をよく知る人たちによると、よりよい、バランスの取れた人間となったのである。元ワラビーズのコーチ、アンドリュー・ブレイズは「エディーは日本で特別な力を取り戻したんだ」と言い表している。

エディーにとっては、二〇〇九年にサラセンズでの任期を苦々しい思いで切り上げ、サントリー・サンゴリアスで二度目の任務についたときに、実はその旅は始まっていた。ラグビー監督としてその前三回の正規の地位を失敗に終わらせている状況は、崖っぷちといえた。エディーのそれまでの日本滞在経験はどれも比較的短く、その影響も表面的なものだった。妻宏子とともに六カ月、英レスターでプレーしながら充電期間を過ごし、オーストラリアに帰国する途中に少し立ち寄ったのと、東海大学での十八カ月間、そしてブランビーズとワラビーズで絶頂期を迎える前にサントリーで一シーズン――そして転落して逆戻りというわけだった。

東京都心から電車で三十分のところにある府中《ふちゅう》市のサントリーのクラブハウスに舞い戻った監督は、それ以前の十年間、ノースシドニーからウォトフォードまでまたにかけて官僚主義的な相手と衝突を繰り返した、傲慢で自信満々のナポレオンのような人物とはかけ離れていた。同チームの代表だった稲垣純一は、二度目に監督職を始める際のエディーは当初は自分でも自信が持てず、二〇〇三年以降キャリアをだめにしてきたことを引きずっているようだったと言う。

「当時は自分に自信がなかったんだろう」と英テレグラフ紙のトム・ケアリーに稲垣は語った。「今は自信を取り戻して、経験を積み、評価も得ている。ほとんど怪物みたいなキャラクターになったが、確かに最初はもうちょっと穏やかだった。ラグビーに対する情熱という点では常に強引なところがあったが、特にワールドカップ決勝のイングランド戦でジョニー・ウィルキンソンにドロップゴールを決められてからはね。それ以来、エディーはやや苦戦していた、仕事を転々として。そういう不安定なときに、日本との、そしてサントリーとのつながりがうまく役立った。そういう時期に、日本は〝エディーさん〟に継続性というものを提供したんだ。トップのレベルに復帰しようとしていたエディーを得られたのは、日本にとって幸運だった。でもエディーにとっても、日本があって幸運だったろう」

二〇一二年にエディーが日本代表監督に就任するためサントリーを去るまでに、サンゴリアスは——ワラビーズのジョージ・スミスとスプリングボクスのスクラムハーフ、フーリー・デュプレアが先頭に立って——二年連続で全国制覇を成し遂げていた。エディーは間違いなく日本で最高の監督だったのだが、世界的な水準では意味がないに等しかった。強豪国にとって、日本はまだラグビーの僻地——オーストラリア人やキィウィや南アフリカ人の有名選手が二、三シーズン二流のプレーをするだけで、一流の給料を稼げる場所——に過ぎなかった。ラグビーのフォワード選手たちの冗談に、なぜウイングはよくトライを挙げるのか——マークしているのもウイングだから、というのがある。事情に疎ければ、日本のクラブラグビーのチーム同士も同じだと言うかもしれない。相手も日本のチームだから勝ったのだと。

日本代表監督を引き継ぐまでに、エディーはこの国で十分長く過ごしていたので、変化を起こすには何から始めなくてはならないか分かっていた。代表チームを理解するには、その国を理解する必要があった。

「代表チームというのは、必ずその社会の影響を受ける。社会がどう回っているのか、過去に何がうまくいって、何がうまくいかなかったかということを理解するのが手始めだ。日本人のコーチ百六十人を集めてコーチングのクリニックを開いたことがあって、個々の選手のいちばんいいところを個別に引き出すという話をしたら、参加者の一人が手を挙げてこう言った。『それはできません、日本では調和が第一です。全員を同じように扱いたい』。それじゃだめなんだ。高度なパフォーマンスを求めるなら、そういう社会と同じではいけない。社会のルールは、人が一緒に暮らしていけるように作られているわけで、必ずしも勝つためではない。勝つためには、社会とは異なる特別の原則を持たねばならないんだ」

「一緒に旅をするにつれて、チームの心理とそれが彼らの文化や社会にどう影響されているか、さらに理解できるようになった。そういった文化の優れたところを活性化すれば、本当によいものが得られる。いろいろな文化に身を置いて働くメリットに、判断の価値を認識すること、つまり、その文化で絶対譲れないものとそうでないものを理解し、譲れないものはそのままにして、そうではないものを変えていくことができるようになるという点がある」

エディーが変えようとしなかったものの一つが、自分自身であった。

「うちの妻にいろいろ知恵を付けられてね。『忘れないで、絶対に日本人としては受け入れてもらえないから、もしかしたらなんて考えもしないこと』と言われた。それが頭に残っていて、好かれているかどうかなんて気にもしなかった。敬意を示してもらうだけでよかった」

そのプロセスには、選手たちとのコミュニケーションを向上させることも含まれていた。エディーは東海大学時代に、日本語会話を習い始めていた。東海大学で副キャプテンだった宮野智弘によれば、流暢とは全くいえなかったものの、マトラビル高校とランドウィック・ラグビークラブで磨かれた野次のスキルを披露するのには十分だった。

「あの当時は、エディーは基礎的な日本語を習っていた。人をからかうのが特別うまかった」

代表監督に指名されるまでに、エディーの日本語スキルは格段に進歩していたが、必ずしもそれを使ってみせようとはしなかった。バイリンガルの人がよくするように、さほど上手ではないということにしておくほうが便利だと分かって、周りの話をチェックしながら通訳を使うのを好んだ。エディーの発言を日本人選手に伝えるのは、通訳の佐藤秀典《ひでのり》の役割だった。外国生まれのラグビー監督たちと十年以上働いてきた専門家にも関わらず、佐藤は〝エディーさん〟の通訳は自分のキャリアの中でいちばん大変だったと考えている。

「一度だけ、エディーが選手に言ったことをあまり厳しくならないように伝えたことがあったんだが、彼はそれが分かるぐらい日本語を理解していて、それからは二度としなかった、絶対にね。会話に字幕を付け加えるような感じにしただけで、ほとんどの日本人は英語の罵り言葉が分かっていたし、エディーが感情たっぷりだったから、私がさらにその部分を加える必要もなかった。最後のほうには、選手たちから嫌われることもあった。だって彼の言葉は私の口から出てきたんだからね」

言葉がうまくなると、同化が容易になった。エディーは宏子のアドバイスをよく聞いて、日本人になろうとしたことは一度もなく、ずっと自分は海外在住オーストラリア人だと思っていた。とはいえ、日本のライフスタイルに浸って、東京の南八十キロのところにある小田原の温泉を定期的に訪れ、日本の野球に興味を持ち、特に東北楽天ゴールデンイーグルスの不屈のピッチャー、田中将大《まさひろ》のファンとなって成績を気にかけたりもしていた。そうした全てが、練習場で対応することになる文化の理解に役立ったけれども、宏子は正しかった——敬意は得られても部外者であることは変わらなかった。

それを痛感して、エディーは母ネリーに、若い頃の大半をアメリカで過ごしてから日本に帰国したときに、どうやって対処したのか話してもらおうという気持ちになった。

「母は苦労した人だ。一家でアメリカに渡ったんだが、第二次世界大戦が始まると、アメリカで働いていた日本人は全員、基本的にアメリカ人であったにも関わらず、おまえらは要らないと言われて、抑留された。母の母とは同じ収容所だったけれど、母の父とは離れ離れだったそうだ。手紙も検閲を受けた。戦後日本に戻って、また排斥された。のけ者だったんだ。どこにいても馴染めなかった。それで、オーストラリアに行ったときに母はよく考えて、子どもたちが百パーセントオーストラリア人として育つようにするという方針を立てた。半分ずつだと、同じには扱ってもらえないからね。生き残るにはタフでないといけない。疎外されていると感じながら育ったわけでは全くないが、人を動かしているのが何なのか考えるようにはなった」

人を動かすものについて考えることが、エディーのコーチングの基盤の中で重要な要素となった。彼にとってチームとは、才能のある選手たちがたまたま一緒になった集まりという以上のものだった。慎重に選ばれ、それぞれが自分らしい長所と持ち味を発揮して初めて、最高の結果を出すことができる——勝利の部隊だ。

「勝つために自分のチームに何が必要か把握していなくてはならない。必要な役割は何か、その役割ごとの責任はどんなものかを理解したうえで、その役割を果たせる能力を持った選手を見つけなければならない。ラグビーは十五人でやるものだ。普通は、見込んだとおりのパフォーマンスをきっちり示してくれる選手を十三人選ぶことにしている。毎週、彼らが十のうち七のプレーをすれば一貫した成績を残せるから、予想の範囲内だ、順調ということだ。そうすれば、チームの残り二人にはXファクターの選手を入れられる。Xファクターというのは、とてつもなく見事なプレーができるけれども、リオネル・メッシみたいな超例外でないかぎり、毎週そのレベルは続かないという選手のことだ。彼らは十のうち九のパフォーマンスをするかもしれないが、次の週は十のうち四かもしれないから、二人しか入れられない。チームのパフォーマンスにばらつきが出過ぎて、勝てるチャンスが減るからね。だから選手の才能を見極めるのはとても重要だ。あと二つ重要な点があって、密接に関係してはいるけれど、別のものだ。一つは、チームとしてどうあってほしいかという点を完璧に明確に選手たちに分からせることだ。われわれの場合、それはプレーの仕方、トレーニングの仕方、取り組む姿勢を意味するわけで、それに関して何が求められているか、何を実行する必要があるのかを徹底する。共通の言葉として分かち合う。それぞれ何をするべきか話し合う必要はないんだ。なぜならこのスポーツでは、プレッシャーを受ける状況で自分で判断を下さなくてはならない。考えている暇はないうえに、自分の周囲のあらゆる要素に基づいて決断しなければならない。素早くその軽重を見極めて、正しい選択をしなくてはいけないんだ。そのためには、冷静さが必要だ。『こうしたらどうかな？』なんて考えてはいられない。自分がすべきことをはっきりと把握していることだ。だから明確さというのがとてつもなく重要だ。

もう一つの点は団結だ――必ず全員一緒に取り組むということだ。これもまた、自分の役割と責任は何か、価値を置くものと求められるものが何か、許されることと許されないことが何なのか、という理解が前提となる。自律推進型のチームが理想だ。チームのリーダーが優秀であれば、チームが自分たちで基準を設けるだろうから、リーダーが要らなくなるぐらいだ。誰かがするべきことをしていなかったら、チームがそれを指摘するだろう。リーダー任せではなくね。チームの悪いところを毎回リーダーが指摘しているなら、そのリーダーが満足な仕事をしていないということだ。チームが自己管理していけるようにならなくてはならない。そうすればリーダーは一歩下がってもっと大局的な見地から物事を見られるようになる。優れた判断をするための余裕ができるだろう。チームが自分たち自身で機能するようにしていくことだ」

エディーは最初に日本代表チームを引き継いだときに、前任者のジョン・カーワンのように外国人選手を起用するのではなく、日本人選手を使おうと決意していた。元オールブラックスの大英雄、カーワンは、ブレイブブロッサムズを実質的にニュージーランドのB代表チームにしたと批判された。四年間の任期を通して五十五試合で勝率五十八パーセント超という成績を残し、歴代の代表監督のうちで最も大きな成功を収めたが、二〇〇七年と二〇一一年のワールドカップではカナダを相手にかろうじて二試合を引き分けにできただけで、しかもメンバーのうち八人がニュージーランドまたはトンガの選手というときもあったのである。

エディーは自分の決意を誠実に実践に移し、まず二〇一五年のワールドカップでちょうど大活躍してくれそうな前途有望な選手を見つけ出そうと、日本代表のジュニアチームからのスカウトに取りかかった。だが、これは失望に終わる。監督就任から三カ月後に、日本代表U-20チームがウェールズに倒されるのを見て、サイドラインで腹を立てていた。

「ウェールズは一二五対〇で勝ったんだ。三カ月やってみて、こう思った。『この仕事はやりがいがある。だが、期待できる若手はいない。お手上げだ』とね」

このチームはそのあとすぐ、ジンバブエにも危うく敗れるところだった。エディーが記者会見で癇癪を起こした、例の二〇一二年のフレンチ・バーバリアンズとの負け試合にも、日本でベストの若手選手が多数出場していた。その後、エディーは日本人選手のマインドセットを変える方策に乗り出したのだが、外側から働きかけてもゴールは達成できないことを悟っていた。取り組みの姿勢を改めるには、チームの内側から始めなければならなかった。その方法を教えられる外国人が必要だったのだ。

サントリーでエディーは貴重な教訓を得ていた。日本人選手を単に有名外国人選手の脇役にしておくのではなく、スミットやデュプレアのような選手たちを日本人選手と一体化することにより、効果的でバランスの取れたアプローチが可能になることが分かり、それを日本代表でも、さらにはイングランド代表でも踏襲することになる。

ニュージーランド人のルーク・トンプソンら、一度は降ろされた外国生まれの選手たちが呼び戻された。ほかにも、エディーが有用だと判断した選手が加わった。その一人がオーストラリアの元ラグビーリーグのスター選手、クレイグ・ウイングだった。

ウイングはラグビーユニオンとラグビーリーグの両方をプレーしながらシドニーで育った。一九九七年には、ノースシドニー競技場において、のちのワラビーズのメンバー、ジョージ・スミスやフィル・ウォーらとともにオーストラリア学生代表チームの一員として、ジョニー・ウィルキンソンやスティーブ・ボーズウィックがいたイングランド学生代表チームと対戦した。ウイングはシドニーボーイズ高校を卒業するときに、NSWワラターズでラグビーユニオンの選手となるか、サウスシドニー・ラビトーズでラグビーリーグの選手となるかという選択肢があった。

「ワラターズからは、二三、四歳にならないとトップグレードではプレーできないだろうと言われたんだ。サウスでは、在学中から一軍の選手たちとトレーニングをしていた。それでそっちと契約して、一カ月後には一軍でプレーしていた」

二シーズン後、サウスが一時的にリーグから締め出されると、エディーはウイングをブランビーズへと誘った。

「学生時代から優れたラグビー選手だった。頭がよくて、強くて、攻撃的だった。ウイングならワラビーズのプレーの仕方に大変革をもたらしただろうに」

エディーはウイングとその父アランにシドニーのステーキレストランで会って話し合ったが、十五人制に戻ってくるよう説得することはできなかった。ラグビーリーグのブリスベン・ブロンコスからのオファーも蹴って、ウイングはシドニーシティ・ルースターズと契約した。続く八シーズンの間に、四度決勝戦でプレー、二〇〇二年にはプレミアシップ優勝を果たし、ステート・オブ・オリジンではNSWの、そしてオーストラリア代表のテストマッチのレギュラーを務め、ラビトーズに戻って最後の二年を過ごしたところだった。

「数年は選ばれていなかったんだが、最後のシーズンにオリジンに復帰することができた。とはいえ、肩の再建手術を二度受けて、自分も人間なんだ、時の流れには逆らえないと実感し始めていた。生まれてからずっとランドウィックかボンダイに住んでいたんだ。シドニーの限られた世界にいたから、どこか違うところに行ってみたいと思ってね。考えたのは、海外で二年プレーして、ちょっと世界を見て回り、引退して、帰ってきて仕事を探すという計画だ。四、五カ月間、フランスのクラブ二つと交渉していたけれどどちらが明かなくて、そんなときに日本でプレーするという話が舞い込んだ。日本でラグビーがプレーされてることすら知らなかったんだが、契約して、素晴らしい経験ができた。大好きだと思った同じものに、別の日はイライラするということもあったが、全体としては驚くほどうまくいった」

二〇一〇年、日本初のシーズンに、ウイングはNTTコミュニケーションズシャイニングアークスの一員としてエディーのサンゴリアスと対戦した。

「サントリーはトップレベルのチームでわれわれは最下位だったけど、もう少しで勝つところだった。エディーがこいつはまだ役に立つと思ってくれたのは、そのときだったと思うよ。こう言われたんだ。『三年続けたら日本代表としてプレーできるのを知ってるか？』。そんなことを考えたのは、それが初めてだった。エディーが代表監督になると、電話をくれた」

最初はエディーは主に日本生まれの選手で代表チームを構成すると話していたが、外国人も入れざるをえないことはずっと分かっていたはずだと、ウイングはにらんでいる。

「最初から計画の一部だったのは確かだと思う。日本の選手たちは、常にルールを守る、既成概念からはみ出すことは絶対にしない、というふうに教え込まれている。フィールド上では兵士の役割を演じるのはうまいけれど、司令官も必要だからね。創造的で、トライを挙げられて、ピンチを救える選手も要る。既存の枠組みにしがみついてはいられない」

ほかにエディーがチームに連れてきて、その成功に大きな役割を果たした外国人選手には、ニュージーランド生まれのフォワード、ツイ・ヘンドリック、トンガ人の若手、アマナキ・マフィ、元ニュージーランド・オタゴ大学のウイング、カーン・ヘスケスがいた。エディーの決定で最も議論を呼んだのは、廣瀬俊朗を差し置いて二五歳のリーチ・マイケルをキャプテンに指名したことだった。

ニュージーランド生まれのリーチは一五歳のときから日本に住んでおり、日本語も流暢に話したが、日本のラグビー関係者やサポーターにとっては、彼はまだ外国人だった。ブレイブブロッサムズに監督と選手を輸入するのはともかく、外国人にキャプテンを任せるというのは全く別の話だった。皮肉なことに、エディーの唯一の気がかりは、クライストチャーチ生まれのリーチが「日本的すぎる」ことだった。

「エディーは私に、『惜しいところまで行けば十分』という日本的な姿勢を駆逐して、キィウィやオーストラリア人のような高い目標を徹底させるように求めた。どうするか指示されるまで待つのではなく、フィールドでは自分で責任を持たなくてはならないと、とことん叩き込まれた」

チームのメンバーの中で、外国人をまた起用することの意義を納得させる必要があったのは、エディーの〝Xファクター〟の選手の一人、ゴールキッカーでフルバックの五郎丸歩《あゆむ》だった。二〇〇五年に一九歳にしてテストマッチにデビューしたときには、日本のラグビーの将来を担うといわれた五郎丸は、世界レベルでは潜在能力を示すことができず、キャップ数三を挙げただけでその後の四年間は代表選考から外れていた。ジョン・カーワンが率いた二〇一一年のワールドカップ代表チーム入りも逃し、二〇一二年にエディーが命綱を投げたときには、既に望みはないとみなされていた。三年後のワールドカップで、五郎丸が〝ベストフィフティーン〟に選ばれたことは、エディーの改造プロセスの成功の証しである。

エディーはこう回想している。「五郎丸は最初は外国人をよく思っていなかった。外国人が嫌いだったんだ。いつも部屋の後ろに座っていた。だが、大会が終わる頃には、前列に座って質問をするようになっていた。態度がすっかり変わっていたんだ」

チームの核が据えられ、選手のマインドセットを変えるプロセスもだいぶ進んで、エディーはいつもどおりに働いた——休むことなど全く頭になく、全力で打ち込んだのだ。全てうまく運んでおり、極めつけはウェールズを二三対八で退けた試合で、特にセンターでプレーしたクレイグ・ウイングは大活躍だった。

「あのときに信じ始めたんだ」とウイングは言う。「あの試合で、自分たちは世界の強豪チームのグループに追いつきつつあると思い始めた」

まるで、何もエディーを止められないかのようだった。何も、彼自身の体以外は。

二〇一三年一〇月一五日の火曜日、エディーとコーチングスタッフたちは、一一月二日のオールブラックス戦の準備のために使うトレーニングキャンプ地の施設の視察に出かけ、車で東京に戻るところだった。その途中、エディーは気分が悪くなり始めた。

「数日間ろくに寝ていなくて、その長いドライブの間に頭痛がしてきた。車から降りると、体の左側がだらりと力が入らなくなっていて、自分の手で鼻に触れないのに気付いた。脳卒中の一つの診断テストだよ。で、一巻の終わり。救急病院へ運び込まれた」

エディーは脳卒中と診断され集中治療室に入れられた。日本ラグビーフットボール協会がエディーの入院を発表すると、世界のラグビー界に衝撃が広がった。宏子にいち早く連絡した人たちの一人、ジェイク・ホワイトは、南アフリカのレポーターたちに、エディーは麻痺症状を起こしているが話はできると伝えた。

「エディーらしいよ、オールブラックス戦とその次のヨーロッパ遠征の課題について話していた」

見舞いのメッセージが、マット・ギタウらエディーの元の選手たちや、ニュージーランド代表監督、スティーブ・ハンセンとオールブラックスの選手たちから届いた。母国オーストラリアでは、エディーの友人で元ワラビーズのカメラマン、〝AJ〟ジョージが、日本代表のバックスコーチで元ワラビーズのスキルコーチだったスコット・ワイズマンテルと連絡を絶やさずにいた。

「ショックだったよ。携帯電話で始終メッセージを送っていた。スコットが最新情報を伝えてくれていたんだ。あのときはぞっとしたが、結局はエディーにはいい薬になったんだろう。少しは楽をして、周りの人間にやってもらうことを覚えたからね。前よりも何事も楽しむ余裕ができたんじゃないかな」

元ARUのボス、ジョン・オニールも、エディーに変化が訪れたことに気付いた。

「われわれはずっと礼儀をわきまえた間柄を維持していたからね。エディーが脳卒中を患ったあとに日本で会ったんだ。あれは彼に突然の転機が訪れた瞬間だったのだろう。あの男の集中度は並みじゃなかった。あれほどの働き方をする監督は見たことがないが、一日十六時間働くことが大事なんじゃないと理解する必要があった。問題なのは効率だ。脳卒中が人生をよく見直すきっかけになったのだと思うよ。私が会ったときのエディー・ジョーンズは、もっと心穏やかなところが見られた気がするね」

元キッキングコーチのベン・パーキンスも、脳卒中以来エディーがもっとゆったりした性格になったのは確かだと言っているが、エディー自身にとっては恐ろしい経験だった。

「左半身が麻痺して、ぞっとしたよ。六週間入院していた。四週目ぐらいには完全に体の動きを取り戻していたが、さらに二週間集中リハビリを続けたんだ。看護師たちは気が変になりそうだっただろう。夜の八時に五十分間ウォーキングをしていたんだ。よくなろうとして。脳卒中のあと目が覚めて最初に考えたのは、『土曜にはオールブラックス戦だ。どうやって病院を抜け出そうか？』ということだった。医者がだめだ、ゆっくり構えなくては、と言うんでそうした。あれ以来、毎日がボーナスだと思っているよ。本格的に監督を始めてから十七年経っていたが、実質的に休みを取ったのはそれが初めてだった。『すっかり回復したら、七〇歳まで監督を続けられる』と医者が請け合ったから、彼にはそれを守ってもらわないとね。おかげで大事なことが改めてはっきりした。監督でいられるのはなんと幸運なことかとね。どれほど素晴らしいチャンスを与えられたのか痛感して、それを心から感謝するようになった」

エディーの入院中に、ブレイブブロッサムズはオールブラックスに六対五四と完敗した。この敗戦は、日本人選手たちをウェールズ戦の大金星後の空気から改めて現実に引き戻し、また、クレイグ・ウイングは今でも思い出してはむしゃくしゃさせられている。

「われわれは最後の二十分までは戦っていたんだ。チャンスがあったけど生かせなかった。スコアで圧倒されて、トライを一つも挙げられなかったのが、自分には悔しかった。心の底では、みんな怖気付いていたんじゃないかな。オールブラックスを何年も見ていて、試合中にこう思ったのを覚えているよ。『テレビで見るほうが大きくて怖そうだったな』とね。向こうは遠征初戦で、こっちをちょっと侮っていたんだろうが、エディーがいたらどんなプレーになっていたことか、面白かっただろうに。試合の日に選手をそれぞれの役割に集中させる手腕は格別だった。特に日本人選手たちはエディーにいてほしかったんだと思うよ」

そういう次第でエディーは復帰してきたのだが、全く留守になどしていなかったかのようだった。ワールドカップまでの五カ月間、チームに過酷なトレーニングを課し、それには日本の南部、九州・宮崎でのキャンプも含まれていた。海にも山にも恵まれた人気の観光地とはいえ、エディーが選手たち用に組んだスケジュールにはリラックスできる要素は全くなかったと、クレイグ・ウイングは振り返る。

「十九年間プロとしてプレーしたが、あれがいちばんきついトレーニングだった。身体的な面はそれほどではなかったんだ。集中度の問題だ。ラグビーリーグの選手として、一回二時間のトレーニングには慣れていた。よれよれになるまで走らされたりとかね。だがエディーはもっと科学的だった。全てよく練られていた。さほど長い時間ではなかったが、何度も何度もやった。五週間、一日も休みはなし。一日の練習回数記録を更新したんじゃないだろうか。全部三十分間ずつに分かれていた。一つ終えたらまた次へ――スキル、ジム、ミーティングとね。エディーは空き時間が長すぎると日本人選手が山かどこかに行ってしまうと思ったのかもしれない。一分も無駄にしなかった。みんな限界まで追い込まれた。次のレベルに上がることが全てだった」

宮崎でのスケジュールは変化に富んでいたが、過酷だった。ボールのハンドリングやキック、スクラムといった従来どおりのラグビースキル練習のほか、レスリングやボクシングのような種目にまたがるトレーニングも行った。自転車にも乗り、ハードル走もした。ランドウィック式の直線的で接近したランを根付かせるため、伸縮性のあるロープで互いを結びつけながらパスの練習をした。エディーはコンタクトの際の低い体勢の維持の仕方を選手に教えるため、UFC［世界最大の総合格闘技団体］にも出場していた格闘家、高阪剛《こうさかつよし》まで招いた。そのときは思いつきのように見えたが、いつもどおり、エディーの突飛な行動の裏には綿密な計算があったのだと、ウイングは言う。

「日本のクラブラグビーを知らない人は、外国人選手ならただやって来て走り回れば、地元選手を片付けられると考えがちだ。だが、そんなものじゃない。中にはそういう選手もいるが、そうでないこともある。エディーが監督だったとき、サントリーにはスプリングボクスのメンバーだったダニー・ロッソウがいた。手強い選手で、世界有数のフォワードだったけど、日本では特別な存在ではなかった。自分のそれまでのやり方でプレーできると思っていたせいで、全く力を発揮できなかった。自分ほどの長身ならディフェンスを叩きのめして進めると思って飛び込んだが、小柄な日本人選手たちが脚にまとわりついて彼を倒した。エディーはそれを見ていて、それがワールドカップのスプリングボクス戦でのわれわれのプレーの鍵になったんだ。低く構えて倒す。それがゲームプランの大事なところだった」

宮崎のキャンプが大成功だったため、エディーは二〇一九年のワールドカップ前のイングランド代表のトレーニング地として、同じ施設を予約している。ウイングによれば、キャンプのおかげで日本の体力とスキルがそれまでにないレベルに達しただけでなく、外国人と日本人の選手たちの結びつきが強まった。

「日本人選手たちがいたから外国人たちもあのキャンプで持ちこたえたんだと思う。彼らは指示に従うのには慣れていた。平然と十二時間でも働ける、だがそういう彼らでさえこう言っていたのを覚えている。『あのエディー・ジョーンズときたら、ものすごい働き方だよ』。それがエディーだ。どんなことをやるのも、選手と一緒だった。ラグビー人生でたくさんの監督に出会ったが、彼はまさにトップクラスだ。全てのことを考えてみる人だ。ベテラン選手たちとも本当にうまくやっていた。われわれがあんなことを毎日できないのは分かっていたからね。『試合の日にはしっかり頼むぞ』という具合で、ありがたかった。でも若手には厳しかった。一度つぶしてから作り直していたんだ。つぶされたままだった選手もいた。でもそれに耐えられないなら、この仕事に必要なタフさがないということだと言いたかったんだろう。それにエディーは、『何が分かるっていうんだ？　あんたには理解できっこないよ』と言いたくなるような監督じゃなかった、彼はちゃんと理解していたからね。エディーは誰よりも一生懸命だった。思い出すよ、キャンプの間、午前五時に起きて、理学療法が午後一〇時までかかり、翌朝また五時に起きるという日が続いていた。ある朝、エディーに、『昨夜のテレビ、メルボルン・ストーム（ラグビーリーグ）の試合見たか？』と聞かれて、こう答えたよ。『冗談でしょう？　寝てるに決まってますよ』。だがエディーは見たに違いない。全く信じられないよ」

それまでにも増してたゆみなく、より優れたチームにするという目標に向けてエディーが日本で励んでいたまさにそのとき、八千キロ南のシドニーで父テッドが息を引き取った。二年後、父を亡くしたことについて、ザ・タイムズ紙のレポーター、マシュー・サイドに語っている。

「お父さんはあなたのことをとても自慢に思っていらしたでしょうね、と私は水を向けた」とサイドは記している。「長い間があった。『いい人だった』。やっと彼はそう言った。ぴたりと合う言葉を探すように、また間が空いた。『後悔していることが一つある。晩年に、もっと一緒に過ごしておくべきだったのだが、日本で働いていてね。ハリー・チェイピン［アメリカのシンガーソングライター、音楽プロデューサー］の作品に、息子を育てることをテーマにした素晴らしい曲がある。本当にそのとおりなんだ。最初のところは、仕事に一生懸命で息子と過ごす時間がないという歌詞だ。引退してみると、いくらでも時間があるが、今度は息子が大人になっていて父親と過ごす時間がない。人生を言い当てていると、そう思うね』」

二〇一五年九月一一日、日本代表チームは東京の羽田空港から英国へ、ワールドカップへと旅立った。クレイグ・ウイングは、めでたい見送り風景では全然なかったと振り返る。

「誰もいなかったんだ。レポーターも関係者もファンも、誰一人。エディーは代表のチームのスーツを着なくてはならないと言っていた。だからこう言ったんだ。『エディー、なぜスーツでなくちゃいけないんだ？　飛行機に乗ったらトレーニングウェアに着替えるのに。誰もいないじゃないか。誰にも分かりっこないだろう？』だが、彼はこう言った。『スーツを着て、胸を張って、出発するんだ。戻ってくるときには歴史を変えているんだからな』。一カ月後に帰国すると、われわれはロックスターだった。昔のビートルズのビデオみたいに。とてつもない数のレポーターやファンや泣いている人やカメラがそこら中にいた。それまでの、オリジンでプレーしたり、ルースターズで優勝したりした経験ともまるっきり別物だった。あらゆる人が近寄ろう、一体になろうとしていた。政治家や企業のお偉方もいて、とにかく結びつきを求めてそこに来ていた。まさしくエディーが予想したとおり。最初から全部彼の計画に含まれていたということだ」

第15章
桜とバラ

二〇一五年のワールドカップでは、この大会をエディーのラグビー人生の転換点にした試合が二つあった。その最初の試合で、エディーはワールドカップ史上最大の番狂わせを演出してみせた。だが二つ目は、彼には全く関係のない試合だった。

ブライトンにおいて日本が三四対三二でスプリングボクスを倒してつかみ取った勝利は、あまりに予想外で誰も本気で考えもしていなかった。エディーでさえも、実はこう認めている。

「土曜の朝目が覚めたときに、六十分間ならスプリングボクスが相手でも持ちこたえられると信じていたが、正直に、勝てると思っていただろうか？　それは疑問だったね」

二週間後、トゥイッケナムでオーストラリアが三三対一三とイングランドに屈辱を与えたことは、日本の南アフリカ戦での勝利ほど予想外の結果ではなかったものの、エディーに与えた影響は同じぐらい大きかった。ワラビーズのこの勝利によって、世界レベルのラグビーで誰もがうらやむ仕事への扉が開かれたのである。日本の勝利のおかげで、エディーはその扉をくぐって進むことができたのだ。

二〇〇三年ワールドカップのオールブラックス戦のときと同じように、エディーはスプリングボクスの脆弱なところにねらいを絞っていた。配下のコーチたち、ラインアウト担当のスティーブ・ボーズウィックとスクラム担当のマルク・ダルマゾとともに計画をまとめ、習慣のようになるまで繰り返し繰り返し練習して選手に覚えこませた。エディーは選手たちにこう伝えた。きっちり私の言うとおりに動けば勝てる。オーストラリアンフットボールの英雄、リー・マシューズはAFLで「今世紀の最優秀選手」と認められ、四度プレミアシップ優勝監督となった人物だが、監督という仕事について、「われわれはセールスマン。希望を売るのが仕事だ」と述べたことがある。スプリングボクスとの対戦の前に、エディーはそれ以上のものを売っていた。信念を。そして選手たちはそれを確かに買っていた。

試合後、エディーはこう説明した。「この試合のためにとても長い間準備してきた。トレーニングにルーチンを導入して〝打倒ボクス〟という名前を付け、ずっと続けてきたうえに、大会の前のトレーニングでも二十分間ずつ繰り返した。勝つためにはそのやり方でプレーする必要があると信じていたんだ。スプリングボクスは身体的に非常に優れたチームだが、振り回されるのは苦手だ。だからキックだろうとパスだろうとランだろうと、ひたすら前に進み続けることが必須だった。この策で選手に自信を植えつけることもできたようだ。日本人は引っ込み思案になりがちだというが、うちの選手は違ったね。何かが違っているということが、キックオフの前から感じ取れたよ。日本人選手たちは試合の前はのぼせ上がりやすいが、今回はみんな大変落ち着いていた」

試合の冒頭、日本側は落ち着き過ぎのように見えた。コイントスの結果、南アフリカがキックオフを選んだ。ボールは日本のバックロー、ツイ・ヘンドリックへ、だがあえなく自陣十五メートルでタックルされる。フルバック、五郎丸歩がキックでクリアするも、ハーフウェイでスプリングボクスのフルバック、ゼーン・カルシュナーがそれを奪いタックルをかわして、傑物ウイング、ブライアン・ハバナにパス。スプリングボクスのファンが雄叫びを上げる中、誰にも触れさせもせぬままハバナはサイドライン際を突進。これは楽勝と見えた。そのとき、日本側のコーチングボックスで誰かがスイッチを入れたかのようにブレイブブロッサムズのギアが入った。日本のアウトサイドセンター、マレ・サウが、ブレイクダウンで相手方の同ポジション、ジェシー・クリエルからボールを奪い取ると、日本はワイドに展開して四十メートルのゲイン、スプリングボクスができることは何でも同じぐらいうまくできるということを見せつけた。それどころか、敵に勝っている点が一つ――タックルだ。〝打倒ボクス〟ディフェンス作戦の第一点は、低く構えることだった。第二点は数で守ること。小柄な日本人選手がスプリングボクスの選手の足首に飛びつくと――メディアは〝チョップタックル〟と呼んだ――必ずほかの二、三人が腰や胸に取りついて加勢した。これにより、オフロードさせずに大柄な南アフリカの選手をそのまま地面に倒すことと、相手のボールのリサイクルを遅らせることが可能になった。試合が進むほどに、日本がブレイクダウンの場面で優位に立つことが多くなった。スクラムでは、日本は南アフリカより一二八キロ軽かったが、押し合いを避けるためフッカーの堀江翔太《しょうた》から素早くボールを送るという戦術を取り、いったんボールが出たら全てテンポよく実行され、ボクスに落ち着く暇を与えなかった。開始六分、日本ボールのスクラムに続きピック・アンド・ゴーの速攻、五郎丸が南アフリカのディフェンス内に切り込んでクリーンブレイクし、スプリングボクス陣内深く進入。アウトサイドでノーマークだったウイング、山田章仁《あきひと》に向けたダミーパスで抜けようとしたが、結局カルシュナーが阻止。またしても日本がすぐにクリア、スプリングボクスがオフサイドを取られると、五郎丸は落ち着いてペナルティゴールを決め、三対〇でリードした。

テレビカメラが特別観覧席の無表情なエディーの顔を映している間に、一九九五年大会で南アフリカの優勝決定フィールドゴールを挙げたジョエル・ストランスキーが、コメンテーターとして試合の進捗状況を完璧に要約した。

「双方の対照的なスタイルは非常に面白い。南アフリカは大きくて強くてパワーあふれるチームですが、今回はランニングラグビーで日本をいじめて屈服させようとしています。一方、あのエディー・ジョーンズが率いる日本は、猛烈な勢いのプレーですね——ピック・アンド・ゴーや素早いボール回しで、スピードではすっかり圧倒しています」

エディーは、スプリングボクスの高さと重さと経験から大打撃を受けずに自軍が持ちこたえられるのは、六十分間が限度ではないかと案じていたが、いずれにせよ、見事な体力と、勇敢さと、敗北に抗おうとする意志によって日本が成し遂げ、凱旋を飾ることになった出来事は、試合の最後の二十分間に起きたのである。

その後、両チームはペナルティキックによる得点の可能性よりラインアウトを選んで、モールから得点に結びつけ、ハーフタイムの時点で一二対一〇で南アフリカのリードとなっていた。後半開始直後、五郎丸がペナルティキックを決めて日本が逆転したが、スプリングボクスのロック、ルードベイク・デヤーヘルがゴールラインから二十メートル地点でパスに飛びつき、まれなタックルのミスをステップで抜けてゴールポスト際にトライ。コンバージョンと合わせ一九対一三と再び南アフリカがリードした。けれども、日本も引き下がらず、立て続けにボクスのエラーを誘った。五郎丸のキックが冴えに冴えて一九対一九の同点とし、さらに二二対二二へともつれ込む。続いてスプリングボクスのリザーブのフッカー、エイドリアン・ストラウスが目覚ましい動きでゴールラインまで駆け抜け、コンバージョンも決まって、残り二〇分で二九対二二と日本を引き離した。エディーがチームのスタミナの限界と予想した時間帯である。ところが、彼らはそこからかつてないほどの勢いで渾身《こんしん》のプレーを繰り広げた。

前半に一度タイミングがずれてペナルティを外した以外、五郎丸のキックが絶好調であったおかげで日本は息を吹き返し続けていた。今度は、彼のスピードで南アフリカ人を驚かせ、日本人サポーターをもう一度熱狂させる番だった。自陣ゴールラインからじわじわと前進、残り一一分、ラインアウトを得ると、敵陣四十メートルから完璧な組み立ての動きが一続きに展開された。ボールをワイドに回し、センターの立川理道《たてかわはるみち》がブラインドサイドウイング、松島幸太朗へとインサイドパス、松島はラインブレイクののち五郎丸へとつなぎ、大外でトライ。

テレビではかすかな笑みを浮かべるエディーが映し出され、ストランスキーは、これぞ「エディー・ジョーンズ仕込みの動き」と述べた。オーストラリア人のコメンテーター、ゴードン・ブレイはこう付け加えた。「あれはエラ兄弟たちも絶賛間違いなしだよ、エディー」

タッチラインから七メートルという、この試合でいちばん難しかったキックを五郎丸が決めて、再度二九対二九と振り出しに戻った。二分後、南アフリカのリザーブ、ハンドレ・ポラードのキックでボクスはまた三二対二九と逆転、ワールドカップ史上最高の五分間の舞台が整った。

　リスタートで南アフリカは深くキック、日本陣内で最後までプレーするねらいであったが、ブレイブブロッサムズはそうはさせまいと、スプリングボクスのディフェンスに全力で波状攻撃を繰り出した。南アフリカがクリアするたびに日本はカウンターアタックを仕掛け、バックスが捨て身のタックルで倒されると、フォワードがブレイクダウンをコントロールし、素早くクリーンにリサイクルした。試合が行われていたのはブライトン・コミュニティスタジアムではあったが、宮崎のトレーニングで身に付けた正確さと自信そのままに〝打倒ボクス〟作戦が実行に移されていた。

　残り二分、十九フェーズのプレーの末に、五郎丸はゴールラインに突進したが、数センチ手前で倒された。日本のリサイクルを遅らせる目論見で、スプリングボクスのリザーブのフロントロー、コーニー・ウーストハイゼンはモールの後ろに倒れたままロールアウェイの努力をしなかった。フランス人の審判、ジェローム・ガルセスは迷わずイエローカードを取り出してウーストハイゼンを残りの時間ずっと退場処分とし、日本にペナルティを与えた。

　リザーブのスクラムハーフ、日和佐《ひわさ》篤《あつし》がタッチにキックして、元スプリングボクスのジョエル・ストランスキーがテレビ観戦者のために状況を概説する間、エディーは水のボトルを取ろうとしていた。

「南アフリカは敗戦の危機に瀕しています。まさにラグビーユニオン史上最大の番狂わせ——

いや、スポーツ史上最も記憶に残る勝利と言ってよいでしょう。仮にそうなれば、南アフリカ人としては悔しくてならない。半面、これが二番手クラスのラグビー競技国の勝利に対する信念にどれほど大きな影響を与えることになるでしょう？」

日本はマイボールのラインアウトからドライビングモールの態勢になり、チーム全員が重さを加えようと殺到。スプリングボクスはゴールラインまで押し戻されたが、密集状態のため審判のガルセスはグラウンディングの判定ができなかった。テレビジョン・マッチ・オフィシャルが映像を見直して、日本に五メートルスクラムが与えられた。

残り一分、スプリングボクスの監督、ハイネケ・メイヤーは、自国の輝かしいラグビーの歴史で最も屈辱的な敗戦へと事態が進んでいくのを目の当たりにして、七人のスクラムを補強するため、フロントロー、ヤニー・デュプレッシーと〝ビースト〟（野獣）テンダイ・ムタワリラという合わせてテストマッチ百三十二試合出場の経験を誇る二人を投入。エディーも交代を指示、瀬戸際の攻防にウイングのカーン・ヘスケスを起用した。

規定時間の残り一三秒でスクラムとなった。日和佐がボールを入れると、スプリングボクスはプレッシャーをかけようとし、フロントローが崩壊。ガルセスがホイッスルをくわえ、手を上げた。ペナルティ、ジャパン。

それまでの五郎丸のキックの精度からすると三点はほぼ確実で、確実に日本は三二対三二の引き分けに持ち込むことができ、十二分に称賛に値する結果となる。キャプテンのリーチ・マイケルが審判に歩み寄った。特別観覧席では、エディーがサイドラインに指示を送っていた——キックだ。

「こう叫んでいた。『三点だ、三点取るんだ』。だがその朝、リーチのやつと一緒にコーヒーを飲んでね。一緒にブライトンビーチまで行ったんだ。よく晴れていた。それで、『いいか、なあ、こっちは失うものは何もない。おまえがやるべきだと思うことは、やるんだ』と言ってあった」

決断を下すときに、リーチはエディーの言葉を思い出していた。

「試合前、最後にエディーに言われたのは、『自分の心に従え』ということだった。自分の心がリスクを取れと言っていた。キックじゃなくてスクラムを選んだのは、相手が一人少なくてこちらに有利だったからだ。われわれが欲しいのは引き分けではなく勝利だと決めたんだ。チームのみんなをがっかりさせたくなかった」

そして、三万の大観衆に交じっている日本人サポーターたちも。興奮にわれを忘れて、応援の声を上げ続け、国旗をはためかせ、中には感動のあまり涙が頬をつたい落ちている姿も見られた。

スクラムが四度組み直されたあとで、日和佐が左のリーチにオフロードパス、リーチがショートサイドへ。ブレイクダウンで素早くクリアすると、今度はまた右サイドへ。日本のフォワードは四回にわたりフィールドの一方の側から反対側へとプレーを動かして、疲労の色濃い南アフリカのディフェンスをさらに振り回し、最後はリーチがワイドに回り込んでコーナーを突いた。ゴールライン一メートル手前、右タッチラインの内側一メートルでストラウスに倒されるも、リーチは日和佐にボールを戻し、日和佐はミッドフィールドにいたセンター、立川へとワイドに振った。立川は左に上がってきていたリザーブのバックロー、アマナキ・マフィにパス。マフィは敵ディフェンダー三人を引き寄せながらラン、ジェシー・クリエルを押しのけて、完璧なタイミングでヘスケスにパス。ヘスケスは左コーナーポストの内側にダイブ、スプリングボクスのリザーブのウイング、JP・ピーターセンは間に合わなかった。

決勝トライは、歓喜と興奮、南アフリカ側ではショックと混乱という、信じられない光景をもたらした。ゴードン・ブレイは「ラグビーの奇跡」と呼んだ。もう一人のコメンテーター、ストランスキーはブレイブブロッサムズについて、「何といっても、彼らはジャージに自分たちの心を縫いつけていたわけですからね。トロイ人のような守りだった。タックルの数は一二二ですよ。もうだめかと思われたときも立ち上がって、負け犬といわれるチームの手本となるような伝説的な試合で、勝利を成し遂げたのです――ラグビーユニオン版のダビデとゴリアテ〔旧約聖書の少年が巨人を倒すという逸話を指す〕だ」

日本の選手たちがサイドラインに整列して狂喜しているサポーターにお辞儀をしている間、エディーはコーチたちと握手を交わし、選手たちに加わるため階段を下りていった。

「カーン・ヘスケスがゴールラインを越えてトライしたときは、ワラビーズの監督時代に二〇〇三年のワールドカップ準決勝でオールブラックスを破ったとき以来、最高の感動が押し寄せてきた」とエディー。「選手とコーチたちのことをあれほど誇りに思ったことはない。終了のホイッスルが鳴ったときは、うちのコーチのスティーブ・ボーズウィックまで、試合となれば誰よりもタフなあの男まで、感無量という様子だった。ピッチのところまで下りていくと、全員が泣いているようだった。大の男があんなに大勢泣いているのを見たことがなかった。あのまるで信じられない光景は一生忘れないよ。日本人の心理にはずっと驚かされ続けるだろう。うれしいときに泣いて、緊張すると笑うんだから――西洋人とほとんど正反対だ。とにかくピッチは涙であふれていた。最高の場面だった。普段、負けたときの南アフリカのサポーターの振る舞いはどうかと思うことが多いが、本当に日本のサポーターと一緒になって喜んでくれていた。ブライトンの駅からの電車の中で、南アフリカのサポーターが日本のサポーターに拍手を送っていたそうだ。ほかのスポーツじゃそんなことは起こらない」

いまや有名なメディア評論家であるサー・クライブ・ウッドワードでさえ、エディーの成果には感銘を受け、こうツイートしている。「おお――ワールドカップ史上最大の決断――日本ゴールキックを選ばず／間違いなくワールドカップ史上最高の試合――あっぱれエディー・ジョーンズ」

試合後の記者会見で、エディーはサー・クライブに向けた発言をしている。

「今日は大評判となったが、この大会では本当の戦績を挙げるつもりでいる。まだまだこれからだ。準々決勝に進めたら、監督を辞めて引退できるからね。クライブ・ウッドワードみたいに、テレビに出てみんなに指示を出すのさ。あなたのようになりたいと、サー・クライブに伝えてくれ。まさにそれが夢だ」

ブレイブブロッサムズは準々決勝には進めなかった。わずか中四日で対戦したスコットランドに四五対一〇で敗れたあと、同じ組の残り二チームとの試合では、対サモア二六対五、対アメリカ二八対一八と二連勝で予選を終えた。三勝で南アフリカ、スコットランドと並んだものの、ボーナスポイントを獲得していなかったためプレーオフのチャンスは得られなかったのだ。落胆はしたが、エディーがクレイグ・ウイングに言っていたように、英雄として日本に帰国した。ただし、監督は長くはとどまらなかった。人生で最大の失望から十二年、エディーはトップレベルへと返り咲きを果たすところだった。南アフリカ戦での日本の勝利からほんの三日後、スーパーラグビーのフランチャイズ、ストーマーズは、エディーが二〇一六年のシーズン始めから監督を引き継ぐと発表した。エディーは声明を出し、ケープタウンで監督として、「世界ラグビーで最大級のフランチャイズ・チーム」に加わるのを非常に楽しみにしていると述べた。ただし、エディーが契約上の〝逃避条項〟について交渉したことは公にされなかった。もっと大きなチャンスが巡ってきた場合の念のために備えて。

*

ブレイブブロッサムズが過去最高のワールドカップを楽しんでいた間、胸に赤いバラを付けたイングランド代表の面々は、過去最悪の状況に苦しんでいた。二〇一一年大会の結果を考えると、何事かを語るものであった。

二〇〇七年大会では、技術アドバイザーであったエディーとジェイク・ホワイト監督が率いたスプリングボクスに結局倒されたとはいえ、決勝戦まで進出したにも関わらず、イングランドの監督、ブライアン・アシュトンは帰国後、自分の地位を守るために非常なプレッシャーと戦わねばならなかった。ワールドカップ開催中から、事実上選手たちがチームを運営していて、アシュトンの監督スタイルに対する失望感が広がっているという話が、イングランドのキャンプ内から漏れていた。イングランドが決勝まで進んでいなかったら、アシュトンは即刻クビになっていただろうというのが大方の見方だった。いずれにせよ、長くはもたなかった。

二〇〇八年の六カ国対抗では、イングランドはイタリア、フランス、アイルランドに勝ち、ウェールズとスコットランドには負けて、ウェールズに次ぐ二位――それ以前の五年間で最高の戦績――となったのだが、アシュトンが監督にとどまるには不十分だった。アシュトンが更迭されたのは、直前にオーストラリアが〝外国人〟として初めてキィウィのロビー・ディーンズを監督に据えたように、RFUもジェイク・ホワイトとアシスタントのエディーのコンビを後任にするのではないかという臆測が流れていたさなかだった。インディペンデント紙の元主任ラグビー専門執筆者であるクリス・ヒューイットは、そんなことは決して起こるはずがなかったと言う。

「RFUには『イングランド人にはイングランド人監督を』というポリシーがあった。外国人監督など見向きもしないだろう」

アシュトンが解任される前から既に、RFUの代表、マーティン・トーマスは、エリートパフォーマンス・マネージャーのロブ・アンドリューに、元イングランド代表キャプテン、マーティン・ジョンソンを監督に就任させるよう指示していた。ジョンソンは二〇〇三年のワールドカップ優勝で国民的英雄となり、トーマスは彼こそイングランドのラグビーに偉業達成の魔法を蘇らせてくれると信じたのである。問題は、ジョンソンはそれまで一度も監督経験がなかったことだった。

「全く愚かな判断だった」とクリス・ヒューイットは言う。「ロブ・アンドリューが交渉に当たったのだが、しまいにはマーティンがその話を断ってくれるよう願ったと認めている。マーティン・トーマスが『ジョンソンがいい』と言って、アンドリューはその指示に従ったんだ。マーティン・ジョンソンを連れてくるというのは、RFUの上層部によるプロジェクトだったが、全くうまくいかなかった」

ジョンソンに公平を期すならば、ある時点まではうまく運んだのである。二〇一一年のワールドカップまでは。二〇〇八年七月に引き継いでみると、最も困難な学習に急いで取り組まなくてはならないことは明らかだった。その前月、イングランドは暫定監督だったロブ・アンドリューの下、悲惨なニュージーランド遠征を終えたところだった。オールブラックスとのテストマッチ二試合を二〇対三七、一二対四四で落とし、おまけに選手たちの犯罪行為の疑いが持ち上がった。オークランドでの第一戦後、トプシー・オジョ、マイク・ブラウン、ダニー・ケアに性的暴行を受けたとバーの一八歳の女性従業員が訴えていることが新聞記事になった。正式な被害届は出されておらず、内部調査では刑事事件に相当する事実は見つからなかったが、オジョとブラウンは一晩中外出していたことに対し罰金を科された。

フィールド外でメディアの詮索の的となったときに、ジョンソンがチームを引き継ぐことになったのは、その後の成り行きの前触れであった。彼の任期を通してマスコミと継続的にバトルが繰り広げられるのだが、たいていはフィールド外で起きたことが原因であった。

ジョンソン就任後最初のテストマッチでは、トゥイッケナムでパシフィック・アイランダーズを三九対一三でねじ伏せたが、そのあとは南半球からの遠征チームに圧倒された——オーストラリア戦一四対二八、南アフリカ戦六対四二という二連敗に続き、シーズン最後はオールブラックス戦で六対三二と惨敗だった。ジョンソンにとっては、世界レベルの監督として厳しい船出となった。この三つの負け試合で、チームは一〇二点を献上し、奪ったトライはわずか一。どん底まで来たら次はよくなる――ある程度は――というのが道理で、実際そうなった。二〇〇九年、イングランドは再び六カ国対抗で二位と、今度はアイルランドに次ぐ成績でイタリア、フランス、スコットランドを突き放した。さらに、遠征してきたアルゼンチンはシリーズ二対〇と寄せつけず好調さを見せたものの、ニュージーランドとオーストラリアにはトゥイッケナムで一層の大敗を喫した。

イングランド代表監督としての最初の年、ジョンソンは勝率五十パーセントという記録を残すことができた。合格でも落第でもなかったが、多くの批評家、特にワールドカップ優勝時の元チームメイトでその後メディア界に転じていたジョシュ・ルーシーとウィル・グリーンウッドは、自分たちの元キャプテンの安全第一戦術やチームの平凡なスタイルを、遠慮なく批判した。

ジョンソンは、選手だったときより監督になってからのほうが、否定的なコメントを無視するのがずっと難しかったと認めている。

「批判されて喜ぶ人はいないが、選手であれ監督であれ、全てを賭けて戦っているんだ。人に何を言われてもこたえるけれども、それは話半分に聞かなければね。調子に乗り過ぎるのも、自分を責めるのもよくない」

翌年、ジョンソン、そして彼のチームは、重要な突破口を開いた。六カ国対抗では、イングランドはわずか二勝と一引き分けという結果で三位に沈んだが、ジョンソンの下で初めて南半球のチームをなんとか打ち負かすことができたのだ。まずシドニーで二一対二〇でオーストラリアをかわし、五カ月後には今度はトゥイッケナムにおいて再びワラビーズから三五対一八で勝利を奪った。この二勝がシーズンのハイライトで、アイルランド、フランス、ニュージーランド、南アフリカには敗れ、イングランドの勝率は四十五・五パーセントに下がったものの、ジョンソンと彼のチームは危機を脱しつつあるという期待がRFU本部で高まることにはなった。

ワールドカップの年である二〇一一年、幸先はよかった。クライブ・ウッドワード監督の下、ジョンソンがキャプテンを務めていた二〇〇三年以来初めて、イングランドは六カ国対抗で優勝を成し遂げ、長い間辛抱してきたサポーターたちにはそれが予兆と見えた。最後の試合でアイルランドに八対二四で屈してさえいなければ、グランドスラムだった。ワールドカップの前哨戦として、続いてまずウェールズとのテストマッチ二連戦を一勝一敗で終え、次にアイルランド戦ではダブリンで二〇対九と凱歌を上げて六カ国対抗の雪辱を果たし、アルゼンチンとのプールマッチ初戦に立ち向かうべく、ニュージーランドへと向かった。

イングランドはその第一戦を一三対九として地歩を固めたのだが、メディアの大見出しとなったのは、その成績でも、満足とは言いがたいパフォーマンスでもなかった。試合後の選手たちの行いだったのである。その試合は九月一〇日の土曜の夜、ダニーデンで行われ、翌日チームはクイーンズタウンに移動、パブ・オン・ザ・ワーフでの夕食と飲酒はRFUが支払った。六週間前に英女王の孫娘ザラ・フィリップスと結婚したばかりのキャプテン、マイク・ティンダルら数人は、その後、アルティテュード・バーというナイトスポットに繰り出した。三日後、ザ・サン紙の第一面には、英タブロイド紙の編集者の願いを全てかなえたような見出しが躍った。「マイク・ティンダルがブロンド嬢とお触りタイム――ザラのご亭主、小人投げ競争でオッパイに顔を埋める」

　バーのフェイスブックに掲載された写真を裏付けとして、ザ・サンは、イングランドの選手たちが「愉快な小人投げ競争を観戦して」いると、「何人もの女性が立派なガタイの男どもにまっしぐらに歩み寄った」と報じた。匿名の目撃者談が、「特に目をひくブロンド美女はまっすぐマイクのところに行った。口説きをはねつけるどころか、熱心に応じていたね。二人でいちゃいちゃべたべた、かなり盛り上がっていた。戸口のところに移動して、その女の子がジェスチャーでマイクを自分の胸へと誘ったんだ。彼の頭を胸に引き寄せながら、頭の後ろをなでさすっていたよ」と紹介された。

　同紙は、二人が一緒にそのナイトクラブを立ち去ったという証拠はないとし、また、アルティテュード・バーのマネージャー、リッチ・ディーンは、バーと選手たちの振る舞いを擁護する声明を発表。「そもそも、小人投げなどというものはありませんでした」と彼は言った。「そんなこととんでもない」。それどころか、小さい人たちはバーの定例人気イベント「はちゃめちゃ小人ウイークエンドショー」のスターで、彼らの足は一度たりとも地面から持ち上げられてはいなかった。

「イングランドの選手は素晴らしい男たちだ。もちろん小人投げなんかしていない。気楽でユーモアたっぷりの楽しいひとときだった。タブロイド新聞が前後の状況を無視して、写真を撮ったりばかばかしい話をしたりしているだけだ」

　おそらくはそうだったのだろうが、いずれにしろワールドカップの第一週にジョンソンが対処したいと思うような報道ではなかった。無表情にメディアに対面し、できるかぎり状況を沈静化しようとした。

「選手たちは外出してちょっと飲んだわけだが、ワールドカップの間、あの町ではどこのチームでもやっていることだ」と彼は述べた。「何の違いもない。ただ報道のされ方が違っただけだ――ラグビー選手がビールを飲んだ、ショックだ、とね」

しかしジョンソンが〝男ってやつはしょうがない〟という言い訳が英国のタブロイド新聞に通用すると思ったのなら、考えが甘かった。ロンドンの編集者は自分たちのレポーターに、問題の夜にそのバーにいた女性を誰でもいいから見つけ出すよう指示した。それがだめなら、不当に投げとばされたと感じている小人の誰かをインタビューできたらよしとしよう。

イングランドはジョージアを四一対一〇、ルーマニアを六七対三、スコットランドを一六対一二で蹴散らし、順調にグループステージを進んでいたのだが、タブロイド紙が〝小人事件〟と名付けた一件に比べたら、ラグビーはほとんど二の次となっていた。ティンダルといちゃついていたと報じられた〝謎のブロンド〟は、イングランドのキャプテンの元ガールフレンド、二九歳のジェシカ・パーマーだということが明らかになった。ティンダルとパーマー嬢がもっと遅い時間に一緒にほかのバーにいたことを示すビデオ映像が出現すると、彼はアルティテュード・バーからまっすぐチームのホテルに戻ったという先の発言の釈明をさせられるはめになった。実際には一カ月前に計画されていたのだが、ザラ・フィリップスがティンダルに合流しようとニュージーランドに早めに到着すると、「女王の孫娘が夫のサポートのために飛んできた」と報道された。あちこちのニュースウェブサイトが、二人を見かけたらレポートするようにと読者に呼びかけた。パーマー嬢はメディアを避けて逃げてきた豪クイーンズランドで見つけられた。

一方、ジョンソンはマスコミ、そして選手たちをラグビーに集中させようと、無駄な努力をしていた。アルゼンチンとの初戦で選手のジャージの番号がはがれていたことに関して、チームのマネージメントはワールドカップ運営組織から厳重な注意を受けた。さらに、ルーマニア戦でキッカーのジョニー・ウィルキンソンが有利になるようにと、ジョンソンのアシスタント二人がボールを入れ替え、追放処分になった。RFUは、次に何かフィールド上で無分別な行為があったら、イングランドは失格となると告げた。フィールド外でも同じようなもので、ダニーデンの女性ホテル従業員がイングランドの選手たち、ジェームス・ハスケル、ディラン・ハートリー、クリス・アシュトンに「ひわいなからかい方」をされたという記事が、地元紙の一面に載った。

こうしたこと全てのせいでチームが大混乱状態にあるという印象が深まり、準々決勝でフランスに一二対一九とだらしない負け方をした末、すごすごとトーナメントから退場したときには、マネージメントもサポーターも、スキャンダルだらけのワールドカップがやっと終わったと安堵したほどだった。が、そう思うのは早すぎた。翌日、早めにプレーの出番がなくなって、チームのメンバーは近郊のワイヘキ島まで日帰り旅行に出かけた。オークランド港に戻ってくる途中で、センターのマヌ・ツイランギはフェリーから海に飛び込んで近くの埠頭まで泳ぎ、そのまま警察に逮捕され一時間勾留された。この件でRFUは彼を三千ポンドの罰金処分とした。

規律の欠如を理由に処分を受けた選手は、ツイランギだけではなかった。帰国後、ＲＦＵのエリートパフォーマンス・マネージャー、ロブ・アンドリューによる調査ののち、ハスケルとアシュトンの両名はダニーデンのホテルの件により執行猶予付きの罰金五千ポンドとされたが、いちばん高い代償を払ったのはキャプテンのティンダルだった。クイーンズタウンの外出に関して、二万五千ポンドの罰金（不服申し立てにより一万五千ポンドに減額）を科されたうえ、イングランド精鋭部隊から放り出された。

ジョンソンは何もかもうんざりだった。イングランド代表としてテストマッチ八十四試合に出場、ブリティッシュ・アンド・アイリッシュ・ライオンズの遠征に三度参加、レスターでの試合出場回数は三百六十二に上り、敵のフォワードがどんな手を使おうと受けて立った偉大な元ロックは、ぼろぼろだった。ワールドカップの決勝でニュージーランドがフランスを打破した二週間後、契約満了まで六週間を残して、ジョンソンは辞任を発表した。

六年半の間に四度、イングランドは監督探しをしていた。またしても外国人の名前が挙げられ、元スプリングボクスのメンター、ニック・マレットとジェイク・ホワイト、ワールドカップ優勝監督の座から降りたばかりのキィウィ、グラハム・ヘンリーらが候補といわれた。ロブ・アンドリューとの軋轢が続いているにも関わらず、サー・クライブ・ウッドワードの復帰まで取り沙汰された。ウッドワードとよりを戻すことは実現の可能性が薄かった――エディー・ジョーンズは、イングランドが世界ラグビーの強豪として返り咲くには、彼の元ライバルの力添えは不可欠だと述べていたのだが。彼自身なら応じるだろうかと問われ、エディーは、「応じないとしたら、頭がおかしいんだろう。世界ラグビーでもトップレベルの仕事だよ」

と答えた。RFUが選択肢を検討する間、組織内に目が向けられ、六カ国対抗に向けてスチュアート・ランカスターが暫定監督に指名された。

ランカスターもまた教師から監督になった口で、三年間、RFUのエリート選手育成部長とイングランドのB代表チームであるサクソンズの監督を兼務していた。ラグビーリーグとユニオンの両方で世界的に活躍したアンディ・ファレルをディフェンスコーチに指名し、マーティン・ジョンソンの下でスクラムコーチを務めたグレアム・ラウントリーはそのまま残留となった。クリス・ヒューイットによれば、ランカスターの指名は、イングランドが開催国となる二〇一五年のワールドカップまでチームを導いてくれる大物とRFUが契約するまでの、安全を第一に考えた短期的な解決策であった。

「彼は本当に目立たなかった。レベルの低い管理職しかいなかったのかと心配した人が大勢いた。代理だけの予定だったのだが、なかなかの結果を並べてみせて、職を得たというわけだ」

カンブリア州の農家の息子であるランカスターは、トレーニング中の事故によるケガのせいで選手としてのキャリアが唐突に絶たれたあと、三〇歳で二部リーグのクラブ、リーズのコーチとなった。周到に計画を立て、熱心にラグビーの知識を深めたランカスターは、結局、体育教師の仕事を辞めて、リーズのフルタイムの総監督の職に就くことを選んだ。二〇〇八年にクラブをトップレベルに導いた彼の働きがロブ・アンドリューの目に留まり、翌シーズンの終わりにはRFUへと誘われたのである。

イングランドの暫定監督に任命されると、語り口が穏やかで気分にむらのないランカスターは、チームのカルチャーを改め、イングランドのファンとのつながりを修復することに、直ちに取りかかった。就任後、真っ先に取った行動は、公開トレーニングを行うことと、飲酒運転で逮捕・起訴されたダニー・ケアを六カ国対抗のメンバーから外すことだった。

ファン、そして選手たちは、その姿勢に応えた。

ランカスター就任後初のイングランドのテストマッチはマレーフィールドにおけるスコットランド戦で、敵を一三対六で封じると、続くイタリアとのアウェイの試合でも一九対一五で勝利をつかんだ。トゥイッケナムではウェールズに一二対一九と一歩及ばなかったものの、パリではフランスを二四対二二で制し、ランカスター軍は六カ国対抗史上アウェイの三試合全てを征服した初のイングランドチームとなった。トゥイッケナムにおいて、フォワードの圧倒的な力で三〇対九とアイルランドに大勝し、ウェールズに次ぐ二位の座を確保すると、RFUの新CEO、イアン・リッチーはランカスターの才覚が十分証明されたと考え、後継者探しを打ち切った。ランカスターは二〇一五年のワールドカップ終了まで四年間の契約で、正式に監督に任命された。

この動きは歓迎された。有力候補者であったニック・マレットとジェイク・ホワイトには、ランカスターにはない世界レベルの経験があったとはいえ、ファンもRFUも、自国開催のワールドカップにはイングランド人が率いるチームで臨むことを望んでいたのである。六カ国対抗で成功したことで地元出身者が当然の選択肢となり、始めのうちは正しい判断と思われた。

六カ国対抗に続く南アフリカ遠征では、テストマッチの一戦目と二戦目では苦杯をなめたが、最後の三戦目は一四対一四の引き分けとして、信頼を失うには至らなかった。トゥイッケナムに戻って、フィジーには五四対一二で圧勝、オーストラリア戦と南アフリカ戦はともに惜敗、そしてその年最後のテストマッチ、オールブラックス戦を迎えた。

六カ国対抗後の戦績のばらつきのせいで、ランカスターを任命したRFUの判断に対して投げかけられていた疑問は、イングランドが世界チャンピオンを三八対二一と力強く破ったことで一掃された。オールブラックスはそれまでの二十試合は無敗だったのである。

このイングランドの歴史的大勝利における一七点差という最大得点差記録は、残り六分でイングランドのリザーブ、マコ・ヴニポラがイエローカードとなったあとに、オールブラックスのジュリアン・サベアが遅まきながら意地を見せてトライを挙げていなければ、さらに大きかったはずである。

これはイングランドがオールブラックスから九年ぶりに得た勝利であり、貴重な史上七回目であった。トゥイッケナムを埋めた観衆は八万二千。そのホームスタジアムに陣取った、そしてテレビで観戦していたさらに多くのサポーターを何よりも興奮させたのは、メンバー合計のキャップ数がオールブラックスの七八八に対し、ランカスターのチームは二〇六と若手揃いだったことだった。未来は明るかった。ワールドカップが待ち遠しかった。

イングランドは次の三シーズンにわたって六カ国対抗で二位となり、そのうち二〇一四年にはトリプルクラウン〔ホームネーションズ四カ国のいずれかが他の三カ国に全勝〕を成し遂げている。また、オーストラリアには二勝し――二〇一三年に二〇対一三、二〇一四年に二六対一七――オールブラックスには二〇一四年にダニーデンで一点差の惜敗という結果だった。二〇一五年の六カ国対抗では、フランスを五五対三五と驚異的な得点で突き放したのだが、アイルランドをかわしてチャンピオンとなるには二七点差であることが必要で、あと一回トライとコンバージョンが足りず涙を飲んだ。

ワールドカップが始まる九月一八日まで、比較的順調に進んでいたのだが、ランカスターはその前にチームに一人新顔を入れていた。クリス・ヒューイットの言い方では、「井戸に毒を入れた」人物である。

二〇一四年の始めには、大方のラグビーユニオンのファンの間ではサム・バージェスはさほど知られていなかったとはいえ、ラグビーリーグでは大変な有名人だった。一九八八年一二月、ウエストヨークシャー、デューズベリー生まれ、一九六センチ、一一六キロのフォワードは、二〇〇六年、一七歳のときにブラッドフォード・ブルズの一軍選手となり、一年後には英国代表としてニュージーランド戦でデビューを飾った。ハダーズフィールドで行われたこの試合で一トライを上げるとともに、アタックでもディフェンスでも敵を恐怖に陥れ、二〇対一四の勝利に貢献したのである。そのパフォーマンスに感銘を受けたテレグラフ紙のレポーター、デービッド・バークは、こう記している。「弱冠一八歳がテストマッチのデビュー戦であれほどのインパクトを与えたのはアンディ・ファレル以来で、あの一九九三年のときも相手はキィウィだった。ファレルは国の代表をリードする立場となり、テストマッチ三十四試合に出場、二〇〇四年には世界最優秀ラグビーリーグ選手としてゴールデンブーツ賞を獲得、その後、ラグビーユニオンへと転じた」

〝ぶちかましのサム〟が、ボールもつぶすというキィウィ、フイフイ・モイモイを座り込ませた場面の映像は、ユーチューブで百万回以上閲覧された。そのビデオを見たうちの一人がオスカー俳優、ラッセル・クロウで、彼はＮＲＬのチーム、サウスシドニー・ラビトーズのオーナーでもあった。クロウはダービーシャーで撮影が進んでいた主演映画『ロビン・フッド』のセットに、バージェスを招いた。その折に、クロウはバージェスに、ハリウッド映画さながらの彼の自作シナリオで、主演スターとなるチャンスをオファーしたのである。

映画スターの考えたあらすじは、デューズベリー出の怪童がオーストラリアに渡り、NRL最下位のチームに加わって、一位になる手助けをするというものだった。二人で、銃弾降り注ぐ城壁を登り、フィナーレのシーンで究極の勝利を成し遂げるのだ。

そして、まさにそのとおりのことが起きた。バージェスは、兄のルーク、双子の弟たちトムとジョージとともに、二〇一一年の始めに三年契約で〝サウス〟に入団した。同クラブの一員として最後の試合、二〇一四年のNRL決勝戦では、最初のタックルで頬骨を骨折したにも関わらず、フィールドにとどまってラビトーズを燃え立たせ、四十三年ぶりのプレミアシップ優勝へと導いたのである。

マン・オブ・ザ・マッチを受賞したこのパフォーマンスにより、バージェスはラグビーリーグきっての名フォワードとして評価を高めた。元チャンピオン選手で有名メディアコメンテーターに転じたピーター・スターリングは、それまでオーストラリアでプレーしたイングランド人の中でバージェスが最高とまで言い切り、クロナラのペア、トミー・ビショップとクリフ・ワトソン、マンリーの伝説的ヒーロー、マルコム・ライリーやフィル・ロウよりも上に置いた。

決勝戦でのバージェスの英雄的行為に興奮したのは、サウスシドニーの熱狂的ファンだけではなかった。スチュアート・ランカスターとアンディ・ファレルも含まれていたのだ。二〇一四年のシーズン始めに、バージェスはラグビーユニオンのクラブ、バースと特大の四年契約を結んだことを発表したのだが、これはワールドカップに向けてイングランド代表チーム入りすることを視野に入れた動きだった。ランカスターとファレルはバージェスこそ自分たちのXファクターで、パズルで欠けていたこのピースが見つかれば、二〇一五年一〇月三一日にトゥイッケナムで開催国チームが世界チャンピオンに輝く姿が見られるはずだと考えた。ほかの人々にはそれほどの確信はなかったとはいえ。

リーグからの転身組、例えば二〇〇三年のワールドカップ決勝戦に出場したイングランド代表のジェイソン・ロビンソンやワラビーズのウェンデル・セイラー、ロテ・トゥキリ、マット・ロジャースのように、何シーズンもかけ、数多くのテストマッチを通してラグビーユニオンの微妙な違いを覚えるという点で恵まれていた先達とは異なり、バージェスに許された時間は十一カ月のみだった。さらに、バージェスが味方に付けねばならなかったのは、コーチや選考委員たちだけではなかった。二〇〇一年のセイラー一派のように、彼も知名度の高さと莫大な契約金にマスコミの注目が集まる中で移籍してきたのである。実績のある選手たちが是が非でもワールドカップ代表チーム入りを果たそうとしていることを考えれば、チームの和を乱すリスクは高かった。それに、そもそも彼のスキルはユニオンで通用するのかという疑問もあった。バージェスが最も似ているとされた――元NRLのフォワード、ソニー・ビル・ウィリアムズはオールブラックスのセンターとしてスターの地位にまで上りつめた――選手は、バージェスと比べるとはるかにすばしこく走り、リーグでもユニオンでもパスのスキルもピカ一だった。

バージェスはワールドカップの決勝戦をちょうど一年後に控えてバースに到着したのだが、

事態を複雑にしたのは頬骨の骨折で、その後まだ一カ月はトレーニングを始められなかった。バースの監督、マイク・フォードが、バージェスをリーグ時代のポジションであるバックローで起用するのか、センターで使うのかという問題について、満場の記者会見で臆測が飛び交うに任せていた一方、ランカスターとファレル——彼自身、ユニオンへの移籍に際して同じくポジションを変えていた——はイングランド代表としての起用について考えていた。

ヒューイットによれば、どこのポジションだろうと、この実験的試みは最初から絶望的だった。

「バージェスはユニオンには向いていなかった。ユニオンの試合を見たことさえほとんどなかったのに、いきなり国一番の高額報酬選手となったんだ」

「イングランドのコーチは元リーグ選手のアンディ・ファレルだし、ランカスターは北部地方出身でリーグに精通していたから、二人ともバージェスの件では特に興奮していた。ランカスターは統計データを全て調べていた。『一試合のキャリーが三二だ』と言っていたが、それはラグビーリーグでの話で、あっちではタックルエリアから素早くボールを出す必要はないが、ラグビーユニオンでは必須だ。こちら側で必要なプレーの経験が全くなかった。だが誰も心配ではなかったようだ。有名人だったからね。タブロイド紙はみんな、彼がうまくやって華々しいネタになってくれるのを望んでいた。結局は悲劇的な結末で、ランカスターはじめ彼の取り巻きは全員一緒に沈んだ」

「バージェスはセンターに起用されたが、全くの役立たずだった。ランカスターとファレルの意向だったわけだが、マイク・フォードがバースでそうしてみたら、トゥールーズ戦でベンチに下げざるをえなくなり、フォードは自分の息子のジョージとジョナサン・ジョセフをセンターに入れて、二人が交代で務めたんだ。バージェスはそれを見ていて、試合後にマイクにこう尋ねた。『おれはセンターじゃないのか？』」

「マイクはこう言った。『いいや。シーズンが終わるまでバックローだ』」

「つまり、バージェスは自分のクラブでセンターでプレーしていたわけでもないのに、いきなりイングランド代表のセンターにされたんだ」

「あれほど何もせずにイングランド代表のジャージを着られた例は初めてだった」

一月末、ラグビーユニオンで三百十三分間プレーをしただけで、バージェスはアイルランドのコークにおいてアイルランドのB代表チーム、ウルフハウンズとの対戦を控えていたサクソンズ要員として、イングランド代表チームに連れてこられた。メディアはチームの練習場所に押しかけて、ユニオンへの適応はどんな具合かとバージェスに質問した。「テレビで見るよりはずっと大変だね」と彼は言った。

ランカスターは自分の新しいスター選手が実際にプレーするところを見ようと、午後のフライトで乗り込んできた。試合のプログラムの表紙は、バージェスの写真入りで「チャンスが扉をノックしている」と大見出しが付けられていた。あるレポーターは、「まあ、それが本当なら、とても小さい音で、サムが聞きつける前にいなくなったのだ」と記している。

オーストラリアのラグビー選手たちの仲間内では、バージェスはショッキングなほどひどいという意味の「ショッカー」と韻を踏んでよく用いられる豪俳優名にちなみ〝バリー・クロッカー〟と呼ばれた。初めてボールを触ったときは、タックルされてボールを離さなかったため、ペナルティを取られた。その後も、事態は悪くなる一方だった。前半の間に、バージェスはループパスをタッチラインの外まで投げ、ディフェンスの際につまずいて滑り、バックハンドのフリックパスを試したのはいいが誰もいないところに出て、チームは十メートル失った。後半遅く、アイルランドの選手がほんの数メートル先にいるのにあっさりパスを取り落としたのが、我慢の限界だった。直ちに交代となった。

代表の練習試合が続き、それ以上惨憺たることにはなりえないほどだったが、ランカスターはくじけなかった。ロンドンに戻る飛行機で通路側に座るバージェスの隣に立ち、耳にささやきかけるようにアドバイスと激励を与えて、自分のスターが大舞台に間に合わせて仕上がるよう、一刻も無駄にはしなかった。

八カ月後、トゥイッケナムにおけるワールドカップの前哨戦、フランスを一九対一四で下した試合で、バージェスは初めてイングランド代表正規軍の一員として国際試合デビューを果たした。

バースではフランカーを務めていたのだが、バージェスは代表チームではヘンリー・スレイドとセンターでペアを組み、コークの試合以来、著しい進歩を遂げたことを示した。一二番としてディフェンスでは、キックオフからわずか二分後にフランス代表のキャプテン、ディミトゥリ・スザルゼウスキーを真正面からの猛烈なタックルで打ち倒し、この試合のハイライトとなったのではあるが、彼のアタックにはまだ大きなクエスチョンマークが付されていた。「パスができなかったんだ」とクリス・ヒューイット。「スクラムだろうとラインアウトであろうと、セットプレーでイングランドのボールのときは、スレイドが一三番から一二番のポジションに動いて、プレーをつなげられるようにした。フランスのボールのときは、バージェスが一二番に戻った。それが分かっていて、ランカスターは『この男こそ答えだ』と言ったんだ。全くばかげていたよ」

ばかげていようといまいと、二週間後にランカスターがワールドカップの三十一人のメンバーを発表したときに、バージェスの名前はあったが、ノーサンプトンのセンター、ルーサー・バレルが犠牲にされていた。確かにこれは難しい決断で、ランカスターは学生時代から知っているバレルに選外となったことを知らせるときには涙が出たと認めている。

イングランドは最後のウォームアップを終えて――アイルランドを二一対一三で破ったこの試合に、バージェスは残り一一分でブラッド・バレットに代わって出場――ワールドカップ開幕試合のフィジー戦に備えキャンプに入った。開催国の代表チームはどこもプレッシャーを受けてワールドカップに臨むものだが、二〇一五年にイングランドに与えられた課題は普通以上に大きかった。プールマッチの組み合わせは、大会の三年前の時点における世界ランキングに基づいて決定されたため、イングランドはプールA、いわゆる〝死のプール〟に、世界の強豪、オーストラリアとウェールズ、そしてフィジー、ウルグアイとともに割り振られた。

イングランドはフィジーを三五対一一で破りはしたものの、中盤での判断のまずさ、不安定なスクラム、結束力の欠如が災いして、緊張のスタートとなった。フィジーがキックを外したり、タックルの反則によりシンビンを取られ、ペナルティトライにつながったりして、本来入れていたはずの一一点を失っていなければ、ホームチームはピンチに陥っていたかもしれなかった。八日後、それが現実になる。大きなピンチが。

ランカスターはイングランドの第二戦、ウェールズとの試合で、バックラインに重大な変更、スタンドオフをジョージ・フォードからオーウェン・ファレルに、ブラッド・バレットを一二番から一三番に、そうすることで、負傷したジョナサン・ジョセフの代わりにバージェスをスターティングメンバーとしてインサイドセンターに、という三点を行った。評論家たちは、ランカスターは気がおかしくなったのか卓抜なのかといぶかった。

「勝ちさえすれば、名案だと言われる」とランカスターは認めている。「負ければ、まあ、選手選考についてはもう疑問視されているからね。次の二試合次第だ。結果が何を意味するかは分かっている。何が懸かっているかは。ワールドカップなんだ。私が責任者だ。そして厄介なプールときた」

ゆったりと満足げにイングランドの苦境を眺めていたのは、ウェールズの監督、ウォーレン・ガットランドだった。経験の浅いバージェスに対し、何か特に策を考えているかと聞かれて、ガットランドは簡単にこう答えた。「いや、当たっていくだけだ、ほかの相手と同じにね」。ただし、ガットランドが、イングランドはジョセフのフットワークを欠いて悔やむことになるだろうと示唆すると、エネルギッシュなウェールズ人センター、スコット・ウィリアムズも同調し、ジョセフよりバージェスをマークするほうがずっとよいと述べた。試合前の記者会見で、この件がバージェスに持ち出されると、彼はあっけらかんと、「スコット・ウィリアムズっていうのは誰だい？」と返した。

すぐに、バージェスはその答えを見つけた。ウィリアムズはフィールドに長くはとどまらなかったが、ウェールズを活気付け、バージェスが適材適所とはいえないのを見て取ると、イングランドのディフェンスを巧みなステップで抜けながら距離を稼ぎ、見事なランを披露。ただし、結局負傷によりストレッチャーで退場となった。

イングランドの出だしは好調で、ハーフタイム直後には一九対九、残り三〇分でも二二対一二とリードしていた。ウェールズのスクラムはまとまりがなく、負傷者も続出。一方、イングランドの強固なディフェンスに対しサポーターたちは歓喜の歌声を上げ、準々決勝進出確定のために必要な勝利を確信していた。だがそこから、潮目が変わり始めた。ラインアウトを避けてボールを回しながら維持していたウェールズは、ブレイクダウンの戦いを制しつつあった。イングランドがペナルティを献上、ウェールズのキッカー、ダン・ビガーは点差を詰めていった。残り一一分、イングランドが二五対一八でリードという局面で、ランカスターはバージェスを下げて彼のバースでのチームメイトであるフォードをスタンドオフに投入、オーウェン・ファレルがセンターに移った。二分も経たぬうちに、イングランドのワールドカップはばらばらに崩れた。

ゴール前四十メートルのモールからウェールズのリザーブ、ロイド・ウィリアムズへとボールがワイドに出た。ウェールズが負傷者多数のため危機的状況にあったせいで、普段のスクラムハーフではなくウイングに入っていたウィリアムズは、左タッチラインまで快走し、フィールド中央へと低くキック。ウェールズの九番、ガレス・デイビスが精一杯体を伸ばして弾むボールをつかみ取り、ポストの間に飛び込んだ。ビガーのコンバージョンで、二五対二五の同点。

残り七分、イングランドのフルバック、マイク・ブラウンが地面のボールを離さずペナルティを取られ、この試合で一度もキックをミスしていなかったビガーが、ハーフウェイのすぐ内側からねらいすましてゴールを決めた。最後の最後に、イングランドはウェールズの反則のおかげで、ゴール前二十五メートル地点からペナルティキックで引き分けに持ち込むチャンスを得た。イングランドのキャプテン、クリス・ロブショウは、その一週間前に日本のキャプテン、リーチ・マイケルが南アフリカ戦で直面したのと同じ選択を迫られたのだった——引き分けを取るか、勝ちに行くか。イングランドのキックは日本の場合よりも難しい位置からだったが、結論は同じだった。ロブショウはフォードにタッチへキックするよう指示した。しかし、イングランドボールのラインアウトとなったとはいえ、ウェールズは日本の奇跡の勝利を再現するチャンスを敵に与えはしなかった。イングランドがワールドカップに託した夢は、大会運営者たちの長年の苦労は、そして膨大な数のファンの希望は、七日後のワラビーズ戦の八十分間にかかってきたのである。

その試合までの間にイングランドが受けたプレッシャーはとてつもなかった。誰も彼もランカスターの采配とバージェスの価値について一家言持ち、エディーも例外ではなかった。オーストラリアの新聞コラムでこう述べている。「ゲームスタイルの明確さは問題だろうか？　もちろん問題だ。ワラビーズは自分たちがどんなプレーをしたいのかはっきり分かっている——ペースアップを維持し、ボールを手に持ち続け、相手のバックスリーを深い位置に残しておくために、キックの判断を的確に行うことだ。イングランドは、ベタベタの飴がいろいろ一つの袋に混ざっているような具合で、展開型のプレーのときもあれば、セットプレー重視のときもある。分かりやすい例は一〇番の変更で、ジョージ・フォードというランとパスのうまい選手が、オーウェン・ファレルというキックとディフェンスが得意な選手に入れ替えられたことで明らかだろう」

「メディアからのプレッシャーがスチュアート・ランカスター監督に影響しているのか、混乱が続いている。ランカスターはハーバードのビジネススクール卒マネージャーといったタイプだ。パフォーマンスを高める環境作りには優れているが、戦略的にはお粗末で、その点はオーストラリアに非常に有利になる」

「サム・バージェスは、センターとして大化けするのか望み薄なのか？　ウェールズ相手の敗戦では、期待外れだった。『途方に暮れる』というのがいちばん正確な言い方だろう。しかし、このままラグビーを続ければ、二年後には目覚ましい活躍をしているだろう」

生きるか死ぬかのオーストラリア戦で、ランカスターはまたフォードではなくファレルを選び、ジョセフはケガから復帰、バレットが一二番に入ってバージェスはベンチに残った。エディーが示唆したように、寄せ集めの選考だった――ディフェンスを考慮したスタンドオフと華麗なステップのセンター。批評家たちはどっちつかずのチームだとこき下ろした。ランカスターはワラビーズを封じ込めたいのか、振り切りたいのか？　どちらにせよ、机上の空論で終わった。イングランドのラグビー史上でも特に重要であったこの夜、白いジャージに身を包んだ男たちは、怒涛の勢いのオーストラリアに立ち向かった。エディーの舵取りで二〇〇三年大会準々決勝においてオールブラックスに勝って以来の最高のパフォーマンスを見せて、ワラビーズはイングランドを三三対一三で吹き飛ばし、特にスタンドオフのバーナード・フォーリーは最多記録の二八得点を挙げた。

オーストラリアの監督、マイケル・チェイカは、ランカスターと同様の選手選考問題を抱えてワールドカップに臨んでいた。卓越したスタンドオフ二人のどちらを選ぶか悩んだイングランド監督のように、チェイカはデービッド・ポーコックとマイケル・フーパーという、オールブラックスのリッチー・マコウとともに一七番の三雄といわれるうちの二人に恵まれていた。どちらを選ぶか？　チェイカの解決策は勇敢で、目を見張るほどの成功だった――ポーコックをナンバーエイトに動かして、二人とも起用したのだ。オーストラリアは高さには欠けていたが、それを補って余りあるスピードがブレイクダウンで発揮された。ポーコックとフーパーのタグチームはこの試合でイングランドのルースフォワードを完全に圧倒し、残りはワラビーズのバックスが片付けた。

イングランドのサポーターにとっては、忘れてしまいたい夜となった。バーナード・フォーリーにとっては、いつまでも大切に思い続ける夜だった。

「覚えているのは、あの期待感と準備だ。一週間ずっと、何も読まないように、騒ぎに巻き込まれないように努めたけれども、ファンとメディアのあの期待感を感じずにいるのは不可能だった。事の重大さはみんな分かっていたよ」

「ウェストミンスターのホテルだったから、ロンドンを通ってトゥイッケナムまではバスでかなりかかった。どこを通ってもイングランドのジャージ姿の人が見えた、歩道にも交差点にも至るところに。リッチモンドパークで『ファンゾーン』のイベント会場を通りかかると、すっかり準備ができていた。それからトゥイッケナムに着いたらもう大変な数の人が詰めかけていて、駐車場は大混雑、スポンサーのネオンサインだらけで……すごかったよ」

「イングランド側へのプレッシャーがかなり高かったのは分かっていたから、こちらは冷静な試合運びに徹して、向こうが力を発揮できないようにしなくてはならなかった」

「開始すぐに、重大な局面がやって来た。フィールド中央のスクラムから出たボールをコーナーにキックすると、マイク・ブラウンがボールを取り落としそうになってからサイドラインを割って、プレッシャーを感じているんだと思った」

「イングランドとの直近の二試合では負けていたし、チェイクの下で二〇一四年に遠征したときには、四試合中一試合しか勝てなかったから、こちらは負けて当たり前だと思われていた。でも、チームには信念があった。長い間一緒にやってきて、潜在的な力があることは分かっていた。だから、自分たちが十分準備してきたことを証明して、持てる力を示して見せられて、本当によかったよ」

　フォーリーの挙げた二つのトライのうち一回目は、早くも開始一九分、ゴール前十メートルから、ダミーパスを交えつつステップでイングランドのディフェンスをかわして決めたものだった。コンバージョンを加えてスコアは一〇対三となり、ランカスターと彼の選手たちに対するプレッシャーはさらに増したのだが、はるかに意義が大きかったのは、ハーフタイムまで残り五分で決めた二回目のトライのほうだった。リザーブのフルバック、カートリー・ビールがフォーリーからノールックのインサイドパスを受け取ってディフェンスをひき付けてから、またフォーリーに戻したのだ。

　エディーが南アフリカとの対決前に、ブレイブブロッサムズに繰り返し練習させた〝打倒ボクス〟作戦のように、マイケル・チェイカとそのスタッフも、時間をかけて白服軍団を撃破する戦略を練っていた。名前は付いていなかったが、さだめし〝イングランド掃討〟作戦といったところであったろう。

「あの試合のために相当準備した」とフォーリー。「チェイクとコーチたちはイングランドの試合を研究して、つけ込めると思うところを見つけたに違いない。ラインアウトのあとショートサイドでリターンプレーを使うという手を考えたんだ。スーパーラグビーが終わってから三、四カ月間、それを試し続けた。アメリカとの練習試合があったし、ワールドカップに入ってからフィジー戦もウルグアイ戦もあった。でも、チェイクは、そういう作戦があることを漏らすなと言った。イングランドに知られたくなかったんだ。始めのほうの試合で、あのプレーで得点できそうでも、それはするなというのが指示だった」

「試合の前の週も、トレーニングであのプレーを何回も練習したけれど、うまくいかなかった。パスが浅すぎたり、ほかの選手が邪魔になったり。カートリー・ビールはスタートからフルバックだったわけではなくて、ボブー・ホーンが下がったときにイズラエル・フォラウがフルバックからウイングに動いて、KB［ビールの愛称］がフルバックに入ったんだ」

「KBは完璧なラインで走って、ギャップを抜き、まっすぐ戻した。まさに、それまでの二、三カ月の道のり全体を象徴する動きだった。フィットネストレーニング、坂道や階段の上り下り、ランニング、アメリカのキャンプは猛暑だったし、でもその全てのおかげで頭脳的作戦も可能になって、イングランドに対してはぴたりとあのプレーが決まった」

ハーフタイム後すぐ、ランカスターは是が非でも巻き返しを図ろうと、フォードを入れてファレルをセンターに移した。アンソニー・ワトソンのトライとコンバージョンが決まり、続いてファレルが残り一五分でペナルティキックを入れてホームチームが七点差に迫ると、一瞬希望に沸き立った。が、そのあとでファレルはシンビンとなり、終了間際にワラビーズのマット・ギタウがトライを挙げると、イングランドの、そして開催国としてのワールドカップの望みは絶たれた。

ギタウがコーナーにダイブしたときの二人の監督の対照的な反応、チェイカが跳び上がって拳を突き上げた一方、ランカスターはまっすぐ前を見つめ、落ち着き払ってはいたもののがっくり来ていたことが、全てを物語っていた。たった今、自分のチームがイングランド初の――そして開催国初の――プールマッチ敗退チームとなったのだ。あと一つウルグアイ戦が残ってはいたが、イングランドにとって事実上大会は、そしてランカスターの任期も終わりを迎えた。

すぐさま、非難と罪のなすり合いが始まった。バージェスがいけにえにされ、特に、ラグビーに愛想を尽かしサウスシドニーに戻ることに決めたことが明らかになると、さらに叩かれた。不満を抱いていた選手たちは、匿名でレポーターたちにランカスターの選考について不平を漏らし始めた。ランカスターは、アンディ・ファレルから過度に影響されて、バージェスを選び、ジョージ・フォードよりファレルの息子オーウェンをひいきにしたという見方を、否定しなくてはならなかった。

「選手選考についての判断は合議によるもので、究極的には私自身の判断であり、責任は私にある」と述べた。

RFUのCEO、イアン・リッチーが、結果的に世界ランク八位にまで落ち込んだチームの失敗について調査を進めるため、五人構成のパネル委員会を招集したときには、ランカスターの解雇は既定のこととされていた。彼の仕事ぶり――そしてそもそもＲＦＵが彼を選んだこと――に対する批判が各方面から上がっていた、南アフリカにいるエディー・ジョーンズを含め。

「どこのラグビー協会でも、どの国の代表チームでも、成功を収めたところには、経験豊富な人間が、ラグビーを理解している人間が必ずいるものだ」と、エディーは職に応募していると受け取られかねないような発言をしている。「譲れない点というのはシンプルなものだ。つまり、ラグビー協会でぐらついているところは、そういう譲れない点を守っていないということだ。イングランドのように、ワールドカップの開催国チームの監督にルーキーを選んだりね。ホームチームの監督に対するプレッシャーはとてつもない。誰か経験のある、いろいろくぐり抜けてきた人間が必要だ。そういう過酷な環境でチームをどうまとめていくか分かっている人間がね」

イングランド監督の仕事をオファーされたら検討するかと聞かれて、こう答えた。「もちろんだよ。だが、ＲＦＵがスチュアート・ランカスターと道を違えるかどうかは、重大で難しい決断だ」

一一月一五日、オールブラックスがワラビーズを退け、ワールドカップ連続優勝を達成してからわずか二週間後、リッチーはＲＦＵの理事会にレポートを提出した。それから、エディーに会うために、南アフリカ、ケープタウン行きのフライトを予約した。与えられた指示は明確だった――彼を伴わずには帰ってくるな。

第16章 英国紳士は要らない

エディーのイングランド代表監督指名から一カ月後、ＲＦＵは一夕、マスコミ関係者をトゥイッケナムのホテルでの懇親会に招いた。クリスマスを六日後に控えた気楽なオフレコの集まりで、ジャーナリストにとっては、それからの四年間、代表チームの命運を左右する人物に会って挨拶するチャンスだった。

一一月二〇日にエディーの指名が正式発表されて以来、英国の新聞に彼の名前が載らない日はほとんどなかった。毎日のように、違う内容か新しいアングルのストーリーが見つかった。イングランド史上初の外国人監督となった、この興味をそそる半日半豪のワーカホリックの人物紹介記事と、白地に赤いバラのエンブレムのジャージをまとうチームのプライドを、彼がどうやって取り戻すかという推測記事とが、紙面のスペースを争っていた。エディーはイングランドの選手たちは紳士的すぎて、チームに〝悪党〟が足りないと考えているという説もあった。どの選手が選ばれるか、誰がお払い箱か？　コーチは誰か？　何よりも、イングランドのキャプテン、クリス・ロブショウの今後が問題にされたのだが、エディーはワールドカップ期間中に自分の紙上辛口コラムで彼について「腕のいい職人のような選手」としか触れていなかった。デイリーメール紙に寄せたイングランド対オーストラリアの対戦予想の中で、こう書いている。「クリス・ロブショウは七番のジャージを着ているが、よくて六・五番といったところだ。ボールに貪欲でもなければ、機敏でもない。役には立つけれども、決して純然たるオープンサイドではない。私に言わせると、ロブショウはクラブラグビーの選手としては抜群ではあるものの、世界レベルで通用する強みに欠ける。ボールキャリーはまずまず、タックルもまずまず、だが特別秀でているエリアはない」

これではイングランドのキャプテンとして四十三試合を戦った男に対する熱烈な支持とは全く言えず、また、エディーの就任でロブショウが失うのはキャプテンの地位だけではなく、チームに残れるかどうかも危ういという話も出た。指名発表記者会見で、エディーは自分のコメントをこう弁護した。「あのときはイングランドの監督ではなかったからね、新聞コラムニストとして書いたんだ。度が過ぎたところはあった。最初にしなくてはならないのは、クリスとゆっくり座って話すことだ。ほかのみんなと同じように、彼もゼロからのスタートになる。物事を変えるチャンスは常にあるし、彼はそれができる立場にいる」

エディーが結果をよく考えずに何かを言ったり書いたりして、その報いが身に降りかかるということは、これが最後ではなかった。次に起こったのは、一カ月後の非公式なクリスマス懇親会でのことだった。

リッチーとエディーが南アフリカで会ってからちょうど一週間後、エディーは初めて英国のメディアと対決した。ストーマーズの監督になったばかりで、地元のレポーターたちには三年間職務を全うすると述べていたのだが、拒むことなど不可能なオファーをリッチーは提示した。「物事がどう転ぶかというのは面白いものだ」。トゥイッケナムで開かれた指名発表の記者会見で、エディーはこう言った。「先週、私はケープタウンにいてサングラス越しにテーブルマウンテンを眺めていた。それが今はここにいて、コートを着ているのだから。私を知っている人は、私が所属しているチームに常に百パーセント力を注ぐということと、人をがっかりさせるのが嫌いだということを理解している。自分がストーマーズにしたことは褒められたことではないが、これは一生に一度のチャンスで、失うわけにはいかなかった。自分のいるバス停にバスが来るのは一度だけで、それを逃すわけにはいかないということもあるものだ」

就労ビザの取得にやや手間取った以外は、全て順調だった。近くに家を買うまでの予定で、宏子とペニーヒルパークホテルに腰を落ち着け、エディーは一月の本格的な仕事始めの前に、クリスマスにかけて二、三日、貴重な休暇を過ごすのを楽しみにしていた。メディアとの集りは、気軽な気持ちで環境に慣れるためのプロセスの一つと思われた。

メディアの招待客は指定の時間に到着し、エディーがロブ・アンドリューに伴われて遅れて着いたときには、皆バーのあたりにたむろしていた。二人とも気さくでよくしゃべり、上機嫌だった。じきに、実は直前までRFUのクリスマスパーティに出席していて、十二分にもてなされてきたところだったことが明らかになった。エディーにしては最高の愛想のよさで、普段はごく親しい友人たちにしか見せない、彼の人柄の別の面を披露した。グラスを手に、グループを回って歩くエディーは、ウイットに富み、社交的で、率直な様子だった。その会も終わり近くになって、クリス・ロブショウをキャプテンにとどめておくのかと聞かれて、率直にこう答えた。「いいや、ディラン・ハートリーにするつもりだよ」

ラグビーのスクープという点では、これは最大のネタといってよかった。それまでの一カ月間というもの、ジャーナリストたちはエディーが誰をキャプテンに選ぶかという臆測に散々紙面を費やしてきたのだが、ハートリーの名前はほとんど出てこなかった。あるコラムニストからは、エディーは六カ国対抗の各試合で違うキャプテンを選んで、そのあとに最終決定するだろうという珍説まで示された。ハートリーはその記事で挙げられた五人の中にも入っていなかった。

だが驚くには当たらなかった。ハートリーのスキルや選手としてのタフさを疑う者は皆無だったものの――このニュージーランド生まれのフッカーは、既にイングランド代表の試合に六十一回出場していた――彼の懲罰記録は最悪だった。二〇〇七〜二〇一五年の間に、相手の目をえぐる、嚙みつく、殴る、ひじで攻撃する、運営関係者に暴言を吐くなど、フィールド上で様々な問題行為を行ったかどにより、計五十四週間の出場停止処分となっていた。エディーがそのハートリーをイングランドのリード役にと考えているとは衝撃であったが、同時に象徴的な意思表示だった。ハートリーを選ぶことで、エディーはこう伝えているのだ――ミスター・ナイスガイはもう要らない。

エディーからその腹積もりを明かされたジャーナリストたちは、道徳上のジレンマに陥った。懇親会のあとで一緒に食事をしながら、自ずと話題はハートリーの衝撃的ニュースのことになった。伏せておくのはあまりに惜しいネタだという点では意見が一致したが、ＲＦＵの招待の趣旨は明らかだった——非公式のオフレコの催しである。エディーの発言は一切公表されるべきものではなかった。まあ、それはそうだけど、でも……エディーがと言わなければどうか？　もっといいのは、ハートリーから裏を取ることではないか？　一人がハートリーのノーサンプトンの自宅に電話した。

「それでディラン」と話を振った。「イングランドのキャプテンに指名されて、どんな気持ちだい？」

「何のことだかさっぱり分からないね」とハートリーは正直に答えた。

レポーターたちが思いとどまることはなかった。情報源が明かされないままこの件が記事になると、あちこちで嵐を巻き起こした。オフレコの指示に従った者は、ルールを守らなかった記者に怒り心頭だった。編集長は特ダネを落として激怒し、エディーは二度とイングランドのマスコミを信用しなかった。

人気投票で優勝しようと思っていたわけではない。就任から六カ月後に、エディーはこう述べている。「デイム・エドナ・エバレッジ［豪コメディアン、バリー・ハンフリーズが自作自演しているキャラクター］みたいな人気者のオーストラリア人になりたいわけじゃない。やりたいのは、イングランド代表を常勝チームにするということだけだ」

その目標を達成するための最初のステップは、選手たちが活動を開始すべくペニーヒルパークに到着するずっと前に着手されていた。まず、コーチングスタッフを決めねばならなかった。イングランドのラグビー界のトップで誰が決定権を握っているのか、確認が必要なら、是が非でもスティーブ・ボーズウィックをブリストルとの契約から解放しようとしたエディーを、RFUが支持したことを考えてみるとよい。ブリストルの大ボス、スティーブ・ランズダウンが強硬な態度に出て補償金として五十万ポンドを要求したことから、普通ならRFUはエディーにほかかを当たるよう指示していたところだった。けれども、彼らは小切手を切り、新監督に「あとは何だ?」と言ったのである。

次にリストに挙がっていたのは、ディフェンスコーチのポール・ガスタードで、彼は二〇〇八年、エディーのサラセンズ時代にその下でコーチとしてのキャリアをスタートしたのだった。そこで、彼は「オオカミの強さは群れにあり、群れの強さはオオカミにある」という格言に基づいて、同クラブの有名な〝オオカミの群れディフェンス〟を立案した。ガスタードはエディー並みの集中度で仕事に臨んだ。選手たちを刺激するために、トレーニングにオオカミを連れてきたり、また別のときはヘビを運んできたりもした。相手チームに入れられたトライは全て覚えていると言い放っている。

「一つ一つ全てがこたえるんだ」とガスタード。「何日間もずっと頭の中に残っている」

エディーはぴったりのコンビが得られたと確信していた。

「二人の性格からして、うまくいくよ」と彼は言った。「ポールは外向的でスティーブは内向的、スティーブは分析が得意でポールは感情に訴えるほうだから、完璧な組み合わせだ。バスの前に座りたいというのと、後ろがいいというのと、両方要るからね――全員前の席というんじゃまずいんだ」

エディーの二人のコーチ、ボーズウィックとガスタードは、エディーにほぼ匹敵するほどの勤労意欲の持ち主で、より上を目指すということに、ほとんど取りつかれているかのようだった。エディーが次に指名した人物は、彼ら全員の上を行っていた。選手時代、ジョニー・ウィルキンソンは一年を通して毎日、クリスマスでさえも、何時間もキックの練習に費やし、六回連続でゴールを決めるまでは家に帰らなかった――何時間かかろうと。精神状態がおかしくなりかけたことすらあった。

「続けているうちにどんどん暗くなった」とウィルキンソンは言う。「やればやるほど、だめになった。最後には何も見えなくなって、まさに逃げ出そうとする寸前になるほどイライラしていた。ほとんど気が変になりそうだったよ。もうやめたかったんだ、無駄なのは分かっていたからね。でもそれができない性分なんだ。失敗が大嫌いときている。一晩中気になって、ほかのことは考えられなかった」

エディーはスーパーマーケットでばったり会ったあと、まだ引退間もなかったウィルキンソンに、スタッフに加わってオーウェン・ファレルとジョージ・フォードの面倒を見てくれないかと頼んだ。数日後、二人の若きキッカーは、二〇〇三年ワールドカップのヒーローとの最初のトレーニングにやって来た。

「われわれが着くしばらく前から、彼はもうそこにいたようだった」とフォード。「行ってみると、キックをしていた。選手のときも、とにかく練習、練習だったけれど、今でもまだ練習しているなんて、触発される思いだった」

コーチ陣が決まり、エディーは選手たちのために最適の環境を用意する仕事に取りかかった。最初の指示には、ペニーヒルパークのトレーニングルームのペンキを塗り直し、スチュアート・ランカスターが選んで壁に書かれた警句を消し去ることが含まれていた。あらゆる点で、エディーは新しい時代を運んできたのだから。もっとも、塗りたてのペンキのにおいがしないと、選手たちはそれに気付かなかったというわけではない。それまでワラビーズでも、スプリングボクスでも、ブレイブブロッサムズでもそうだったように、自分たちの新しいボスはとても高いレベルを設定する男だということを、赤いバラの軍団もすぐに思い知らされた。

エディーの就任後初の試合は、二〇一六年の六カ国対抗、スコットランドとの開幕戦であった。当初、トレーニング参加メンバーとして三十三人を選び、初戦の前にそこから十人が落とされた。新メンバーで注目されたのは、ジャック・クリフォード、エリオット・デイリー、ポール・ヒル、そして型破りなマロ・イトジェで、シーズンが進むにつれて全員が頭角を現した。頭突きのせいで出場停止となりワールドカップに出られなかったディラン・ハートリーがチームに戻るとともに、負傷していたマヌ・ツイランギも復帰した。ワールドカップのオーストラリア戦でスターティングメンバーだったトム・ヤングス、ブラッド・バレット、トム・ウッド、ジェフ・パーリングは選ばれなかった。

エディーの指揮による最初のトレーニングは、関係者全ての目を開かせるものだった。

「二十分でみんなへとへとになっていた」とエディーは振り返る。「それ以上走れなかった。体力がなかったんだ。テストマッチレベルのラグビーの基本は身体状態だ。プレーできるだけの体力が必要だ。『一体何に首を突っ込んでしまったんだ？　これは厄介な仕事になる』と思ったよ」

それはエディーにとってだけでなく、選手にとっても同じだった。バックローのジェームス・ハスケルはカルカッタカップ［六カ国対抗戦の中のイングランドとスコットランドの間の対戦］までの準備期間に、エディーにビシビシ鍛えられたと述べている。

「エディーは率直にものを言うし、常に選手たちを見ている。二度ほど徹底的にやり込められたけど、全て的を射ていて、きめ細かく、考え抜かれていた。トレーニングは身体面、精神面、知識面の組み合わせだった。次に何が来るのか全く分からなかった。求められる基準が厳しかった。全員がトレーニングに打ち込んで、認められようとし、すぐに歯車が全てがぴたりと嚙み合うようにと願っていた」

わずか七回一緒にトレーニングをしただけで、新監督と彼のチームはマレーフィールドに向かったのだが、まだ海のものとも山のものともつかない状態だった。ライバルであるワラビーズ監督、マイケル・チェイカがポーコックとフーパーに取った対応と同じように、エディーもジョージ・フォードとオーウェン・ファレルのどちらを取るかという問題を、二人とも起用することで回避した――フォードを一〇番に、ファレルを一二番に入れた。また、クリス・ロブショウをメンバーに残しつつ七番から六番に動かして、ハスケルをオープンサイドとして戻した。ディラン・ハートリーがキャプテンだった。

試合は接戦で、ハーフタイムの時点では七対六でイングランドがリード。交代したマコ・ヴニポラがお膳立てをしてウイング、ジャック・ノウェルが一五対九の勝利を決定付けた。ぱっとしない試合ではあったが出発点ではあり、次のイタリア戦に向けて、エディーは自分がずっと望んでいたチーム改造に着手することができた。

三カ月前にエディーの指名が発表されたとき、ＲＦＵのボス、イアン・リッチーは「世界レベルでの経験が豊富な監督」を得ることの重要性について触れた。エディーに批判的な向きは、それは〝外国人〟の婉曲《えんきょく》表現に過ぎないと主張したが、いずれにせよ、世界のトップレベルで監督を務めるのに必要な知識をエディーはほかの誰よりも多く蓄積していた。それに加え、試行錯誤の痛みを何度も経験したおかげで、何が効果的で何がそうでないかを理解していた。イングランド軍改造のためにエディーが導入して、驚きの新機軸と地元メディアが褒め称えた策の多くは、実は日本で成功を収めた際に彼が用いたテクニックだった。

ブレイブブロッサムズを引き継いだときにエディーを苛立たせたのは、リーダーシップと意思決定のスキルが選手に欠けていたことだった。イングランドでも同じような状況に直面して、同じ手を使ってそれを改めようとしたのだ。日本のときは、エディーとコーチたちはチームミーティングを招集しておいて姿を現さず、こっそり選手たちの反応を撮影した。イングランドでは、決められた時間に決められた場所に到着するためにホテルにバスが迎えに来ると選手たちに伝えながら、実はバスを手配せず、選手たちがどう問題に対処するかを見た。

結果はほぼ同じだった。日本人選手の適応能力が高まったのと同様に、イングランド人も試合の流れに沿って、自分たちで考え、状況の変化に対応するようになった。

「選手がより大きな責任を担うということだ」とエディー。「そうなればうれしいよ、監督としての私の仕事は、私が要らなくなるようにすることだからね。世界のトップレベルのチームを見てみれば分かる。実際にやってる人間がチームを動かしていけば、チームはもっと強くなる。なぜなら彼ら自身が判断を下すわけだからね。イングランドは監督に寄りかかっていた。だが、もうかなり大きく変わっている。私はまだ用済みではないがね。二〇一九年までには、フィールド上で自分たちで試合を動かすようになっているというのが私の望みだ。フィールドで何か起きたら、自分たちで問題を解決するんだ。指示を求める必要はない。それが目標だ、自己運営型のチーム、自律的なチームが自分たちで決断していくことが。自分たちで仕事をこなしていくチームだ。そこで、選手たちがそういうことを身に付ける訓練をしているところだ。例えば、彼らにジムでウエイトトレーニングを行うと言っておいて、コーチは行かずに、反応を見るんだ。自分たちでやれるかどうかね。誰がリーダーで誰がそうではないか、分かるというわけだ。同じことを、フィールドでのトレーニングでも、チームのミーティングでもやってみたが、自分たちで運営していけるチームになるという点で本当に目覚ましい進歩を遂げている。若い人たちがあれこれ批判されるけれども、環境の産物であるというのは何でもそうだと思うね。きちんとした環境を整えれば、きちんとした若者が育つ。私にとっては、このイングランドのチームに関していちばん満足しているのは、その点だろう」

ファンにとっては、イングランドのチームに関していちばん満足しているのは、勝っているという点だった。

スコットランド戦の初勝利に続き、エディーとその軍勢はローマに向かい、四〇対九で快勝。この試合が、イングランド代表U-20のキャプテンでサラセンズのフォワード、マロ・イトジェにとって、テストマッチのデビュー戦となったことも注目された。マレーフィールドでの試合の前に、エディーは一次選考メンバーの三十三人から振り落とした十人のうちの一人として彼をクラブラグビーに送り返していたのだが、第二戦ではベンチ入りさせたのである。「マロは機転の利く若者だ」とエディーはメンバー発表の際に述べている。「彼は今はボクスホール・ビバ［英ボクスホール社のコンパクトカー］みたいなものだ。これからBMWにしたいね。かなり頑張ってもらわないといけないが、彼には潜在能力がある」。イトジェは、ボクスホール・ビバとは何なのかグーグルで調べたことを認めているが、試合では残り二六分にフィールドに出ると、その時間内で、エディーに彼の強化プランを進めるうえで自分は大きな役割を果たしていくと十分納得させるプレーをして見せたのである。

六カ国対抗の開幕二戦を制覇したことは、待ちくたびれていたイングランドのファンに楽観的な見方をもたらしたが、疑い深い人たちにはまだ不十分だった。スコットランドとイタリアは参加国のうち最もくみしやすい相手とみられていた。BBCは「想定内の勝利」と呼んで、RFUの前宣伝どおりエディーが本当に超一流監督なのかどうかが明らかになるのは、トゥイッケナムでのアイルランド戦とウェールズ戦、そしてパリで行われるフランス戦においてのことだという多くの声を取り上げた。

その頃には、エディーは完全に監督としての役割にのめり込んでいた。選手たちのことが分かり、選手たちも彼のことが分かっていた。それまでに大勢が把握したように、エディーは自分の考えを胸に秘めたり、相手の気持ちを気にしたりするタイプではなかった。

日本の雑誌『Number』はエディーの紹介記事に「嫌われる勇気」という見出しを付けた。エディーはその引用については否定したが、その背後の根拠についてはその限りでなかった。

「嫌われるために勇気を持てとは言わなかった。あれは日本的な解釈だな。私が言ったのは、そして実際信じてもいるが、成功したかったら自分自身のままでいなくてはいけないということとだ。自分の価値観をしっかり持っていれば、それに基づいて自分の姿勢が決まる。私は自分に正直であろうとしているだけで、それで人に好かれなくても気にならない。やるべきことをやるという点に尽きる。できるだけ相手に敬意を持つようにはしている。周りの人たちには一生懸命やってほしいし、本気で取り組んでほしい。それが嫌なら、それは彼らの問題で、私の問題ではない。日本は人に好かれるのが好きな国だ。だからあの見出しがあれほど効果的だったんだろう」

六カ国対抗戦期間中のキャンプで、エディーはそうしたポリシーを日々実践に移した。報道によれば、スクラムハーフのベン・ヤングスは彼にこう言われた。「おまえは太り過ぎだしキレが足りない」。キャプテンのディラン・ハートリーは、ある日、練習グラウンドでエディーに呼びつけられ、彼の目には低水準と映ったパフォーマンスに関して、ほかのみんなの前で大声でずばりと厳しい評価を聞かされた。その場に居合わせたジェームス・ハスケルを含めほかのメンバーは、自分たちがエディーの期待に応えられないとどう見られるのか、しっかり肝に銘じたのである。

別に予想外のことではなかった。エディーの指名後、メディアはエディーの〝愛のムチ〟スタイルの人事管理の例を数え切れないほど既に取り上げていた。元イングランド代表選手でプレミアシップクラブの監督であるディーン・ライアンは、エディーの元選手数人に彼の対人関係スキルに関する意見を尋ねてみた。

「話す相手によって、素晴らしいというのから最悪だというのまでまちまちだ」とザ・ガーディアン紙に書いている。「その中間というのはほとんどない」。イングランドの選手たちは、ほとんどが素晴らしいという側だった。ワールドカップの大失態後、バッシングの的にされるのにうんざりしていた彼らにとって、エディーは人々の尊敬を取り戻すための頼みの綱であり、彼が与えるメニューは何でも喜んで平らげ、お代わりを求めるほどだった。

ヤングスの体重に関する文句や、開幕試合のスコットランド戦で彼をベンチに残してダニー・ケアを起用するという屈辱的な決定も、攻撃ではなくチャレンジというとらえ方をされた。レスター・タイガースのスクラムハーフは、フィットネストレーニングに懸命に取り組み、イタリア戦とアイルランド戦ではスターティングメンバーの地位を勝ち取った。ハートリーも同じだった。

「ある日、エディーの期待していたレベルに届かないことがあって、こう言われたんだ。『それじゃ足りない。模範となって引っ張る立場だろう』。それで次の日は、『期待以上に頑張らないと』と思った。エディーはいつも疑問を投げかけてきて、こっちをたき付けるのさ」

フランカーのハスケルは、ワールドカップではトム・ウッドに先を越されてスチュアート・ランカスターの選考に漏れたのだが、エディーによってテストマッチ選手として復活させられており、彼の標的にされることがあるにも関わらず、エディーの管理スタイルを絶賛している。

「この体制の下でプレーできて、今まででいちばん満足している」とハスケルは言う。「一つのやり方を全部に当てはめる、全員を同じに扱うという方針はうまくいかないよ。それぞれ気持ちの上で満足の感じ方が違うということを、エディーは理解している。ラグビー人生で初めて、選手たちにどう話せばいいのか、各自の力をどうやって最大限引き出すのか、分かっている人に巡り合ったと感じているんだ」

ワラビーズやブレイブブロッサムズでエディーの大爆発の被害にあった選手たちの中には、彼のスタイルに関するハスケルの意見に首を振る者もいるだろう。エディーは常に選手たちの力を最大限引き出すという点には疑問の余地はないが、彼が言いたいことを伝えるときには、ニュアンスというものはほとんど考慮されなかった。だが、かつては全て黒か白というふうであった彼も、二〇一五年一一月、就任初日にRFU本部に現れた際には、二〇〇一年にワラビーズを引き継いだとき、あるいは、二〇〇九年に日本で名誉挽回を期していたときとは、かなり違う人物になっていた。あれ以来、何度も失望し、人の死に出会い、健康上の危機を乗り越え――ジョン・オニールは彼の脳卒中を突然の転機と言い表した――様々なことをくぐり抜けてきていた。しかし、人に接する態度を改められたのはもっと別のもののおかげだと、エディーは述べている。娘のチェルシーから学んだのだ。

「私は自分なりの育ち方をした」とエディーは言う。「ある状況に置かれて、その中で戦い抜かなくてはならなかった。自分で道を切り拓く必要があった。誰かに何かしろと言われたら、それをするしかなかったからね。権威を敬うよう教えられた。だから娘には厳しくしてもいい、私の意志を押しつけて構わないと思っていたんだ。その点で、たくさん間違いを犯してきた――彼女に対する話し方、彼女の扱い方……。だが娘が成長するにつれて、もっと思いやりが要るんだということが分かってきた。若い人たちが自分で判断を下せるようにするには、まず彼らと関わりを持たねばならない。こっちが決めてやるわけにはいかないんだ」

二〇一六年に、エディーはオーストラリア人ジャーナリスト、アンドリュー・ウェブスターにこう語っている。「私の最大の短所は、周りの人たちに対する寛容さが全くないという点だった。相手が自分と同じだけ一生懸命になっていないと、許せなかった。いまだに、特に選手たちには、そういうところがあるけれども、昔よりはずっとましだ。監督を続けていくほど、大事なのは人との関係の築き方だということが分かってくる。肩に腕を回してやることが必要な選手もいれば、尻を蹴っ飛ばしてやることが必要な選手もいるし、それをいつ、どういうやり方でやればいいのか、見極めなくてはならない」

そのよい例がクリス・ロブショウだった。エディーはワールドカップ期間中にメディアで彼のことをけなし、キャプテンの地位を剥奪し、オープンサイド・フランカーからブラインドサイドへと動かした。結びつきが密なトレーニングキャンプの環境で元リーダーを叱責すれば、彼の気持ちを打ち砕き、チームのやる気にも影響を与えかねなかった。代わりに、エディーは彼のメンターとなった。効果はたちまち表れ、ロブショウはその後何年間も彼の黄金期ともいえるプレーを続けるとともに、弟子として雄弁にエディーを援護した。

「私にとっては、エディーの人事管理スキルはほかの誰よりも優れているね」とロブショウはエディーの最初のシーズンの終わりに述べている。「ちょっとした励ましなんだ。トップの人物から、そういうサポートを望むものなのさ。エディーは私に自信を付けさせてくれて、試合に出してくれている。お返しに、うまくなって、自分らしいラグビーができるようになりたいと思うよ。エディーは私に小さなゴールを設定して取り組むようにさせるんだ、何かスキルを磨く、例えばラインアウトのジャンプやリフト、ラッキングでも、何かほかのことでもね。彼は選手から何を引き出したいのかが分かっている」

エディーが選手たちにしてほしかったのは勝つことで、彼らはそれに応えた。

イングランドはアイルランドを二三対一〇で退け、この試合でイトジェは初めてスターティングメンバーとなった。エディーは彼のパフォーマンスを「ビバからアストラにレベルアップ」したと評価した。赤いバラはいまや六カ国対抗の順位表トップに位置していたのだが、イングランドのサポーターを同じぐらい感心させたのは、彼らの新監督がまだ満足していないという点だった。

「あと一〇点から一五点は取れただろうね、アタックのプレッシャーを必ずしも得点に結びつけることができなかった。まだ鋭さが足りない、肝心なところでしっかり力を出し切れるようにしなくては」

二週間後、今度はウェールズの番だった。前回の対戦はワールドカップで、イングランドが残り三十分で二二対一二とリードしていたところから瓦解して失った試合だった。一時はエディーのチームも同じ運命を辿るかに見えた。ハーフタイムの時点で一六対〇、残り六分では二五対七とリードしていたのに、イングランドはウェールズに息を吹き返させてしまった。ウェールズは三分間で二つのトライを決めて四点差に迫り、試合終了間際にイングランドのセンター、マヌ・ツイランギが死に物狂いで突進しなければ、ウェールズの駿足、ジョージ・ノースが決勝トライを挙げているところだった。結局、ホームチームが二五対二一で辛勝、エディーはほっとしてパリでの試合を待つことになった。そこで勝てば、イングランドにとっては、二〇〇三年にクライブ・ウッドワードのチームが達成して以来のグランドスラムになるというチャンスだった。

「おかしなパフォーマンスをしたものだ。途中まで完璧で、そのあと最後でちょっと脱線だ」

とエディー。「ああいう状況では何が起こるか見当もつかないが、最初の六十分間だけ見たら抜群だった。特に四カ月前の結果を考えたら。パリに行ってひと仕事するのが待ちきれないね。グランドスラムが懸かっている。もちろん、ホームで最終戦を迎えるフランスと対決するのは厄介だが、こちらは十分準備ができてると思うね」

この試合のマン・オブ・ザ・マッチはイトジェだった。BBCのトム・フォーダイスはこう言い表した。「マロは、トーナメントの始めに監督からボクスホール・ビバに例えられ、アイルランドに勝ったあとはアストラと言われましたが、このサラセンズの若きセカンドローが今日披露したのは、ロールスロイス級のプレーでした」

翌日、スコットランドがフランスを破ったことにより、イングランドの七年ぶりの六カ国対抗優勝が確定した。この結果により、グランドスラム達成を目指した過去二つのイングランド軍同様に、エディーのチームも翌週パリではペースを緩めることもできたはずだ。

今回は違った。前半にスクラムハーフのダニー・ケアとフロントローのダン・コールがトライを決め、ハーフタイムの時点ではイングランドが五点先行していたが、フランスはマクシム・マシュノーのキックで食い下がっていた。プレッシャーが影響しかねない局面だったが、イングランドはウイング、アンソニー・ワトソンが三つ目となるトライを挙げ、また、オーウェン・ファレルがゴールキックを決め続けたおかげで、三一対二一で見事に切り抜けて凱旋することができた。このときも、完璧なパフォーマンスとはいえなかったものの、イングランドの選手たちはタフで、情け容赦なく、徹底していた。まさに彼らの監督のように。

「みんなを心から誇りに思うよ」とエディーは言った。「チームで成し遂げた大きな成果だ。

彼らについてはずっと自信があったけどね。楽しみなことに、最高の瞬間はまだこれからやって来る。オーストラリア戦が待ち遠しい、われわれはよくなる一方だからね」

そのとおりに快進撃を続け、オーストラリア遠征をシリーズ三対〇という圧勝で終えると、さらに四連勝、トゥイッケナムにおいて南アフリカに三七対二一、フィジーに五八対一五、アルゼンチンに二七対一四、さらにオーストラリアに三七対二一という目覚ましい成績を残した。イングランドは史上初の無敗のシーズンを締めくくって、オールブラックスに次ぐ世界第二位の地位を揺るぎないものにした。

十二連勝のおかげでエディーは全国的な有名人になり、英メディアお気に入りの注目発言製造マシンといった格好だった。レポーターは彼の単刀直入で連射砲のような話し方に大喜びだった。テストマッチのある週には馴染みのルーチンが繰り返された。試合当日までにエディーは何かしら議論の的となるような発言をする。続く四十八時間はメディアがそれについてあらゆる角度から取り上げる。試合が終わると、エディーはレポーターの報道を非難して、また三、四日すると、新たにこのサイクルが繰り返される。マスコミ取材に応じるエディーは、移動遊園地のローラーコースターさながらだった――さっき気さくに話していたかと思えば、もうカウンターパンチが飛んでくるというふうで、一緒に出席しているのが誰だろうと、単に席を埋めているだけというあり様だった。ある記者会見で、あらゆる質問が監督に向けられ、終わって立ち上がったイングランドのキャプテン、ディラン・ハートリーはエディーにこう尋ねた。「なんでおれが一緒だったんだ？　バーで飲んでりゃよかったよ」

ハートリーをキャプテンに指名したときにエディーが求めていたのは、まさにこういう好戦的で不遜な態度だった。

「キャプテンの要件で最初に来るのは、第一番に選ばれる選手だということだ」とエディーは言う。「リッチー・マコウに関する記事は本当だよ。オールブラックスのトレーニングで、次々に反復練習をこなしていくときに、ダッシュで位置に就くのが、真っ先にそこにいるのが彼なんだ。試合後に更衣室を片付けるのも彼だ。そういう選手が欲しいんだよ」

ハートリーを指名したときに、エディーは彼なら床を掃いたり汚れたジャージを片付けたりしてくれると思ったというわけではない。彼が求めていた資質を備えた選手は、何度も最優秀・フェアプレー賞を受賞することはないだろうが、エディーが思い描く新生イングランド代表にとっては必要不可欠な存在だったのだ。

「イングランドのワールドカップの試合をじっくり見ていて思ったのは、本当に悪党のようなところがあるフォワードがいないという点だった。ディラン・ハートリーは以前そういう態度で問題になっていたから、当然の選択だったわけだ。彼は正直で一生懸命な男だ。ラグビーのプレーについていえば、あの攻撃的で断固としたアプローチには感心するよ」

エディーはハートリーに〝ザ・ブッチャー〟（肉屋）というあだ名を付けて、彼独特の雰囲気をさらに際立たせたのだが、これにははっきりした理由はなかったのである。

「肉屋みたいに見えると思わないか？」とエディー。「近所の肉屋に行くと、ディランが『何が要るの、奥さん？　ラムチョップ六つ？　はいよ』とやってるような気がするだろう」

エディーが選んだキャプテンは、潔癖を好む向きには歓迎されなかったかもしれないが、それまでのような紳士的リーダーは絶対に避けたかったのだ。イングランド勢がオーストラリア遠征のテストマッチ初戦のためにブリスベンに到着した際のハートリーの発言は、エディーがキャプテンたる人物に求めていた姿勢を端的に表していて、まるで彼が台本を書いたかのようだった。

「土曜はこちらが圧倒するつもりでいるよ。当たり前だろう?」とハートリーは言った。「自分たちに自信を持っているし、いいチームになっているからね。勝てると思っていなきゃ、わざわざ飛行機に乗ってくる意味がない。くたびれて休暇が欲しいなら家に帰っているさ。ベストメンバーでやって来たんだ。対決の準備は十分でうずうずしているよ。世界ランキングを上げる気満々だ、勝ちたいし勝てると確信している」

ワラビーズ監督、マイケル・チェイカが第一戦を制したイングランドのことを「せこい」と非難したにも関わらず、ハートリーは全く腹を立てなかった。

「せこいというのは、うちのやり方じゃないな」と彼は言った。「われわれは体を張って対決する。相手を圧倒したいんだ。そう見られていたら本望だね」

キャプテンが方向性を明確にすると、エディーはその脇をダン・コール、マイク・ブラウン、ジェームス・ハスケルら果敢な戦いぶりで知られるタフな選手たちで固めた。ハスケルが負傷により二〇一六年のスプリングボクス戦――エディーは「ステロイド剤を飲んでチェスをするような」試合になると予想した――から外れると、彼と似たタイプのトム・ウッドを起用した。

「彼はランボーみたいなところがある」とエディーはウッドについて語っている。「靴を履かないでホテルの中を歩き回っているよ。弓矢をそばに置いている。チェーンソーもあるというタイプだ」

ランボーにチェーンソー、攻撃的、対決？　本当にこれがイングランドのラグビーチームか？　確かに、一九七三年のチームとは違っていた。時のキャプテン、ジョン・プーリンは、ダブリンでアイルランドに九対一八で敗れたあとでこう言ったのだ。

「まあね、全くうまくいかなかったかもしれないけど、少なくとも試合に出てはきたからね」

エディーは、試合に出てくるだけのチームは要らなかった。彼が望んでいたのは、世界一のチームで、イングランドのファンも全面的に彼を支持していた。

第17章 エディー効果

イアン・ハーバートは元インディペンデント紙の主任スポーツライターで、その後はデイリーメール紙で活躍中であり、〝エディー効果〟を観察するのにはうってつけの立場にいた。ラグビーに特化せずスポーツ全般をカバーしているため、エディーが及ぼす広範な影響をモニターすることができ、その余計な飾りを省いた鋭い切り口が、世界的な成功に飢えていたイングランドのファンに歓迎されたのだと、ハーバートは言う。

「ラグビー専門ではないライターがエディーの来歴を取り上げた記事に行き当たったんだ。むしろオーストラリアの影響に関するストーリーという視点で、それをとらえてみた」

「ワールドカップにおけるスチュアート・ランカスター指揮下のイングランド代表チームについては、執筆済みだった。スチュアートは典型的なイングランド人だ――洗練されていて、紳士的で、礼儀正しく、パブで出会いそうなタイプだが、イングランドにとって二〇一五年のワールドカップは悲惨な出来事だった。ランカスターが理知的に教師然といろいろ理屈を並べた挙げ句、大惨事に終わった。まるでプランというものがなかったかのようにね」

「エディーはそれとは対照的で、大人気になった。率直な物言いで、無駄口は叩かない。ランカスターのあとでは、エディーの最初の記者会見は実に見事なものだった。みんなすぐさまエディーのファンになったが、実はオーストラリアのファンになったというところもあったと思うね」

「かなり長いこと、英国のチームのプレーはこうあるべきだという見方があった。ディフェンス重視、敵に敬意を持って『正々堂々と戦おう、古き友よ』というわけだ。問題は、それでは勝てなかったという点で、みんな疑い出した。ほとんど哲学的な議論だったよ。『どれぐらい感じよく振る舞うべきか？』という具合にね。エディーは最前線に立って、オーストラリア流の取り組み方を示してくれた。もっと直接的で何よりも勝つことにこだわるやり方だ」

ハーバートは〝エディー効果〟はサッカーにまで及んだと指摘し、二〇一六年一二月にガレス・サウスゲートがサッカーのイングランド代表監督に指名されたときのことを例に挙げている。

「エディーは前に、イングランド代表のチームはどれも好かれようとすることばかり気にして、『世界中、謝って歩いている』とコメントしたことがある。ガレス・サウスゲートが任命されたときに誰かがそれを彼にぶつけると、こう答えた。『そうだな、エディーならそうはしない、だろう？』。ガレスは温厚で物静かなタイプだから、お決まりの退屈なイングランド人から脱しようとして、エディーをお手本にしているんだ」

「彼はエディーが仕事するところを見にも行っている。ひところは、サッカーよりエディーのことばかり話していたよ。彼が言っているのは、イングランドはもっと模範的であることからはみ出さなくてはということだ。一九六六年〔自国開催のサッカー・ワールドカップで優勝〕に持っていたものを取り戻さねばならない――自分たちに欠けているものを見つけなくては。まるで、オージーを呼んでプレーの仕方を見せてもらう必要があるかのようだ」

エディーの虜になったのはサッカーのイングランド代表監督だけではなく、イングランドのサッカーファンもであったと、ハーバートは言う。

「イングランド人はサッカーに取りつかれている一方で、サッカーは身近なものではなくなってきている。普通の人からはどんどん遠ざかってしまっている。プレミアリーグはメディアにコントロールされた薄っぺらな人間ばかりだ――週に二十五万ポンド稼ぐ選手たちに、モウリーニョやグアルディオラのようなうぬぼれた監督たち。それで、エディー流の表現の自由が人気なんだと思うね。みんなエディーを本物の人間だというふうに感じるんだ、率直に話をする人物だとね」

確かに、彼はそういう人物である。エディーの就任二シーズン目は一シーズン目終了とともに始まり、期待に満ちあふれ、また、一層注目発言に満ちあふれたものであった。

「われわれはテストマッチで勝てると信じ、世界一のチームになれると信じている。思い上がりだと言われるなら、思い上がりで結構。私にとっては、自分たちの能力についての信念だ。選手たちがそれを口にするというのは非常にいいことだ。それがわれわれの考え方だからね。実際に勝っていて思い上がっているなら、それは自信だ。負けているなら、本当の思い上がりだよ」

イングランドのシーズン初戦は、ホームでフランスを一九対一六で破った試合で、続いてアウェイで二一対一六でウェールズを下した。その次が、トゥイッケナムで行われた世にも奇妙なテストマッチで、エディーが「ラグビーじゃない」と評したこの試合で、イタリアはイングランドを恐怖に陥れた。

アイルランド生まれの監督、コナー・オシェイの下、イタリア人たちは十七連勝目をねらっていた絶好調のホスト側チームに一泡吹かせようと、ルールの抜け穴に付け入る方法を猛練習して、試合に臨んだ。最初のタックラー以外は誰もブレイクダウンに参加しないでラックの形成を防ぎ、オフサイドを取られないようにしたのだ。その結果、彼らはイングランドのインサイドバックスの間に立って実質的にスクラムハーフのダニー・ケアを取り囲むことが可能になり、ケアが一〇番のジョージ・フォードにクリアできないようにした。全く違反ではなかったものの、この策略はイングランドの選手たちを混乱させ、また観衆も始めは戸惑っていたのだが、やがて怒り出した。スタンドの監督席ではエディーも同様で、試合が進むにつれて彼のしかめ面はどんどん険しくなっていった。ハーフタイムの時点ではイタリアが一〇対五でリード、残り一一分、イングランドは一七対一五と、なんとか危ういリードに持ち込み、その後ぎりぎりに三トライを決めて、最後は三六対一五という快勝に終わった。

試合後、エディーは観衆は皆返金を求める権利があると言ってイタリアを非難し、その戦術をオーストラリアのクリケット史上特に悪名高い出来事になぞらえた。

「トレバー・チャペルが下手投げでボールを転がしたのを思い出すよ。今日のは同じようなものだ。あれはラグビーじゃない。ラグビーではなくなってしまう。イタリアはあっぱれだね、戦略的には賢い、よくやった。だが真面目な話、今日のはラグビーではない。今日の出来事は快く思わないね。昔は選手だったし、監督もやってきて、イタリアがやったことも分かるよ。怒ってはいない。でもラグビーだとは思わない」

時間が経っても、彼の意見は軟化しなかった。数カ月後にこの試合の感想を聞かれて、イタリアはラグビー精神に背くプレーをしたとまで言って非難した。

「非常に頭のいいやり方だったが、ラグビーの精神に則ってはいなかった。日本での監督時代、二〇一三年にオールブラックスと対戦したんだ。その前のオールブラックス戦では日本は一七対一四五で負けていた。トップレベルの国との敗戦の平均スコアは八五対〇だったから、試合をぶち壊す面白いアイデアを考えてみたんだ。イタリアがやったように、ルール違反にはならずに試合を破壊することも可能ではある。台無しにできるとはいえ、じゃあその先、日本の選手たちに『強い相手にも勝てる』なんてどうして言える？　だってもう『勝てないから、ラグビー精神に反するプレーをしなくちゃならない』と言ってるわけだろう。イタリアはそれをやった。彼らはフィールドに出てきたときに、既に白旗を掲げていたんだ。なぜなら九〇点差では負けたくないというだけで、四〇点差なら負けてもいいと思っていたんだから。それが向こうのねらいだった。うちの選手たちは、どうやって対抗するか考えるのにそう長くはかからなかったが、そもそも向こうはあの作戦の実行に時間がかかっていた。やり方ははっきり分かっていたのだろうが、それを実行できなかったんだ。ハーフタイムのあとまでかかったが、そのあとはかなりうまくやっていたね」

イタリアの取った戦術の直接的な結果として、国際ラグビー評議会は二〇一八年の六カ国対抗戦の前にルールを変えたのだが、スコアボード上ではイングランドが勝ったにも関わらず、監督間の戦術バトルではコナー・オシェイが勝ったとする空気が一般にはあった。試合後、オシェイは試合の前週にフランス人審判のロマン・ポワトに、自分が使うつもりでいる戦術について話を通していたということを明かした。周到な動きであった。試合前半、当惑したディラン・ハートリーとジェームス・ハスケルはポワトに歩み寄り、イタリアが悪用していたルールに関して説明を求めたのだが、ポワトは『監督に聞きなさい』と言って、二人を追い払っていた。

「われわれはルールを守ってプレーしていた」とオシェイは言う。「こちらは一切ルール違反はしていない。ここに呼ばれて、転がって腹をくすぐらせろと言われたって、それはしないだろう。一〇〇点差で負けろと言われて、なぜそうする必要があるんだ？　どうして普通にしなくちゃいけないんだ？　自分たちのやりたいようにするべきだろう。緊迫感のある試合だったと思っているよ。ピッチの上では選手たちが判断を下さねばならない、状況に対処しなくてはならないんだ。それがラグビーというものだ。ラグビーというのは混沌としたスポーツだよ」

イタリア戦で恐怖を味わったあと、エディーは二週間後にホームで行う次のスコットランド戦に備え、選手たちをしっかり鍛えた。イタリア人たちに精神的にプレッシャーをかけられた際に彼が気付いたチームの問題を解決することに集中して、試合の前の週はいつものように話題を振りまくどころではなかった。けれども、スコットランドの監督、ジム・テルファーが試合前のインタビューでそれを補う以上の働きを示し、エディーとイングランドのサポーターとトゥイッケナム自体に対して、鮮やかな攻撃を開始した。

「エディー・ジョーンズは相手チームを破りたいのではなく、破壊したいのだ。それについては、ちょっとがっかりだけどね」と彼は言った。「私から見ると、彼はチーム全体をセットプレー中心に組み立てて、アタックは二の次にしている。オーストラリアと日本での監督ぶりを考えれば、正反対のはずだと思っただろう」

「エディーの話し方は、ちょっとドナルド・トランプみたいだな。大物願望があるんじゃないか？　彼の目標は二〇一九年のワールドカップ優勝で、これまでのところはうまくいっている。とはいえ、もう少し慎重になってもいいだろう、もうちょっと相手に敬意を表してね。あんまり敬意を示しているとは思えないから、それが彼の身に跳ね返ってくるかもしれない」

「トゥイッケナムというのは、怖気付かされるような場所だ。全体の雰囲気が威圧的で、観客席が多すぎる、三層もあるんだからね。イングランドからの分離に賛成しようと考えるなら、トゥイッケナムで一〇分ほど座って周りの話に聞き耳を立ててみるといい。みんな自分たちは上等な人間だと思っているんだ。大体は南東部の出身で、金を一杯持ってる、あれもこれもたくさん持ってるという話だ。相手チームを尊重しようという気持ちなどまるでない」

「フランスでは相手チームにブーイングをする、アルゼンチンでもブーイングをする、イングランドではただ相手を見下すだけだ。『なんでこんな平民たちを相手にしてるんだ？』という具合だ。トゥイッケナムは好きじゃないね。ただのコンクリートジャングルだ。何一つ興味を持てるようなところはない」

試合に関しては、テルファーの発言のほうが、スコットランドの選手たちのプレーよりもはるかに鋭かったという結果となった。イングランドは六一対二一という、前年のオーストラリア遠征以来最高のパフォーマンスで勝利をものにした。

この結果、イングランドが二年連続で六カ国対抗戦チャンピオンとなることが確定。また、連勝数を世界記録に並ぶ十八に伸ばした。ダブリンでジョー・シュミット監督率いるアイルランド軍を倒せば、エディーのチームは史上初めて二年連続で六カ国対抗のグランドスラムを達成するとともに、オールブラックスの連勝記録を破ることにもなるのだった。トゥイッケナムでスコットランドをあっさり片付け、アイルランドは既にスコットランドとウェールズに敗れていることからして、この偉業も既成事実のようなものと多くが信じた。

ところが、二〇一七年の聖パトリックの祝日［アイルランドの守護聖人の命日である三月一七日］の次の日の出来事は、その後長い間エディーを苛むことになるのだった。

アイルランドが一三対九で勝ったのだが、彼らはスコアが示すよりもはるかに圧倒的だった。エディーはアイルランドのパフォーマンスを絶賛し、自軍に対しては非常に手厳しかった。

「全員がっかりしているよ。だが、アイルランドのプレーは全く見事。勝って当然だった。ラインアウトでもブレイクダウンでもわれわれの前に立ちはだかって、こちらはなかなかきっかけをつかめなかった。努力する姿勢はよかったが、相手からのプレッシャーのせいで、実行に移すところがうまくいかなかった。こちらからアイルランドにプレッシャーをかけたかったが、彼らのプレーの仕方にしてやられて――状況に合わせた素晴らしいプレーだった――逆にプレッシャーをかけられた。今日は力不足だったという事実を受け入れなくてはならない。これを教訓にして、前に進まなくては」

「負けるのは嫌なものだ。でも勝ち続けていると、どうしても油断するようになる、必ずそうなるんだ。明らかにわれわれはうぬぼれていた、私がその最たるものだ。チームに十分な備えをさせなかった」

レス・キシュは元スプリングボクスのディフェンスコーチで、二〇〇九〜二〇一三年の間はアイルランド代表のコーチ陣に加わっていたのだが、エディーは自分自身に厳しすぎたと述べている。エディーも彼のチームも、何に打ち負かされたのか分かっていなかったに違いないと言うのだ。

「エディーがチームの準備をしっかりやらなかったとは思わないね。何でも正しく、そして正しいことは何でもやったはずだ。だがイングランド代表監督としてダブリンで戦ったのは初めてだった、全く違う場所でね。どれだけしっかり備えができていると思っても、あそこではやられかねない。あの夜もそうなったわけだ」

「昔からどんな試合も大事だとはいわれるが、アイルランドにとってはイングランド戦ほど重要な試合はない。唯一匹敵するのは、スプリングボクスかワラビーズがオールブラックスと対戦する場合だろうけど、それよりも根深いんだ。憎んでるわけじゃない、でもほかとは違うレベルの対抗心だよ。イングランドが、グランドスラムや世界記録みたいな大事業を成し遂げるのを阻止できたというのは、さらに特別なことだったに違いない」

「ジョー・シュミットは、選手たちをあの試合に備えさせるのに、通常のこと以外は何もしたり言ったりしなかっただろう。必要なかったはずだ。あんなふうに選手に別のレベルのプレーをさせるのは、監督じゃない、選手たち自身だ。私自身、アイルランド時代に何度も目にしたよ。二〇一一年にスチュアート・ランカスターがグランドスラムの懸かった試合のためにイングランド代表をダブリンに引き連れてきたときは、アイルランド代表チームのコーチングチームの一員だったんだ。われわれがイングランドを二四対八で破ったのだが、そのあとで彼らはもうグランドスラム・チャンピオンとプリントされたTシャツを何千枚も用意していたことが分かった。そういうこと全てが、イングランド戦へと積み重なっていくにも関わらず、決して語られることはない。選手たちには決して歴史について話したりしない――もう心に刻み込まれているんだ。イングランド人に何世紀も抑圧されてきたと思えば奮い立つけれども、大仰に言い立てたり拳を振りかざしたりはしない。試合前の更衣室を見ても、選手たちは静かに作戦を話し合っているだけだ。監督の責務は、ベストの状態になるよう準備を進めて、あとは彼らに任せるということのみ。離れていたほうがいいこともある」

「アイルランド人はオーストラリア人とは違う。ワラビーズは、自分たちは誰よりも運動能力が優れていてスポーツマンとして上だということを示したがる。どんどんボールを回して相手を走り回らせようとする。アイルランド人は、敵を溝に投げ込んで目玉をくり抜きたがるほうだ」

イングランド監督としてのエディーの初の敗戦ではそこまでの惨事にはならなかったものの、アイルランドのフォワードと降り続いた雨のせいで、試合の最後四分の一で一気に圧倒するお決まりの展開に持ち込むというイングランドの望みは、すっかり潰《つい》えた。アイルランドはナンバーエイト、ジェイミー・ヒースリップがウォームアップ中に負傷して、ピーター・オマホニーへの入れ替えを余儀なくされたが、オマホニーはマン・オブ・ザ・マッチを受賞するほどのパフォーマンスを見せて、チームを活気付けた。それにひきかえ、イングランドは緊張してまとまりがない様子で、基本的なミスやハンドリングの拙さが響き、二つの目標を達成するチャンスをふいにした。アイルランドのロック、イアン・ヘンダーソンがラインアウトから強行突破して決めたのが、この試合唯一のトライとなった。

イングランドの選手たちは、前に出て六カ国対抗戦のトロフィーを受け取る際には、ほとんどきまり悪く感じているかのようで、グランドスラムと世界新記録を祝うはずだった花火や派手な飾りつけが、彼らの落胆を考えると皮肉な背景と映った。

エディーはいつものように、クリケットに例えてその経験を総括した。

「われわれはまだかなりの平均打率を維持している。ドン・ブラッドマンだって最後のテストマッチではゼロだった。試合終了となったときにチームにはこう伝えた。『おまえら、自分たちに誇りを持てよ』とね。六カ国対抗で二年連続優勝だなんて、素晴らしい成果だ。世界記録タイもだ。ただ今日はうまくいかなかったということだ」

「四カ年計画のうち、もう十四カ月目に入っているんだ。ずっと言っているようにね。これまでの結果に浮かれているが、現実に戻ればまだまだやるべきことはある。テストマッチのレベルで、どれだけのチームが九十パーセントという勝率を挙げている？　オールブラックスだけだ、そしてわれわれも前回のワールドカップ以来それを続けている」

世界新記録を逃したことについては、かつての教師は現実的だった。

「そのために平均の法則があるんだ。非常に難しいことだ。今日のアイルランドみたいに普段よりいいプレーをすることも、理由は何であれわれわれの調子が悪かったように、つかまってしまうこともある。選手たちには、これはワールドカップの決勝戦のようなものだと言ったんだ。九対一三で負けて、銀メダルに終わるわけだ。あんまりうれしくないだろう、だから金メダルが欲しくなる」

メディアも一般の人々も、イングランド代表監督として初めての敗戦をエディーが受け止めたやり方に、感心せずにはいられなかった。負けても潔く、言い訳をせず、アイルランドを称え、選手たちの努力を褒め、気持ちを切り替えた。そこにとどめてさえおけば、ダブリンでの敗戦は、それ以外は見事だったシーズンのささいな傷に過ぎなかったはずなのだが。しかし、エディーは周囲に対する敬意が欠けているせいで痛い目にあうという、スコットランドの監督、ジム・テルファーの予言が、現実になろうとしていた。

*

就任二年目の終わりには、エディーはイングランドの人々の目には、ラグビーチームの監督という以上の存在になっていた。有名人であり、メディアスターであり、公人であった。日本という小さな池、ラグビーはやや珍しいスポーツであったその池で奇跡を成し遂げた大きな魚は、世界一大きな池に移ってもまだ大きな魚だった。

レスター・タイガースの元監督、マット・オコナーは、エディーと同じようにクイーンズランド・レッズの監督を経てイングランドに渡ったのだが、それについてこう述べている。「ロンドンは別物だ。世界ラグビーのメッカだよ。企業ががっちり絡んでいるし、いろいろな意見や見方が山ほどある。ラグビーに対する関心の高さは、ほかのどことも違う。エディーは日常的にそれに耐えなくてはならないんだ」

マトラビル高校出身のチビのフッカーが、トレーニングでハリー王子と冗談を交わしているところを写真に撮られたり、妻の宏子とウィンブルドンの貴賓席でテニス界の伝説的英雄、ロッド・レーバーと同席したり。周りに気付かれずには、どこにも行けなかった。

ジャーナリストのクリス・ヒューイットは、エディーがサラセンズ時代にインディペンデント紙でコラムを執筆していたとき以来、親交を続けており、あるときバースに一緒に試合を見に出かけた際のことを、こう振り返っている。

「そうではないイングランド代表監督もいたけれども、エディーは常にプレミアシップの試合を見に行っている。週に二回、時には三回も。彼がバース対トゥーロンの試合に行く予定になっていたことがあって、声をかけてくれたんだ。観客の間に座っていると、テレビカメラがずっと彼を追っていた。試合後、レストランに食事に行ったら、今度は窓際のテーブルに案内された。みんなエディーを見かけると、店に入ってきて話しかけるやら、写真を一緒に撮ってもらおうとするやら。彼は本当に立派なものだった。誰とでも話し、写真に収まった。とても礼儀正しく、とてつもなく辛抱強く振る舞っていた。辛抱強さの実績がほぼゼロの人物にしてはね。エディーがいつもああいうことに平気でいられるのかは分からないが、自分が公人であることを認識して、その役割を果たしている」

エディーは喜んで一般人とも交わったおかげで、次のシーズンには屈辱的な事件の被害者となるのだが、二〇一七年には、大変な人気者になったことの効果を享受していた――彼のビジネスマネージャー同様に。フィールド上の成功によってフィールド外のチャンスがもたらされた。二〇一五年のワールドカップで日本が南アフリカに驚異的な勝利を飾った数週間後には、国際投資銀行の巨人、ゴールドマンサックス日本法人の諮問委員に任命された。年に二度、東京で会議に出席し、多国籍の集団の人事管理に関して彼の知識を伝授するというものだった。別の巨大企業、日本有数の投資・証券会社である野村も、リーダーシップとチームワークの分野で欧州の自社顧客対象に仕事をするという三年契約をエディーにオファーした。さらに、英国三菱自動車のブランドアンバサダーに就任、また、ACTブランビーズ時代の元同僚、デービッド・ペンブロークが率いるオーストラリアの政府向け専門メディアコンサルタント会社、コンテントグループでも同様の役割を引き受けた。このほかに、世界中で企業のために講演をするという高報酬の仕事があったのだが、そのうちの一つについては断ればよかったと思うはめになるのだった。

「ふそうトークス」は、ダイムラー・トラック・アジアの一部門である三菱ふそうトラック・バス株式会社が主催するビジネス講演会シリーズである。二〇一五年に始まったこの催しは、日本の神奈川県にある本社で、同社の従業員や顧客を前にゲストが講演を行うというものである。二〇一七年七月一〇日、第五回となる講演会において、エディーは「リーダーシップ」というテーマで話をした。講演内容の主眼は、ひたむきなのに負けてばかりいたブレイブブロッサムズを、いかにして無敵のスプリングボクスを倒すようなチームに改造したかという点に置かれていた。

感動的なストーリーではあったものの、大成功とは言いがたかった。プレゼンテーションを始めてすぐに、エディーはラグビーファンを相手にしているのではないことに気付いたはずだ。聴衆のほとんどは、英語を解しさえしなかっただろう。実際、ある二つの単語——それとユーチューブ——さえなければ、同社の会議室以外で注目されることもなかったに違いない。

八カ月後にメディアで嵐を巻き起こした二語は、前後関係で明らかなように、ライバルのチームや国に対する酷評から取り出されたわけでは、全くなかった。それが心からのものでも、計画的なものでもなかったことは、四カ月前のスコットランド監督、ジム・テルファーによるイングランドのファンに関する発言のような、ほかのスポーツ監督たちのコメントに照らしてみても分かることだ。思慮に欠けた軽はずみな行動だっただけである。

最初の単語は、日本代表監督としてエディーが直面した課題がどれほど大きかったかを表現しようとして使われた。就任三カ月後に、日本代表のU-20チームはウェールズに〇対一二五で叩きのめされた。日本のようにずっと人口の多い国が、はるかに少人口の国にあれほど簡単に負けるべきではないと主張するために、水の入ったコップをテーブルに置いて指し示し、ぺらぺらと続けた。「そこで、ウェールズです。ウェールズをご存知の方は？　ここにウェールズの方はいますか？　そうでしょう、三百万人しかいない、ちっぽけなクソみたいな国です。三百万人。日本の人口は——一億二千五百万人。ですから、日本がこのテーブルなら、ウェールズはあのコップです」

数分後、今度はイングランド代表の進歩について話していた。

「リーダーとして主要な責務は、自分のチームの力を最大限に引き出すことです。現在、イングランド代表チームでそれをやろうとしています。これまでにテストマッチ二十三試合を行って、薄汚いアイルランド人に一敗しただけです。あの試合についてはいまだに腹が立つ。だが、われわれはやり返す、心配要りません。来年はホームで対戦がある。借りは返します」

講演が終わり、エディーはお辞儀をして拍手に応え、出口に向かった。自分が言ったことを一秒たりとも考え直しはしなかっただろうが、ことわざにあるように、取り返しがつかないものが二つある——放たれた矢と口から出た言葉だ。とりわけ、ソーシャルメディアの時代には。エディーがヒースロー空港に到着しサリー州の自宅に向かう間にも、「ふそうトークス」の担当者であるダイムラー・トラック・アジアの広報部長、フロリアン・ローダンは講演会の映像をユーチューブにアップロードし、それはやって来る船を待ち構える水面下の氷山のように、何カ月もほぼ気付かれないままとなるのであった。

エディーと彼の選手たちがアイルランドに対して雪辱のチャンスを得る前に、二〇一七年のシーズン中にまだ六試合残っていた。

最初はバーバリアンズとの招待試合であった。代表チームではない外国チームとの対戦は、間近に迫ったアルゼンチン遠征でのテストマッチ二試合に向けて、エディーが選択肢をいろいろ試してみるのにうってつけの練習試合となった。アルゼンチン遠征と同時に行われるブリティッシュ・アンド・アイリッシュ・ライオンズのニュージーランド遠征に、自軍の一番手の選手十六人が選抜されてしまったうえ、負傷者十四人が離脱しており、エディーは八人の新人を起用した。さらに、ディラン・ハートリーがヨーロッパ選手権の試合のため出場できず、クリス・ロブショウとジョージ・フォードを共同キャプテンに指名するという異例の手段を講じた。二人キャプテンがいてうまくいくと思うかと聞かれると、エディーはアイルランドに負けても鋭いウイットと歴史感覚は健在であることを示した。

「ウィンストン・チャーチルとは違うよ。『われわれは水ぎわで戦う』なんて言っていない。常に話し合いをしているしね。ペナルティのチャンスを得たら、ディランはオーウェン・ファレルに言いに行く。『これはキックで行くか？　おまえなら届くだろう？』とね。大丈夫だろう」

実際にそのとおりになり、イングランドは二八対一四で勝利を得た。自在にランを駆使するバーバリアンズ戦の典型的パターンとは程遠かったが、テストマッチのキャップ数の合計ではイングランド二七七に対しバーバリアンズは八一二だったにも関わらず、この若きチームはエディーが感心せずにいられなかったほどの働きを見せた。イングランドのスターティングメンバーでテストマッチ出場経験が三試合以上あったのは、フルバックのマイク・ブラウン、ウイングのジョニー・メイ、バッククローのクリス・ロブショウ、両ハーフバックス、ジョージ・フォードとダニー・ケアの五人のみだった。イングランドにとって将来有望と思われるプレーを何度も見せたのは、ともにまだティーンエージャーであったバッククローのトム・カリーとロックのニック・イジークウェ、二二歳のウイング、ネイサン・アールであったが、エディーからの最大の称賛は、ワールドカップ以来初めてキャプテンを務めたロブショウに向けられた。

「ロッボに対する罪滅ぼしのようなところがあった。ジャーナリストの仕事をしていたときに、あの議論を始めたんだと思う。あの件ではまだきちんと彼に謝っていないはずだ。だが、あれは昔のことだ。彼は素晴らしいプレーをして評価を受けている。今日はいい場面があったよ。ああいう姿勢、ああいう打ち込み方をするロブショウが十五人いたら、ワールドカップで優勝できる」

その翌日、エディーが発表したアルゼンチン遠征メンバー三十一人の中には、テストマッチ未経験の選手十五人が含まれており、そのうちの一人がニュージーランド生まれでラグビーリーグから転向してきたデニー・ソロモナであった。サモア代表としてリーグのテストマッチ経験もある爆弾級のウイングは、ラグビーユニオンではセールでわずか十試合に出場していただけで、最低三年間の英国居住という要件を一カ月前に満たしたばかりだった。

この選考は物議をかもした。エディーのボス、RFUのCEOであるイアン・リッチーは、いわゆる〝プロジェクト選手〟――テストマッチでプレーできるようにすることを唯一の目的として海外から連れてこられた選手――を声高に批判しており、二〇二〇年から適格居住期間を三年から五年に延ばすという変更に関して、RFUはその原動力でもあった。エディーの在任中に、ロトルア生まれのディラン・ハートリーがキャプテンとなり、就任二シーズン目には、同じくキィウィのネイサン・ヒューズ、テイマナ・ハリソン、ベン・テオがイングランド代表としてデビューしている。

外国生まれの選手を進んで起用するのは、イングランド代表の人材開発プログラムのレベルに満足していないことの表れなのかという質問に対し、エディーはぶっきらぼうに、「私には関係ない問題だ」と答えた。

「私の仕事は代表チームの監督だ。イングランドが世界的レベルの選手を生み出していないとすれば、それは人材開発分野の問題だね。私の仕事は代表チームを勝たせることだ。代表チームが勝てば、イングランドのラグビーは健全だということだ。健全に機能していれば、スポンサーが得られて、メディアの注目も浴び、それによって開発に回せる資金も増える。その資金がどう使われるかは、私がどうこう言うことではない」

「現実問題として、どこの国の選手だろうと構わない。勝ちたいならベストの選手を選ぶだろう。ひい爺さんがイングランド人だからだろうと、居住期間を満たしたからだろうと、私にはどうでもいいことだ」

だが、ソロモナを選ぶというエディーの決断は、ソロモナが「自分の心はここにはない。イングランドのために戦っているわけではない」と発言して、ラグビーリーグのイングランド代表から外されていたため、より多くの批判を呼んだ。

ソロモナは、セールのジムでエディーに会って、彼に自分の心の持ちようが変わったということを納得させ、一度も代表チームとトレーニングをしたことがなかったにも関わらず、アルゼンチン遠征メンバーに加えられることになった。

エディーは非難の声を払いのけた。

「これまでの代表監督の誰にも劣らないほど、是が非でもイングランドを勝たせたいと思っている。私自身、イングランドまで連れてこられたんだ、アクセントで分かるだろうがね」とエディーは言った。「自分がどう感じているか、どれだけ強く欲しているかが問題なんだよ」

もちろん、エディーにとって何よりも重要だったのは、どれだけいいプレーをするかだった。エディーほどラグビーリーグの選手が好きなラグビーユニオンの監督はいない——彼らを使ってエディーほど成功を収めた監督もいない。ソロモナは、彼の目には非常に取り組みがいのあるプロジェクトと映っていた。

「彼にはちょっと特別なところがある。ゴールに向かうラインを見つけるんだ。彼には力量がある、ボールを持ったらトライを決めるというね。彼のプレーに関して、ポジションの面ではやるべきことはまだたくさんあるが、そういうところは一緒に解決していける。だが、大事なのは、彼には相当なXファクターがあるという点だ。リーグから来た選手に望むのは、自分たちが得意なことを忘れずにいるということだ。がんがん走って、うまくボールをさばいて、相手にボールが渡ったらうんと手こずらせてやってほしい、それが得意なことだからね」

二〇〇一年に、クライブ・ウッドワードがリーグからの転向選手、ヘンリー・ポールをスピード昇格させたのを、エディーが激しく批判したことを考えれば、サー・クライブは皮肉な笑みを浮かべただろうが、数年の間にエディーが百八十度方針転換したのは、その点だけではなかった。二〇〇三年のワールドカップの期間中、ウッドワードは退屈といわれたイングランドの戦術に関して、オーストラリアのメディアに追いかけ回された。決勝戦前日、エディーは両監督ともに「ラグビーを盛り立てる責任」があると説き、ウッドワードをなじって戦術を変えさせようとした。イングランド代表チームを預かる身となって今度は同じ批判を受け、エディーはこう反論した。「テストマッチは勝つことが問題なんだ、エンターテインメントではない。エンターテインメントが好みならスーパーラグビーを見ればいい」

もう一人、エディーがアルゼンチン遠征組に加えた意外な人物は、旧友、グレン・エラで、エディーはバックライン、特に七人のテストマッチ未経験者の強化のために彼を招いたのである。

「楽しくはあったが、大変な仕事だったよ」とエラは言う。「イングランドはほぼ全員ライオンズのほうに取られてしまっていたのに、プーマスはフルメンバーだったから、厳しい遠征になるところだった。だが、エディーはいいチームにまとめて、選手たちもよく頑張った。あの遠征に参加したメンバーの多くは、向こうに行ってから自分たちの地歩を固めたんだ。そこがエディーのすごいところだ。才能にすぐに気付いて、選手からそれを引き出す。イングランドにはいつもいい選手がいたのに、監督に恵まれなかった。エディーはまさに適時適材だな」

二〇一五年のワールドカップ準決勝進出チームであるアルゼンチンは、経験不足のイングランド軍に深刻な脅威を与えた。アイルランド戦での敗北に続き、エディーのチームは世界記録保持者候補からテストマッチ三連敗へ転落という重大な危機にあった。ところが、あるジャーナリストに「迷子と浮浪児」をかき集めたと言われたこのチームは、記憶に残る二勝を挙げてみせたのだ。

サンファンでのテストマッチ初戦はめちゃくちゃな展開で、エディーの血圧のためにはまるでならなかったが、それでも彼は「自分が携わった中でも一番といえるほどの団結の成果」と言い表した。逆転劇は六回に上り、後半遅くに交代したソロモナの二度のタックルのミスがいずれも相手のトライにつながって、残り一〇〇秒の時点ではプーマスの勝利が濃厚だった。そこから、この試合最後のプレーで、ソロモナが右翼ゴール六十メートルでボールを得るとタックラー二人を撃破、フィールド中盤をステップで抜け、三人目だったはずのディフェンダーを平手でかわして、相手のカバーもスピードで凌駕、ゴールポスト下にトライを決めて、三八対三四の勝利をもぎ取った。

一週間後、サンタフェで行われたテストマッチ二戦目は、初戦のような終わり方では全くなかったものの、相変わらずシーソーのように拮抗した試合で、結局ジョージ・フォードがドロップゴールで三五対二五と勝利を確実なものにし、イングランドはアルゼンチンではまだ史上二度目のシリーズ優勝を果たした。初回はその四年前、スチュアート・ランカスターのチームが人員不足だったプーマスと対戦したシリーズだった。エディーの若者たちは最強メンバーのアルゼンチンと戦って、自分たちも監督も誇りに思える成果を挙げた。ワールドカップがじわじわと近づいてくる中、この遠征の成功によって、二〇一九年には主力選手たちの地位を脅かしていそうな若手に光が当てられたのである。

「二対〇でシリーズ完勝をねらっていたんだ、たくさん若い選手たちが活躍してくれたのは心強い」とエディー。「何人かはかなりいいプレーをしていた。ハリー・ウィリアムズ、チャーリー・ユールズ、トム・カリー、それにオープンサイド・フランカーのサム・アンダーヒル、ほかにマーク・ウィルソンも有能だということを示した。バックラインでは、ピアーズ・フランシスとアレックス・ロゾウスキに注目している。デニー・ソロモナにもね」

アルゼンチンからイングランドに戻ると、エディーは五カ月間休みを取って、年末にトゥイッケナムで行うテストマッチ三試合の初戦、プーマスにとっては雪辱のチャンスとなる試合の前に復帰する予定だった。この休みは、若手の有望株と戻ってくるスター選手たちをどう組み合わせるか考え、マイケル・チェイカとワラビーズに対する五戦目の対決の戦術を編み出すとともに、エディーにとってはあいにくなことに、日本に戻り「ふそうトークス」で話をするチャンスとなった。

トゥイッケナムでのテストマッチ、秋のシリーズ初戦では、アルゼンチンに対し二一対八で三連勝を飾ったのだが、反撃にあわなかったわけではなかった。イングランドの自陣二十二メートルゾーン内でアンダーヒルがペナルティを献上すると、テレビには苛立ちのあまりノートやペンを投げつけ、Fから始まる悪態をまき散らしているエディーの姿が映し出された。彼が何を言っているのかは、読唇術ができなくても明らかだった。

「F△△。おれたちはどれだけF△△△△△△とんまなんだ?」

この大爆発は、迅速な反応を引き起こした。ワールドラグビー〔二〇一四年に国際ラグビー評議会から名称変更〕からでも、RFUからでもなかった。もっとまずい相手。早朝、オーストラリアにいる九三歳の母ネリーからの電話で言葉に気を付けるようにと注意されたのだ。

次はオーストラリアの番だった。エディーは最高に行儀よくしていた。言葉遣いをたしなめられなくてはならないのは、マイケル・チェイカのほうだった。

二人の三回にわたる対決のうち一回目は、チェイカはできる限り自分の感情を抑制して、エディーに好きなように話させた。そのイングランドの二〇一六年半ばの豪遠征の間は、状況はそう悪くなかった。前年の二〇一五年、ワラビーズは絶好調で、ワールドカップ決勝に進出、世界ランク二位でシーズンを終えていたのだ。

その六カ月後、チェイカがイングランドとのシーズン四戦目となる試合のためにロンドンに到着したとき、状況はあまり芳しくなかった。ワラビーズはホームでイングランドにシリーズ〇対三と完敗を喫しており、オールブラックスにも三度敗れて、世界ランク二位の地位を追われ、ダブリンでアイルランドにも負けたところだった。エディーにまたしても舌戦で勝ちを譲るようなムードでは全くなかった。

オーストラリアでのシリーズ中、メディアから無礼な扱いをされたというエディーの主張に的を絞って、チェイカは昔馴染みのランドウィックのチームメイトは自分の母国で「彼自身の功績を汚した」と述べた。

「エディーはいつでもけんか腰だが、かなり調子よくやっているから、もうけんかを売る種もないわけだ。そうすると、今度はそれをわざわざ探さずにいられなくなる」とチェイカ。「オーストラリアでは、彼はとても尊敬されていると思うよ。どこから『無礼な扱い』という話になったのか、分からないね」

このときは、無礼な扱いに関しては、チェイカこそちょっとしたエキスパートだった。それより四週間前、ブレディスローカップの三試合目の前日に、オークランド・ヘラルド紙が、チェイカをピエロに模してワラビーズのセーターを着せた風刺画に「ピエロを送り込め」「物事がうまくいかないときに、その場の注意をそらすという意味の表現」と見出しを付けて掲載したことで、頭に来ていたのである。

意見を求められて、エディーは「ちょっと面白いな」と評しただけだったが、ワラビーズの英国到着に先立ち、議論を吹っかけるチャンスを見過ごすことはできなかった。

「いまだに彼らはグランドスラムのことを話しているのは分かっている。明らかに、楽観主義と自信に満ちているわけだ。ピエロを送り込んだりはしないだろうよ」

トゥイッケナムでの試合の前には、ジ・オーストラリアン紙が参入、エディーを珍妙なピエロに模してその白い顔に赤で聖ジョージの十字「イングランドの守護聖人を表し、国旗にもなっている」を塗りつけた風刺画を載せた。

エディーは気分を害することもなく、アーティストの腕を批判しただけだったのだが、チェイカは議論に引き込まれることはなく、ただ「全然面白いとは思わない」と言うにとどめた。一つ、チェイカがコメントを、それも熱心に述べたのは、エディーがオーストラリア遠征でグレン・エラをコーチに起用したことについてであった。

エラは新たにスポーツ専門ウェブサイトの寄稿者として活躍しており、間近に迫っていたイングランド対オーストラリアのテストマッチについて、二チームの戦いというよりは二監督の決戦という観点から、試合予想を記していた。

「チェイカとジョーンズが、しばらく前からこの試合を待ち構えていたのは分かっている」

「チェイカは内心では六月の対戦結果に関してずっと腹の虫が治まらず、イングランドの地でエディーに雪辱を果たす——そして自分の監督としての力を証明するチャンスを待ちかねているのだ」

「一方のエディー・ジョーンズは、オーストラリアでの彼と彼のチームの扱われ方、特に一部メディアのやり方に少々頭に来ており、圧勝したのはまぐれではなかったということを示したがっている」

エラによれば、チェイカはテストマッチのシリーズでエディーが「完全に彼を圧倒」したことで「悪夢を見ていたに違いない」のだ。

「六月に、マイケルは明らかに宣伝合戦でもエディーに大差で敗れた。まさに名人対弟子の試合だったのである」

ロンドンに着くと、ワラビーズの監督は反撃した。

「勝ったときはみんなバスの前のほうに座るというのは、面白いものだ。グレンのような男は、勝つと必ず何かもらえると思ってバスの前のほうにいるが、厄介な事態になって坂を駆け上がらなくちゃならないというときは、ああいう手合いは姿が見えなくなるんだ」

「オーストラリアを差し置いてイングランドをサポートするという人間は、特に一度はワラビーズに属していたのなら、それ相応の理由があるはずだ。彼が何か恨んでいるのかどうかは知らない。われわれを追い出して、後釜に座りたいのかもしれない。それよりは、自分のチームというものをどう考えるかだろう。私は自分が過去に所属したところと競い合うことになるクラブのコーチや監督にはなったことがない」

イングランドが三七対二一で試合を制したため、彼のムードがよくなるはずはなかった。

一年後、チェイカと彼の選手たちがトゥイッケナムに戻ったときには、運が上向いていた。それに先立つ十週間に、スプリングボクスとは二引き分け、アルゼンチンに二勝、日本を打ち負かして、さらにはオールブラックス戦八連敗という鉄鎖をついに断ち切っていた。春の遠征は、初戦でウェールズを二九対二一で退け、好調に始まった。エディーはワラビーズが「最高のラグビーをしに来る」ことを望むと述べた。実際にそうしたと、チェイカは思っていた。

にも関わらず、またしてもイングランドが三〇対六と圧勝したのだが、議論を呼ぶ展開ではあった。アイルランド人のTMO、サイモン・マクダウェルは非常に難しい判定でイングランドのウイング、エリオット・デイリーのトライを認め、また、ワラビーズのマイケル・フーパーとカートリー・ビールはシンビンに、そしてフーパーとマリカ・コロイベッテのトライは無効とされた。

ビールがインターセプトしようとしたのではなく故意にボールを叩き落としたと判定されて、シンビンでフーパーの仲間入りとなったとき、テレビカメラはチェイカが「F△△△△△いんちきだ」と口にする場面をとらえた。

エディーは試合後の記者会見の冒頭で、前の週に悪態をついたことを詫び、「そういう行為は相手側に任せる」ことにすると言った。

「今日はペンを投げつけたりしなかった。罵ってもいない。母も喜んでいるだろう。朝五時に電話されたくはないからね」

それから追い討ちをかけるように、エディーはチェイカの新任のスキルコーチで元オールブラックスのコーチだったミック・バーンが、ワラビーズのパフォーマンスを向上させたと言って、当てつけがましくその手腕を褒めた。

昔の自分のチームに五連勝を飾ったことを、エディーはクリケットのジ・アッシズにおける五対〇のシリーズ優勝になぞらえたが、これはオーストラリアのスポーツファンにとって最大級の屈辱を意味する。

大喜びのエディーが特別観覧席の下でマスコミに愛想を振りまいている間、怒り心頭のチェイカは外でテレビインタビューを受けつつも、そのカリフラワー耳から蒸気を噴き出していた。

チェイカはそれでもオーストラリアに対する異論の多い判定について聞かれたときは、自分を抑えていたのだが、インタビュアーがカメラが彼の罵倒シーンをとらえていたことに触れると唖然とした様子で、それから激怒した。

「中継時間になりますが、ところで」と女性インタビュアーが言った。「お気付きかもしれませんが、何か罵って、誰かをいんちきだと責めるという場面がありましたね。謝罪されますか？」

「全然知らない、いいや。そんなことを言った覚えは……何のことだ？」

「こう伺ったほうが……」

「本当にそんなことを話すのか？　そんなところに下がっていくのか？」

「テレビで録画映像が流れます」

「何でも好きなように流せばいい。全く、そんなことに行き着くなら、それまでだ。いいな？　そんなところにはまり込まないようにインタビューに答えようとしているんだ。それをそっちはまだそんな……」

インタビュアーは何か言おうとしたが、チェイカが遮った。

「いいや、いいや、あんたはそうしようとしている……そうじゃないとは言わせない。せめて『そのとおりです』と言って、私に敬意を示すべきだろう。絶対に……いやもしかしたら何か言ったかもしれない、でもそれが珍しいというなら、まあ、罵ったんだろう。知るか。そういうことも起こるものだ。あんたにも起こったはずだ、テレビカメラにねらわれてはいなかっただろうが……」

インタビュアーは「そうですね……」と言いかけたが、チェイカは既に背を向けて歩き去っていた。

二日後、モンテカルロで開かれた催しで、エディーは年間世界最優秀ラグビー監督に選ばれ、その栄誉を仲間のコーチや選手たちに捧げてから、ニュージーランドのスティーブ・ハンセンが受け取るべきだったのではないかと感じると述べた。

「ちょっときまり悪い思いだということは認めねばなりません」と彼は言った。「われわれは世界一のチームではありません。スティーブ・ハンセンがここに立っているべきだと思いますが、皆さんは別の判断をされました。われわれは世界一のチームになりたい、世界一になるまでは、何も得意そうにすることはありません」

受賞トロフィーをどうするかと聞かれ、エディーはこう答えた。「うちの犬がこれで遊びたがるだろうな」

イングランドはこの年最後のテストマッチであるサモア戦で四八対一四と有終の美を飾り、シーズンの通算勝率は九十・九パーセントという大記録となった。選手たちは懸命な努力の末に得た休暇を楽しみにしつつ解散したが、エディーは慎重なままだった。

「毎朝目が覚めると、不安になります」と年間最優秀監督賞の授賞式でエディーは言った。「万一そう感じなくなっても、不安になるでしょう。潜在的には毎日何か起こりうるわけですから」

正装の出席者たちの間にくすくす笑いが広がった。エディーはまさしくエディーのまま。ラグビー界で一番の監督だと褒められたばかりで、自分のチームはテストマッチ過去二十三試合中二十二試合に勝ち、新たな才能の金脈を発掘し、六カ国対抗三年連続優勝も視野に入っていた。オールブラックスと世界ランキング一位の懸かった試合がトゥイッケナムで行われるのは翌年一一月だ。

うまく運ばない可能性などどこにあるだろう?

第18章 エディーのつまずき

エディーがイングランド監督に任命されたとき、元ワラビーズのスタッフだった人物はRFUの同僚から電話を受け取った。

「彼の采配はどうなると思う?」と聞かれた。

「最初はとてもうまくいくだろう。だが問題は、後半の二年間だな」

これは非常な明察であった。

エディーの最初の二シーズンは、誰のどんな予測よりもうまくいった。ケープタウンまで彼と契約しに飛んでいったRFUのCEO、イアン・リッチーでさえ、エディーは自分の期待をはるかに上回ったと認めている。

「エディーが適任者だとは思っても、十八試合続けて勝つとは誰も考えなかった」と彼は述べた。

リッチーはチームが最も頼れる人物の指揮下にあるという確信を深めて、誰か自分の後継者がワールドカップ決勝でイングランドのとどめの攻撃を見届けるようにするには、ちょうどよいタイミングだと言って、アルゼンチン遠征のあとに職を辞した。後任の元RFU最高財務責任者、スティーブ・ブラウンは二〇一七年九月に就任、ちょうどエディーと彼の選手たちが秋のテストマッチ三試合を無敗で勝ち進むのを見るのに間に合った。

ブラウンの新年始めの仕事の一つは、エディーの契約を二〇二一年まで延長することであった。当初の計画では、エディーは二〇一九年のワールドカップ直後に任期切れとなっていた。そのあとは、「バルバドスでゆっくりクリケットを見ているよ」とエディーはレポーターたちに語っていた。ではなぜ計画変更だったのか？　スティーブ・ブラウンは、エディーが後任者選びを手伝い、そのメンターとなることで、円滑な移行を確実なものにするためと述べた。新監督は、そのあと二〇二一年の六カ国対抗戦後に就任し、フランスで開催される二〇二三年のワールドカップまでチームを率いる。エディーの側からいえば、あまりにこの仕事に夢中で、ただ立ち去ることなどできそうになかったのである。

「私にとっては、イングランド監督というのは夢の仕事だからね、ワールドカップ後の残留を打診されたのはうれしかった。世界一になれる、そして二〇一九年のワールドカップで優勝できる力を備えたチーム作りに専念してきたんだ。イングランド監督という役割を当たり前のように思ったことは一度もないし、残留を望まれるとは思いもしなかった。だが、ごく最近になってその話が始まってみると、難しい決断ではなかった」

皮肉な見方をする向きは、残留を決断した理由にはエディーが認めた以上のことがあるのだとほのめかした。ブリティッシュ・アンド・アイリッシュ・ライオンズは、八試合を行う南アフリカ遠征を二〇二一年に予定している。世界一有名な遠征チームを監督することになれば、エディーのイングランド時代の——ラグビー人生全体のではないとしても——最後を飾るにふさわしいだろう。

「ライオンズの職をオファーしてもらえると考えるほど、思い上がってても厚かましくもないからね。全くそんなことは頭にない」と彼は言ったが、スティーブ・ブラウンによれば、報道では年俸七十五万ポンドとボーナスとされるエディーの新契約は、ライオンズ監督のオファーが来た場合にそれを受け入れることを妨げるものではない。

しかし、それは一月の話で、三月には、ライオンズを南アフリカに連れていくという計画は、エディーの頭には全く残ってなかった。イングランド監督の職にしがみついているだけで精一杯だったのである。

二〇一八年のシーズン開始前に、エディーの快進撃が終わりに近づいていると予想した人はほとんどいなかった。イングランドは六カ国対抗戦の大本命、史上初の三年連続優勝を達成する可能性大とみなされ、賭け屋のオッズは十一分の十（一・九一倍）、グランドスラム達成は二分の五（三・五倍）であった。

始めの二試合までは、賭け屋が正しかったかに見えた。まず、イングランドはローマでは四六対一五とイタリアを全く寄せつけなかった。その後、トゥイッケナムに戻って迎えたウェールズ戦は、二つの点で重要な節目となる試合だった。イングランドが勝てば、六カ国対抗戦のホームの試合では新記録の十五連勝、また、二十六戦二十五勝という成績は、クライブ・ウッドワードの二〇〇三年ワールドカップ優勝チームが達成していた最高記録の更新となるはずだった。

ウェールズ人たちはパーティを台無しにしてやろうと、自信たっぷりであった。スコットランド戦で三四対七と目覚ましい勝利を収めたところで、監督のウォーレン・ガットランドは、自分のチームが参加国中でいちばん頑健だと豪語していた。

ガットランドはまた、スコットランド戦の前にウェールズラグビー協会CEOのマーティン・フィリップスに、「二〇点差でこのごろつきどもを破ってやる」と言ったことを認めた。イングランド戦にまでそんな予測をすることは思いとどまったが、自分も選手たちもトゥイッケナムに怖気付いてはいないという点を強調した。

一一月にトゥイッケナムでオールブラックスを首位の座から引きずり降ろして世界一になるというエディーの野心について聞かれ、ニュージーランド生まれのガットランドはこう答えた。「この秋は面白いことになりそうだ。自分で大一番の舞台をお膳立てしたんだ。それで世界一にならなかったら、パンツを引き下ろされたって仕方ない」

もちろん、エディーはガットランドに自分のお株を奪うような真似はさせなかった。

「ウォーレンは今週は随分口が回っているな」と反撃。「間違いなく自信満々でうぬぼれているんだろう。みんなに先週のプレーはすごかったと言われているからね。だが、攻撃的にボールに絡んで左右に振ることができていれば、プレーも楽だ」

「ウェールズがどれほど頑健かというのは聞いている。体力競争ならそれが非常に大事だというのは分かるが、われわれが望んでいるのは世界一になることと、ウェールズを倒せるぐらい好調でいられるということだ。パンツを下ろされたくなんかないよ」

防戦するだけでは満足せず、エディーは攻撃に転じた。二年前、エディーは試合前のインタビューでアイルランドの司令塔、ジョニー・セクストンに特に的を絞り、論争の嵐を巻き起こしたことがあった。今度は、経験不足のウェールズのスタンドオフ、リース・パッチェルを標的にして同じことをしようとした。

ウェールズの一〇番のポジションは、ダン・ビガーとリース・プリーストランドがしっかり握っていたせいで、二四歳のパッチェルは、五年間に六回しかテストマッチでプレーしていなかった。エディーは何度もパッチェルの名前を忘れたふりをしながら、彼がイングランドのディフェンス陣の主要ターゲットになるだろうと述べた。

「まだ若くて経験がなく、一〇番の第三候補に過ぎない。いじめられそうだからね、周りに誰か助っ人がいないことには。土曜の朝食のときに、（ウェールズのキャプテン）アラン・ウィン・ジョーンズやほかの連中はこう考えるんじゃないかと思うね。『この若造は今日のプレッシャーに耐えられるだろうか？』とね。彼はボールをワイドに出さねばならないが、それは大仕事だろう。スコットランド戦とは違うはずだ。厄介な役目だね。トゥイッケナムの大観衆の前で、サム・シモンズやクリス・ロブショウ、オーウェン・ファレルみたいなのが自分に向かってくるんだ。あの若者にとってはとんでもない経験になる。激しい攻防になって互角に戦ってこそテストマッチだ。それだけの根性があるか見てみようじゃないか」

結局、両方の監督は概ね正しかった。ウェールズは最後は活発に随所でランを見せたが、イングランドのディフェンダーはパッチェルにプレッシャーをかけ――彼は立派に対応したものの――試合開始早々にウイング、ジョニー・メイが決めた二つのトライが決定的な差となり、エディー軍は一二対六で勝利を守り切った。

いつものように、エディーは週の始めに炎をかき立てはしたが、試合後はパッチェルについて話すのを拒んだ。若者の〝根性〟は期待された成果を挙げたかという点について聞かれて、エディーは予想どおりの反応を示した。

「試合の前にいくつかコメントはしたがね。今は試合のことを話してるんだ。試合のことなら聞いてくれ。あんたたちが試合前にコメントしろと言ったから、コメントとして何点か取り上げたんだ。そうするなと言うなら、もうしないよ」

レポーターたちは食い下がった。

「パッチェルの頑張りはどうだったと思います？」

「私は彼の監督じゃないんだよ」。エディーはこう言って記者会見を締めくくった。「ウォーレンに聞いてくれ」

エディーが話をする用意があった件は一つ。イングランドのフルバック、マイク・ブラウンに対するメディアの扱いについてだった。試合までの間、マスコミではブラウンが自分のクラブ、ハーレクインズで見せていた調子では、イングランド代表選考に残れる保証はないといわれていたのだ。それまでに何度もそうだったように、エディーは実力を証明済みのこの選手を手放しはせず、試合後のＢＢＣラジオのインタビューでブラウンのマン・オブ・ザ・マッチとなったパフォーマンスが称賛されると、黙ってはいなかった。

「彼は今日はいいプレーでしたよね？」とインタビュアーが尋ねた。

「あんたたちは、ブラウンにはテストマッチでプレーするのは無理だと言っていたんだよ。それが今度はいいプレーだと言うのか」

「ああ、そういうことだったかどうかは、それでエディー……」

「信じられないよ。本当に、あんたたちと来たら冗談みたいだ」

「どういう点がですか？」

「ずっと彼を批判していたのに、さあいいプレーをしたとなると、急にみんな見境なく味方について」

「メディアを全部一緒にすることはできないんじゃないかと……」

「ほお、できると思うがね。できるさ。とにかくうんざりだよ」

「まあ、六カ国対抗の三年連続優勝が懸かっているわけですが、素晴らしい成績を残してきて、ご自分の見方では……」

「あんたたちは私よりよほど選手選考に長けていると、そう思っているんだろう。そのくせ彼がいいプレーをすると、便乗するんだ」

「分かりました。でもほとんどの人は今日のマイク・ブラウンは見事だったと認めますよ」

「彼は代表チームの一員として二十三試合ずっと見事にやってきた。それでどうして今日だけ特別なのか分からないね」

エディーの典型的なパターンだった――週の半ばに議論をあおって、試合後に延々と減らず口を叩く。始めはメディアも喜んで拝聴したが、二年以上も経つとやや飽きが来て、少し煩わしくさえなっていた。エディーのマスコミ対応は、最初は新鮮で正直に思われたものの、今では自信過剰でわざとらしく響いたのである。とはいえ、何だろうと彼がくれるものをもらってきて記事に仕立て、次の記者会見にぞろぞろやって来る以外、ジャーナリストたちに何ができただろう？　エラ兄弟と同じチームでプレーして、めったに負けることがなかった子ども時代にエディーが気付いたことがあった。「勝っている相手には、周りはほとんど何も言えない。そうだろう？」

ともかく二〇一八年の始めには、エディーはほとんど勝ち続けていたのだ。しかも長い間。しかし、その流れは変わろうとしていた。

ほぼ誰もそれに気付いていなかった。ウェールズがスコットランドに勝ち、イングランドがウェールズに勝っていた――つまり、マレーフィールドへの旅で、エディーと選手たちが二十六勝目という結果を得るのは確実なはずだった。

が、とんでもなかった。スコットランド人たちが目覚ましい出来であった一方、イングランドは最悪で、一三対二五でホーム側に屈したのである。試合後、エディーは「向こうがよすぎた」としぶしぶ認めはしたが、スコットランドがどれほどまさっていたかを言い表すにはそれでは全く不十分だった。二シーズンにわたって、エディーはイングランドの選手たちの意思決定能力を高め、また、試合の方向性を素早く修正したり、状況に合わせてゲームプランを変えたりできるチームにするために自分がしてきたことを、あれこれ吹聴していた。スコットランド戦では、彼らは途方に暮れて、変えようにもそもそもプランなどなかったかのようなあり様だった。スコットランドはフィールドの至るところでイングランドを打ち負かした。情熱に裏打ちされた猛攻だった。何よりもブレイクダウンで圧倒し、相手ボールを十回も奪ったうえ、スコットランドのキャプテン、バックローのジョン・バークレーはターンオーバーを三度やってのけた。

それまでの唯一の負け試合、前年のダブリンでの試合後にしたように、エディーは敗戦の全責任を認め、チームに十分な準備をさせなかったと言った。事がそれだけで、イングランドが単に態勢を立て直し、脱線したところからまた続けて、次のフランス戦とアイルランド戦で勝ち、六カ国対抗の優勝を決めれば、全て忘れ去られただろう。ジャーナリストのクリス・ヒューイットの言葉を借りれば、「ちょっとばかり批判を浴びはしたが、マレーフィールドで散々な目にあったのは彼が最初というわけじゃない」。けれども、事はそれだけでは済まなかった。スコットランドに負けたことで、エディーは悪循環に陥り、なかなか抜け出せなくなったのである。試合の前夜、眠りについて、目覚めてみたら全く別の世界にいたようなものだった。

始まりは、日曜の午前九時一五分、エディンバラ・ウェーバリー駅発、マンチェスター駅行きの電車を待っているときのことで、エディーはサー・アレックス・ファーガソン［元マンチェスター・ユナイテッドの大監督］に招かれて、オールドトラフォード・サッカースタジアムで行われるマンチェスター・ユナイテッド対チェルシーの試合を見に行くところだった。あとでレポーターたちに語ったところでは、エディーはプラットフォームで嘲りを受け、電車内では嫌がらせをされたのだった。嫌がらせとは、身体的なものか言葉によるものかと問われ、「両方ちょっとずつ」と答えた。次に何が起きたのかは、尋ねるまでもなかった。その場に居合わせた人の携帯電話で撮影され、ソーシャルメディアを通して世界中に広がっていた。

マンチェスター駅に着くと、マンチェスター・ユナイテッド・フットボールクラブ差し回しの運転手が待ち構えていて、外の車まで案内された。駅の外に出たところで二人の若者が彼に気付き、写真を撮らせてほしいと言った。いつもどおり同意はしたが、その前に起こった出来事のせいで、エディーはうれしそうにも寛いでいるようにも見えなかった。片方の男が自分の電話を運転手に渡して、エディーが男たちの間に立った。写真を撮っているうちに、さらに二人の男が、一人は背後から、もう一人は横から駆け寄ってきた。あっという間に、騒々しかっただけの雰囲気が険悪なものに変わった。エディーは隣で彼をつかんでいた男から身を振りほどこうとしたが、相手はしっかり捕まえて離さない。一人の鉄道職員が、手に負えない状況になりかねないと見て取り、近寄ってきて男を引き離そうとした。エディーは自由になると車に向かい、後部座席に乗り込んだ。一人が追ってきて、窓越しにスコットランドなまりで叫んだ。「ゆうべのざまはなんだ、ハゲのC△△△?」ほかの三人もはやし立て始めた。「おまえはハゲのF△△△△△ C△△△」。四人目の男は鉄道職員に一度は車から追い払われたのだが、戻ってきて後ろのドアを開けて罵り続け、ほかの三人も近寄りながら悪態をつき、拳を振り回していた。車が動き始めても、「スコットランド、スコットランド……」と叫び声は途切れなかった。

ソーシャルメディアに流れた映像をメディアが取り上げるると、すぐさま非難の声が上がった。スコットランドラグビー協会は声明を出し、その光景に「愕然とした」と述べた。「あのような不愉快極まりない振る舞いは、われわれのスポーツやそのファンの価値観を表すものでは全くない」と明言した。「エディーとイングランド代表チームが土曜日に示した品格は、この醜悪な出来事とは完全に対極をなす」

エディーは今後は公共交通機関では移動できないだろうと言った。

「私も人間だ。ほかの人と違うとは思っていないから、公共交通を使っても構わないと考えていた。だが、これからはそうしないようにするよ。簡単なことだ。もうできないね、さもないと日曜のようなことになりかねない。そういう世の中だということだ。大変な驚きだったよ。いい気持ちはしなかった。よほど急いでいないかぎり、セルフィーの求めにはいつも応じている。ファンにはきちんと接しているつもりだけれども、ああいうことがあると、自分の安全を考えないわけにはいかない」

とはいえ、全ての反応がエディーに同情的だったわけではなく、日頃メディアで扇情的なコメントをしているから、柄の悪いスコットランド人ファンにあんな目にあわされたのだとほのめかす人もいた。

スコットランドとのテストマッチの前に、元スコティッシュ・アンド・ブリティッシュ・アンド・アイリッシュ・ライオンズのキャプテン、ギャビン・ヘイスティングスは、試合前のエディーのふざけた態度のせいで、試合中の攻防に個人的な感情が入り込むことになった経験が自分もあると、意見を述べた。

「相手方を挑発するのが大好きだという手合いの一人だっていうことだ」と彼は言った。「エディー・ジョーンズの業績については尊敬しているが、彼の相手チームのサポーターとしては、あの顔を泥に押しつけてやりたくなるね」

マンチェスターの事件のあとで、エディーはヘイスティングスのコメントを伝えられ、それについて聞かれると、こう答えた。「責任ある立場にいると、自分が言うことに注意しなくてはならない。誰が嫌いだとか、人の鼻を泥に突っ込むとかなんとか言ってると、ある種の態度をあおり立てることになる。そういう態度を見たいと思うかい？」

テレグラフ紙の著名なスポーツコラムニスト、オリバー・ブラウンは辛口の見方をしている。「ジョーンズは、気分が乗れば、ラグビー界一毒の効いた口撃を繰り出すことができる」と記している。「ラグビーのことでいったん激高したら、その爆発の熱で十歩離れたところの塗装までだめになる」

ブラウンはさらに、最悪といわれたエディーの爆発を並べてみせた――日本代表チームがフレンチ・バーバリアンズに負けてキャプテンを公然と侮辱したこと、ジョニー・セクストンとリース・パッチェルをターゲットにしたこと、始終メディアで反対意見を攻撃していること、そしてピッチが水浸しになったために香港の試合が中止されたあとで、ニュージーランドのラジオコメンテーターに対してこう言ったこと。「アジアのラグビーはもうたくさんだ。香港に行くのは買い物か飲茶《ヤムチャ》をするときだけだ。とんでもないジョークだよ」

ブラウンはこう結んでいる。「これまで人にひどい扱いをしてきたジョーンズの浅ましさを考えると、無実を装った爆発が度を越さないか注視しているべきだろう。確かに、彼にはあほな酔っ払いに邪魔されずに自分のことをする権利があるとはいえ、自分が人を攻撃するのは相手があおるようなことを言うからだという彼の言い分は、偽善の最たるものだ」

件の事件後にオンライン上に登場した一般人のコメントの中で、反エディーの立場の典型が、ウェールズ語で「海」と名乗るブロガーによるこの例である。

「ジョーンズは、リース・パッチェルのような対戦相手のルーキーの選手個人を選んで攻撃しておきながら、大したことではないと思っているような男だ。彼がそういう真似をするのは、そういった選手を動揺させ、怖気付かせることによって、イングランドが好調なスタートを切れるようにできると思っているからだ。だが、そのせいで、選手のキャリアが、始まりもしないうちに簡単に破壊されてしまいかねない。そのうえ、のべつ相手チームがいんちきだと言い張ったり、不正を働いたと言って立派な選手たちを糾弾したりする。そういう汚い手からは悪感情が生まれる。人をからかって自分に有利にしようとするのと、相手チームに中傷を仕掛けるのとは全く別のことだ。ファンといわれる輩が乱暴な行為に及んだことを容認するつもりは毛頭ないが、エディー・ジョーンズこそ自分の発言の調子を抑える必要がある。彼のやり方は、ともすれば扇動的で、スポーツマンシップのためにもラグビーのためにもならない。シェークスピアの戯曲にもあるように、『バラの香りは、それを投げかけた人の手にも残る』のだから」

エディンバラに住む二〇代はじめの男三人と、サウスクイーンズフェリーの二五歳の男は、五月にマンチェスター・ソルフォード治安判事裁判所に出頭、例の一件で威嚇的または虐待的な言葉を用いたかどで起訴された。エディーは陳述を行わなかったものの、運転手は彼が「激しく動揺していた」ようで、あのままエスカレートしたら「暴力沙汰になっていたかもしれない」と思ったと述べた。三人は罪状を認め、合計三百六十五ポンドと費用として一人当たり百十五ポンドの罰金とされた。四人目は無罪を主張、八月に裁判に出廷するよう命じられたのだが、そのときにはエディーははるかに大きな心配事を抱えていた。

スコットランドに負けてから数日以内に、エディーとスタッフは分析を終えて、チームをあれほど派手にばらばらにした問題を解決する仕事に取りかかった。

「この二日間で対応策はできてきたよ。早急に対処法を身に付けるのが次のステップだ。リーダーシップや物事の変え方について口で言うのは簡単だが、いざ実行するとなったらずっと難しいものだ」

「フィールド上で悪いところを直すやり方を覚えるのに、ニュージーランドは八年かかったんだ。われわれはそれを四年でやろうとしているんだから、全てがもっと厄介になる。そのプロセスを早められる唯一の方法は、寝ないことだ。それしかない。簡単じゃないがね。修正のために休みなしで働いている。やれるさ、でもああいう状況になることもある」

「それでチームが進歩するんだ。ああいうふうに痛い目にあわないと、学ばないからね、今回はかなり勉強になった。厳しい教訓だ。好きこのみはしないが、また起こる可能性は十分ある」

予想したよりも早くに。

マレーフィールドの二週間後、エディーと彼のチームはスタッド・ド・フランスに到着、六カ国対抗三年連続優勝の望みを少しでもつなぐためには、四トライを決めて勝つ必要があった。が、それには遠く及ばなかった。

終了近くに挙げたトライで、勝つ見込みが絶望的ではなくなったものの、結局は一六対二二で敗退。けれども、イングランドのサポーターを不安に陥れたのは、負けたこと自体よりも、負け方のほうだった。イングランドはポゼッションでもテリトリーでも過半を維持したにも関わらず、攻撃はぎくしゃくして、統制も欠いていた。与えたペナルティは一六、これにはフルバック、アンソニー・ワトソンがハイタックルを取られた際のペナルティトライも含まれていた。何よりも大きな懸念材料は、またしてもブレイクダウンで完敗状態となり、八回もポゼッションを奪われたことだった。

「最低の負け方だった」とクリス・ヒューイットは言う。「フランスを相手にして、ブレイクダウンで負けることはありえない。ほかの負け方をすることはあっても、絶対にあんなふうに負けるもんじゃない」

六カ国対抗で史上初の三年連続優勝を飾るという呼び声が高かったのに、いまやイングランドは過去最低記録となる第五位への転落を避けるために、新チャンピオンとなることが確定していたアイルランドを七日後に破らねばならないのだった。

その仕事をさらに難しくしたのは、アイルランドが究極までやる気を高めるきっかけを与えられようとしていたことだった。エディー・ジョーンズ丸はまさに氷山に激突するところだった。

試合の四日前、イングランドとアイルランドのメディアが、エディーがウェールズを「ちっぽけなクソみたいな国」と決めつけ、「薄汚いアイルランド人」について触れた「ふそうトークス」の講演のビデオを放送した。ビデオが公開されてから八カ月後のこのタイミングというのは、全く絶妙だった。どこかのメディア関係者がエディーに二年前の悪口の仕返しをしたいというのなら、彼は甘んじて受けただろうが。

「エディーは誰よりも自分自身に腹を立てたに違いないと思うね」とクリス・ヒューイットは

言う。「エディーは知識をひけらかすのが好きだが、それで困ったはめに陥るのは好きじゃない。一体どれだけの間、どこかの誰かが『薄汚いアイルランド人』の映像を持ち続けていたのか知らないけれども、あのタイミングは偶然じゃない。何事もたまたま起こったりはしないよ」

ビデオが放送されて、RFUとエディーとふそうは大変な恥をかいた。

RFUはウェールズとアイルランドのラグビー協会に対する謝罪を表明した。エディーは試合前の記者会見で短くコメントした。

「皆さんに不愉快な思いをさせることとなり、心からお詫びします――弁解のしようもありません、あのような発言はすべきではなかった」

ふそうは直ちにウェブサイトから問題のビデオを削除し、声明書に差し替えた。

「二〇一七年七月のエディー・ジョーンズ氏によるアイルランドとウェールズに関する侮辱的な発言は、高潔を目指し全ての人々に深い敬意を持つことに傾注する弊社の姿勢と、全く相容れないものです。いかなる方法、形態、形式によるものであれ、そうした見方を弊社が支持することも許容することもありません。三菱ふそう主催のフォーラムにおいて、そうした侮辱的なコメントがなされ、公開されたことについて、衷心よりお詫びいたします。本来このフォーラムは、創造性と前向きなエネルギーを通してリーダーシップに関する学びを深めるためのものでした。けれども、ジョーンズ氏による自身の不適切な言語と所感についての速やかな謝罪を、弊社は歓迎いたします」

アイルランド人の記憶からエディーに侮辱されたことを消し去るには、深い後悔の言葉を

二、三加えるぐらいでは足りなかった。アイルランドの選手たちが、グランドスラムを懸けて聖パトリックの祝日にトゥイッケナムでイングランドを打ち負かすのに、それ以上動機が必要だったかどうかは疑わしいが、そうだとすれば、キックオフの数日前に自分たちを薄汚いと言ったことが明らかになった、その敵将を目にするだけで十分効果があっただろう。

アイルランドが二四対一五で勝利に輝いたあと、サンデータイムズ紙は別刷りのスポーツ面トップに、喜色満面のアイルランド選手たちが六カ国対抗のトロフィーを掲げる写真とともに、「薄汚い国にしては悪くないよな、エディー？」と大見出しを付けた。

試合終了の数分後、エディーがテレビインタビューのためにフィールドに出ていくと、トゥイッケナムの観客席数区画からブーイングが起こった。エディーをいちばん不安にさせたのは、そうしたサポーターがアイルランド側なのかイングランド側なのか分からなかったことであった。

第19章
期待外れの腰砕け

イングランドがアイルランドに敗れた翌日、サンデーテレグラフ紙のジャーナリスト、ポール・ヘイワードは、その後の課題についていろいろ示唆を織り交ぜながらまとめている。

「期待された救済者が腰砕けに終わるという道筋は、何人もの監督が既に辿っているが、エディー・ジョーンズがそれを避けるには、とてつもない課題を達成せねばならない」

続く数週間、この点がメディアの共通テーマとなり、コメンテーターたちはエディーの〝消費期限〟が本当にもう過ぎてしまったのかを論じていた。

二〇一六年、イングランドのオーストラリア遠征に際して、元ワラビーズのキャプテン、フィル・カーンズが発したコメントが何度も持ち出された。

エディーはイングランド軍をよくするかだめにするかと問われ、カーンズはこう答えたのだ。「両方だと思うね。短期的に、二年か三年は大成功するだろう。問題はそのあとじゃないか？」

「非常に明敏な監督だが、狂信的とすらいえる働き方が度を越すことがある。エディーの世界に属する人間はあんまりいない。一人いるが、それは彼自身だ。それが彼の世界なんだ」

「日本代表の選手が二人ほど、二度と彼の下ではプレーしないと言っていたよ。あの練習量にはついていけない、きつすぎるとね。イギリス野郎どもがどうなるか、見ものだろう」

「実際、彼はいい男だと思う。だがとてつもない集中度と仕事量を要求するから、チームがトレーニング過剰の域に達してしまうと聞いたことがある」

〝トレーニング過剰〟という見方を、エディーが考えたことがあったとは思われないが、イングランド史上最悪となった六カ国対抗の結果について総括が進められているとRFUが発表するに及び、メディアではこの点が大きく取り上げられた。

提言に含まれるのは監督更迭だろうという臆測は、その総括を指揮しているのがエディー・ジョーンズ自身であることが明らかになって消えた。

見直しのプロセスを説明する中で、RFUのCEO、スティーブ・ブラウンは、どのように危なっかしい船体を立て直し、ワールドカップへの針路を定めるかという問題に取り組んでいるのが、エディーとそのスタッフだけであることを認めた。

「真っ先にエディーの問題を正すのはエディーだ」

エディーも、救助艇をすぐに呼ばなければならない理由は全くないと思っていた。

「苦しい時期に入ったというだけのことだ。必ずある段階で、こういう状況を迎えていただろう。進歩を遂げているチームなら、まさにわれわれがそうだが、ラグビー運に見放される難しい時期をくぐり抜けていくものだ。現在の状況について、とらわれ過ぎたりメロドラマみたいに騒いだりすべきではないと思うね。われわれはラグビーチームだ。どのチームだって無敵のオーラなんてものは持ち合わせていない。どこも失敗はするし、どこも何かしら短所と長所がある。そして今のところは、ある分野のプレーに関してはわれわれよりほかのチームのほうが上だから、そこから学ばねばならない」

エディーは選手の習得速度を上げるのに役立てようと、ロンドン大学ユニバーシティ・カレッジから人間の脳の研究をしている教授を招くことまでした。

ラグビー人生の中で、自分の雇い主との関係がぎくしゃくしたせいで、一度ならず解任されたり辞職したりしてきた男であるにも関わらず、エディーに対してブラウンは無条件のサポートを継続し、絶対的な信頼を示した。それは同時に、二〇一八年前半の栄光からの転落のせいで、エディーは彼の雇用主から見限られるだろうと期待していた人々をがっかりさせた。

その中で注目されたのが、クラブのオーナーたちだった。

エディーがイングランド代表監督就任前にうらやんでいたように、RFUはラグビー界で最も大きく最も資金力のある組織だった。実際に、設備だろうとスタッフだろうと、彼の希望が拒絶されることは決してなかった。二〇一七年のシーズン初頭、デイリーメール紙はエディーのコーチたちのリストを公表した。ラインアウト専門コーチ、スティーブ・ボーズウィックに始まって、ディフェンスコーチのポール・ガスタード、スクラムコーチのニール・ハットリー、さらに、スキルコーチのローリー・ティーグ、視覚に関する第一人者であるシェリル・コルダー、分析担当者二人、チームドクター一人、スポーツ科学者一人、筋肉・腱《けん》・関節等専門セラピスト二人、理学療法士二人、三人体制の強化・コンディショニングユニット、キッキングコーチのジョニー・ウィルキンソンほか、総勢二十四人である。

唯一RFUでもエディーに与えられなかったのは、選手を彼らの所属クラブから代表チームに連れてくる明確な道筋だったのだが、これは南半球の代表監督たちにとっては何年も前に悩まされることがなくなっていた問題だった。

必ずしも滑らかに移行したわけではなかったが、SANZAR設立によって南アフリカ、ニュージーランド、オーストラリアがプロ化を達成した際、一シーズンは三つに分割されることになった——スーパーラグビー、ザ・ラグビー・チャンピオンシップ［南半球四カ国対抗戦］のテストマッチ・シリーズ、そしてシーズン末の遠征である。全選手は各ラグビー協会と契約しているため、トレーニングや試合参加の必要性が重複することはなかった。さらに、成功を収めたニュージーランド方式に従う形で、できるだけ強い代表チームを作るために、スーパーラグビーのフランチャイズ・チームを国の統括団体に協力させるようにすることが目標とされたのである。

イングランドのシステムは非常に異なっている。各クラブは、一シーズンに最低三十試合に出場することを前提に選手に報酬を支払う。RFUは代表チームのトレーニングキャンプのために選手を解放してもらうことに対して、クラブに支払いをする。理論上は何の問題もなかったが、選手たちがエディーの厳しいトレーニング法からマイナスの影響を受けてクラブに戻ってくるようになると、大きな亀裂が生じた。

RFUのデータで、エディーの就任以来、代表チームのトレーニングキャンプにおける負傷が倍増したことが示されたことを受け、二〇一六～二〇一七年のシーズンの終わりに、エディーはクラブ側と会合を持った。その結果、両者の協議が進んだとエディーは述べた。しかし、二〇一八年六月までには、相互のコミュニケーションは破綻していた。

トレーニングキャンプでの事故のせいで、フロントローのビーノ・オバノが一年間出場不可能となると――エディーの監督下で負傷したバース五人目の、全体では十五人目の選手だった――バースのオーナー、ブルース・クレイグはこの状況は「受け入れがたい」と噛みついた。

エディーはこう言って応戦した。「テストマッチのチームのトレーニング方法に関して代表監督にあれこれ言う権利は、クラブの人たちにはないと思うがね」

念のため、チームの予想外の連敗でエディーのけんかっ早さも引っ込んだという誤った印象を持たれないように、彼はこう付け加えた。「ブルースは練習場のケガに関してはエキスパートのようだから、彼の博識には敬意を表さないといけないな」

クレイグも黙ってはいなかった。「大事な選手の健康状態についてジョーンズ氏の人をばかにしたような発言は不適切だ。イングランド代表のトレーニングで十五人も重傷を負い、ワスプスのフランカー、サム・ジョーンズに至っては選手生命を絶たれさえしたのに、彼が全部許容範囲だと判断して、説明も謝罪も十分な分析も必要ないと言うなら、それこそ問題だ」

「イングランドのトレーニングキャンプは、一年を通してわれわれの選手のコンディションや体力、健康と、無関係なわけではない。ジョーンズ氏は、選手たちの契約はイングランドラグビー協会が中心になって取りまとめているのではないという事実も見落としているようだ。彼らは、十分な注意義務が果たされ、妥当な処遇がなされるとクラブ側が納得できることを前提に、イングランド代表を信頼して解放されているのだ」

プレミアシップラグビーのボス、マーク・マカファーティは、クラブと統括団体との関係は「通行止め状態」だと述べた。

「イングランドのシステムを機能させる唯一の道は、協力だ。イングランド代表監督にはクラブで行っていることを見に来る権利はないなんて言い出すクラブはないと思うね」

それどころか、エディーはよくあちこちクラブを訪ねていると、レスター・タイガースの元監督、マット・オコナーは言う。

「エディーは本当に懸命に関係作りをしようとしているけれども、常に問題が起きている。われわれが選手の賃金の大部分を支払っているわけで、彼らが代表チームのトレーニングから戻ってくるときには、健康で最高のパフォーマンスを上げられる状態であることを期待する。あっちのトレーニングで選手たちがぼろぼろになるなんて、受け入れられない」

「エディーはいつも、自分が選手を使える時間を最大限利用しようとするが、それでは必ずしもクラブの要求にはそぐわない。バランスが大事だよ、双方が折り合えるところを見つけなければならない」

この頃にはクラブにもメディアにも、エディー・ジョーンズのショーはもううんざりという気配が見えていたものの、クリス・ヒューイットには一般の人々はまだエディーを信頼しているという確信があった。

「彼はまだ人気があると思うよ。正直で率直、それにあの気の利いたコメントがある。まあやり過ぎることもあるとはいえ、大体の人は彼にひき付けられるだろう。彼独特の話術を面白がっている。もちろん、いちばん肝心なのは、チームを勝ちパターンに戻すことだけどね」

生易しい仕事ではない。六カ国対抗の次に、イングランドは六月にテストマッチ三試合を行う南アフリカ遠征を控え、そのあとの過酷な秋のスケジュールでは、スプリングボクス、オールブラックス、日本代表、そしてワラビーズを毎週末トゥイッケナムで迎え撃つことになっていた。

「エディーは登場するや巧みに講釈を聞かせた」とヒューイットは言う。「こう述べたんだ。『すぐに解決できる問題と長期的な問題がある』。まずは素晴らしい出来栄えを示したから、今度は長期的な問題に取り組んでいると言えるわけだ。確かに、彼はイングランド固有の問題を解決しなければならないよ。いちばん大きいのは、オープンサイド・フランカーがいないという点だ」

六カ国対抗で三敗して痛いほど明らかになったように、エディーがワールドカップの際にイングランドの七番、クリス・ロブショウは「よくて六・五番」と言って指摘した問題は、二年経っても未解決のままだったのだ。しかも、エディーが世界のトップへとよじ登っていく間、ほかのチームの監督たちはただ座して眺めていたわけではない。イングランドを研究し、弱点を突き止め、そこにつけ込む方法を編み出していた。

その最大の弱点が、ブレイクダウンでボールをくすねてこられる選手がいないことだった——タックルされた選手に誰より先に駆けつける猟犬であり、しっかり立っていられる力と粘り強さを持ち合わせ、敵の増援部隊がやって来てもボールを守り通せる選手だ。

そういう選手がイングランドのラグビー界に存在しないというのは理不尽に思われるが、

マット・オコナーに言わせれば、この点もまたクラブと国の代表の分断の一例であった。

「純然たる七番というのはいなかったんだ。なぜならイングランドのラグビーではそういうプレーはしないからね。プレミアシップでは、体格とぶつかり合いで相手を圧倒することが全てだ。そういうプレーをできるクラブがいちばんいい成績を収める。十二も別々のクラブがあるわけで、代表チームを育てていく道筋に関して共通の使命なんてものはない。クラブはそういうタイプの選手を育成してないから、エディーはその役割に合うように選手を作り変えねばならなかった」

このほかにメディアが注目した問題として、エディーが年齢の上がってきた選手たちを頑として使い続けるという点があった。

「例えば、ハートリー、ハスケル、コール、ブラウンは皆ピークを過ぎていたのに、エディーは彼らにしがみついていた」とクリス・ヒューイット。

これはエディーの監督スタイルとしては、目新しいことではなかった。元豪ラグビー協会のボス、ゲーリー・フラワーズは、ワラビーズで特定の選手にこだわったエディーの偏狭さが彼の解任理由の一つだったと述べている。

「二〇〇三年のワールドカップのあとで明白だったのは、人員刷新の遅れだった。彼はもっと早く取りかかるべきだった」

ワールドカップに向けた準備の最終段階に乗り出したエディーにとって、さらなる気がかりとなったのは、チームが南アフリカ遠征に出発するほんの数週間前に、ディフェンスコーチのポール・ガスタードを失ったことだった。

ガスタードがハーレクインズの監督になるためにイングランド代表チームを去ったのは、エディーに課された厳しいスケジュールのせいでプレッシャーに押しつぶされたからだというメディアの臆測はすぐにやんだものの、後任者が必要になる事態をエディーは避けられただろうという点は否定できなかった。

全てのことが積み重なって、とてつもないプレッシャーが現・年間世界最優秀ラグビー監督にのしかかっていた。エディーが世界一のラグビーチームを作りたいなら、二〇一八年六月から一一月にかけての戦いは、彼の計画の進行具合を確かめる究極の試金石となるはずだった。この間の試合の過半数で勝てば、ワールドカップへのラストスパートで大いに自信が深まる。その反対は、考えるのさえ恐ろしすぎた。

エディーは自分が重圧を感じているとは決して認めていないが、彼を批判する人々は勢い付いて、そんなはずはないと主張していた。エディーがニュージーランド生まれのバックロー、ブラッド・シールズを、イングランドで一試合も出場していないにも関わらず、急遽そのまま南アフリカ遠征メンバーに加えることに固執したのは、やけくそ状態に陥った表れだと見る人もいた。シールズはスーパーラグビーに所属するハリケーンズのキャプテンで、移籍先チームであるワスプスに顔を出しもしないうちに代表チーム入りしたことは、大論争を巻き起こした。サー・クライブ・ウッドワードに「本質的に間違っている」と評されても、エディーは動じなかった。エディーに言わせれば、シールズの両親はイングランド人なので彼は適格であり、彼はチームの戦力強化になるのだから、それで話は決まりだった。シールズはニュージーランドからイングランドに飛んできて新しいチームメイトに紹介され、遠征後にまたニュージーランドに戻ってハリケーンズとの契約を完了させてからワスプスに加わったのである。まさにエディーの真骨頂であった。

エディーがチームの凋落を止めようと行った人選でほかに目立ったのは、スタンドオフ、ダニー・シプリアーニを三年ぶりにテストマッチに呼び戻したことと、負傷離脱中のディラン・ハートリーに代わってオーウェン・ファレルをキャプテンに選んだことだった。

ラグビー界でエディーの窮状にわくわくしていた人々は、南アフリカ遠征が運命を左右しかねないと見ていた。少なくとも公の場では、エディーはむしろ大きなチャンスというふうに言い表した。

「二〇一六年以来一緒にやってきたグループとして、これは非常に刺激的なチャレンジになるだろう」とエディーは言った。「このシリーズに勝って歴史を切り拓くという機会を得たわけで、これまでどのイングランド代表チームも成し遂げていないことだ。スプリングボクスは新しい監督・コーチ陣の下で生まれ変わって好戦的なプレーをしてくるはずだから、こちらも体を使って攻撃的に、そして戦術的に賢く向かっていく必要がある」

その新生スプリングボクスを率いるのは、四五歳のラシー・エラスムス。ジェイク・ホワイト監督時代の技術アドバイザーで、二〇〇七年のワールドカップの際は、その直前に彼が突然辞任したために、エディーが南アフリカのワールドカップ優勝に貢献する道が開けたのであった。その後、ストーマーズとマンスターで成功を収めたエラスムスは、遠征軍到着のわずか十二週間前に、アリスター・クッツェーの更迭に伴い、チームを引き継いだばかりだった。クッツェーの下で南アフリカは世界ランキング七位にまで落ち込んでいたことから、エラスムスは三年前にＲＦＵがエディーに与えたのと同じ宿題を渡されていた――ワールドカップまでに状況を好転させること。

六月九日のヨハネスブルグでのテストマッチ第一戦、二人の男にとって、この試合には多くが懸かっていた。エラスムスはスプリングボクス監督として初勝利を追い求めており、それというのも、一週間前、彼の初監督試合だったウェールズ戦は二〇対二二と惜敗に終わっていたのである。一方、エディーにとっては事はずっと深刻だった。六カ国対抗に続き、バーバリアンズとの試合も屈辱的な二六対五七という結果となり――トゥイッケナムで行われたバーバリアンズ戦では過去最大の失点――ほぼ底なし状態で、いまや五連敗の危機に瀕していたのである。

エディーの選手たちはプレッシャーを感じていたとしても、始めのうちはそれを表さなかった。最初の十分間のプレーは見る者を釘付けにした。ボールをワイドに回し、創意とスピードに満ちた攻撃を仕掛け、マイク・ブラウン――ウイングでプレー――とフルバックのエリオット・デイリー、センターのオーウェン・ファレルがトライを決めて全てコンバージョンも成功、二四対三とリードしたのだ。それは十年以上前にエディーが再現したいと言っていたラグビー――エラ兄弟のプレーで有名になったラグビーのスタイル――であったが、短命に終わった。南アフリカは序盤はがたついてミスが続いたが、落ち着きを取り戻し、エネルギッシュな英セールのスクラムハーフ、ファフ・デクラークに刺激されて、なんとか挽回を果たした。ハーフタイムではスプリングボクスが二九対二七でリード。イングランドは高地の環境が影響してか徐々に足が重くなり、追いついていくのに必死で、終了間際に果敢な反撃を見せたものの三九対四二で屈した。悪いことに、エディーは試合後フィールドに下りていく間に、スプリングボクスのサポーターとの言い争いに引き込まれた。エディーは地元産のワインはどこで買うのがいいか話していただけだと、軽く受け流した。しかし、ブルームフォンテーンで行われるテストマッチ第二戦の重要性は、冗談どころの話ではなかった。勝てば、まだシリーズは救われる。負ければ、エディーの長期的な雇用見通しはますます危うくなる。

テストマッチ二試合目も一試合目とほぼ同じように始まり——そして同じように終わった。ウイングのマイク・ブラウンとジョニー・メイの鮮やかなトライでイングランドは一二対〇とリードを奪ったのだが、スプリングボクスのナンバーエイト、ドウェイン・フェルミューレンが大暴れして挙げたトライとハンドレ・ポラードのゴールキックのせいで、前半終了時には一三対一二と南アフリカが逆転していた。後半、イングランドは統制の乱れが大きく響いた。相手にペナルティトライを与えたほか、ネイサン・ヒューズがあからさまに故意の反則を犯したとしてイエローカードとなり、ホーム側が二三対一二で勝ってシリーズをものにした。

イングランドのチーム内が混乱状態にある印は、試合終了のホイッスルが鳴ってもなお見受けられた。マイク・ブラウンとジョー・マーラーはフィールドを出る際に南アフリカのファンと言い合いになり、ベン・ヤングスは試合後のBBCの生中継インタビューで質問の途中で立ち去った。元ワールドカップ優勝チームのスクラムハーフ、マット・ドーソンはパフォーマンスについてのコメントで、「悲惨な」という言葉を使い、大勢がエディーに隠れて言っていたことを公然と口にした——彼が職を去る日が近づいている。

「車輪ががたがたというところだ、完全に」とドーソンは言った。「ワールドカップに向けてこれからどうなるか、先週いくつか噂を耳にした。エディー・ジョーンズはもう更衣室に居場所はないんじゃないのか？　トゥイッケナムに戻ってこないのではないか？」

ジャーナリストのロバート・キットソンはザ・ガーディアン紙の記事でこう述べている。

「エディー・ジョーンズ時代は、ＲＦＵにとって教訓にはなっているだろう。目論んだのは、世界一経験豊富な監督を雇って現ナマのシャワーを浴びさせ、それからゆっくり座って彼が二〇一九年のワールドカップを釣り上げるのを見物することだった。この調子では、今からクリスマスまでの間にジョーンズが手に入れられるのは、オーストラリアに戻る飛行機のチケットだけだろう」

エディーは別に気にしていないと言った。全部前にも言われたことだ。

「監督の仕事なんてみんな同じだ。調子がよければ、背中をポンと叩いて褒めてくれる。よくなければ、背中に刺されたナイフを自分で引き抜くはめになる。それが現実だ。もう何度もくぐり抜けてきたからね。長くやっていれば、いいときも悪いときもある。今このときは素晴らしい時間なんだ。これこそ私が本当にやりたいことだ。このチームの監督をしているのが好きでたまらない。誰かが不十分だと判断するなら、そうすればいい。誰かが私で十分だと判断すれば、私は監督を続ける。これまで監督を務めたどのチームでもそうしてきたし、今も違いはないよ」

あるレポーターがエディーに対し単刀直入に「あなたはイングランドをワールドカップに率いていく適任者だろうか」と尋ねた。

「百パーセントそうだ」と彼は答えた。「私は監督の仕事が得意だからね」

一週間後にそれを証明することになった。

スプリングボクスがバックラインを四人変更するという実験をしてくれてイングランドが二五対一〇で勝ったので、ファンや雇い主のエディーに対する評価が回復した、とまでいっては誇張だろう。だが、端緒ではあった。濡れたコンディションの中、イングランドのフォワードは攻撃的で、断固として譲らず、相手を圧倒した。その週にトレーニング過剰による疲労と報道された状態とは程遠く、彼らははるかに力強くシリーズを締めくくった。何よりも希望が持てたのは二〇歳のトム・カリーのパフォーマンスで、彼こそがエディーが抱えてきたオープンサイド・フランカーに関するジレンマに対する答えだということを十分示す出来であった。シリーズは負け越したが連敗は途切れ、少なくともこの勝利はエディーにしばらく猶予期間をもたらした。

どれだけ長くかという点は、次の恐怖のテストマッチ月間の結果次第。一一月にイングランドは南アフリカ、ニュージーランド、日本、オーストラリアとトゥイッケナムで毎週末対戦することになっていた。二〇一六年にイングランドがワラビーズとの対戦で全勝して世界ランキング二位に上がったときには、二〇一八年のオールブラックスとの対決が非公式な世界王者決定戦になると喧伝された。だが、エディーが驚くほど信用を失って以来、そもそも彼がイングランドをワールドカップに率いていくのかという問題はこの試合で決まるというのが多くの見方であった。

第20章 秋の実り

エディーは二〇一八年のシーズンを通して高まった批判の嵐をなんとか乗り切った。だが、上司であり最大の支援者であるスティーブ・ブラウンは、それほど幸運ではなかった。

八月、エディーと彼のチームが一対二でシリーズを失い、ぼろぼろながらもまっすぐ姿勢を保って南アフリカから帰還してきた二カ月後に、元RFUのCEO、フランシス・バロンがこの組織の財務管理の問題を五十ページにわたって糾弾するレポートを公表した。バロンによれば、RFUは二〇一五年のワールドカップ開催がもたらした予想外の二千六百万ポンドという黒字を浪費の穴埋めに回しており、それにはトゥイッケナムの法人用施設新設費用が予定の五千三百五十万ポンドから八千百万ポンドに膨れ上がったこと、代表チームのトレーニングへの選手の貸し出しに関するクラブ側との八年契約に二億二千万ポンドを費やしたこと、全国平均の三倍以上にまでRFU職員の給与を引き上げたことなどが含まれていた。

この指摘は元RFU代表のグレアム・カッターモールによる別のレポートでも裏付けられ、さらにバロンは、RFUは一般には「ラグビー界一の金持ち協会」といわれているものの、それまでの六年間に四千六百六十万ポンドの損失を出し、次のワールドカップに向けて借入額を一億ポンドに増やすことを計画していると言い立てた。

バロンとカッターモールのせいでRFUの財政状態に注目が集まると、エディーの登用にまつわる費用にも疑問が投げかけられた。新聞はエディーのサポートスタッフがいまや二十七名という大所帯となったために、代表チームは「六桁の額」に上る予算超過に陥っていると報じた。加えて、移籍したディフェンスコーチ、ポール・ガスタードの後任にエディーが据えたジョン・ミッチェルの放出に、南アフリカのフランチャイズ・チームであるブルズが法外な補償金を要求している件も紆余《うよ》曲折が続いていた。ブルズは当初、ミッチェルの契約解除に五十万ポンドという値段を付けた。二〇〇三年のワールドカップの際、オールブラックスの監督であったミッチェルは、自軍がエディー率いるワラビーズに敗れて、その職を失ったのだった。

しかし結局のところ、いちばん響いたのは、スティーブ・ブラウンが二〇一八年一月にエディーの契約を三年間延長したことに対するバロンの批判だった。エディーの下で二十三戦二十二勝という成績を残していた当時は英断と思われた対応が、その後のイングランドのスランプのせいで、ビジネス上の健全な対処とは全くいえなくなっていた。最終的にミッチェルの契約解除にブルズが応じた額が二十万ポンド、エディー獲得のためにストーマーズに支払ったと報じられているのが十万ポンド、スティーブ・ボーズウィックの放出でブリストルが得たのが五十万ポンドと、どんどん遠のいているかのようなワールドカップ優勝のために、ＲＦＵはとんでもない散財をしているという印象は否めなかった。

ＲＦＵはバロンの主張に反論する声明を発表し、バロンとカッターモールからトゥイッケナムの「特別待遇メンバー」の地位とそれに付随する無料招待券の特典を剥奪したのだが、おざなりの反撃でしかなかった。事実として、代表チームの準備のために巨額の資金が費やされたのであり、投資に見合う利益を期待する声は高かった。秋の連戦が近づくにつれ、エディーとチームに対するプレッシャーが強まった。

ケープタウンでの一勝だけでは、二〇一八年の六カ国対抗の悲惨な記憶は消えなかった。エディーがチームを元の軌道に戻す気なら――おそらくは自分の職を守るにも――何が何でもトゥイッケナムにおける一一月三日のスプリングボクス戦から始めなければならなかった。

エディーの仕事をさらに厄介にしたのは、負傷によりフォワードが危機的状況に陥ったことで、ヴニポラ兄弟――ルースヘッドプロップのマコとナンバーエイトのビリー――とロックのジョー・ローンチベリー、コートニー・ロウズが戦線離脱となり、テストキャップ四〇〇分の経験が奪われたのだった。それでも、スプリングボクスの監督、ラシー・エラスムスがその週末に対戦するイングランド軍を甘く見たりはしないと言ったのは、彼らの監督こそ南アフリカにそのスポーツ史上最悪の屈辱を与えた男であるからだった。

二〇一五年のワールドカップで日本がスプリングボクスに三四対三二で勝ったことについて、エラスムスはこう述べた。「南アフリカ人なら誰でも、あの試合を見ていたとき自分がどこにいたのか、どこに座っていたのか決して忘れないだろう。エディーは頭の切れる監督だ。

南アフリカのことをよく知っている。二〇〇七年大会ではわれわれの優勝に貢献してくれたんだからね」

けれどもこの試合の序盤では、その点は大して意味があるようには思われなかった。開始四五分までは〝ブライトンの奇跡〟や二〇〇七年のワールドカップ優勝にエディーが果たした役割は遠い昔の思い出に過ぎず、スプリングボクスが勝利をさらうのは時間の問題と見られた。

イングランドは、ルースヘッドのアレック・ヘプバーンがテストマッチ初のスタメン出場だったほか、バックローのブラッド・シールズ、トム・カリー、マーク・ウィルソンの三人を合わせてわずか一〇キャップというように経験不足で、最初のうちは南アフリカの大男たちにいいようにされた。開始一五分でイングランドのロック、イトジェが反則行為を繰り返したとしてシンビン行きとなったあと、南アフリカのスブ・ンコシが突進してトライ。けれども、スプリングボクスが何度かチャンスをふいにしてくれたのと、オーウェン・ファレルの正確なゴールキックのおかげで、ともかくもイングランドは六対八とわずか二点を追う展開で前半を終えた。

ハーフタイムでエディーはヘプバーンをテストマッチ初出場のベン・ムーンと入れ替え、さらに後半開始数分でカリーが負傷により退場、もう一人のテストマッチ・デビュー選手、ザック・マーサーが交代した。スプリングボクスが一層圧力を加えるのにうってつけの成り行きだったが、イングランドはへこたれなかった。粘ってなんとか戦い続け、五一分、フルバックのエリオット・デイリーが距離のあるペナルティゴールを決めると、エディーの軍勢は初めて試合をリードした。だが残り一一分、スプリングボクスのスタンドオフ、ハンドレ・ポラードが自らペナルティゴールを入れ返して、一一対九と逆転した。

　イングランドは、デイリーがノーマークだったジョニー・メイを無視、さらにシールズがゴール一メートルでタックルされてボールを前に落として、二度の絶好の得点チャンスをふいにした。だが結局、残り六分で全てが託されたペナルティゴールをファレルがきっちりと決め、一二対一一と勝利が確定することになる。

　その後、ポラードはぎりぎりで逆転勝ちのチャンスを得たものの、彼のペナルティはゴールポストに当たった。ところがそこから、この試合最大の論点となる最後のプレーが続いた。

　試合終了時間が過ぎても、南アフリカは十五フェーズにわたってボールを生かし続け、交代したセンターのアンドレ・エスターハイゼンがゴール四十メートルでルーズなパスを拾うと大きく回り込んでラン。ファレルが彼に向かっていくと、体格で勝る南アフリカ人は肩を落としてチャージした。ぶつかる瞬間にファレルは頭を左に向け、衝撃で二人は地面に倒れた。次いでモールからイングランド側にボールがこぼれ、フロントローの交代選手、ハリー・ウィリアムズがそれを観客席に蹴り込んだ瞬間、エディーはサイドラインでスタッフと喜び合った。

　だが、試合は終わっていなかった。オーストラリア人審判、アンガス・ガードナーが大スクリーンでファレルがタックルの際に腕を使ったかどうかを判定する間、イングランドの選手とサポーターは固唾を飲んで見守っていた。腕を使っていなければ、ガードナーは南アフリカにペナルティを与えなくてはならず、位置的には十分ゴールが可能だった。

　スカイテレビのコメンテーター、スチュアート・バーンズは一見してその行為について「ああ、ショルダーチャージかタックルか？　間違いなくショルダーですね」と述べ、ガードナーとタッチジャッジのベン・ホワイトハウスがリプレーを待ちながらスクリーンを見上げている間も、望み薄であることを示唆した。

「見た瞬間、この位置からは、ファレルが肩から突っ込んだように見えました」とバーンズ。
「観客からはブーイングが起きていますが、審判たちが見直しをするのは全く正しいことです」
そのタックルのリプレーが映し出されると、どんなにイングランドびいきでも、エディーたちの形勢不利を認めないわけにはいかなかった。最初の接触は疑いようもなくファレルの右肩からで、右腕は脇に下りていた。頭を横に向けた際、普通の真正面のタックルで相手を押し戻す場合に想定されるよりも、ファレルの左腕はエスターハイゼンの体から離れていた。相手に腕を回そうとしたようだったが、それはほとんど最後の瞬間になってからだった。

「残念ながら」とバーンズは、スタジアムの八万二千人の大多数とはるかに多くのテレビ観戦者が考えていることを言葉にした。「どこから見ても、あれはタックルをしようとしたのではありません。片方の肩が入って、反対の腕は離れている……よほど運がよくなければ、ファレルはこのままでは済まないでしょう」

ところが、ファレルは運がよかった。ガードナーはホワイトハウスのほうを向いた。

「激突したのは確かだ。でも私には明らかなショルダーチャージだとは思えない。反対側の腕が十分回されていた、そうだろう？」

ホワイトハウスはうなずいて同意し、ガードナーはファレルに歩み寄った。

「反対側の腕は十分回されていたので、正当なタックルとみなす」と彼が言うと、ファレルはガッツポーズをし、イングランドの選手とサポーターは歓声を上げた。

試合後の記者会見で、エディーは審判のガードナーが判定を検討している間、何を考えていたのかと聞かれた。

「全く何も考えていなかったよ、正直な話。それほど利口じゃないんでね。ただ『反則を取らないでほしい』と思っていたさ。ごく当たり前のことだろう？　いいかい、あれはちゃんとしたタックルだった」

皆が賛成だったわけではない。ワラビーズのユーティリティバックス、カートリー・ビールはオーストラリア代表チームとウェールズに滞在中で、「二、三年前ならレッドカードだ」という意見を述べた。

元オールブラックスのクレイグ・ダウドのコメントは手加減なしだった。

「審判たちは自ら墓穴を掘ったんだ」とダウドは語る。「あれはとんでもない判断だ。世界ラグビーで審判たちに疑いの目が向けられるようになるだろう。イエローカードではなかった理由を説明する必要がある。少なくともペナルティだったよ。一体全体なぜあのタックルに関して何の対処も、あとからのコメントさえなかったんだ？　あれは最悪のタックルだったし、あの決定は世界ラグビーにとって全くの面汚しだ、大きなダメージだね」

しかし、エディーはファレルのタックルについて誰が何を言おうと、気にしていなかった。既に気持ちを切り替えていたのだ。

「来週はニュージーランドと対戦だ、待ちきれないよ」と集まっていたメディアに言った。

「きっと向こうはレンスベリーのキャンプで、クリーム付きのスコーンでお茶でもしながら、『あいつらなんか朝飯前だ』とか言っているんだろう。自信満々だろうが、こっちこそ望むところだ」

南アフリカ戦のパフォーマンスからして、自分のチームがオールブラックスを倒せるという確信があるのかと聞かれて、エディーはこう答えた。「百パーセントあるね」

次いで、報道陣に囲まれたままのエディーに、あるレポーターがうかつにも、この勝利はイングランド代表監督としてのエディーの任期にとって何よりも大事だったのではないかと尋ねた。

「それはゼロだな」とエディーは切り返した。「何よりも大事なのは次に何をするかだ。いいか、こんなことは理解できないよ。われわれはものすごくいいチームだ。何試合かでは負けたさ。今日はタフなプレーで勝った。それがなんで何よりも大事な試合ってことになるんだ？」

「あんたたちが私をクビにしたいからだろう？　それが理由じゃないか？　まあ、いずれはそうさせるんだろう。そういうことだ。居座り続けるならクビにさせるというんだろう。そうなったらみんな大喜びだ。こう言うんじゃないか。『最高だ。これで次のやつをいびることができる』」

「気にすることはない。今日はいいテストマッチになった。われわれは満足だね、向こうはそうでもないだろうけど。さて今度はニュージーランド戦の準備だ」

大方の見方では、イングランドのメディアがいちばん避けたいのはエディーがクビになることだ。一体ほかの誰があれほどたくさん名セリフを聞かせてくれるだろう？　しかし、ＲＦＵのマネージメントを酷評したバロンのレポートの影響は消えてはいなかった。世間もスポンサーも誰かをいけにえにしなければ納得せず、当然候補者となるのはエディーかスティーブ・

ブラウンだった。エディーが候補者リストから自分の名前を外してもらいたいなら、オールブラックス戦で好結果を出すことが不可欠だった。

エディーは戦術的判断として、南アフリカを破ったメンバー二人を入れ替えとし、プロップにヘプバーンではなくベン・ムーンを、ウイングにはジャック・ノウェルではなくクリス・アシュトンを四年ぶりに先発入りさせた。このほか、トム・カリーが足首のケガでシリーズの残りの期間は戦力外となり、サム・アンダーヒルが交代した。また、攻撃的なロック、コートニー・ロウズが腰の故障から復帰してベンチ入りした。

賭け屋の予想ではイングランドは全く見込みなしとされていたが、エディーはいつになく明るかった。前回のワールドカップにおける日本の南アフリカ戦での勝利が映画化されるという報道もあって、エディーは選手たちに、トゥイッケナムでのニュージーランド戦のシナリオを自分なりに書いてみるよう促した。エディー曰く、キィウィのオーラに圧倒されて、自分たちを黒ジャージ軍団の周りにいるただのエキストラのように感じてしまう選手が多かった。

「ポップコーンを食べてコーラを飲みながら映画を見てるようなものだ。『自分にもできるぞ』と気付いたときは、もう遅いんだ。われわれは、ただ座って見ているなんて真っ平だ。ニュージーランドが相手だとそうなりがちだからね。みんな自分たちの映画を作りたがっている、映画監督になりたいのさ」

オープニングの場面から、イングランドはスター役を演じた。エディー指揮下のワラビーズが二〇〇三年のワールドカップ準決勝で見せたように、彼のこの軍勢も火を吐き闘志をみなぎらせて登場した。雨と風というコンディションの中、オールブラックスのロック、ブロディ・

レタリックがキックオフのボールをこぼしたあと、イングランドがコントロールを握った。スクラムから七フェーズでスクラムハーフのベン・ヤングスがノーマークだったアシュトンにロングパス、アシュトンがそのままコーナーにトライしたのは試合開始わずか二分だった。ファレルのコンバージョンはゴールポストに当たったが、七分後にドロップゴールを決めて穴埋めをした。開始二〇分、エリオット・デイリーがペナルティキックをタッチに出してかなりのゲインとなり、イングランドはゴール前十メートルでラインアウトを得た。イトジェがクリーンにキャッチすると、イングランドのフォワードはドライビングモールを形成。後ろでハートリーが完璧にコントロールしつつ、イングランドのバックスも加勢すると、ニュージーランド側には白シャツのブルドーザーを食い止めるだけの力はなかった。ハートリーのトライをファレルがコンバートし、まだ残り一時間弱でスコアは一五対〇となった。

イングランドのファンは大喜びだったものの、相手はオールブラックス。エディーがその週に述べていたように、彼らのDNAには負けるという思考は組み込まれていなかった。

「監督をやってきて、勝つつもりでいないニュージーランド代表というのと対戦したことはないね」とエディーは言った。「彼らはそう生まれついているんだ」

反撃は前半残り二分を切って始まった。イングランドのゴール前のモールからキィウィのスクラムハーフ、アーロン・スミスがスタンドオフのボーデン・バレットにパス、バレットはフルバック、ダミアン・マッケンジーに絶妙なインサイドパスを出してそのままゴールラインを突破させた。バレットのコンバージョンとエクストラタイムにかなり入ってからのペナルティゴールが決まって、ハーフタイムの時点では一五対一〇とイングランドのリードが狭まっていた。

　後半、両チームともトライの好機を逃したが、バレットのキックが冴えてドロップゴールとペナルティ各一が入り、ニュージーランドは残り二〇分を切って、一六対一五と逆転を果たした。エディーは最後の賭けとばかり、コートニー・ロウズをはじめ使っていなかった選手たちの投入に踏み切った。

　残り五分、イングランド側のゴール三十五メートル地点で、ジョージ・フォードがオールブラックスのリザーブのフルバック、リッチー・モウンガにタックル。そこにキィウィのフォワード四人が重なり合った中から、交代したスクラムハーフ、TJ・ペレナラにボールが出ると、ペレナラはキックでクリアしようとした。だがボールは突っ込んできた二メートル一センチのコートニー・ロウズが伸ばした腕に激しく当たり、そのあとペレナラとスコット・バレットがファンブル、イングランドのサム・アンダーヒルがつかみ取ってそのままゴールラインに向かってラン。届きそうな位置にいたただ一人のキィウィ、ボーデン・バレットを寄せつけることなく、アンダーヒルは典型的なタッチライン沿いのコースを取ってコーナーに飛び込んだ。

　一週間前と同様に、トゥイッケナムに歓喜と興奮の叫び声が湧き上がったのだが、そこでまた同様に、審判のジェローム・ガルセスが南アフリカ人のTMO、マリウス・ヨンカーに合図を送ると、ブーイングに変わった。

　ガルセスはヨンカーに、ロウズが前に動いてペレナラのほうに飛びかかった際にオンサイドの位置にいたかどうかの確認を指示した。

「オンサイドかオフサイドかどっちだ？」

「このビデオからすると」とヨンカーが答えた。「黒のスクラムハーフがボールを拾うときには、白の二〇番はオフサイドの位置にいる」

「じゃあトライかノートライかどっちだ？」

「オフサイドだったのだから、最初に出した判定をペナルティに変えなくてはならない」

イングランドの選手たちにはショックだったが、かえってその落胆が最後の攻勢へと彼らを駆り立てた。残り二分、ジョニー・メイの巧みなラインブレイクでイングランドはドロップゴール圏内に進んだのだが、ファレルが決勝点を挙げるはずのキックのために態勢を整える間に、ロウズが不要なパスをヘンリー・スレイドに出して、スレイドがそれを前にこぼし、チャンスが——そして勝利が——失われた。

試合後のインタビューで、エディーは結果にはがっかりしていたが、イングランドのパフォーマンスを前向きに受け止めていた。

「もちろん打撃ではあるが、いいことも悪いことも起こる。これはいい教訓になるよ。勝つチャンスはあった。なのにそれをつかまなかった。向こうはちゃんとつかんだ。だから勝つのは当然だ。ニュージーランドの完勝だ」

「ニュージーランドを基準にして自己評価ができるということは、こちらにとっては十分に一歩前進といっていい。ニュージーランドは世界一のチームなんだから、われわれの戦いぶりも褒められていいはずだ。考えてみれば分かる。彼らは三カ月間も一緒にやってきている。うちは三週間にもならない。向こうのキャップ数は八〇〇、こちらは四〇〇。もっと頑張らないと。今日うまくできなかったところを直して、それができたら世界一に向かって進んでいるということだ。それが常にわれわれの目標だからね」

エディーはニュージーランドとの次戦、願わくはワールドカップでの対戦に選手たちを備えさせるために必要な心理戦略を既に導入し始めたことを示した。

四年前、ワラビーズ監督、マイケル・チェイカはワールドカップの前にちょっとした論議を巻き起こしたのだが、それはジャーナリストたちが、チェイカはオールブラックスを一般的なニックネームで呼ばず、ニュージーランド、または〝キィウィ〟という呼び方をしている、と指摘したことが発端だった。ニュージーランドの記者たちはチェイカが世界チャンピオンをばかにしていると思い、そのほかは彼が自分の選手たちの心理にオールブラックスのオーラが及ぼす影響を弱めようとしているのだと考えた。エディーはよいアイデアならどこからであろうと借りてくるのを厭うことは決してなく、明らかにチェイカの例に倣っていた。

「最後の二十分間を優勢に進められたのは、大きな自信になる」とエディー。「大体それぐらいで、オール……いや、オールブラックスじゃなく……ニュージーランドは相手を引き離してしまうが、そうならなかったからね。われわれを打ち崩すことはできなかった。それどころか、こちらのほうが力強い終わり方ができたと思うよ。あと五分続けられたら、たぶん勝っていただろう。残念だけれども、これからの試合が本当に楽しみだ」

これはほぼ一年先の戦いに向けて早めの牽制を仕掛けたまでで、メディアは特に注意を払わなかった。みんなこの試合最大の話題のほうにはるかに気を取られていた――アンダーヒルの無効とされたトライについてである。

驚くには当たらず、イングランドのサポーター以外は、ロウズをオフサイドと判定したＴＭ

Oは正しいと思っていたが、イングランド側の人々はあれは間違いだと譲らなかった。先頭に立って非難したのは、ザ・タイムズ紙の辛口コラムニスト、スティーブン・ジョーンズだった。「土壇場でTMOのマリウス・ヨンカーが、劇的な決勝点となったはずのサム・アンダーヒルによるトライを無効としたために、イングランドは当然味わえたはずの勝利を奪い取られた」とジョーンズは記している。「主審がトライを認めていたということは、TMOによるいかなる判断にも、疑う余地なく明白な反則があったという裏付けが示されねばならないことを意味する。リプレーでは、ペレナラがキックでクリアするのに手間取っている間、コートニー・ロウズがオンサイドであったことがはっきり見て取れる。疑う余地なく明白な反則など一切見られなかったのであり、明らかに主審がリーダーシップを取るべきであった」

元イングランド代表のフォワード、ベン・ケイは、BTスポーツ社の自分のテレビ番組、「今夜のラグビー」(Rugby Tonight)で、この場面を再現することまでした。アマチュア二チームにイングランドとニュージーランドの選手たちの役を振り当て、問題のプレーに最後に加わったニュージーランドのフォワード、マット・トッドは肩でバインドしていなかった、つまり、ラックは成立していなかったのだから、ロウズはオフサイドにはなりえなかったという自説を示してみせたのだ。

ニュージーランド人たちは、オールブラックス監督、スティーブ・ハンセン以下全員、TMOは正しかったと断固主張した。「彼がオフサイドだったのは全く疑う余地がない」とハンセンは述べた。「彼はほとんどスクラムハーフの後ろ側にいたわけだからね、だが私の頭に浮かんだのは『審判たちは正しい決断を下せるだけ肝が据わっているだろうか？』ということだったんだが、大丈夫だった。よかったよ」

いつもどおり、エディーはこの議論には加わらなかった。

「もう何度も言ったように、ああいう判定にはコメントしないよ。TMOに任せる。十回見直しても正しい決定が下せないなら、一体誰にできるというんだ？　ラグビーに好かれることもあれば、好かれないこともある。受け入れることだ。頑張って続けていればラグビーに気に入ってもらえるはずだとね。われわれは戦い続ける覚悟ができてるから、いずれラグビーに多少は気に入ってもらえる日が来る。心配ないよ」

エディーに言わせれば、心配したほうがいいのはイングランドの次の対戦相手、日本だった。次戦にどう備えるかと聞かれると、ふてぶてしい笑みを浮かべて、こう答えた。「寿司だな。寿司をたくさん、それから酒も用意するよ」。で、日本代表にアドバイスは？

「お祈りだ。祈って、祈って。寺に行って祈る。それしかない、それがいちばんだ。われわれは全く容赦しない。自分が日本代表だったら、心配だろうな」

そういう予定だったはずが、試合開始から一時間、容赦しなかったのは日本サイドで、エディーのほうが心配になり、スタンドの監督席で祈っていた。

エディーはニュージーランドにもう少しで勝つところだったメンバーのうち十一人を入れ替え、その結果は明らかだった。ホームチームはまとまりがなく、及び腰だったのにひきかえ、日本はキャプテンのリーチ・マイケルに触発されて、序盤からコントロールを握った。三年前にブライトンで、エディーはリーチに自分の心に従うようにと告げた。間違いなくその言葉は生き続け、日本人選手たちはリーチのあとに続いた。ハーフタイムの時点で日本が一五対一〇でリード、その情熱とエネルギーでしくじり続きのイングランドを出し抜き、前半四十分間に相手に与えたペナルティは日本が一つだけだったのに対し、イングランドは七だった。

エディーは後半からアレックス・ロゾウスキではなくファレルを入れるという決定的な交代を行い、これが大成功となった。ファレルのエネルギーと攻撃性がチームメイトの気持ちを高揚させ、特にフィジー生まれの豪傑ウイング、ジョー・ゾカナシンガがこのデビュー戦でスコア、イングランドは三五対一五と余裕で逃げ切った。

エディーが自軍のむらのあるパフォーマンスに懸念を抱いたとしても、外には表さなかった。代わりに、日本が本格的な練習の機会を与えてくれたことに感謝し、出口に向かった。頭の中ではほかのことを考えていたのは間違いない。イングランドがニュージーランド戦で見事なパフォーマンスを見せたことで、彼の職は確保されたかもしれないが、RFU本部では犠牲者が出ていた。日本戦の二十四時間前に、スティーブ・ブラウンは就任からわずか十五カ月でCEOの職を辞していた。

一方、エディーにとっては個人的に非常に重大な試合があった。イングランドのシーズン最終戦、マイケル・チェイカと彼の率いるワラビーズとの対戦である。

エディーと彼の選手たちはオーストラリア人との六度目の対戦に、まずまずの強さとまとまりを備えて臨めるとしても、その対戦相手についてはそうは言えなかった。

十二カ月前にイングランドが三〇対六でこの二〇一五年ワールドカップ準優勝チームを下したのが、チェイカたちのテストマッチ十五戦十敗という衝撃的スランプの始まりだった。トゥイッケナムにおける一一月二四日の決戦の準備も最悪の始まり方であった。

その週の始め、チェイカはベテラン選手、アダム・アシュリー-クーパーとカートリー・ビールが〝体調〟の問題でテストマッチのメンバーから外れたと発表した。が、試合二日前になって、実は二人は懲罰処分を受けたのであり、それは二週間前にカーディフでウェールズに六対九で敗れたあと、アシュリー-クーパーのホテルの部屋に女性三人を連れ込んでいたせいだったということが露見した。

説明を余儀なくされ、チェイカは二人がチームの規則を破ったことは認めたものの、「大したことではない」と表現した。実際には女性たちはオーストラリアから来ていたアシュリー-クーパーの友人で——一人は義妹——深夜の密会とは、ピザを食べながらテレビを見ただけだったというのだ。メディアの興味をもっと引いたのは、チェイカはこの醜態をキャプテンのマイケル・フーパーらチームのリーダーたちから注進されて初めて知ったという点だった。

イングランドの勇猛なフロントロー、カイル・シンクラーもその一件は耳にしていた。ホームチームは三七対一八の勝利へ向かっていたのだが、その途中の混戦場面のあとで、シンクラーがオーストラリアのフォワードを「どっちにしろ、おまえらみんなF△△△△△なコソ泥だ」とからかう声が、審判のヤコ・ペイパーのマイクに拾われてしまっていた。

長らく落胆させられ続けているワラビーズのサポーターも同じ意見だった。試合後数日間、ソーシャルメディアではある投稿が大注目された。試合後のワラビーズの記者会見で撮影された写真には、フーパーがチェイカの反対側に座っているチームメイトのデービッド・ポーコックをじっと見ているところが写っていた。キャプションはこうだ。「フーパーはポーコックが消灯後に読書してるのをチェイカに言いつけようかと考えていた」

チェイカはシンクラーの悪態に関する質問は取り合わなかった。それよりも、オーウェン・ファレルのタックルの仕方に対する批判の高まりに同調するほうに熱心だった。

一三対一〇でイングランドがリードして迎えた前半最後のプレーで、オーストラリアのロック、アイザック・ロッダががら空きのフィールドをゴールラインまで十五メートル爆走。まさにトライという瞬間にファレルが左から突進、型どおりのショルダーチャージとしか表しようのないやり方でロッダを倒した。スカイテレビのコメンテーター、スチュアート・バーンズは、三週間前にファレルが同じような――これほどあからさまでなかったにせよ――体当たりを南アフリカの選手に行って無罪放免だったことに唖然としたのだったが、彼が抱いたのはまさに既視感だった。

「あのショルダータックルの話を蒸し返したくはありませんが」とバーンズ。「今のはペナルティです。それだけではない、ペナルティトライです」

審判のペイパーはその見方とは反対に、オージーのキャプテン、フーパーに対し、双方とも接触する前に自分の肩を下げたので、この衝突は「正当な働きかけ」であったと告げた。

チェイカは愕然として、自制心を失いかけた。

「ロッダが肩で相手にぶつかっていこうとしたなんていう言い訳はたわ言だ。あの審判はそう言ったんだ。ボールを持っていれば、そうするだろう。私はウェールズ戦の前の週にここで開かれた審判会議に出席したが、また南アフリカ戦のオーウェン・ファレルのタックルの話が持ち出された。審判たちは全監督の前であのショルダーはペナルティとされるべきだったと言って、アンガス・ガードナーを見放したよ。あれがペナルティなら、これはペナルティ三回分だ」

「こっちは三度トライが無効になって、一度もビデオ判定にされていないんだ。どうやらオーストラリアを北半球に移さなくちゃならないな」

今度も、エディーはコメントしないようにした——そんな必要がどこにあるだろう？ 自分のチームはテストマッチ四戦で三勝を挙げ、オールブラックスと肩を並べる可能性を示したのだ。自分をクビにした国を相手に六対〇という対戦成績を収め、就任した日と同じぐらい地位も安泰。

エディーは戦いにとどまった。彼はラグビーに大いに気に入られていた——彼もラグビーを大いに気に入っていた。

第21章
ラストスパート

それは二〇〇三年にワラビーズがオールブラックスを破ったのとも、二〇一五年に日本が南アフリカを退けたのとも違っていたが、近いものだった。

二〇一九年の六カ国対抗の第一ラウンドでイングランドが三二対二〇でアイルランドを下した試合は、エディー指揮下のイングランド代表による最高のパフォーマンスという呼び声が高く、間違いなく彼のラグビー人生の白眉に数えられるものだった。

この試合で勝って当然のチームといえば、アイルランドのことだった。前回優勝者であり、ニュージーランドを打ち破ってからまだ四カ月にもならず、それまで十六年間のダブリンにおける両者の対戦でイングランドは一度しか勝ったことがなかった。

エディーは試合前に一波乱起こそうと、アイルランドを「世界一のチーム」と呼び、あらゆるプレッシャーが彼らにかかるだろうと述べた。アイルランド人たちを心理的に攪乱《かくらん》するための計算ずくの手で、本気にする批評家はあまりいなかった。世界ラグビーでトップのチームを動揺させるには口先だけでは足りなかったのだが、エディーは口先以上のものを持っていた――ヴニポラ兄弟を。

一八〇センチ、一二二キロのルースヘッド、マコはふくらはぎを痛めて秋の連戦は欠場していた。弟のビリー、一八八センチ、一二八キロのナンバーエイトの戦線離脱は腕の骨折が理由だった。この二人と一八五センチ、一一四キロのセンター、マヌ・ツイランギが揃ってイングランドにかなりの威圧感と身体能力が備わると、アイルランドは太刀打ちできなかった。

まずマコ、次いでビリー・ヴニポラが雄牛のように突撃し、続いてオーウェン・ファレルから巧妙なフルバック、エリオット・デイリーへと正確なカットアウトパス、さらにジョニー・メイへと渡って、開始わずか九三秒、トライが決まった。

エディーが手の内を見せて披露した戦術は、イングランドが六カ国対抗を通して、そしておそらくはワールドカップでも使うことになるもので、スクラムハーフのベン・ヤングスがどんどんボックスキックでボールを戻し、駿足のウイング、メイとジャック・ノウェルが走り込むというパターンだった。全八十分を支えきる堅固なディフェンスとあいまって、これは勝利のゲームプランとなった――エディーは相手がどこだろうと使っていくと述べた。

ハイキックを多用するのは、アイルランドのフルバック、ロビー・ヘンショーがそれまで国際試合三十六戦中三十五戦はセンターでプレーしていたという経験不足に乗ずるためかと聞かれて、エディーはこう答えた。「向こうのフルバックがランス・アームストロング［米出身の元プロ自転車ロードレース選手］だったとしても、違いはなかったはずだ。こちらは同じようにプレーしただろう」

その見方を裏付けるように、イングランドは同じキック・アンド・チェイス戦術を翌週、トゥイッケナムで行われたフランス戦でも用い、さらに大きな破壊的効果を挙げた。フランスはイングランドがワールドカップのプールステージで対戦する相手であるが、ヤングス、ファレル、スレイド、デイリーのキックの威力とメイのスピードに対しては無力だった。

開始わずか一分後のプレーで、デイリーが放ったキックをメイがきっちり得点、メイはハーフタイムまでにさらに二トライを挙げた。前半終了時点でイングランドが三〇対八でリード、一試合四トライ以上で与えられるボーナスポイントも貯金していた。後半もフランスにとっては壊滅的な状況で、バックスの三人はイングランドの狡猾《こうかつ》さと速さに完全に振り回されっ放しだった。ビジター側がやっとボールをつかんでも、イングランドのディフェンスはとにかく鉄壁だった。フランカーのトム・カリーとマーク・ウィルソンの二人で三十七のタックルを成功させたほか、コートニー・ロウズはびくともせずに真正面から悪名高いフランス人センター、マチュー・バスタローにぶつかって相手を座り込ませ、その日最大の喝采を浴びた。

試合の時計が進むほど、フランス側は混乱が深まり、落胆の色が濃くなっていった。あるテレビコメンテーターはこう言い表した。「現在、トゥイッケナムの芝生の上にはフランスの油が大量に漏れています」

四四対八という最終スコアは、一世紀以上にわたるフランス戦の歴史にイングランドが残した最大得点差記録となり、カーディフにおける無敗のウェールズとの決戦に先立ち、イングランドを六カ国対抗の対戦成績表のトップに押し上げた。いまやイングランドはグランドスラム達成の可能性大、ワールドカップでもアイルランドを飛び越して優勝候補第二位という期待を受け、おかげでエディーもしっかりと雇用主とイングランドのラグビーファンの支持を取り戻すことになった。

エディーらしく、自分にとっては全て当然のことという態度だった。テレビレポーターが興奮の面持ちで、イングランドは直近のテストマッチ五試合で試合開始後三分以内にトライを挙げているという点を指摘すると、事もなげにこう答えた。「予定どおりだよ。そのためにトレーニングしてきたんだ」。あいにく、それよりもエディーが感心していたのは、自軍がフランスに対し後半も攻撃を緩めず、二トライとコンバージョンをものにして、自分たちのやり方を無傷のまま保ったことのほうだった。

「トップクラスのチームとの対戦で開始三〇分でボーナスポイントを獲得できるほどの状態なら、かなりの出来だということだが、われわれの後半のパフォーマンスはそれよりさらによかったと思うね。それほど得点はできなかったとはいえ、集中力と統制を保ってフランスを無得点に抑えたのは見事だった」

この勝利の唯一の代償は、マコ・ヴニポラが足首を痛めたことだった。エディーは当初楽観的で、負傷したプロップがフィールドを離れたのは「ちょっと疲れただけだ」と冗談めかしていたのだが、翌日の検査結果はそれとは逆で、それ以降シリーズ復帰はかなわなかった。

ヴニポラ以外にもイングランドは多くが戦線離脱状態で、同じくフォワードの要、ディラン・ハートリーとマロ・イトジェも含まれていたのだが、イングランドサポーターの自信の深まりに水を差すものは皆無だった。ファンにとっては、前シーズンの脱線はちょっとしたつまずきでしかなくなっていた。それどころか、ワールドカップのことを考えると、あれはあれでよかったのだともいわれた。苦難の時期をくぐり抜けて、チームはさらに鍛えられ、結束が強まった。ケガのおかげで、エディーの厳しいトレーニングによる消耗からしばし逃れることができた選手もいて、シーズン開幕に向けて気持ちを新たにし、また、テストマッチのレベルに上がってくるチャンスを新人に与えることにもなった。エディーが取り入れたプレースタイルはヨーロッパの強豪チームに対しても十分有効なことが確かめられ、チームが日本に到着する完璧なタイミングで、多くの選手が世界ラグビーのトップレベルへと躍進しつつあった。

そのうち特に三人が際立っていた。エディーは南アフリカ遠征のためにワスプスのウイング兼センター、エリオット・デイリーをフルバックに動かしたときには批判を受けた。エディーはデイリーを秋の連戦を通して起用し続け、六カ国対抗までには彼のスピードと先を読んだ動きはイングランドの攻撃の鍵を握るものとなっていた。デイリーが大活躍したフランス戦のあとで、エディーはデイリーが国際的レベルでトップクラスのフルバックへと成長してきたと思わないかと質問された。

「あいつにフルバックは務まらないと言ったのは、あんたたちだったはずだ」とエディーは言った。「それがトップクラスのフルバックになりつつあるって？　まあいい、そう思うよ。私はずっとそう思っていたんだ。彼はトップクラスのフルバックになる、ぴったりの資質を備えているからね。優れた試合センスを持っていて、左足のキックは抜群、スピードもある。あの速さは本物だ。だから彼の伸び具合には本当に満足している」

もう一人、毎試合成長を見せていたのは二〇歳のトム・カリーだった。南アフリカ遠征でいきなり大変な状況に投げ込まれて以来、カリーはエディーを悩ませていたオープンサイド・フランカーの問題を解決してくれていた。大柄で機動力があり、頑健なカリーは、ブレイクダウンで素早く動き、ボールに貪欲で、一八五センチ、一〇六キロはラインアウトでも存在感がある。ブラインドサイドのマーク・ウィルソン、ナンバーエイトのビリー・ヴニポラとともに、エディーはついに世界中のどのチームにも負けないバックローを揃えたのだ。

だがイングランドの宝はジョニー・メイだった。ワラビーズのウェンデル・セイラーがそうだったように、メイはエディーにウイングの攻撃力とチームバスでは笑い声をもたらした。エディーはいつも型破りな人柄にひき付けられた――自分自身同様、普通とはちょっと違ったタイプに。メイは間違いなくその一人だった。

ミステリアスなポリネシア系の血筋を引いているらしいというのが自慢のメイは、塗り絵が好きだと認めており、試合前の勝負曲として通常選ばれるへビーメタルや「アイ・オブ・ザ・タイガー」よりも、エド・シーランやディズニーの曲目を好んでいる。セイラーのように、メイもちょっとしたジョークで部屋を沸かせるのが得意だった――意図せずしてということもあったにせよ。二〇一七年のフランス戦の前に、ディフェンスコーチのポール・ガスタードは選手たちを鼓舞するために、イングランドとフランスの数世紀にわたる戦争の歴史に触れた。

「どうしてそうなったんだと思う?」とガスタード。

「けんかしたから?」とメイが答えて、チームメイトたちの大爆笑を誘った。

メイはまた、エディーが定めた厳しい規律レベルに達しなくても、彼の怒りを買わずに済む数少ない選手の一人だった。

あるときチームキャンプで、エディーは試合状況の違いに応じた対処について説明していた。メイはトイレに行きたくなり、自分がいなくても構わないだろうと考えて部屋を抜け出した。間の悪いことに、ちょうどそのとき、エディーはウイングが絡む場面について説明するところだった。メイが戻ってみると、なんとエディーは彼がいなくなったあとの空席に向かって話をしていた。

「エディーにふざけ心があってラッキーだったよ」とメイは言う。

しかし、いつもそうだったわけではなく、エディーの就任初期には、常により多くを求める新任監督の「これでおまえの運命が決まるんだ」というやり方に怖気付いたと認めている。

メイは決してくじけまいと心に決めていた――エディーが彼にさらに何か求めるのなら、なんとかしてそれに応えようと。ケガから回復しつつあったとき、メイはオリンピックで四度金メダルに輝いたマイケル・ジョンソンがテキサスで開催する高強度トレーニングキャンプまで二回出かけ、エディーにチーム一の努力家だと褒められるほどスキルを練習した。そのうえ、四十メートル走のタイムトライアルで、ウサイン・ボルトが二〇〇九年に百メートル走の世界記録を達成したときの平均スピードを上回る記録を残した。

フランス戦でメイが三トライを挙げてそのエネルギーと熱意を示したあとで、エディーは彼についてこう述べた。「ジョニーは例えていえば、公園に行くと見かけるだろう？　テニスボールを持っていって投げている人を。そうすると犬が時速百キロっていう感じで取りに行く。あれだね」

イングランドのスターティングメンバーはどうやら全員最高の状態に仕上がっていたうえ、

控えの選手たちも豊富に揃っていたため、エディーはウェールズ戦とそれ以降に向けて、優位な立場で準備を進める余裕があった。まずはいつもどおり、相手に嫌味を投げつけることから取りかかった。

ウェールズは六カ国対抗の最初の二試合ではそうはかばかしい戦い方は見せなかった。パリで行われたフランス戦では、ハーフタイムの時点では〇対一六と後れを取りながら、その後ウイングのジョージ・ノースがソフトトライのチャンスを二度ものにして二四対一九で逆転勝利。次いでローマで二六対一五でイタリアを下した試合も、楽な戦いではなかった。とはいえ、よろめきつつも勝ち取ったこの二勝でウォーレン・ガットランド軍は連勝を十一に伸ばし、ウェールズのラグビー史上の最高記録に並んだのである――という点にエディーは飛びついた。

二〇一六年のワラビーズ戦に際してチェイカの「世界最優秀監督」としての地位を徹底的に揶揄し、また、この六カ国対抗の開幕前にアイルランドを「世界一のチーム」と持ち上げたのとまさしく同じように、エディーはウェールズを褒め殺しにした。

「これまでで最高のウェールズ軍と戦うんだ」とエディー。「われわれは完璧な状態で臨まねばならない」

エディーにはよくあることだが、当然相手から反発を受けて、無邪気に悔いるそぶりで受け流した。「もちろん、誰も腹を立ててるわけないだろう？　何気なく口にしただけで、むしろ褒め言葉なんだから」。けれども、エディーのやり方をつぶさに見てきた人はだまされなかった。エディー・ジョーンズに関しては、筋書きがないなどということはありえない。必ず何らかの意図が隠されているのだ。

ガットランドの二〇一九年のチームのことをこれまでのウェールズの中で最高と表せば、彼らがムッとするのは目に見えていた。ラグビー競技国の中でも特に誇り高い国にとって、厚かましくも外国人がウェールズのチーム同士に順位を付けるなど、神を冒とくするのに等しかった。

エディーは聞こえのいい冷やかしを言って、ウェールズ人選手にプレッシャーをかけようとしたのかもしれない。確かに相手側サポーターを激怒させはした。何といっても、ウェールズはこれまでずっと最高レベルの選手とチームを生み出してきた国なのである。例を挙げれば、ウェールズの一九五〇年と一九五二年のグランドスラム達成と、一九五三年のオールブラックス戦での勝利の先導役を担ったスタンドオフ、クリフ・モーガンがいる。一九七〇年代の黄金期には、ガレス・エドワーズ、バリー・ジョン、フィル・ベネット、マービン・デイビス、JPR・ウィリアムズ、ジェラルド・デイビスといった伝説的名選手がいた。もともとキィウィのガットランドが監督を務めた近年のチームに目を向けると、六カ国対抗では二〇〇八年、二〇一二年、二〇一三年に優勝（二〇〇八年と二〇一二年はグランドスラム）、二〇一一年のワールドカップでは、準決勝のフランス戦でキャプテンのサム・ウォーバートンが開始一九分で退場という賛否両論のある判定を受け、結局八対九と非常に不運な負けを喫している。

ガットランドは餌に食い付いた。「最高のウェールズ軍という表現は、エディー・ジョーンズの発言以外には見かけないな。ほかには誰もそう考える人はいないんだから、私はこのチームがこれまでで最高のウェールズ軍だなんて言うほど無礼な態度は取らないよ。史上最高のウェールズ軍となるのは、まだまだ先の話だ。彼はわれわれをおだてているのさ」

それからガットランドは心理戦をエスカレートさせ、エディーの作戦帳から例を引いて、イングランドの選手を一人選んでターゲットにするという手に出た。カイル・シンクラーはガットランドが監督を務めた二〇一七年のブリティッシュ・アンド・アイリッシュ・ライオンズのニュージーランド遠征のメンバーで、イングランド軍の有力選手の一人だった。彼が試合に出なければ、またはもっといいのは、早めにフィールドから降ろされれば、ウェールズにとっては非常に好都合であり、そのうえ、ガットランドはシンクラーはカッとしやすいといわれていることを誰よりもよく知っていた。このハーレクインズの熱しやすいフロントローは、秋の連戦ではワラビーズを「F△△△△△なコソ泥」と呼び、つい一週間前にはフランスを下した試合で、もみ合いに続いて敵のフランカー、アルトゥール・イトゥリアの頭のてっぺんをひっぱたき、メディアの大見出しを飾ったところだった。試合前の最後の記者会見で、ガットランドは導火線に点火しようと試みた。

「カイルについて言えば、ボールキャリー、スクラム、運動量、どの点でも間違いなく非常に優れた選手だが、気性の激しさが課題だな。彼自身、気付いているよ。ほかの選手たちも気付いている。六カ国対抗で二度ほど騒ぎになったのを見ているからね。情緒面で、時限爆弾的なところがあるわけだ。私は何も周りが気付いていないことを言い立てているわけじゃない。うまくいけば、試合に出ていいプレーをして、自分の感情をコントロールできるだろう。そこが彼にとっては難題だがね」

監督同士の試合前の舌戦では、ガットランドのほうが上手だったことが明らかになる。

二〇一七年七月の「ちっぽけなクソみたいな国」という失言後もまだウェールズでエディーの不人気度が極まっていなかったとしても、今回の「これまでで最高のウェールズ軍」発言のおかげで、二月二三日に彼とそのチームが到着するときのカーディフ、プリンシパリティスタジアムの空気が温かい歓迎ムードからかけ離れているのは確実になった。

両監督は激しいぶつかり合いを想定しており、二人とも正しかった。エディーの選手たちは開始数分以内にトライすることはできなかったものの、最初の突破口を見事に開き、二六分、トム・カリーがテストマッチ初のトライを決めた。

前半終了時点ではイングランドが一〇対三とリード、六カ国対抗優勝と、おそらくはグランドスラムも、あとわずか四〇分のところにあった。だが、それは永遠にも思われた。後半一〇分、ウェールズ側はフルバック、リアム・ウィリアムズがブレイクダウンでペナルティを獲得、ニュージーランド生まれのスタンドオフ、ガレス・アンスコムがゴールキックを決めて、一〇対六に迫った。

四分後、シンクラーはウェールズのキャプテン、アラン・ウィン・ジョーンズに対するハイタックルにより反則を取られた。シンクラーは既にウェールズのロック、コーリー・ヒルに腕を使わずにタックルしてペナルティを与えており、それがウェールズの初得点につながっていた。アンスコムのゴールキックが入って一〇対九となると、エディーはシンクラーを呼び戻し、ハリー・ウィリアムズと入れ替えた。

試合が進むにつれ、ウェールズ側に有利な流れになっていった。カリーがペナルティを得るとファレルのキックでイングランドは一三対九にリードを伸ばしたが、相手を引き離しつつあるようには全く見えなかった。逆にウェールズ人たちは、敵の衰えを感じ取った観衆に活力を吹き込まれていた。残り一〇分、ウェールズがイングランドのラインを打ち崩すや、コーリー・ヒルがインサイドに切り込んでトライ。キィウィのアンスコムと交代した地元のヒーロー、ダン・ビガーが大歓声を浴びながら登場してコンバージョンを決め、一六対一三とホームチームが逆転した。終了二分前、ビガーがフィールド逆サイドのウイング、ジョシュ・アダムズにキック、アダムズはエリオット・デイリーをかわして飛びつき、目覚ましいトライを挙げた。最終的なスコアはウェールズ二一、イングランド一三だった。

十二連勝を成し遂げて、ウォーレン・ガットランドのチームは数字からいえばまさにこれまでで最高のウェールズ軍となったのであり、ガットランドはエディーをコケにするチャンスを逃しはしなかった。最初の二試合のエディーのキック作戦は研究済みだったとはっきり述べたのだ。チームはボールキャッチのスキル練習を徹底的に行い、イングランドのキッカーが使える時間を短くした。通常とは反対にウイングのジョージ・ノースを左に、アダムズを右にとサイドを入れ替えることまでして、イングランドのゲームプランを狂わせた。

だが、いちばん報道価値があったのは、次の質問に対する彼の答えだった。「今週ずっとカイル・シンクラーに焦点を当てた発言がありましたね――あの戦術はうまくいったと思いますか？」

「彼のおかげで二度ペナルティをもらえたからね。イングランドの監督席でもそれを認識して、戦術的に有効だと思った決定を下したんだろう」とガットランドは述べ、エディーは周到に用意されたわなに落ちたのだとほのめかした。

「間違いなく彼のプレーは抜群だ、ちょっとばかり邪念を振り払う必要があるがね」

ガットランドのコメントを聞かされて、疲れ切った表情ながらエディーはこう切り返した。

「ウォーレンが臨床心理の学位を持ってるとは知らなかったよ。私も診てもらうことになるかもしれないいな」

その前の三敗、南アフリカで二敗したスプリングボクス戦とトゥイッケナムでのニュージーランド戦と同じように、イングランドは序盤のせっかくのリードが失われるに任せてしまった。フランス戦で後半に出色のパフォーマンスを示したことで、その問題は払拭されたものとエディーは期待していたのだが、明らかにそうではなかった。この点は六カ国対抗が終わらないうちに一層顕著になるのだった。

エディーの下で二度目のグランドスラムを達成するというイングランドの夢は潰えたものの、三度目の六カ国対抗優勝の可能性はまだかすかに残っていた。そのためには、ウェールズが残るスコットランド戦とアイルランド戦のどちらかで負けるか引き分けとなり、イングランドはイタリアとスコットランドの両方に勝たなくてはならなかった。

トゥイッケナムでのイタリア戦で、エディーはウェールズに敗れたときのメンバーのうち五人を入れ替えた。コートニー・ロウズは故障のためジョー・ローンチベリーと交代させざるをえなかったが、それ以外は戦術的判断であり、ワールドカップをにらんでイングランドの層の厚さが示された。特筆すべきは、ウイング、ジョー・ゾカナシンガとインサイドセンター、ベン・テオの投入、そしてマヌ・ツイランギをアウトサイドセンターに動かしたことだった。この重量級の組み合わせは、前回トゥイッケナムで「じらし作戦」を使ったイタリア人たちをエディーが懲らしめるつもりでいるという臆測を呼んだ。ザ・ガーディアン紙のロバート・キットソンはこう記している。「特定のチームがこれほど意図的に報復の対象にされることはまれだが、とにかくアズーリ［イタリア代表チームの愛称］はイングランドがこれまで一二番、一三番、一四番に選んだ中でも最重量のトリオに直面することになる。繊細さは用無しだ、少なくともしばらくの間は」

エディーの動機が何であったにせよ、結果は五七対一四という圧勝で、ゾカナシンガはほぼ制止不能だった。イングランドにとってはイタリア戦における過去八年で最大の勝利だったが、六カ国対抗の成績という点では点差は関係なかった。イングランドにとって唯一重要だったのは、ウェールズがマレーフィールドにおいて一八対一一でスコットランドを破ったことで、優勝の行方はまだ分からなかった。

エディーは次のスコットランド戦を「優勝決定戦」と呼んだが、実際には机上の計算の問題になっていた。両チームがトゥイッケナムに登場してもいないうちに、ウェールズはカーディフでアイルランドを二五対七と一方的に下し、既に優勝を祝っていたのだ。イングランドはよくて二位だったとはいえ、堂々としたやり方で締めくくるつもりであることを最初から示した。

大会を通してイングランドは観客を魅了してきたが、このスコットランド戦の前半も見事な攻撃を展開し、ノウェル、カリー、ローンチベリー、メイと一方的に四トライを奪って三一対〇とリード。スコットランド側は、スチュアート・マキナリーがオーウェン・ファレルのキックしたボールに飛びついて奪った場面からやっと本腰を入れ始めた。このささいなミスはさておき、前半終了時点ではイングランドが二四点のリードを保っており、ホームの大観衆は大会の最後に思い出に残る場面を期待していた。その期待はかなえられることになるのだが、思ったようなものではなかった。スコットランドが盛り返した一方、イングランドは崩壊、どちらを応援しているかによって、試合はかつてない大胆プレーの舞台かホラーショーかという様相に。

まず後半開始七分、スコットランドのスタンドオフ、フィン・ラッセルによる絶妙なパス回しから、ボールはウイングのダーシー・グラハムへ、グラハムはディフェンダー三人をステップでかわしてトライを決める。そこからイングランドにとって状況が悪化し始めた。三分後、スクラムハーフのアリ・プライスがチップキックをうまく使って自ら回収、それをナンバーエイトのマグナス・ブラッドベリーがポストの近くにトライ。コンバージョンが入ってスコアは三一対一九、イングランドによる夢のパフォーマンスと思われたものが、あっという間に悪夢に変わりつつあった。七分後、スコットランドはまたしてもフィン・ラッセルがきっかけを作り、ダーシー・グラハムが仕上げというパターンで、三一対二四と点差を縮めた。

ウェールズ人からプレッシャーをかけられたときと同様に、エディーの軍勢は落ち着きを失い、やたらとキックし始めた。ワールドカップが迫ってくる中で一番の懸念材料はキャプテンのオーウェン・ファレルで、イングランドがプレッシャーを受けたときにその冷静な判断と優れた指導力を頼みとしてきた男が、最悪の厄介者に数えられていた。開始一時間過ぎ、ファレルは接近戦で軽はずみなパスを出して、ラッセルがそれをインターセプト、そのままクロスバーの下にトライした。コンバージョンにより三一点の同点へ。続いてファレルがグラハムに対するいまや十八番となった腕を使わないタックルでペナルティを取られると、エディーはもうたくさんだとばかり、ジョージ・フォードと入れ替えた。

この交代が思いがけない結果を招く。残り五分、スコットランドのセンター、オーストラリア生まれのサム・ジョンソンがデイリー、ノウェル、スペンサー、フォードから次々に繰り出されたタックルをかわしてトライ。コンバージョンも入ると、勝負が決したように見えた。けれども、インジャリータイムに入って三分、六カ国対抗戦史上でも奇妙なことでは一、二を争うこの試合に、最後のひねりが加えられた。ジョージ・フォードがダミーを織り交ぜながら疲れ果てたスコットランド人ディフェンダーの間をステップで縫いながらゴールポスト下にトライ。自らコンバージョンを入れて三八点の同点としたのである。

結果として、イングランドは敗戦を免れ、二〇一八年の五位から二〇一九年は二位へと躍進したとはいえ、この試合がとんでもない不面目に終わったという事実から目をそらすことはできなかった。しかも、多くのサポーターの頭の中で膨らんでいたイングランドのワールドカップ優勝の望みを、一気にしぼませた。なんとか一勝を挙げた――イタリアに――だけのチームを相手に、三一点というリードを失い、かろうじて引き分けに持ち込んだとあっては、イングランドがラグビー界最高の賞を見事に勝ち取るなどと言える自信は、もう誰にもなかった。

誰一人、エディー・ジョーンズ以外は。

エピローグ

日本を目指して

二〇一九年三月二一日

スコットランド戦のまさかの引き分けからまだ一週間にもならないこの日、本書の初版を五カ月前に読み終わっていたというエディーは、東京でラグビーワールドカップが開幕する六カ月前のその時点で、自分のチームの状態をどうとらえているかという点について、インタビューに応じてくれた。

自分の選手たちが三度目の六カ国対抗優勝を飾る千載一遇のチャンスをつぶすのを目の当たりにしたばかりでは、多少意気消沈していても当然だったろう。少なくとも、試合後半にスコットランド人たちに屈服したことは、どう考えても憂慮せざるをえないはずだ。

だが、そこはエディー。少しもしょげていないどころか、ごく快活だった。

エディー・ジョーンズが相手なら、何事も決して驚くには当たらないというのは確かだ。とはいえ、彼の一言目は全く予想しないものだった。

「六カ国対抗は得るところが大きかった」とエディーは言う。「うちのようなチームがワールドカップに参戦するのに、今の状況はまさに願ったりだ。あまり注目されずにスタートできるからね。いい勝ち方を十分してきたけれども、するべきことはまだいろいろあるよ」

イングランドの直近のパフォーマンスをよく見ていたら誰でも気付くはずだが、その主要な取り組み課題は、プレッシャーをかけ続け、好調な序盤に続いてきっちり試合を締めくくるという点だろう――南アフリカ遠征の二試合とニュージーランド、ウェールズ、スコットランドとのテストマッチで、チームが果たせなかった部分だ。

「繰り返し起こる問題は対処可能だ」とエディー。

で、その問題の本質は？

「安易さに惑わされたんじゃないかな。われわれはプレーはよくできる。できないのは、がっかりしたり油断したりする気持ちにうまく対処することだ。クリケットでいえば、簡単に三〇点ぐらいは稼げるが、粘って高スコアを挙げるのは無理というバッツマンだな。肝心なのは思考プロセスだよ」

そのために、スコットランド戦の失態から四十八時間もしないうちに、エディーはフィールド外のサポートにさらにもう一人――心理学者を――加えたのだが、これは選手だけのためではなかった。

「選手とスタッフ両方に協力してくれる人を連れてきたんだ。スタッフもこの問題に関わっている。フィールドで起きることだけの話じゃない。この組織全体がどう機能するかなんだ。彼女なら、われわれが前に進むのを手伝ってくれる。一試合を通していいプレーをすることがとても大事なんだ。始めの頃は、ベテランの選手たちがいたおかげで後半四十分も乗り切れたけれども、経験の浅い選手が多くなってからは、そこがいちばん難しい時間帯になった」

エディーによれば、九月二〇日のワールドカップ開幕前にその問題とほかの改善点をあぶり出すことが、それまでの前哨戦――六カ国対抗も含め――の意義であった。二〇〇三年にワラビーズの監督としてそうしたように、エディーは自分のチームに「メルボルンカップの準備」をさせているのだ。

「ワールドカップの準備を本格的に始めたのは二〇一八年一一月からだ。対戦相手によっていろいろな組み合わせを考えながらね。最後の十二カ月間は日本への準備に集中したかったんだ。全試合に勝ちたいのは山々だが、それぞれの試合から何かしら学ぶことも同じぐらい大事だ。ニュージーランドも同じようなことをやっている。スティーブ・ハンセンにとっては三回目のワールドカップだ――どうすればいいのかは分かっているさ」

エディーにも分かっている。だからこそ、大会に向けてイングランドの調子に波があってもそれほど気にしていないのだ。

「これまで三度関わったワールドカップを振り返ってみると、オーストラリアのときは、大会の二、三カ月前にニュージーランドとイングランドにこてんぱんにされていた。二〇〇七年の南アフリカは、三カ国対抗の四試合のうち三試合で負けていたし、日本のときも事前の調整試合は四戦三敗だった」

「オーストラリアは決勝の延長戦で敗れ、南アフリカは優勝、日本は南アフリカを破って惜しくもプレーオフを逃した。ということは、大会前がどうだろうと関係ないんだ。そこから学んで、最終メンバーで準備に入るときにそれを生かしさえすれば。選手全員を集めて、十分に時間を取ってきちんとしたトレーニングとコーチングができるのは、そのときだけだからね。それをうまく使ってしっかり仕上げをすることが肝心だ」

最終的な三十一人の選考に関しては、エディーは六カ国対抗終了までに三十六人に絞り込んであると言う。最後の選考前に揃っているメンバーを見て決めることになるだろう。

「誰の調子がいいか、体調がいいかだ。いまどきフルメンバーでプレーできることなんてそうないんじゃないか？　衝突があれだけ激しくなると、全員が揃うなんてめったにないよ」

ワールドカップには別々の二チームを連れてくる国が多い――ベストのテストマッチチームと二番手チームだ。言うなれば、A代表とB代表。秋の国際試合と六カ国対抗で、エディーが自分の「適材適所」方針に沿って選手をやり繰りし、成功を収めたことを考えると、イングランドはワールドカップでA代表とAプラス代表を揃えていると言うほうが正しくはないだろうか？

「そんな感じかな。だが今回のワールドカップはちょっと違うかもしれないという気がする。前大会の日本の戦いぶりのあとではね。これまでは、二番手クラスの国の中にはトップクラスの国との対戦でB代表を使うところがあった。どっちにしろ勝つ見込みはないのだから。ほかの二番手クラスの国に勝つことを考えて、戦力を温存するわけだ。今大会では二番手クラスの国の大活躍が見られるかもしれない。日本が南アフリカに勝ったことで、誰もが挑戦してみようという気になった。日本チームにはプロ選手は五、六人しかいなくて、あとはアマチュアだったのに［日本のトップリーグにはプロ契約選手と社員選手が混在している］、世界のトップレベルのチームを破ったんだ。ほかの二番手クラスの国は日本のやったことを見て考えるだろう。おれたちにもやれないわけがないとね」

それではイングランドはどうなのだろう？

「かなり選手層が厚くなってきた。まだ完璧じゃないが、過去二年ずっと取り組んできたからね。故障者が出たせいだったこともあったけれども、大体は経験を積ませようと考えて若手を組み込んできた。ベン・ムーン、トム・カリー、マーク・ウィルソンといった選手たちだ。経験のために、二〇一六年にはエリス・ゲンギーとカイル・シンクラーをオーストラリアに連れていったし、翌年はジョー・ゾカナシンガをアルゼンチンに連れていった。ムーン、ゲンギー、ブラッド・シールズなんかはまだ一〇キャップにも達していない。カリーやカイル・シンクラーもテストマッチでは二十試合も出場していないが、みんなもうテストラグビーがどういうものか分かっている。若手を経験豊富な選手たちと一緒にすれば、それを土台にした組み立てが可能になる」

「経験というのはとても大事だ。このレベルの試合では、物事をまとめていける選手が必要になる。教えることはできないんだ。自分で身に付けないとね。幸い、マコ・ヴニポラ、マロ・イトジェ、ディラン・ハートリーといったベテランが故障明けで戻ってくる。マコ、イトジェ、ビリー・ヴニポラはもう二年間も一緒にはプレーしていないんだ」

「あと二人、復帰が待たれるのはカリーとコートニー・ロウズだ」

「ロウズは今風の用心棒だな。一度あいつにぶつかられたら、誰も彼の進路を邪魔しようとは思わない。カリーも抜群だ。まだ二〇歳でしかない。努力家で謙虚だ。どんどん伸びているよ。六カ国対抗に出場したのはこれが初めてだった。あの中でプレーしてみないと、どれほどすごいプレッシャーなのかは理解できないからね。一挙手一投足を事細かに見られるんだ。日本に行くときには、ああいう経験が全員にとってとても大きな意味を持つ」

そうはいっても、イングランドのメンバーの多くはテストマッチの経験があまりないまま大会に突入することになるが、ワールドカップで優勝するには、キャップ数にして八〇〇から九〇〇の経験がチームに必要だと、エディーはこれまで何度も述べている。彼の予測が変わったのだろうか？

「われわれはそこまでにはならないだろう。でも近いはずだ、六五〇から七〇〇かな、このワールドカップで優勝するにはそれで十分だろう。ニュージーランドが前回優勝したときは一〇〇〇キャップだったが、今回はあそこも若返っているはずだ。どのチームも通るサイクルの一部だ。唯一年齢が上がっているのはアイルランドだ。優れた選手たち、ジョニー・セクストン、ローリー・ベスト、ピーター・オマホニーといったところが難しい年になりつつある。年齢が上の選手たちにはきついだろう。ラグビーは本当に厳しいスポーツだ」

もう一つ、ワールドカップで優勝するチームの条件について、エディーのメンター、ボブ・ドワイアーはワラビーズ監督であった一九九一年に優勝を成し遂げた際に、自説を述べている。優勝チームにはベストフィフティーンに選ばれる選手が五人いなくてはならないというのだ。ベストフィフティーンは、大会の最後の祝賀夕食会で発表される。

「われわれはかなりいい線を行くと思うね」とエディーは言う。「イトジェ、マコ、ビリー、カリー、ヤングス、ファレル、メイ……みんなそれだけの能力を持っている」

もちろん、イングランドにとっていちばん大事なのは、一一月二日に横浜国際総合競技場で最後のホイッスルが鳴らされるまで、戦いにとどまっていることだ。その目標達成のために、大会参加国のどこよりもしっかり準備をして臨むことだろう。まるでエディーのラグビー人生全体が、その準備期間だったかのようだ。ほかのどの監督より日本とその文化について調べ、日本のシステムの独自性もよく理解していた。何年間も実地体験を経てきたおかげで、ほかの監督や選手たちが混乱したり気を取られたりしそうな細かいことも、エディーは慣れているはずだ。日本時代、暮らし始めてすぐに、何かいざこざが起こるたびに相手を負かそうとしたところで、何の得にもならないということを学んでいた。無駄な戦いはするな、とエディーは言う。辛抱強く、冷静でいること。長い間、選手やスタッフに伝えてきた教訓だ。エディーは自分のコーチたちのために日本語レッスンを手配することまでしている。日本で直面するであろう暑さに慣れておけるよう、チームはイタリアで二回キャンプを張り、最後の五日間は、エディー・ジャパンが前回大会の準備を行った宮崎で過ごす。そこでもトレーニングとスキル練習は継続されるが、最大のメリットは大会中二カ月間ずっと自分たちが住むことになる国に馴染む機会が得られることだろう――ほかのどことも違う国なのだ。

「それでいい仕上がりになっているだろう」と言うエディーには、このワールドカップがイングランドのラグビーにとっても自分の栄光のキャリアにとってもどれほど重要か、痛いほどよく分かっている。

「イングランドの監督を務める外国人は、私が最初で最後だろうからね、この機会に何かラグビーに貢献できたらいいと思っているんだ」

その点に関してはラグビーの神様は寛大で、二〇一五年に苦戦した〝死のプール〟とは違い、イングランドにとって大変有利な抽選結果となった。フランス、アルゼンチン、アメリカ、トンガと同じプールCに入ったイングランドは、トップで通過間違いなしと言われ、そうなれば準々決勝ではプールD二位のチームと当たることになる。プールDにはグランドスラムを達成したウェールズと、マイケル・チェイカ監督率いる災難続きのワラビーズが入っているため、イングランドは前回のワールドカップでオーストラリアが自分たちにしたのと同じことをオーストラリアにやり返すチャンスを得る可能性が高い――家に送り返すことだ。

エディーはイングランドを統率するようになって以来、元チームメイトと元自軍に六連敗を食らわせて悦に入っており、このさらなる見通しに笑みをこぼす。

「そうなったら面白いよ、なあ」とエディー。

その一戦が両監督の将来を決める可能性も大である。チェイカはワールドカップ後までワラビーズにとどまることはないとされているものの、優勝となれば再契約もありかもしれない。同様に、エディーは二〇二一年のシーズン終了までRFUと契約しているが、日本で早々に敗退というはめになれば、それが満了しないこともありうる。組み合わせ次第で、興味をそそられるシナリオができる。秋の連戦でイングランドがワラビーズを倒してからは、オーストラリアの複数のメディアで、エディーをチェイカの後釜にという声が上がっている。

オーストラリアのマスコミからの支持は、RFUにエディーをクビにしろとけしかけた一部の英メディアによる扱いとは、全く対照的だった。二〇一八年の南アフリカ戦の勝利後に、エディーは「居座り続けるならクビにさせるというんだろう」と激怒したが、もうメディアには興味がないと主張する。

「もう気にならない年になった」とエディーは言う――が、そんなことはとても信じがたいという人が大勢いるだろう。「ちょっとは楽しむようにするけどね。チームにうまく役立てられそうなら利用するが、一言だって読みはしないよ」

では、この二年間にエディーは何度もクビにされかけたという報道に関しては？　そんなに職を失うぎりぎりのところまで行ったのだろうか？

「全く見当がつかないよ。いずれにせよ気にはしていない。私が辞めるべきだと彼らが言うなら、それは彼らの判断だ。まだ誰も私に持ち出してはいないがね」

どちらにしろ、もうどうでもいいことだ。エディーがイングランドをワールドカップに率いていくことは全く疑問の余地がない。とはいえそのあとどうするのかについては臆測の域を出ない。ワラビーズに戻る気はあるのだろうか？

「絶対ないとは言わないが、考えてみたこともないね」

じゃあ、二〇二一年にブリティッシュ・アンド・アイリッシュ・ライオンズの南アフリカ遠征を指揮するという見通しはどうだろう？

返事は素早かったけれども、エディーらしい言い方の中に、過去二度にわたりライオンズの遠征で監督を務めた男、退任の決まっているウェールズ監督、ウォーレン・ガットランドに向けられた当てこすりがかすかに聞き取れた。

「ないよ。八週間もブレザーを着て過ごすなんて、絶対に避けたいね。あれは大使の仕事みたいなものだ。私は監督だからね。それよりは、（クリケットの）シェフィールド・シールド［豪国内最高レベルの州対抗戦］でクイーンズランド代表監督をやりたいね」

了解、たぶんワラビーズではないし、絶対にライオンズでもないと。で、一体どうするのか？

エディーはかつてのライバル、サー・クライブ・ウッドワードに倣ってメディア界に転じるとか、西インド諸島でのんびりクリケットを観戦するとか述べたことはある。別の機会には、自分の最初の職業に戻ることに触れている――教師に。

「大きな私立の学校でスポーツ指導部長になるというのもいいね。火曜と木曜に指導して回って、午後は試合だ。ラグビーを見たり、クリケットを見たり。天国だな」

二〇一七年に将来について聞かれたときには、眉を上げ、不敵な笑みを浮かべて、冗談とも取れる答え方をした。あるいは、本気だったのか。

「サッカーのイングランド代表監督になりたいね。世界一の仕事だ、本当にそう思うよ。そうなったら感激だ。六カ月だけもらえたら、うまく対処できる」

だが本当のところ、過去四半世紀にわたってやってきたこと以外に、エディー・ジョーンズがやりたいことなどない――ラグビーの監督だ、たとえどんなに大変だろうと。

「たまに車を運転して試合に向かっているときに思うよ。『クソ、ほかにもっといい稼ぎ方があるだろうに』とね。胃はむかつくし、選手のことが気になったり、ほかにもいろいろ心配になったり、だが結局のところわくわくするんだ。自分に残された時間に限りがあるのは分かっているから、どんなチャンスだろうと与えてもらえるのはすごいことなんだ。私は、元教師だからね、若い人たちと一緒になって、彼らが伸びていけるようにするのが楽しくてたまらない。見てくれよ。私は五九歳だ。外に出て新鮮な空気を吸っている。ショートパンツをはいて、帽子をかぶって、ホイッスルもある」

そう言って、エディーは笑った。

「いい人生だよ」

謝辞

一九八〇年代に、ランドウィック・ラグビークラブの威勢のいい選手として最初にエディー・ジョーンズに注目したときから、ワラビーズの、そして日本代表の監督時代の取材活動を通して、さらにイングランドRFUによる指名に関して二〇一七年に行ったインタビューで接したときまで、私にとって彼は誰よりも興味をかき立てられる、魅力あふれる人物であった。赤いバラの軍団で初期の快進撃が華々しく始まったところで、私は公認の伝記を共同で著すというアイデアを彼に打診した。残念ながら、ほかの職務との兼ね合いで、エディーは私と一緒にこの当初のプロジェクトに関わることはできなかった（けれども、ラグビーワールドカップに先立ち、改訂版のために快くインタビューの機会を与えてくれた）のだが、アレン・アンド・アンウィン社の支援を得て、私はそのまま計画を進めることにした。常に意図したのは、エディーの人生とその時代について、包括的に、誠実に、偏らず記述することであった。

そのために、自分が年来行ってきたエディーや彼と同時期に活躍した人々との多数のインタビューと、さらに、詳細に彼のキャリアを追ってきたラグビー関係の優れた執筆者やコラムニストが物した膨大な数の出版物を材料とした。妥当と思われるかぎり、そうした執筆者については本文中で明示した。また、特に記して感謝したいのは、BBCスポーツのトム・フォーダイスがエディーの監督就任以降に発表してきた洞察に富むイングランドの対戦レポートが、貴重な参考資料となったことである。同様に、エディーの記者会見やスピーチ・講演など、オンラインですぐ入手可能なものも多く参照した。しかし、何といっても、エディーの過去に関わりのあった大勢の皆さん――チームメイト、同僚、選手、コーチ、雇い主、レポーター、支持者、友人、敵対者――が大変寛大に思い出やご意見を聞かせてくださったのは、非常にありがたかった。本文中で全員の名前に触れているが、改めてご協力に謝意を表さなければ怠慢というものである。ここに、アルファベット順で心からお礼を申し上げる。

アンドリュー・ブレイズ、ニール・ブリーン、ロッド・クリアラー、ボブ・ドワイアー、ゲーリー、グレン、マークのエラ兄弟、リタ・フィン、エルトン・フラットリー、ゲーリー・フラワーズ、バーナード・フォーリー、アダム・フレイヤー、〝AJ〟アンソニー・ジョージ、ロジャー・グールド、リチャード・グラハム、グレッグ・グローデン、イアン・ハーバート、クリス・ヒューイット、ティム・ホーラン、ピーター・ジェンキンス、アラン・ジョーンズ、レス・キシュ、スティーブン・ムーア、マイケル・ネザリー、マット・オコナー、ジョン・オニール、ベン・パーキンス、ロス・レイノルズ、ウェンデル・セイラー、ティム・シェリダン、ボブ・スキンスタッド、レグ・セントレオン、ジム・タッカー、クレイグ・ウイング。

また、私のアイデアを実現させてくれたアレン・アンド・アンウィン社のクレア・ドライスデールとトム・ギリアットに深謝するとともに、いつものように、不十分ながら心を込めて感謝の言葉を素晴らしきわが妻リンダに——リサーチャーにして校正者、コピーエディター、相談役、理性の声であり、いるだけで気持ちを落ち着かせてくれたことに。

ああ、そして最後になったが、エディー・ジョーンズに、私を含めこれまで彼と出会った全てのジャーナリストに記事のネタをこれほどたくさん与えてくれたことに対し、最大の感謝を捧げる。

マイク・コールマン

エディー・ジョーンズ　コーチ・監督時代

1995－1996	東海大学コーチ
1996	日本代表フォワードコーチ
1997	サントリーサンゴリアスフォワードコーチ
1998－2001	ブランビーズヘッドコーチ
2001－2005	オーストラリア代表ヘッドコーチ
2006	サラセンズ（コンサルタント）
2007	レッズヘッドコーチ
2007	南アフリカ代表テクニカルアドバイザー
2007－2009	サラセンズアドバイザー
2009－2012	サントリーサンゴリアスヘッドコーチ
2012－2015	日本代表ヘッドコーチ
2015－	イングランド代表ヘッドコーチ

W杯の成績

2003年オーストラリアW杯　オーストラリアの成績

（プールA）

オーストラリア	24−8	アルゼンチン
オーストラリア	90−8	ルーマニア
オーストラリア	142−0	ナミビア
オーストラリア	17−16	アイルランド

（決勝トーナメント）

準々決勝

オーストラリア	33−16	スコットランド

準決勝

オーストラリア	22−10	ニュージーランド

決勝

オーストラリア	17−20	イングランド

2007年南アフリカW杯　南アフリカの成績

（プールA）

南アフリカ	59−7	サモア
南アフリカ	36−0	イングランド
南アフリカ	30−25	トンガ
南アフリカ	64−15	アメリカ

（決勝トーナメント）

準々決勝

南アフリカ	37−20	フィジー

準決勝

南アフリカ	37−13	アルゼンチン

決勝

南アフリカ	15−6	イングランド

2015年イングランドW杯　日本の成績

（プールB）

日本	34−32	南アフリカ
日本	10−45	スコットランド
日本	26−5	サモア
日本	28−18	アメリカ

エディー・ジョーンズ(Eddie Jones)

1960年、オーストラリア、タスマニア州バーニー生まれ。現役時代はフッカー。オーストラリアのニューサウスウェールズ州の代表として活躍後、コーチに転身。東海大学コーチ、ブランビーズ（豪）のヘッドコーチを経て、2001年、オーストラリア代表ヘッドコーチに就任。2003年のW杯で準優勝を果たす。2007年、南アフリカ代表のテクニカルアドバイザーとしてW杯優勝。2010年、サントリーの監督として日本選手権優勝。2012年、日本代表ヘッドコーチに就任。2015年のW杯では、南アフリカ代表を撃破するなど歴史的3勝を挙げ、日本中にラグビーブームを巻き起こした。2015年よりイングランド代表監督を務める。

［著者略歴］

マイク・コールマン(Mike Colman)

ジャーナリスト。オーストラリアのブリスベンを拠点とするクーリエメール紙の副編集長でもある。オーストラリア版ピューリツァー賞ともいわれるウォークリー賞の受賞歴有り。スポーツ界の著名人や軍事史に関する著作を執筆している。

［訳者略歴］

高橋 紹子(たかはし しょうこ)

北海道札幌市生まれ。津田塾大学卒業。金融および出版の分野における職務を経て、2001年にオーストラリアのブリスベンに移住。大学在学中から実務関連を中心に翻訳に携わる。

カバー写真　David Rogers / Getty Images

エディー・ジョーンズ
異端の指揮官

2019(令和元)年9月20日　初版第1刷発行

著　者　マイク・コールマン
訳　者　高橋 紹子
発行者　錦織圭之介
発行所　株式会社 東洋館出版社
〒113-0021　東京都文京区本駒込5-16-7
営業部　TEL 03-3823-9206／FAX 03-3823-9208
編集部　TEL 03-3823-9207／FAX 03-3823-9209
振替　00180-7-96823
URL　http://www.toyokan.co.jp
装　丁　水戸部 功
印　刷　岩岡印刷株式会社
製　本　牧製本印刷株式会社

ISBN 978-4-491-03937-4 / Printed in Japan